中国系列·经济学

马克思主义理论研究
和建设工程重点教材

U0873745

中华人民共和国经济史(1949—1978年)

中国人民大学编写组

主　　编　贺耀敏

副 主 编　武　力

主要成员　(以姓氏笔画为序)

王　珏　兰日旭　关　权　孙圣民

杨德才　高德步　程　霖　焦建华

中国人民大学出版社

·北京·

图书在版编目（CIP）数据

中华人民共和国经济史．1949–1978 年 / 中国人民大学编写组编．-- 北京：中国人民大学出版社，2025. 4.
（马克思主义理论研究和建设工程重点教材）（中国系列）．-- ISBN 978-7-300-33942-9

Ⅰ. F129.7

中国国家版本馆 CIP 数据核字第 2025JT7181 号

中华人民共和国经济史（1949—1978 年）
Zhonghua Renmin Gongheguo Jingjishi (1949—1978 Nian)

责任编辑　商晓辉　王素克　崔惠玲　王晗霞　　责任校对　丁桃荣　白雪峰
质检编辑　李　红　毛术芳　夏贵根　　封面设计　姜　磊　彭莉莉
版式设计　李小璐　彭莉莉

出版发行　中国人民大学出版社
社　　址　北京中关村大街 31 号　　**邮政编码**　100080
电　　话　010－62511242（总编室）　　010－62511770（质管部）
010－82501766（邮购部）　　010－62514148（门市部）
010－62511173（发行公司）　　010－62515275（盗版举报）
网　　址　http://www.crup.com.cn
经　　销　新华书店
印　　刷　北京华联印刷有限公司
开　　本　787 mm × 1092 mm　1/16　　**版　　次**　2025 年 4 月第 1 版
印　　张　22.75　　**印　　次**　2025 年 4 月第 1 次印刷
字　　数　392 000　　**定　　价**　47.50 元

目　录

绪　论

中华人民共和国的成立，是20世纪人类历史上的重大事件，开启了中华民族伟大复兴的历史新纪元，深刻影响了世界历史的进程，中国经济现代化道路从此掀开了新的一页。从1949年新中国成立至1978年中共十一届三中全会召开前，中国处在社会主义革命和建设时期，中国共产党领导国家经济建设的主要任务是：团结带领中国人民进行广泛而深刻的社会经济变革，建立社会主义经济制度，消除存在数千年的经济剥削制度，推进社会主义经济建设和国家工业化建设。“从新中国成立到改革开放前夕，党领导人民完成社会主义革命，消灭一切剥削制度，实现了中华民族有史以来最为广泛而深刻的社会变革，实现了一穷二白、人口众多的东方大国大步迈进社会主义社会的伟大飞跃。在探索过程中，虽然经历了严重曲折，但党在社会主义革命和建设中取得的独创性理论成果和巨大成就，为在新的历史时期开创中国特色社会主义提供了宝贵经验、理论准备、物质基础。”①

本教材是对1949—1978年中国经济发展历史的介绍和研究。

一、研究对象和研究方法

1. 研究对象

中华人民共和国经济史的研究对象是新中国经济建设和经济发展的历史及客观规律。具体包括以下三个层次：第一个层次是研究新中国生产方式的发展演变及其客观规律，即生产力发展和生产关系变革及其矛盾运动的客观规律。生产力反映生产过程中人与自然的相互关系，生产关系反映生产过程中人与人的社会关系，在生产方式中生产力的发展起基础和主导作用，决定生产关系的变

① 《中共中央关于党的百年奋斗重大成就和历史经验的决议》，人民出版社2021年版，第14页。

革，而生产关系的变革也会反作用于生产力。这一时期，以“156 项工程”为重点的“一五”计划建设，以促进区域经济和国防工业发展的三线建设等前所未有的大规模经济建设，极大地推动了生产力的快速发展；发展社会主义国营经济，实行社会主义三大改造，建立社会主义经济制度等经济活动，积极引导了生产关系的深刻变革。第二个层次是研究作为新中国生产方式和经济基础的具体体现形式的经济制度、经济体制、经济结构、经济政策、经济发展道路等发展演变的历史。经济基础是生产关系的总和，经济基础决定上层建筑。结合上层建筑研究经济基础的发展变革，是研究和阐释客观经济规律的根本途径。在此过程中，要关注经济发展主线、经济发展目标、经济体制运行、经济建设成就、民生福祉、国际地位提升等方面的突出变化。第三个层次是研究和阐释相关专门领域经济发展演变的历史，包括新中国工业经济史（工业化史）、农业经济史、商业经济史、财政史和货币史、对外贸易史，等等。中华人民共和国经济史研究方兴未艾，许多新的历史研究、理论研究和实践研究都被纳入这一领域，对此应持开放的态度。

中华人民共和国经济史研究的关键是把握历史发展的主题和主线、主流和本质。这一时期，主题是实现中华民族伟大复兴；主线是贯穿中国社会主义革命和建设时期全过程，并始终支配中国经济发展沿着既定方向前进、反映中国社会主义经济发展内在逻辑的基本线索和基本脉络——探索中国社会主义经济建设道路和经济发展现代化；主流和本质是社会主义经济建设道路探索和经济发展所取得的伟大成就和宝贵经验，为推进国家经济现代化、实现民族复兴奠定根本政治前提、制度基础和坚实物质基础。本教材集中研究和阐释了这一时期中国社会生产力的显著提高和社会经济关系的深刻变化。第一，中华人民共和国成立后，中国开始由新民主主义经济形态走向社会主义经济形态，并建立了社会主义经济制度，实现了一次伟大飞跃。第二，中国社会主义经济制度和经济关系的建立，为社会主义工业化创造了有利条件，开辟了中国社会主义经济发展的崭新道路，中国经济发展呈现出前所未有的欣欣向荣局面。第三，中国社会主义建设道路是在中国共产党领导下，独立自主、自立自强走出来的发展道路，自力更生、艰苦奋斗是这条道路的精神品格。第四，中国共产党领导中国人民进行社会主义建设，有改革开放前和改革开放后两个历史时期，这是两个相互联系又有重大区别的时期，本质上都是我们党领导人民进行社会主义建设的实践探索，不能用一个历史时期否定另一个历史时期。

2. 研究方法

中华人民共和国经济史研究坚持运用辩证唯物主义和历史唯物主义，以习近平新时代中国特色社会主义思想为根本指导思想，贯彻中国特色社会主义政治经济学的立场、观点和方法。

辩证唯物主义和历史唯物主义是马克思主义的基本方法论。辩证唯物主义深刻揭示了自然界、人类社会和思维发展的一般规律，是认识事物本质、总结实践经验、解决实际问题的基本方法论。历史唯物主义是深刻揭示人类社会发展规律、人类社会本质特征和推动人类社会不断发展进步的基本方法论。马克思主义就是从物质资料生产出发，深入研究生产力发展和人在生产中形成的关系，从而揭示了人类社会的发展规律。马克思和恩格斯认为："从直接生活的物质生产出发阐述现实的生产过程，把同这种生产方式相联系的、它所产生的交往形式即各个不同阶段上的市民社会理解为整个历史的基础，从市民社会作为国家的活动描述市民社会，同时从市民社会出发阐明意识的所有各种不同的理论产物和形式，如宗教、哲学、道德等等，而且追溯它们产生的过程。这样做当然就能够完整地描述事物了（因而也能够描述事物的这些不同方面之间的相互作用）。这种历史观和唯心主义历史观不同，它不是在每个时代中寻找某种范畴，而是始终站在现实历史的基础上，不是从观念出发来解释实践，而是从物质实践出发来解释各种观念形态"①。习近平高度重视历史唯物主义，指出："在革命、建设、改革各个历史时期，我们党运用历史唯物主义，系统、具体、历史地分析中国社会运动及其发展规律，在认识世界和改造世界过程中不断把握规律、积极运用规律，推动党和人民事业取得了一个又一个胜利。历史和现实都表明，只有坚持历史唯物主义，我们才能不断把对中国特色社会主义规律的认识提高到新的水平，不断开辟当代中国马克思主义发展新境界。"②

坚持唯物史观和正确党史观，树立大历史观，是中华人民共和国经济史研究在历史观上的根本原则和立场。学习党史、国史是坚持和发展中国特色社会主义、把党和国家各项事业继续推向前进的必修课。唯物史观是中国共产党人认识和把握历史的根本方法。坚持正确党史观，要坚持以中国共产党关于历史问题的三个决议特别是《中共中央关于党的百年奋斗重大成就和历史经验的决议》和中

① 《马克思恩格斯文集》第一卷，人民出版社 2009 年版，第 544 页。

② 中共中央宣传部编：《习近平总书记系列重要讲话读本》，学习出版社、人民出版社 2014 年版，第 175 页。

共中央有关精神为依据，准确把握新中国历史发展的主题和主线、主流和本质，正确认识和科学评价新中国经济史上的重大事件、重要会议、重要人物，实事求是看待党史上的一些重大问题，既不能因为成就而回避失误和曲折，也不能因为探索中的失误和曲折而否定成就。树立大历史观，要立足中华民族伟大复兴战略全局和世界百年未有之大变局，从历史长河、时代大潮、全球风云中分析演变机理、探究历史规律，总结国家经济建设的经验教训。

习近平新时代中国特色社会主义思想是中华人民共和国经济史研究的根本指导思想。坚持党的全面领导和党的创新理论武装，是中国共产党领导经济工作的独特优势。习近平经济思想是习近平新时代中国特色社会主义思想的重要组成部分，对中华人民共和国经济史研究发挥重要的理论指引作用。习近平经济思想来源于中国革命、建设、改革的伟大实践，来源于中国特色社会主义新时代的伟大变革，其理论内涵主要包括：加强党对经济工作的全面领导是我国经济发展的根本保证，坚持以人民为中心的发展思想是我国经济发展的根本立场，进入新发展阶段是我国经济发展的历史方位，坚持新发展理念是我国经济发展的指导原则，构建新发展格局是我国经济发展的路径选择，推动高质量发展是我国经济发展的鲜明主题，坚持和完善社会主义基本经济制度是我国经济发展的制度基础，坚持问题导向部署实施国家重大发展战略是我国经济发展的战略举措，坚持创新驱动发展是我国经济发展的第一动力，大力发展制造业和实体经济是我国经济发展的主要着力点，坚定不移全面扩大开放是我国经济发展的重要法宝，统筹发展和安全是我国经济发展的重要保障，坚持正确工作策略和方法是做好经济工作的方法论，等等。中共二十大报告指出要把握好习近平新时代中国特色社会主义思想的世界观和方法论，提出并系统阐述了“六个必须坚持”，即必须坚持人民至上，必须坚持自信自立，必须坚持守正创新，必须坚持问题导向，必须坚持系统观念，必须坚持胸怀天下。这些都是中华人民共和国经济史研究的方法论指导。

中国特色社会主义政治经济学为中华人民共和国经济史研究提供了理论基础和基本分析方法。马克思就是通过对资本主义的生产、分配、交换、消费的研究，通过对资本主义生产方式的研究，创立了科学的劳动价值学说和剩余价值学说，揭示了资本主义生产方式的历史命运。中国特色社会主义政治经济学产生并服务于中国特色社会主义经济实践，是研究和阐释中国特色社会主义生产方式和经济基础运动规律的经济理论，其重点是研究和阐释社会主义初级阶段的经济发展规律和经济运行特征。对于研究和阐释中华人民共和国经济史来说，中国特色社会主义政治经济学提供了认识和阐释新中国生产方式和经济基础发展演变规律的坚实的理论基础，揭示了新中国通过变革生产方式和经济基础的途径推动社会经济快速发展的理论逻辑。

中华人民共和国经济史的研究方法随着各个相关经济学学科的发展越来越丰富多彩。除了上述根本研究方法之外，还可以借鉴和运用经济学特别是相关领域经济学理论与方法。此外，中华人民共和国经济史的研究对象具有明显的丰富多样的特点，应充分运用历史学、社会学、管理学、统计学等学科的理论与方法开展多视角、多维度的研究，共同促进中华人民共和国经济史学科的健康发展。

二、发展阶段和主要内容

1. 1949—1978 年经济发展的阶段划分

社会主义革命和建设时期，是中国共产党团结带领中国人民实现中华民族伟大复兴的重要历史阶段；是实现从新民主主义到社会主义的转变，进行社会主义革命，推进社会主义建设，为实现中华民族伟大复兴奠定根本政治前提和制度基础的历史阶段；也是中国建立社会主义经济制度、探索社会主义经济建设道路并取得巨大成就、积累宝贵经验的历史阶段。中共十九届六中全会通过的《中共中央关于党的百年奋斗重大成就和历史经验的决议》从总结中国共产党百年奋斗重大成就和历史经验的角度，对中国社会主义革命和建设时期中国共产党的奋斗历程、伟大成就和重大意义作出了新的历史评价，充分肯定了这一历史时期中国共产党进行的伟大斗争的历史作用和重大意义。

社会主义革命和建设时期的经济发展充分证明了中国从新民主主义走向社会主义的必要性和必然性。1949 年中华人民共和国成立，标志着中国共产党领导的新民主主义革命的伟大胜利，中国人民推翻了帝国主义、封建主义、官僚资本主义的统治，彻底结束了旧中国半殖民地半封建社会的历史，开启了为实现国家繁荣富强、人民共同富裕的基本任务而奋斗的新征程，实现了中国从几千年封建专制政治向人民民主的伟大飞跃。正如《中共中央关于党的百年奋斗重大成就和历史经验的决议》中指出的，“中国共产党和中国人民以英勇顽强的奋斗向世界庄严宣告，中国人民从此站起来了，中华民族任人宰割、饱受欺凌的时代一去不复返了，中国发展从此开启了新纪元”[①]。

社会主义革命和建设时期可以分为四个阶段：

1949—1956 年为第一阶段，主要内容是中华人民共和国成立和向社会主义过渡的实现。中国实现国民经济恢复，进行了以第一个五年计划和“156 项工程”为主要内容的社会主义工业化建设，完成了对生产资料私有制的社会主义改造，建立起了社会主义经济制度。

1956—1966 年为第二阶段，主要内容是社会主义建设的全面展开和社会主义建设道路的艰辛探索。中共八大提出我国国内主要矛盾不再是工人阶级和资产阶级的矛盾，已经是人民对于建立先进的工业国的要求同落后的农业国的现实之间的矛盾，已经是人民对于经济文化迅速发展的需要同当前经济文化不能满足人民需要的状况之间的矛盾，全国人民的主要任务是集中力量发展社会生产力，实现国家工业化，逐步满足人民日益增长的物质和文化需要。以毛泽东《论十大关系》为标志，中国共产党探索并提出了中国社会主义建设道路问题；毛泽东在《关于正确处理人民内部矛盾的问题》中，提出了社会主义社会基本矛盾和正确处理人民内部矛盾的理论。我国在探索社会主义建设道路的过程中遭受“大跃进”等挫折后，对国民经济进行了艰苦调整。

1966—1976 年为第三阶段，主要内容是“文化大革命”的内乱和对内乱的抵制与抗争。“文化大革命”是一场由领导者错误发动，被反革命集团利用，给党、国家和各族人民带来严重灾难的内乱。它使党、国家、人民遭到新中国成立以来最严重的挫折和损失，国民经济遭受严重挫折，经济运转艰难维持。1971 年后，周恩来在毛泽东的支持下批判极左思潮，落实经济政策，整顿经济秩序，促进国民经济的恢复与发展。1975 年，邓小平在毛泽东的支持下主持全面整顿工作，通过大刀阔斧的整顿，促使经济形势日益好转。周恩来、邓小平纠正经济领域的“左”的错误的努力，遭到“四人帮”抵制，被迫中断。1976 年 10 月，中共中央一举粉碎“四人帮”，宣告“文化大革命”结束。在 20 世纪六七十年代，我国以“两弹一星”为标志的国防科技建设和以三线建设为主要内容的国防与基础设施建设取得了巨大成就。

1976—1978 年为第四阶段，主要内容是在徘徊中前进和实现具有深远意义

① 《中共中央关于党的百年奋斗重大成就和历史经验的决议》，人民出版社 2021 年版，第 9 页。

的伟大转折。中国共产党开始批判“左”的错误，恢复国民经济，拨乱反正，开展关于真理标准问题的大讨论。以中共十一届三中全会召开为标志，中国实现了历史的伟大转折，开启了改革开放和社会主义现代化建设新时期。

2. 1949—1978 年经济发展的基本内容

在社会主义革命和建设时期，中国经济发展的基本内容主要包括：

（1）从 1949 年中华人民共和国成立到 1952 年底国民经济全面恢复这三年多，是完成新民主主义革命任务和恢复国民经济的时期。中华人民共和国的成立标志着中国新民主主义革命的伟大胜利。这一时期，摆在新中国面前的国民经济恢复任务是空前严峻的，不少西方国家政客和败退到中国台湾地区的国民党都认为，中国共产党将会被巨大的经济困难和就业压力压垮。然而，中国共产党通过没收官僚资本、建立国营经济，进行彻底的土地改革，统一财政经济，开展“三反”“五反”斗争等，只用三年多的时间就迅速恢复了遭受战争破坏的国民经济，建立起了稳定有序的国内市场和充满活力的经济秩序。

（2）中国共产党决定从 1953 年开始实施第一个五年计划，并提出了党在过渡时期的总路线。按照当时人们的理解，社会主义经济就是计划经济，社会主义经济体制就是计划经济体制。因此，中央人民政府于 1952 年 11 月成立国家计划委员会，制定国民经济发展的年度计划和中长期计划，到 1954 年逐步建立和充实了从中央各部门到基层工作部门及企业单位的计划机构；“一五”计划和“156 项工程”是 20 世纪 50 年代社会主义工业化建设的最主要任务，为此，国家集中了大量的人力、物力、财力资源，并争取到了苏联等社会主义国家的援助。国家工业化建设在较短的时间内取得了巨大成就，一大批现代工业部门和现代工业企业建立起来，社会生产力面貌发生了显著变化。

（3）推动新民主主义社会向社会主义社会转变。1954 年 2 月，中共七届四中全会正式批准了 1953 年 6 月毛泽东提出、中央政治局扩大会议确认的过渡时期总路线。过渡时期总路线提出的历史依据，主要是国民经济恢复的时间和速度大大超过了人们的预想，抗美援朝战争的胜利极大地增强了中国人民的信心和决心，改变了原来经过 10 年到 15 年才考虑向社会主义过渡的设想，认为向社会主义过渡可以与工业化同步进行，并可以加快工业化。从 1953 年开始，对农业、手工业和资本主义工商业进行社会主义改造是新中国优先发展重工业的必然要求，不以人的意志为转移。对农业、手工业和资本主义工商业的社会主义改造是 20 世纪 50 年代中国社会经济关系的重大变革，既是一场经济关系革命，也是一场社会革命。社会主义改造基本完成标志着在中国初步建立起公有制占绝对优势的社会主义经济制度，为中国一切发展和进步奠定了重要基础。

（4）以毛泽东同志为主要代表的中国共产党人坚持把马克思列宁主义基本原理同中国具体实际相结合，对适合中国国情的社会主义建设道路进行了卓有成效的探索，并取得了重要理论成果。这些理论成果包括中共八大提出的正确路线和党的工作重心的转移、《论十大关系》和《关于正确处理人民内部矛盾的问题》等。全党全国人民的主要任务是集中力量发展社会生产力。1958年5月，中共八大二次会议根据毛泽东的创议，通过了“鼓足干劲、力争上游、多快好省地建设社会主义”的总路线。由于党的各级领导干部普遍缺乏进行社会主义经济建设的经验，在“多快好省”中逐步形成追求“快”的倾向，将速度理解为总路线的灵魂。在急于求成思想影响下，发生了不顾现实约束和超越实际可能的“大跃进”和人民公社化运动。

（5）“大跃进”和人民公社化运动是中国共产党在探索社会主义建设道路过程中遭受的一次严重挫折，它对社会生产力造成了极大破坏，给国家经济发展和人民生活造成了严重困难。在这种情况下，毛泽东提出大兴调查研究之风，随后中共中央提出了调整国民经济的八字方针，并根据具体实际制定和出台了一系列经济调整政策，开始对国民经济进行全面调整。经过五年时间的艰苦调整，基本完成了国民经济调整的任务，各项事业都出现了恢复发展的局面，其间中国人民所表现出的自力更生、艰苦奋斗的精神在调整国民经济中发挥了重要作用。从1958年到1965年间，中国国民经济和各项事业都取得了一系列重大进展和重要成果。1956年我国提出建立独立的比较完整的工业体系和国民经济体系，到20世纪70年代末建立起来。

（6）1966—1976年“文化大革命”时期，国民经济遭受新中国成立以来最严重的挫折和损失，但在一些重要领域仍然取得了一定进展。在“以阶级斗争为纲”和“无产阶级专政下继续革命”错误理论指导下，“文化大革命”给中国社会主义经济建设和国民经济发展造成了严重的破坏，经过全面调整后出现的国民经济恢复发展的局面再次受到严重冲击。由于这些破坏受到了一定程度的限制，国民经济建设仍然取得了一定进展。“三五”计划、“四五”计划基本完成，全国主要工业品产量增长加快，农业稳步增长，对外经济工作有较大进展。20世纪六七十年代以三线建设为主要内容的国防与基础设施建设取得了显著成效，区域发展、产业布局和国防工业形成了新的格局，构建起了经济发展与国防建设的战略腹地。1975 年 1 月，周恩来在四届全国人大一次会议上作的《政府工作报告》中重新明确了三届全国人大一次会议提出的“两步走”蓝图：“第一步，用十五年时间，即在一九八〇年以前，建成一个独立的比较完整的工业体系和国民经济体系；第二步，在本世纪内，全面实现农业、工业、国防和科学技术的现代化，使我国国民经济走在世界的前列。”[①]重提“两步走”蓝图和“四个现代化”，充分反映了中国人民的呼声。毛泽东作出“安定团结”和“把国民经济搞上去”的指示，为此邓小平主持了整顿铁路秩序、整顿钢铁生产秩序、整顿工业生产秩序，并将整顿扩展到科技、教育、军队等各个领域。但是，由于“四人帮”的抵制以及“反击右倾翻案风”运动的开展，邓小平主持的全面整顿受挫。

（7）1977—1978 年中国经济在徘徊中前进。1976 年 10 月中共中央一举粉碎“四人帮”。“文化大革命”结束后，“中国向何处去”成为摆在中国人民面前的头等重要的问题。在徘徊中前进的两年，经过企业整顿、建立规章制度，国民经济加快恢复，人民生活有所改善。来自实践一线的农村经济体制改革探索、城市经济体制改革探索和对外开放探索，取得了一些显著成效。1978 年 12 月召开的中共十一届三中全会，重新确立了解放思想、实事求是的思想路线，停止使用“以阶级斗争为纲”的错误提法，作出把党和国家工作中心转移到经济建设上来、实行改革开放的历史性决策，开启了改革开放和社会主义现代化建设新时期，实现了新中国成立以来党的历史上具有深远意义的伟大转折。邓小平领导了这一伟大转折。从这时起，以邓小平同志为主要代表的中国共产党人坚持实践创新、理论创新和制度创新，团结带领全党全国各族人民踏上开创中国特色社会主义的伟大征程。

三、学习目标和意义

1. 学习目标

（1）深入学习和领会习近平新时代中国特色社会主义思想，运用中国特色社会主义政治经济学理论，全面分析和研究中国社会主义革命和建设时期中国共产党领导经济建设的奋斗历程。

中国特色社会主义政治经济学的根基源于中国特色社会主义的伟大实践，总

---

① 《周恩来选集》下卷，人民出版社 1984 年版，第 479 页。

结和提炼中国社会主义革命和建设时期的伟大实践，将极大推动中国经济学的发展和创新。中国共产党领导中国经济发展从弱到强的奋斗历程中有许多成功的理论与实践、经验与做法，其中一些可以总结升华为中国经济学的核心理念，例如坚持独立自主、自立自强的经济建设与发展道路，建设独立的比较完整的工业体系和国民经济体系，经济建设必须集中力量办大事，以举国体制实施重大和关键科研、国防与民生项目，发展为了人民、发展依靠人民，充分发挥人民群众参与经济建设的积极性，尊重客观经济规律和用经济办法管理经济，坚持对外开放与实施有步骤对外开放相结合，利用外国资本、技术与以我为主相结合，等等；一些可以总结升华为中国经济学的重要理念，例如以农业为基础和以工业为主导，对国外先进技术和管理经验坚持引进、消化、吸收相结合，经济发展必须坚持重点突破与整体推进相结合，经济发展必须坚持综合平衡与协调渐进相结合，等等。

（2）深刻总结中国社会主义革命和建设时期探索经济发展道路的基本经验，力求在系统、全面分析和研究的基础上，揭示并概括中国社会主义经济发展的深刻变化和伟大成就。

中国社会主义革命和建设时期经济发展清晰地体现为六个方面的发展演变：从经济发展主线来看，在中国共产党领导下，中国社会发生了翻天覆地的变化，这不仅仅是经济数量的变化，更重要的是社会性质的变化，从新民主主义社会发展到社会主义社会，中国社会主义经济制度得以建立，社会主义建设道路得以形成；从经济发展目标来看，中国国民经济从一穷二白的半殖民地半封建经济起步发展，逐步走向社会主义工业化，建立了一个独立的比较完整的工业体系和国民经济体系，并提出实现“四个现代化”的奋斗目标；从经济体制运行来看，中国从新民主主义经济体制走向社会主义计划经济体制，发挥了集中力量办大事的优势，克服了严重的经济困难和发展障碍，建立了强有力的国民经济宏观管理体制，促进了社会生产力的蓬勃发展；从经济建设成就来看，为建设强大的社会主义经济，中国共产党带领中国人民作出了巨大的努力和牺牲，取得了前所未有的经济成就，奠定了坚实的物质技术基础，综合国力显著增强；从民生福祉来看，中国建立了惠及全民的社会主义政治制度、经济制度和社会保障制度，确保了全体人民的生存权、发展权，人民生活水平不断提高；从国际地位提升来看，中国坚定地站在维护广大发展中国家利益一边，坚决维护世界和平，反对帝国主义和霸权主义，社会主义中国巍然屹立在世界的东方。

（3）系统研究世界资本主义国家和社会主义国家经济发展的一般道路、模式和规律，重点通过了解中国社会主义革命和建设时期经济建设道路的探索与形成，充分理解和认识中国道路的丰富内涵。

中国社会主义革命和建设时期尽管只有短短不到30年时间，却是中国社会主义经济建设道路的探索时期和形成时期。这一时期的中国经济发展具有十分丰富的理论内涵和实践意义，例如：新民主主义经济形态向社会主义经济形态转变的历史必然性与历史必要性；社会主义经济制度建立和社会主义经济建设道路的探索与形成；宏观经济管理制度和计划经济体制的确立及其运行；社会主义工业化道路和工业化建设；集中力量建立起一个独立的比较完整的工业体系和国民经济体系；优先发展重工业与中国产业结构、产业政策；国民经济重大比例关系变动与调整；所有制结构与国有经济发展、国有企业管理制度；农村经济发展和农村经济关系深刻变革；独立自主、自立自强和发展对外经济关系与冲破西方国家的经济封锁；等等。

（4）努力追求并充分体现新时代建构中国自主知识体系的创新要求，从中国社会主义革命和建设时期经济建设道路的探索与形成中提炼新概念、新范畴、新表述。

中国社会主义革命和建设时期的实践创新、理论创新和制度创新，为建构中国自主知识体系提供了丰富宝藏，为坚定道路自信、理论自信、制度自信、文化自信提供了坚实支撑。从实践创新的视角来看，需要更加深入地挖掘和阐释党在过渡时期的总路线，没收官僚资本与建立国营经济，正确对待民族资产阶级与民族资本，中共八大与党的主要任务的转变，社会主义建设总路线，国民经济发展五年计划（规划），计划经济主要实现形式及指令性计划、指导性计划等重大问题。从理论创新的视角来看，需要更加深入地挖掘和阐释新民主主义的历史地位和作用，新民主主义经济形态和五种经济成分的关系，社会主义革命和建设的历史地位和作用，生产力与生产关系的相互关系及其矛盾运动，社会主义工业化理论与工业化道路等重大问题。从制度创新的角度来看，需要更加深入地挖掘和阐释土地改革和农业合作化运动，农村经济发展与农村社会主义经济关系的建立，粮食统购统销（统购包销）与工农、城乡关系，公有制两种实现形式即全民所有制与集体所有制的关系，企业管理制度与“鞍钢宪法”等重大问题。

2. 学习意义

通过学习，有助于思考和回答以下理论与实践问题：一是马克思列宁主义基本原理同中国具体实际“第二次结合”的理论创新探索。中国共产党始终坚持把马克思主义基本原理同中国具体实际相结合，根据中华民族伟大复兴历史进程的国情需要和实践要求，不断推动实践创新和理论创新。继马克思列宁主义基本原理同中国具体实际的“第一次结合”、创立毛泽东思想、进行新民主主义革命之后，中国共产党又开始了马克思列宁主义基本原理同中国具体实际的“第二次结合”，丰富和发展了毛泽东思想，推动了中国社会主义革命和建设，提出了关于社会主义建设的一系列重要思想，包括：社会主义社会是一个很长的历史阶段；对社会主义社会的主要矛盾的科学概括；严格区分和正确处理敌我矛盾与人民内部矛盾；正确处理我国社会主义建设的十大关系；走出一条适合我国国情的工业化道路；尊重价值规律；中国共产党坚持自我革命和不断修正错误，对国民经济进行调整；等等。二是中国共产党在一穷二白基础上建设社会主义的艰辛探索。中国社会主义革命和建设的近30年，是中华民族伟大复兴历史进程中的重要阶段。从1949年10月中华人民共和国成立到1978年12月中共十一届三中全会召开的近30年，是中国这样一个经济基础薄弱的国家进行社会主义革命和建设的重要时期。1949年中华人民共和国成立，标志着中国共产党领导的新民主主义革命的伟大胜利，中国人民推翻了帝国主义、封建主义、官僚资本主义的统治，终结了旧中国半殖民地半封建社会的历史，开启了为实现国家繁荣富强、人民共同富裕的基本任务而奋斗的新征程，实现了中华民族近百年来伟大的历史性转折。1978年中共十一届三中全会的召开，标志着中国共产党在新的时代条件下的伟大觉醒，重新确立了解放思想、实事求是的思想路线，实现了党和国家工作中心的转移，开启了改革开放和社会主义现代化建设新时期。三是中国社会主义革命和建设时期的历史阶段性和发展规律性的探索。包括：中国共产党领导中国社会主义革命和建设取得重大成就的根本原因；经济落后且处于前资本主义经济发展阶段的国家如何过渡到社会主义社会并进行社会主义经济建设；从新民主主义走向社会主义的理论与实践；社会主义社会主要矛盾和主要任务的理论发展与演进；建设一个独立的比较完整的工业体系和国民经济体系、优先发展重工业和保持农轻重协调发展的理论与实践；社会主义经济建设中若干重大经济关系的理论与实践；用五年计划（规划）引领经济社会发展，是中国共产党治国理政的一个重要方式；社会主义中国经济发展与世界资本主义经济体系的关系；等等。四是中国社会主义革命和建设路线的探索。中国共产党正确认识和科学总结了中国社会主义经济建设进程中出现失误和曲折的教训，包括：在处理生产力和生产关系、经济基础与上层建筑的关系时，不能片面强调生产关系与上层建筑变革的作用，而忽略生产力和经济基础变革的作用和意义；在经济建设过程中不能忽视经济建设和经济发展的客观规律，片面夸大人的主观能动性，急于求成，甚至用“以阶级斗争为纲”冲击和代替经济建设这个中心。坚持唯物史观、正确党史观，有助于正确认识和理解经济建设和经济发展中的成就和失误，正确认识社会主义革命和建设时期的主流和支流。

学习和理解1949—1978年中国社会主义革命和建设的经济历程，不仅有助于我们认识与理解改革开放和社会主义现代化建设新时期的历史进程，而且有助于我们认识与理解中国特色社会主义新时代的伟大变革，从而激励我们为实现中华民族伟大复兴的中国梦贡献力量。

2021年，习近平在庆祝中国共产党成立一百周年大会上的讲话中，对中国共产党在社会主义革命和建设时期的历史作用给予了高度评价，指出：“为了实现中华民族伟大复兴，中国共产党团结带领中国人民，自力更生、发愤图强，创造了社会主义革命和建设的伟大成就。我们进行社会主义革命，消灭在中国延续几千年的封建剥削压迫制度，确立社会主义基本制度，推进社会主义建设，战胜帝国主义、霸权主义的颠覆破坏和武装挑衅，实现了中华民族有史以来最为广泛而深刻的社会变革，实现了一穷二白、人口众多的东方大国大步迈进社会主义社会的伟大飞跃，为实现中华民族伟大复兴奠定了根本政治前提和制度基础。中国共产党和中国人民以英勇顽强的奋斗向世界庄严宣告，中国人民不但善于破坏一个旧世界、也善于建设一个新世界，只有社会主义才能救中国，只有社会主义才能发展中国！”①

本章阅读文献

1. 习近平：《论中国共产党历史》，中央文献出版社2021年版。
2. 《习近平谈治国理政》第四卷，外文出版社2022年版。
3. 《中共中央关于党的百年奋斗重大成就和历史经验的决议》，人

① 《习近平谈治国理政》第四卷，外文出版社2022年版，第5页。

民出版社 2021 年版。

4.《中国共产党两个关于若干历史问题的决议》，人民出版社 2021 年版。

拓展阅读

第一章　新中国成立初期的国民经济

主要内容

本章主要介绍和分析1949年中华人民共和国成立到1952年底国民经济恢复这三年多的中国经济恢复与经济建设的历史。中华人民共和国的成立标志着中国新民主主义革命的伟大胜利，但是摆在新中国面前的国民经济恢复任务是空前严峻的，不少西方国家政客和败退中国台湾地区的国民党都认为，中国共产党将会被巨大的经济困难和就业压力压垮。但是新中国国民经济恢复的历史给了世界一份精彩的答卷，中国共产党和中国人民不仅经受住了来自西方经济禁运、封锁的打压，维护了国家经济安全，而且仅用三年多的时间就迅速恢复了遭受战争严重破坏的国民经济，建立起了稳定有序的国内市场和充满活力的经济秩序，为国家工业化建设和向社会主义过渡准备了充分的经济条件。

毛泽东在1945年抗战即将胜利时就指出，国共两党对峙的实质“是建立一个无产阶级领导的人民大众的新民主主义的国家”，“还是建立一个大地主大资产阶级专政的半殖民地半封建的国家”。[①] 中国共产党和中国人民的奋斗目标，就是要“将中国建设成为一个独立、自由、民主、统一和富强的新国家”[②]。

1949年10月1日，中华人民共和国成立，标志着中国共产党领导的新民主主义革命的胜利与社会主义革命和建设的开始，标志着中华民族实现了民族独立、人民解放，彻底结束了旧中国半殖民地半封建社会的历史，彻底结束了极少数剥削者统治广大劳动人民的历史，彻底结束了旧中国一盘散沙的局面，彻底废

① 《毛泽东选集》第四卷，人民出版社1991年版，第1130页。
② 《毛泽东选集》第三卷，人民出版社1991年版，第1053页。

除了列强强加给中国的不平等条约和帝国主义在中国的一切特权，实现了中国从几千年封建专制政治向人民民主的伟大飞跃，也极大改变了世界政治格局，鼓舞了全世界被压迫民族和被压迫人民争取解放的斗争。摆在中国共产党和中国人民面前的历史任务，就是尽快实现国家富强和人民幸福。

第一节　新中国成立初期的经济任务

从1949年新中国成立到1952年底，是国民经济恢复时期。这一时期，在中国共产党领导下，组织建立了中华人民共和国中央人民政府和各级政府以及管理国民经济的机构，最终完成了新民主主义革命任务。在三年多的时间内，中国人民以前所未有的劳动热情和干劲修复战争创伤，实现了国民经济的恢复并有所发展，为国家工业化和社会主义改造奠定了必要的物质基础。

一、中共七届二中全会和《共同纲领》的制定

中国共产党早在抗日战争即将取得胜利之际，就开始系统考虑建设一个什么样的新中国的问题。

1945年4—6月，中国共产党在延安召开第七次全国代表大会。毛泽东在向中共七大所作的《论联合政府》的书面报告中就提出了我们要建立一个什么样的国家的问题。他提出抗战胜利后应建立“在无产阶级领导下而‘为一般平民所共有’的新民主主义的国家”[①]，重申了《新民主主义论》提出的新民主主义经济结构和“节制资本”“平均地权”等政策。中国共产党发出了“在彻底地打败日本侵略者之后，建立一个以全国绝对大多数人民为基础而在工人阶级领导之下的统一战线的民主联盟的国家制度”[②]的号召。

1948年9月，毛泽东在中央政治局扩大会议上进一步提出了新中国国体的构想，即建立无产阶级领导的以工农联盟为基础的人民民主专政，打倒帝国主义、封建主义和官僚资本主义的反动专政。在新民主主义经济中，起决定作用的是国营经济、公营经济，我们国家是无产阶级领导的，因而这些经济都是社会主

① 《毛泽东选集》第三卷，人民出版社1991年版，第1058页。
② 《毛泽东选集》第三卷，人民出版社1991年版，第1056页。

义性质的。他还论述了新民主主义和社会主义的问题，新民主主义中有社会主义的因素，在政治、经济、文化各方面都是这样，并且是领导的因素，而总的来说是新民主主义的。我们努力发展国家经济，由新民主主义经济过渡到社会主义经济。1948 年底，毛泽东在《将革命进行到底》一文中提出，我国新民主主义革命就是要“在全国范围内建立无产阶级领导的以工农联盟为主体的人民民主专政的共和国”[①]。1949年1月6日至8日，中共中央在河北省建屏县（今平山县）西柏坡召开的中共中央政治局会议上决定，在北平解放后，必须召集第七届中央委员会第二次全体会议，以便确定组建新中国的有关事宜。

1. 中共七届二中全会

1949 年 3 月 5 日至 13 日，中共七届二中全会在新中国成立前夕于西柏坡举行，这是一次极其重要的会议。毛泽东在会议上作了重要报告，会议通过了中共七届二中全会决议，规定了党在全国胜利后在政治、经济、外交方面应当采取的基本政策。全会着重讨论了党的工作重心的战略转移，即工作重心由乡村转移到城市的问题。全会指出，采取用乡村包围城市，然后取得城市这样一种工作方式的时期现在已经完结。从现在起，开始了由城市到乡村并由城市领导乡村的时期，必须用极大的努力去学会管理城市和建设城市。党在领导城市工作时，必须全心全意地依靠工人阶级，吸收大量工人入党，团结其他劳动群众，争取知识分子，争取尽可能多的能够同共产党合作的民族资产阶级及其代表人物；将恢复和发展城市中的生产作为中心任务，城市中的其他工作，都必须围绕着生产建设这个中心工作并为这个中心工作服务。

全会分析了新民主主义各种经济成分的状况和党必须采取的正确政策，指出全国胜利并解决了土地问题以后，中国社会经济中存在着五种经济成分：社会主义性质的国营经济、半社会主义性质的合作社经济、农民和手工业者的个体经济、私人资本主义经济和国家资本主义经济。在这五种经济成分中，国营经济是整个国民经济的领导力量。对此，毛泽东早在 1940 年 1 月所作的《新民主主义论》中就提出：“在无产阶级领导下的新民主主义共和国的国营经济是社会主义的性质，是整个国民经济的领导力量”[②]。在中共七届二中全会上，他又系统论述了没收帝国主义在华资本和官僚资本、建立社会主义经济的问题，指明

---

① 《毛泽东选集》第四卷，人民出版社 1991 年版，第 1375 页。

② 《毛泽东选集》第二卷，人民出版社 1991 年版，第 678 页。

了中国将由农业国转变为工业国、由新民主主义社会转变为社会主义社会的发展方向。

中共七届二中全会勾画了比较明确的新中国经济纲领和政策，其基本点是：第一，明确提出要对中国基本经济形态保持清醒的认识。“在今后一个相当长的时期内，我们的农业和手工业，就其基本形态说来，还是和还将是分散的和个体的，即是说，同古代近似的。谁要是忽视或轻视了这一点，谁就要犯‘左’倾机会主义的错误。”[①]第二，没收帝国主义在华资本和官僚资本，建立中国社会主义经济。“没收这些资本归无产阶级领导的人民共和国所有，就使人民共和国掌握了国家的经济命脉，使国营经济成为整个国民经济的领导成分。这一部分经济，是社会主义性质的经济，不是资本主义性质的经济。谁要是忽视或轻视了这一点，谁就要犯右倾机会主义的错误。”第三，保护私人资本主义经济发展。“在革命胜利以后一个相当长的时期内，还需要尽可能地利用城乡私人资本主义的积极性，以利于国民经济的向前发展。”“为了整个国民经济的利益，为了工人阶级和劳动人民现在和将来的利益，决不可以对私人资本主义经济限制得太大太死，必须容许它们在人民共和国的经济政策和经济计划的轨道内有存在和发展的余地。”第四，引导和促进个体经济走向集体化发展道路。“是可能和必须谨慎地、逐步地而又积极地引导它们向着现代化和集体化的方向发展的，任其自流的观点是错误的。”“单有国营经济而没有合作社经济，我们就不可能领导劳动人民的个体经济逐步地走向集体化，就不可能由新民主主义社会发展到将来的社会主义社会，就不可能巩固无产阶级在国家政权中的领导权。谁要是忽视或轻视了这一点，谁也就要犯绝大的错误。”第五，实行对外贸易统制的办法。“人民共和国的国民经济的恢复和发展，没有对外贸易的统制政策是不可能的。”第六，新民主主义革命胜利后的两种基本矛盾。“中国革命在全国胜利，并且解决了土地问题以后，中国还存在着两种基本的矛盾。第一种是国内的，即工人阶级和资产阶级的矛盾。第二种是国外的，即中国和帝国主义国家的矛盾。”“对内的节制资本和对外的统制贸易，是这个国家在经济斗争中的两个基本政策。谁要是忽视或轻视了这一点，谁就将要犯绝大的错误。”[②]

毛泽东告诫全党，“夺取全国胜利，这只是万里长征走完了第一步。如果这一步也值得骄傲，那是比较渺小的，更值得骄傲的还在后头”，并向全党提出了

① 《毛泽东选集》第四卷，人民出版社1991年版，第1430—1431页。
② 《毛泽东选集》第四卷，人民出版社1991年版，第1431—1433页。

“两个务必”要求：“务必使同志们继续地保持谦虚、谨慎、不骄、不躁的作风，务必使同志们继续地保持艰苦奋斗的作风。”“我们不但善于破坏一个旧世界，我们还将善于建设一个新世界。中国人民不但可以不要向帝国主义者讨乞也能活下去，而且还将活得比帝国主义国家要好些。”①

2. 作为临时宪法的《共同纲领》

中共七届二中全会决议和毛泽东 1949 年 6 月为纪念中国共产党成立 28 周年发表的重要文章《论人民民主专政》，构成了制定“人民革命建国纲领”——《中国人民政治协商会议共同纲领》（简称《共同纲领》）的理论基础和政策基础，实际上规划了建设新中国的蓝图。毛泽东对于即将成立的新中国充满了憧憬。他在 1949 年 6 月 15 日新政治协商会议筹备会上说：“中国的命运一经操在人民自己的手里，中国就将如太阳升起在东方那样，以自己的辉煌的光焰普照大地，迅速地荡涤反动政府留下来的污泥浊水，治好战争的创伤，建设起一个崭新的强盛的名副其实的人民共和国。”②党领导人民，在彻底废除了国民党政府一切腐败落后制度的基础上，构建起了崭新的人民当家作主的人民共和国和人民政权。

1949 年 9 月 21 日至 30 日，中国人民政治协商会议在北平召开。毛泽东在开幕词中指出：“现在的中国人民政治协商会议是在完全新的基础之上召开的，它具有代表全国人民的性质，它获得全国人民的信任和拥护。因此，中国人民政治协商会议宣布自己执行全国人民代表大会的职权。”毛泽东庄严宣告：“占人类总数四分之一的中国人从此站立起来了。”③出席这次会议的有党派代表、区域代表、人民解放军代表、团体代表等 45 个单位的人士及特别邀请人士，共 662 人。会议通过了《中国人民政治协商会议组织法》和《中华人民共和国中央人民政府组织法》。选举毛泽东为中央人民政府主席，朱德、刘少奇、宋庆龄、李济深、张澜、高岗为副主席。通过了具有临时宪法作用的《共同纲领》。

《共同纲领》也是建国纲领，它包括序言和总纲、政权机关、军事制度、经济政策、文化教育政策、民族政策、外交政策 7 章 60 条。有关经济方面的主要内容为：

第一，《共同纲领》规定了中华人民共和国的国体，这是新中国走向独立、民主、和平、统一和富强的政治保障。以新民主主义即人民民主主义为中华人民

① 《毛泽东选集》第四卷，人民出版社 1991 年版，第 1438—1439 页。

② 《毛泽东选集》第四卷，人民出版社 1991 年版，第 1467 页。

③ 《毛泽东文集》第五卷，人民出版社 1996 年版，第 343 页。

共和国建国的政治基础，中华人民共和国为新民主主义即人民民主主义的国家，实行工人阶级领导的、以工农联盟为基础的、团结各民主阶级和国内各民族的人民民主专政，反对帝国主义、封建主义和官僚资本主义，为中国的独立、民主、和平、统一和富强而奋斗。

第二，《共同纲领》规定了中华人民共和国经济建设的根本方针，即以公私兼顾、劳资两利、城乡互助、内外交流的政策，达到发展生产、繁荣经济之目的。“公私兼顾、劳资两利、城乡互助、内外交流”十六个字高度概括了新民主主义经济基本政策，它涉及国民经济发展的“四面八方”：所谓“四面”是公私关系、劳资关系、城乡关系、内外关系四个方面；所谓“八方”是公方（指党、国家和集体）、私方（指私营经济和个人利益）、工人、资本家、城市、乡村、国内、国外八个对象。该方针就是要充分调动“四面八方”的积极因素发展生产力。

第三，《共同纲领》确定了五种经济成分在新中国成立初期的各自地位，明确指出国营经济处于领导地位。国家应在经营范围、原料供给、销售市场、劳动条件、技术设备、财政政策、金融政策等方面，调剂国营经济、合作社经济、农民和手工业者的个体经济、私人资本主义经济和国家资本主义经济，使各种社会经济成分在国营经济领导之下，分工合作，各得其所，以促进整个社会经济的发展。

第四，《共同纲领》确立了新中国成立初期的所有制结构。“国营经济为社会主义性质的经济。凡属有关国家经济命脉和足以操纵国民生计的事业，均应由国家统一经营。凡属国有的资源和企业，均为全体人民的公共财产，为人民共和国发展生产、繁荣经济的主要物质基础和整个社会经济的领导力量”。“合作社经济为半社会主义性质的经济，为整个人民经济的一个重要组成部分。人民政府应扶助其发展，并给以优待。”“凡有利于国计民生的私营经济事业，人民政府应鼓励其经营的积极性，并扶助其发展。”“国家资本与私人资本合作的经济为国家资本主义性质的经济。在必要和可能的条件下，应鼓励私人资本向国家资本主义方向发展”。[①]

《共同纲领》在经济方面的政策规定体现了这样一些原则：一是坚决实现国

① 中共中央文献研究室、中央档案馆编：《建党以来重要文献选编（1921—1949）》第二十六册，中央文献出版社 2011 年版，第 763—764 页。

家的政治独立和经济独立；二是没收官僚资本归新民主主义国家所有，将封建半封建的土地所有制改变为农民的土地所有制；三是坚决保护人民群众的合法财产；四是坚决发展新民主主义经济，推进国家的工业化；五是坚决调动一切积极因素，形成新民主主义经济的繁荣局面。新民主主义革命的性质决定了新民主主义经济作为一种过渡性经济形态，前途不是资本主义经济，而是社会主义经济。总之，《共同纲领》是中国共产党在马克思列宁主义、毛泽东思想指导下，结合中国革命和建设具体实际，总结国外革命与建国经验，制定出来的一部新中国的建国纲领，它包含了中国共产党的全部最低纲领，又在基本大政方针上同党将来制定的社会主义的纲领相衔接。

二、新中国成立初期的形势与任务

从 1949 年 10 月到 1952 年底三年多的时间，是国民经济恢复时期。当时党和国家的主要经济任务就是全面贯彻《共同纲领》，继续完成新民主主义革命的任务和建立完善新民主主义经济体制。由于外国列强的压榨掠夺和国民党政府的腐朽统治，特别是日本帝国主义发动的长达 14 年的侵华战争，中国社会生产力和国民经济遭受严重破坏，大批工业企业或停产倒闭，或面临生产萎缩；工农业产品和物资严重匮乏，市场混乱，物价飞涨；城乡经济均陷入严重危机之中，城乡商品交流严重受阻；政府财政危机日益加深，城市出现大量失业人口；等等。新中国成立初期，中国人民既要承担抗美援朝战争的巨大负担，又要面对西方资本主义国家对我国的封锁和禁运，中国的国民经济恢复遭遇巨大困难。正是在这种环境下，新中国很快建立起了国营经济领导下的多种经济成分并存发展的所有制结构，以及市场调节与政府计划管理相结合的经济运行机制，得到了全国广大人民的积极支持和拥护，促进了国民经济的迅速恢复，同时也为“一五”时期工业化建设借鉴苏联模式准备了条件。

1949—1952 年的三年是实行新民主主义经济形态和新民主主义经济体制时期，新民主主义经济形态中的社会主义因素是不断壮大的。一是五种经济成分是新民主主义的基本经济成分，国营经济处于领导地位，是社会主义经济发展方向；二是东北解放区在没收官僚资本的基础上，建立起强大的社会主义性质的国营经济，并已经开始在苏联帮助下制定经济计划，进行计划经济建设。在党内关于新民主主义经济形态和新民主主义经济体制需要存在多长时间的问题，则有过一些不同认识和讨论。

毛泽东十分重视国民经济恢复时期生产关系变革对生产力发展的积极作用，当时许多有利条件促进着新民主主义经济蓬勃发展并向社会主义经济转变。第一，充分发挥中国共产党在革命胜利之后的强大政治优势与组织优势，迅速稳定社会政治秩序和环境，确保国家经济恢复与经济建设顺利推进。一是中国共产党在政治上的鲜明主张和军事上的巨大胜利及纪律严明、富有理想、敢于牺牲、高效清廉赢得了人民。二是中国共产党宏伟的奋斗目标和踏实的工作作风及深入广大农村和城市基层的强大组织体系，使其成为事业的领导核心。第二，学习苏联等社会主义国家建设经验，全面加强政府宏观经济管理职能，建立系统有效的经济管理体制和国民经济指挥系统。一是建立起高度集中的政府主导型经济体系和经济指挥系统，集中有限资源，优先发展国营经济，统一国内市场，有力调节市场供求。二是采取一系列有利于国民经济有序运行的政策措施，控制市场和重要行业，打击偷税漏税行为，统制对外贸易，发展农村供销合作社。第三，运用政治和体制优势最大可能减少影响经济恢复发展的不利因素。一是集中经济资源，集中力量办大事，克服经济发展起点低、基础薄弱、发展不平衡等困难。二是加强政府干预，改善人民生活，提高教育水平，促进医疗卫生事业，扩大就业。三是克服严重经济困难，坚持抗美援朝，抵御西方国家经济封锁，保障国家安全。

三、废除帝国主义在华特权和一切不平等条约

毛泽东在中共七届二中全会上指出："不承认国民党时代的任何外国外交机关和外交人员的合法地位，不承认国民党时代的一切卖国条约的继续存在，取消一切帝国主义在中国开办的宣传机关，立即统制对外贸易，改革海关制度，这些都是我们进入大城市的时候所必须首先采取的步骤。在做了这些以后，中国人民就在帝国主义面前站立起来了。"①

这就是说：第一，要彻底废除帝国主义的一切损害中国人民尊严和利益的特权，实现真正的平等是国家和人民根本利益的要求。例如，新中国成立初期全国有外资企业 1 333 家、资产 12.3 亿元。人民政府取消了这些企业享有的特权，保护它们按照新中国法律正当经营。

第二，要彻底废除旧中国与外国签订的一切不平等条约和损害中国人民利益

① 《毛泽东选集》第四卷，人民出版社 1991 年版，第 1434 页。

的外交关系，实现真正的互利是中国人民和国家根本利益的要求。例如，明确新中国根据独立自主、平等互利原则与外国政府和民间恢复发展贸易关系，实行对外贸易国家统制，重要货物进出口由国家统购统销，并通过海关对进出口贸易实行监管。

第三，要彻底取消帝国主义在中国开设的各种文化宣传和文化奴役的机构，取消它们在华享有的一切文化特权，建设新中国自己的社会主义文化。新中国人民政府不允许外国机构和个人在中国设立宣传机构、兴办报纸杂志和广播站；对于接受外国津贴的各类机构给予一定时期宽限，但必须遵守新中国的法令。

第四，要彻底取消外国对中国对外贸易的实际控制权，根本改革国民政府时期的海关制度，实现维护国家和人民根本利益的要求。例如，新中国成立后立即收回了关税和海关管理权，1949 年 10 月 25 日宣布成立中央人民政府海关总署，相继发布《中央人民政府海关总署试行组织条例》《中华人民共和国暂行海关法》等法令文件，对海关组织机构、任务和职权，以及进出口货物监管等都作了具体规定。

废除帝国主义在华特权和一切不平等条约与发展平等的国家关系是一致的。毛泽东在天安门城楼上庄严宣读了《中华人民共和国中央人民政府公告》，向世界表明了中国人民愿意与一切平等待我的国家发展外交关系。“本政府为代表中华人民共和国全国人民的唯一合法政府。凡愿遵守平等、互利及互相尊重领土主权等项原则的任何外国政府，本政府均愿与之建立外交关系。”①

四、建立统一的经济管理体制

经济管理体制从根本上说是服从并服务于国家经济建设总目标和总任务的，新中国经济管理体制是在中国共产党和人民政府领导经济建设过程中逐步建立起来的，经历了一个不断发展、不断调整、不断完善的历程。

1. 建立各级政府经济管理机构

新中国成立后，中央人民政府的经济管理部门和机构迅速建立起来。解放战争时期，各解放区财政经济工作基本上是各自为政。1947 年，随着华北各解放区连成一片，中央决定成立华北财经办事处。1948 年，毛泽东、周恩来、任弼时到西柏坡后，周恩来提出：各解放区财经工作不能再搞“联合政府”，要搞统

---

①《毛泽东文集》第六卷，人民出版社 1999 年版，第 2 页。

一政府，取消办事处，成立中央财政经济部（简称中财部），并决定建立中国人民银行，统一发行货币。董必武出任中财部部长，薛暮桥任秘书长，南汉宸负责筹建中国人民银行并准备发行全国统一货币。1949年3月，周恩来起草的《关于财政经济工作及后方勤务工作中若干问题的决定》指出："中央应即成立财政经济委员会，首先与华北财政经济委员会合并，并加入东北、华东、西北、华中各区财政经济工作负责人为委员，依靠华北政府各部及其直辖的各省市，进行业务。"① 中央决定由陈云任中央财政经济委员会主任，主持全国财经工作。

1949年5月，中共中央发出《中国人民革命军事委员会关于建立中央财政经济机构大纲（草案）》，决定在中国人民革命军事委员会下成立中央财政经济委员会及下属机构，中央人民政府成立后由中央人民政府领导，作为中央的财政经济机构全面领导国家的财政经济工作。7月，中央财政经济委员会由中央财政经济部与华北财政经济委员会合并组成，陈云任主任。中央财政经济委员会的机构设置是：内设六局一处（计划局、人事局、技术局、私营企业事务局、合作事业管理局、外资企业管理局和秘书处）；下属13个处、行、署、部、会（中央财政处、中国人民银行、中央海关总署、中央商业处、中央铁道部、中央交通处、中央燃料处、中央金属处、中央纺织业处、中央工业处、中央农业处、中央林业处和中央水利委员会）。

《共同纲领》提出："中央人民政府应争取早日制定恢复和发展全国公私经济各主要部门的总计划，规定中央和地方在经济建设上分工合作的范围，统一调剂中央各经济部门和地方各经济部门的相互联系。中央各经济部门和地方各经济部门在中央人民政府统一领导之下各自发挥其创造性和积极性。"②

1949年10月1日，中央人民政府委员会第一次会议在北京中南海勤政殿召开，中央人民政府主席毛泽东率全体政府委员宣布就职。会议任命周恩来为政务院总理兼外交部部长，毛泽东为中国人民革命军事委员会主席，朱德为中国人民解放军总司令，沈钧儒为最高人民法院院长，罗荣桓为最高人民检察署检察长。10月19日，中央人民政府委员会举行第三次会议，任命董必武、陈云、郭沫若、黄炎培为政务院副总理，谭平山等15人为政务委员，李维汉为政务院秘书长。

① 中共中央文献研究室编：《周恩来传（1898—1949）》，人民出版社、中央文献出版社1995年版，第745页。

② 中共中央文献研究室、中央档案馆编：《建党以来重要文献选编（1921—1949）》第二十六册，中央文献出版社2011年版，第764页。

会议还任命了政务院所属各部、委、会、院、署、行的负责人。

10月21日，中央人民政府政务院财政经济委员会（简称中财委）成立，陈云任主任，薄一波、马寅初任副主任，薛暮桥任秘书长，负责指导政府财经各部门、人民银行及海关总署等一切有关经济部门的工作。中财委机构设置已经比较系统完备，内设财经计划局、技术管理局、财经统计局、私营企业管理局、外资企业管理局、合作事业管理局、财贸人事局、编译室等业务部门，下属16个部级机构。中财委是当时政务院4个委员会中下属机构最多也是最忙的一个委员会。

1950年1月和11月，政务院先后发布省、市、县人民政府组织通则以及大城市区人民政府组织通则，规定了地方各级人民政府的隶属关系、机构、组成和职权，使地方各级政权的建立有了初步的法规依据。各省（市）均由各界人民代表会议协商推举人民政府主席、副主席、委员，经政务院报请中央人民政府正式任命。12月，政务院发布区乡（行政村）人民政府组织通则，人民政权建设延伸至基层。① 各地方经济管理部门和机构也根据全国各地解放的步伐，有条不紊地迅速建立起来。将全国划分为六个大行政管理区，即东北、华北、华东、中南、西南、西北，在每个大区军政委员会内设立财政经济委员会，大区财政经济委员会受政务院财政经济委员会和大区军政委员会双重领导，大区财政经济委员会下亦设立财经各部及人民银行区行机构，负责全区的经济管理工作。在大区之下，设立省、市（地）、县三级政府经济管理机构。

中央和地方各级经济管理部门和机构迅速建立起了对企业等经济主体进行管理的体系。对于国营企业采取由中央政府或地方政府的经济管理部门直接管理的办法，并按其所有权及管理权分为中央直属企业、中央所有委托地方代管企业、地方所有企业三种。对于供销、消费、手工业生产合作社采取按照系统进行管理的办法，1950年7月成立中华全国合作社联合总社及大区、省、市、县联社负责行业管理，试办的农林渔业生产合作社则是自主独立性企业。对于公私合营企业则采取参与经营管理的办法，由于公私合营企业中有国家股份，因而政府通过派遣公股董监事参与经营管理，至于股份及增殖的监管权及收益等事项，则委托交通银行代为管理。对于个体和私营企业则采取间接管理办法，在城市由工商管

① 《中华人民共和国简史》编写组编著：《中华人民共和国简史》，人民出版社、当代中国出版社2021年版，第12页。

理局负责行政管理，在农村则基本上是由农民依法自主经营。

在新中国成立之初，毛泽东就明确提出："领导我们事业的核心力量是中国共产党。指导我们思想的理论基础是马克思列宁主义。"[①]经济工作是新中国成立后中国共产党的主要工作内容之一，加强党对经济工作的领导是必须始终不渝坚持的根本原则。党对经济工作的领导主要通过这样两种方式来体现：一是从中央政治局到地方党委的党的各级组织必须直接负责对经济工作的领导；二是在中央政府及各经济管理部门设立党委、党组，确保党对经济工作的领导。例如，中共中央先后发出了《关于在中央人民政府内组织中国共产党党委会的决定》《关于在中央人民政府内建立中国共产党党组的决定》等文件，为完整准确贯彻中共中央有关政府工作和经济工作的决定提供了坚实的政治保障、制度保障和组织保障。

2. 建立计划管理部门和体系

新民主主义经济是有计划的经济，加强对全国经济的计划管理、建立必要的计划管理体系，是中国共产党在探索新中国经济管理体制时的一个基本立场和重要内容。新中国成立前，中国共产党就已经开始探索在一定范围内对国民经济实行直接计划管理和间接计划管理了。东北解放区是最早开始建立计划管理机构的地方。1948 年底，东北地区全境解放后就进入到恢复和发展东北地区国民经济的时期。鉴于东北地区国营经济在现代工矿交通业中所占比重达 90% 以上，东北人民政府于 1949 年 1 月成立了东北经济计划委员会及下属机构，并编制了东北地区 1949 年经济计划，为中央人民政府成立后实行计划管理提供了经验。

1951 年 2 月，毛泽东在为中共中央起草的党内通报中明确提出，要使省市级以上干部都明白"三年准备、十年计划经济建设"的思想，要求在"工厂内，以实现生产计划为中心，实行党、政、工、团的统一领导"[②]。1951年7月，中财委召开全国财经统计工作会议，决定在 1951—1952 年建立起各级统计机构。同年 11 月召开的全国财经计划会议又决定：加强计划工作机构，省（市）以上各级财经委员会（东北为计委）实际上担负着双重任务，即计划管理与行政管理。应使各级财委完全逐步转变为计划管理机关，目前财委应加强对计划工作的领

① 《毛泽东文集》第六卷，人民出版社 1999 年版，第 350 页。

② 《建国以来毛泽东文稿》第四册，中央文献出版社 2023 年版，第 163 页。

导，因此，省（市）以上各级财委把行政与计划的机构合并起来，在财委之下设置进行计划与行政工作的必要的各部门，财委主任、副主任之中固定专人领导计划工作。1952 年初，中共中央批转上述决定并转发了中南区执行经验后，各地政府部门计划管理机构逐步建立起来。与此同时，在中央财经各部及中央所属企业内，为了贯彻 1951 年中财委制定的各项计划报表制度，也都成立了相应的负责计划统计工作的局、处、科、股等，并确立了具体职责。

随着国民经济恢复任务基本完成，国家将转入大规模经济建设。中央人民政府为了加强对国家建设工作的领导，决定把各大行政区的负责人集中到中央工作。1952 年 11 月，中央人民政府委员会第十九次会议通过《关于增设中央人民政府机构的决议》，决定成立中央人民政府国家计划委员会。由高岗任主席，邓子恢任副主席，陈云、彭德怀、林彪、邓小平、饶漱石、薄一波、彭真、李富春、习仲勋、黄克诚、刘澜涛、张玺、安志文、马洪、薛暮桥任委员，马洪兼秘书长。国家计委内设 16 个计划局、1 个私营企业计划处和 1 个统计局。

全国性综合年度经济计划的编制是从 1952 年开始的。国民经济恢复时期的计划管理实行指令性计划与指导性计划并行，实行指令性计划的主要是国营大中型企业和国家基本建设，实行指导性计划的主要是为数众多的个体经济、私营经济和合作社经济。具体规定是：第一，对国营工业，一律按计划表格作计划，实行严格的计划制度。第二，对合作社，一般以县级以上的联社为基层计划单位，作重要工农业产品的推销及收购计划。第三，对私营工业，以省、市工业（工商）厅、局为基层计划单位，选择重要行业、重要产品作生产的、设备利用的、原料供应的估计性计划；对私营商业，以省、市商业（工商）厅、局为基层计划单位，选择重要行业、重要商品作收购量、推销量、资本额的估计。第四，农林牧畜事业以专署或县为基层计划单位，选择重要产品作估计性的生产计划。对于农民重要生活资料与生产资料的消费量，以县为基层计划单位作估计。

3. 建立国家金融管理体系

金融是国民经济的血液，事关国家的经济命脉，必须控制在国家手中。随着 1948 年 12 月中国人民银行的成立，统一各解放区银行和货币的工作逐步开展。1949 年 9 月，中国人民政治协商会议通过《中华人民共和国中央人民政府组织法》，把中国人民银行纳入政务院直属单位系列，接受中财委指导，与财政部保持密切关系，赋予其国家银行职能，承担发行国家货币、经理国家金库、管理国家金融、稳定金融市场、支持经济恢复和国家重建的任务。在国民经济恢复时期，中国人民银行在中央人民政府和政务院领导下，开展了卓有成效的创建工作：

第一，在全国建立起中国人民银行组织系统。到 1952 年底，中国人民银行已经建立起了全国垂直领导的组织机构体系，按照行政区划建立起总行、区行、分行、支行四级机构，在大行政区设区行，省、自治区、直辖市设分行，县设支行。在城市中，按城市规模和业务需要成立分行或支行，下设办事处、分理处；在农村的集镇设立营业所，办理各种具体业务。

第二，建立独立统一的货币体系，使人民币成为中国境内流通的本位币，与各地方经济部门协同治理通货膨胀。为了使人民币成为全国唯一流通的法定货币，对解放战争时期各解放区发行的地方货币采取“固定比价，混合流通，逐步收回，负责到底”的办法，从 1948 年 12 月 1 日起，华北、华东、西北三区的所有公私款项收付及一切交易，都以人民币为本位币。各解放区发行的地方货币逐步收回，人民币对各地方货币的收兑比价如下：对中州币是 1∶3；对冀南币、北海币、华中币是 1∶100；对长城银行券是 1∶200；对晋察冀边币、热河省银行券是 1∶1 000；对陕甘宁边区贸易公司商业流通券是 1∶2 000；对冀热辽边币是 1∶5 000；等等。为了保障东北经济快速恢复并免受关内通货膨胀的影响，发挥其对全国经济恢复的贡献，直到 1951 年 4 月才决定以人民币对东北币 1∶9.5 的比价收回东北币。

第三，采取收兑国民党政府旧币的办法，取缔金圆券、银圆券流通。在解放战争时期，各解放区军事管制委员会宣布人民币为金融市场流通的唯一合法货币，并以人民币收兑金圆券、银圆券，根据形势发展，收兑期限越来越短，收兑价格越来越低，直至停止收兑。例如，1949 年 1 月 15 日天津解放，16 日天津市军管会就颁布公告，规定可按人民币对金圆券 1∶6 的比价兑换。到同年 4 月 23 日南京解放时，兑换比价为 1∶2 500。对流通中的银圆券也采取同样的办法进行取缔。通过这种途径，全部清除并限期兑换了国民党政府发行的货币。

第四，实行金融管理，疏导游资，打击黄金、银元、外币黑市，取消在华外商银行的特权，禁止外国货币流通，统一管理外汇。例如，在取缔了金圆券、银圆券流通之后，为了巩固人民币本位币地位，人民政府加强了对黄金、银元、外币流通的管制，对黄金、银元、外币采取的办法是“严禁流通”和“低价冻结”，禁止和打击黄金、银元、外币投机活动。与此同时，人民银行开展“收存款、建金库、灵活调拨”活动，运用折实储蓄和存放款利率等手段调控市场货币供求，扭转了金融市场混乱局面。

第五，开展存款、放款和外汇业务，促进城乡物资交流。一是按照“公私兼顾、劳资两利、城乡互助、内外交流”的政策，配合工商业调整，灵活调度资金，支持国营经济快速发展，适度增加对私营经济和个体经济贷款，为迎接经济建设高潮作准备。二是取缔和打击非法经营高利贷的“地下钱庄”，仅 1949 年 11 月下旬在上海就查获了 26 家地下钱庄，12 月在广州就查获了 170 家地下钱庄。①

新中国成立初期，中国银行和交通银行经过改组后，分别成为国家经营管理外汇和国家经营管理投资的专业银行，均采取总管理处、分行、支行三级制，总管理处下属的行处受本行总管理处和当地人民银行的双重领导。随后中国银行总管理处和交通银行总管理处都由上海迁到北京。1949 年 10 月，中国人民保险公司正式成立，并陆续在全国各地设立分支机构。1951 年 8 月，为了加强农村金融工作，经政务院批准，成立了中国农业合作银行，但未在各地设立分支机构。1952 年，国家对金融机构及其管理体制进行了调整，中国银行与中国人民银行的国外业务局合署办公；交通银行划归财政部领导；中国人民保险公司也改由财政部领导；精简撤销了中国农业合作银行；成立了全行业公私合营银行总管理处，它实际上成为国家经营管理私营工商业存贷款业务的专业银行。

到 1952 年底，由中国人民银行统一领导的银行体系和管理体制初步建立。

4. 建立统制对外贸易体制机制

伴随着新中国经济管理体制的逐步形成，对外贸易管理体制也确立起来。新中国成立初期，对外贸易管理体制面临着严峻的挑战。一是必须彻底摧毁旧中国遗留下来的半殖民地半封建的对外贸易管理体制，彻底废除帝国主义对中国对外贸易的控制，接管和改造海关管理机构，迅速建立国营外资企业。二是结束解放战争时期各解放区因地制宜、分散管理的局面，统一全国的外贸机构和管理制度。三是针对我国对外贸易规模和结构长期滞后，特别是西方资本主义国家对我国的封锁和禁运，迅速建立统制对外贸易的管理体制和管理制度。

在国民经济恢复时期，中国统制对外贸易体制机制的主要特征是：

---

① 尚明主编：《当代中国的金融事业》，中国社会科学出版社 1989 年版，第 51 页。

第一，设立统制对外贸易的管理机构。中央人民政府于1949年10月成立了贸易部并在贸易部内设立了对外贸易司，负责对外贸易的管理。各大区设立的贸易部负责地方对外贸易管理工作，省、市对外贸易管理工作则由商业厅（局）负责。到1951年，全国先后成立了天津、上海、广州（以上为一等局）、青岛、旅大、武汉（以上为二等局）、福州、昆明（以上为三等局）8个对外贸易管理局。1952年9月中央人民政府贸易部一分为二，分别成立商业部和对外贸易部，对外贸易部专门负责对我国对外贸易的领导和管理。

第二，设立统制对外贸易的制度。新中国成立初期对外贸易的管理办法主要有：一是全面实行进出口许可证制，将进出口贸易直接置于政府的控制之下。无论国营企业还是私营企业或外资企业，在进行对外贸易活动时都必须申请许可证。外贸管理局及其分支机构根据国家需要等因素发放进出口许可证。二是实行结汇制，由国家统一管理贸易外汇。早在1949年4月，华北人民政府就颁布了《华北区外汇管理暂行办法》及其施行细则，此后各大区相继效仿。新中国成立后，中国人民银行指定中国银行具体负责贸易外汇管理事宜。三是对外贸易实行指令性计划为主、指导性计划为辅的计划管理。目的是实现进出口平衡，满足国家经济建设和人民生活需要。指令性计划主要通过中央贸易部下达至各外贸专业公司及分公司，后者的业务计划、商品调度、资金调拨统一由中央贸易部掌握。指导性计划主要用于对资本主义国家的小额贸易，通过发放进出口许可证、调整汇率、限制进出口货物价格、调整进出口货物收购价格等间接手段来执行。

第三，加强对各类企业从事对外贸易活动的管理。一是确立国营贸易企业在对外贸易中的主导地位。到1950年，中央贸易部设立了与苏联和东欧社会主义国家等进行贸易的中国进口公司，与资本主义国家进行贸易的中国进出口公司，以及中国畜产、油脂、茶叶、蚕丝、矿产等国营外贸公司。国营对外贸易进出口额占全国进出口总额的比重，由1950年的68.4%增至1952年的92.8%。二是对私营进出口商采取了利用、限制、改造的政策。既利用它们的经验和渠道，积极开展与资本主义国家的贸易往来，又坚持在统制外贸政策下，采用进出口许可证制、结汇制、关税税率等措施限制其盲目竞争。各地外贸管理局还通过组织外贸企业行业小组、公会以及联营等方式，加强了对私营进出口商的管理并提高了其经营能力。私营进出口商对外贸易额一度占我国对外贸易额的1/3左右，但到1952年则仅占7.2%。三是仍允许外国在华企业继续营业。1950年有外商企业

540多家，进出口额占中国对资本主义市场进出口总额的6.52%。后来随着西方资本主义国家对我国实行封锁和禁运，这些企业陷入困境，业务逐渐萎缩。

第四，接收并建立海关管理机构。新中国成立后才真正拥有了关税及海关事业的自主权。在接管旧海关的基础上，1949年12月政务院批准《中央人民政府海关总署试行组织条例》，1950年3月发布《政务院关于关税政策和海关工作的决定》，同年12月又发布《政务院关于设立海关原则和调整全国海关机构的指示》，这些制度和政策规定推动新中国海关体系逐步建立起来。1951年4月，政务院公布《中华人民共和国暂行海关法》，对海关的组织、任务和职权，进出口货物的监管，走私和违章案件的处理等都作了规定，成为海关执行征税、货物监管、反走私三大任务的基本法律依据。1951年5月，政务院又颁布《中华人民共和国海关进出口税则》，该税则充分体现了《共同纲领》规定的贸易保护政策。同年11月，中财委颁布《商品检验暂行条例》，并将中央贸易部内的商检处扩大为商品检验局。回归到人民政府手中的海关管理权和关税自治权，在新中国的经济建设中发挥了重要作用。

第二节　没收官僚资本和实行企业民主改革

没收官僚资本，建立国营经济，是新中国成立之后经济领域进行的重要斗争和重要工作，是肃清官僚资本影响、确立国营经济地位的重要举措，是促进新民主主义经济走向社会主义经济的关键一步。

一、没收官僚资本

1949年新中国成立前，官僚资本控制了全国工业的67%、银行业的67%、工交固定资产投资的80%。“没收官僚资本归人民的国家所有”是新民主主义革命的三大纲领之一。没收官僚资本，主要是没收国民党政府的国家垄断资本以及以蒋、宋、孔、陈四大家族为首的官僚私人资本和敌产。据1947年国民党政府公布的统计数据，仅国民党政府资源委员会控制的工业企业产品产量占全国总产量的比重就高得惊人：电力为66%，煤炭为33%，钢铁为90%，钨锑为100%，锡为70%，水泥为45%，糖为90%。1947年国民党政府控制的行局放贷数量达17万亿元，还不包括省、市政府控制的银行放贷数量，而该年全国私营行庄放款仅为1万亿元。至于现代交通运输和国际贸易，则基本上为官僚资本所独占。①

1949年4月25日发布的《中国人民解放军布告》对没收官僚资本申明，“凡属国民党反动政府和大官僚分子所经营的工厂、商店、银行、仓库、船舶、码头、铁路、邮政、电报、电灯、电话、自来水和农场、牧场等，均由人民政府接管”②。对于在接管城市过程中一时难以确认是否属于官僚资本的企业和财产，采取了监管、代管或冻结的办法。1950年中央人民政府政务院财政经济委员会进一步指出，官僚资本的定义应该是：“凡利用政治特权，积累巨大财富者谓之官僚资本，时间则以国民党反动统治时期起算，国统以前的官僚资本（除汉奸外）概不追究。”③对于这一部分被没收的官僚资本企业，采取了按照不打烂企业组织机构和生产系统的办法，保留原职、原薪、原制度，完整接收，然后逐步改造，使之成为社会主义国营企业。

没收官僚资本大致经历了三个阶段：第一个阶段是解放战争时期，主要是没收国民党政府的国家资本及各种公营企业；第二个阶段是1950年镇压反革命运动期间，通过没收敌产方式没收了属于国民党官吏私人所有的官僚资本；第三个阶段是1951年开始的清理公股、公产运动期间，主要是通过自己申报、调查审核、清理登记等办法，将国营企业中的民族资产阶级的股份和私营企业中的官僚资本、敌产清理出来，并解决前两个阶段遗留的问题。据不完全统计，到1950年初人民政府接收官僚资本情况如下：一是接收金融企业2 400余家，此外还有大官僚经营的山西裕华、亚东商业等银行。二是接收工矿企业2 858家，职工129万人。三是接收交通运输企业资产，包括接管铁路2万多公里，机车4 000多台，客车约4 000辆，货车约47 000辆，各种船舶20多万吨，铁路车辆和船舶修造厂约30个，在香港的中国、中央两航空公司职工起义，12架飞机投归祖国怀抱。四是接收商业企业，包括复兴、富华商业外贸公司以及大官僚经营的孚中、金山、利泰、扬子建业等公司。④

通过没收官僚资本，新中国国营经济在现代金融、现代工业、现代交通运

① 政务院财政经济委员会：《一九四九年中国经济简报》，1950年。

② 《毛泽东选集》第四卷，人民出版社1991年版，第1457页。

③ 中国社会科学院、中央档案馆编：《中华人民共和国经济档案资料选编（1949—1952）》工商体制卷，中国社会科学出版社1993年版，第107页。

④ 许涤新、吴承明主编：《中国资本主义发展史》第三卷，人民出版社2003年版，第717页。

输业等行业的主导地位和主体地位得以确立。例如，国营工业企业在全国工业总产量中所占比重稳步提高：发电机容量占73%，煤炭占70%，铁占60%，钢占90%，水泥占60%，工作母机占50%左右，纱锭占43%；综合起来，国营经济在现代工业主要行业中所占比重约达50%。至于金融、铁路、港口、航空等产业，国营经济更是占有绝对的优势。[①] 截至1952年，全国国营企业固定资产原值为240.6亿元人民币，其中大部分为没收的国民党政府官僚资本企业资产（不包括其土地价值在内）。除去已用年限折旧后净值高达167.1亿元人民币。例如，对于官僚资本经营的中国银行和交通银行，就采取了既坚决没收又十分慎重的措施。接管中国银行之后，坚决没收官股，保留私股权益，改组董事会等管理机构，留用全部职工并实行原职原薪；接管交通银行也是采取同样的措施。中国银行和交通银行改组后仍正常运营，并于1950年1月以总管理处名义向海外分支机构通电，号召海外员工保护行产，安心工作。对于原官商合办的银行如新华信托储蓄银行、中国通商银行等，接管后没收官股并实行公私合营。这些被接管的金融机构都必须接受中国人民银行的领导，据上海、北京、天津三地统计，中国人民银行仅在三地就接管官僚资本金融机构128家，接收员工9 530人。[②]

没收的官僚资本构成了新中国成立初期国营经济物质技术基础的最主要部分，中国共产党对官僚资本企业采取先接收后改造的思路，使这些企业成为社会主义的国营企业，这实际上就改造了中国资本主义经济的主要部分。没收官僚资本既是新民主主义革命的步骤，又带有社会主义革命的性质。

二、建立国营经济

国营经济是社会主义性质的经济，是整个国民经济的领导力量和发展生产、繁荣经济的主要物质技术基础。在国民经济恢复时期，人民政府接收的官僚资本企业构成了我国社会主义性质的国营企业。由于当时国营企业的数量还不是很多，这些企业主要集中在关系国计民生的重要部门。国家为了保证对国民经济的调控能力，将大中型企业的经营管理权和一些重要行业的经营管理权收归中央，国家对国营企业实行直接管理，对其生产经营活动实行指令性计划管理。国家掌握企业领导的任免权，决定企业生产经营、工资分配，审核企业财务收支计划并

① 武力主编：《中华人民共和国经济史》增订版上卷，中国时代经济出版社2010年版，第82页。
② 尚明主编：《当代中国的金融事业》，中国社会科学出版社1989年版，第39页。

检查监督其执行情况，决定企业的投资和发展，甚至折旧和大修理费也由国家管理。据统计，1952 年国营工业企业共有 9 517 家，其中归中央所有的为 2 254 家，占企业总数的 23.68%，中央企业产值占全部国营工业企业总产值的 71.61%。在商业外贸方面，据 1951 年 5 月的统计资料，贸易部所属的各商业外贸专业总公司及其下属分支机构和职工，分别占全国国营商业外贸企业及分支机构总数和职工总数的 56.84% 和 66.49%。①

东北解放区是新中国成立之前最早开始建立比较完备系统的国营经济体系的地区，在这里也最早开始了经济计划的编制。所以，在新中国成立前后特别是国民经济恢复时期，东北地区是比较彻底地实行新民主主义经济并开始向社会主义经济迈进的地区。1948 年 11 月东北全境解放后，中央作出了“让东北工作先走一步”的战略，使东北成为全国经济建设的后盾。为此，允许东北暂用东北银行发行的东北地方流通券，并一直使用到 1951 年 4 月。人民政府没有立即将东北与关内的货币统一起来，也是为了迅速恢复东北经济，避免关内通货膨胀给东北带来冲击，以促进全国的经济建设。② 以东北地区建立国营经济为例可见一斑。

日本帝国主义长期占领东北地区并投资经营重工业，其目的就是要对东北地区实施永久的殖民统治。日本投降后，日本人拆卸、破坏了昭和制钢所的关键设备，不想给中国人民留下一个能够立即恢复生产的设备基础。而苏联军队 1945 年 8 月出兵东北后，更是大量从东北地区的重工业企业拆卸机器设备运回苏联。例如，苏军占领鞍山后又从昭和制钢所拆走大量设备，连同其他物资共 7 万余吨，其中包括第二炼钢厂、第二初轧厂、大型轧钢厂、无缝钢管厂、薄板厂、轨梁厂的大型设备，使一家完整的钢铁联合企业变成了一堆烂摊子。③ 东北的国民经济恢复和国营经济建立就是在这样的基础上开始的。

1946 年中共东北局提出发展工业的方针是“发展农村手工业及恢复必要的、条件可能的机器工业”，确定矿山以恢复煤矿为重点，工厂以军工和供给工矿的发电厂、机械厂为重点。中共东北局于 1946 年初成立了第一个机械化的国营纺织厂，开办了 74 家规模不等的钢铁企业，生产了大批军需物资和武器弹

① 中国社会科学院、中央档案馆编：《中华人民共和国经济档案资料选编（1949—1952）》工商体制卷，中国社会科学出版社 1993 年版，第 280—285 页。

② 中国社会科学院、中央档案馆编：《中华人民共和国经济档案资料选编（1949—1952）》基本建设投资和建筑业卷，中国城市经济社会出版社 1989 年版，第 256 页。

③ 《袁宝华回忆录》，中国人民大学出版社 2018 年版，第 87—88 页。

药。[①] 1946 年又大批恢复了东北解放区的煤矿工业、电力工业、机械工业、纺织工业、金矿业、化学工业等，到 1947 年 5 月已有较大的国营矿业企业 15 家，国营工厂员工也增至 5 万人。据统计，1947 年 10 月至 1948 年 9 月，中共东北局军工部所属各办事处及工厂共有机器 5 085 台，职工 20 640 人；共生产子弹 824 万余发，各种炮弹近 126 万发，手榴弹 163.5 万颗，爆破筒 2 万余个，雷管 65.7 万个，无烟火药 31 吨；制造各种火炮 1 175 门，信号枪 1 483 支，铁锹、洋镐 4 万把，马刀 3 579 把；修理各种枪械 21 771 支，各种火炮 609 门。[②]

主管东北工业的机构是东北工业部，王首道、陈郁、王鹤寿曾先后担任部长。该部于 1946 年在哈尔滨成立，1948 年 11 月东北全境解放后迁往沈阳，统管东北地区的轻工业、重工业和军事工业。内设机构有计划处、经理处、基建处、设计处、人事处、行政处、卫生处、专家办公室等，管理机构有有色局、化工局、建材局、机械局、电工局、轻工局、纺织局、电业总局、煤矿局、兵工局和石油局等，直属企业有鞍山钢铁公司、本溪煤铁公司和抚顺矿务局等。

东北工业部曾经编制了 1948 年工业计划，对恢复工业生产起到了一定的指导作用。1949 年 1 月，中共东北局和东北行政委员会作出了《关于成立东北经济计划委员会及各级计划机关的决定》，成立国民经济计划委员会并由李富春担任主任，还责成东北工业部负责编制《1949 年工业计划大纲》。东北工业部对计划编制有很高要求，一是必须精确说明情况，并制定了企业概况、设备、产品、主要原料和材料、资产、职工等详细附表；二是提出了修复（或建设）与投资计划的具体要求，包括修复方针、远景目标、工程进度、人员配备、设备配备、材料需求、电力需求和投资预算等；三是要求制定生产计划，包括生产任务、产量计划、技术改进计划、动力计划、经理工作计划和人事计划等。[③] 在各方面支持和努力下，1949 年东北各项工业均完成和超额完成了生产计划。其中：生铁 172 500 吨，完成 183.5%；平炉钢锭 100 933 吨，完成 128.4%；电炉钢锭 6 684 吨，完成 157%；电铜 1 875 吨，完成 125%；电铝 2 062 吨，完成 103%；原煤 11 242 805 吨，完成 124%；发电和购电量 13.486 8 亿度，完成 103%；工作母机

① 中国工业经济研究与开发促进会课题组：《老工业基地的新生：中国老工业基地改造与振兴研究》，经济管理出版社 1995 年版，第 292 页。

② 武力：《东北根据地军事工业发展简况》，《党史研究资料》1987 年第 6 期，第 27—28 页。

③ 《袁宝华回忆录》，中国人民大学出版社 2018 年版，第 86、97—98 页。

570台，完成114%；水泥218 791吨，完成109.4%。[①] 1949年工业生产建设计划的制定与执行结果表明，东北工业正在由局部性、临时性的工业计划向比较全面、完整的工业计划过渡。

东北地区1949年国民经济计划是解放区的第一个国民经济计划，其经验和做法为形成新中国的工业管理体制和计划管理体制积累了重要经验。

三、实行企业民主改革

中共七届二中全会决议明确要求，党在城市工作中必须坚持全心全意依靠工人阶级的方针，把恢复和发展国营工业生产放在第一位。1950年6月，中央人民政府公布施行《中华人民共和国工会法》，这是新中国最早公布施行的基本法律之一。人民政府对旧中国留下的各类企业特别是官僚资本企业，进行了深刻的企业民主改革。适时对这些企业的生产关系和管理制度进行变革，建立新型生产关系和经营管理方式，主要措施就是彻底清除这些企业中存在的封建把头制度、反动党团组织和裙带关系，发动群众进行企业民主改革，建立与社会主义原则相适应的企业民主管理制度。

第一，彻底废除封建把头制度。在旧中国企业中，封建把头制度盛行。封建把头依靠外国势力和政府势力在企业中采取超经济手段，对工人阶级进行压榨和盘剥，仅1950年上海建筑工人被克扣的工资总额就相当于3亿斤小米。封建把头制度在搬运、煤矿和建筑行业中尤为盛行。1950—1952年，中国共产党和人民政府领导广大工人阶级相继在搬运、煤矿、建筑等行业开展反封建把头斗争，取得了积极成效。国营企业的民主改革大致经历了两个阶段：第一个阶段是1950年上半年开展的以废除封建把头制度为主要内容的改革，彻底废除了纺织企业中存在的“搜身制”“工头制”、煤矿企业中存在的“把头制”，极大地调动了广大工人群众的生产积极性；第二个阶段是1950年10月开始的镇反运动，彻底清除了企业中的反动党团组织和反革命分子。据北京、天津、上海、沈阳、重庆五个城市的调查，仅建筑行业就反掉封建把头7 000多人，大幅减少了工人阶级承受的压榨。1950年初纺织行业《关于废除搜身制度的决议》获批，国营企业的政治环境和政治风气显著改变。

第二，建立企业民主管理制度。在废除旧的管理制度之后，逐步建立起一套

① 东北行政委员会：《东北国营工业1949年主要产品生产情况表》，1950年。

符合社会主义原则的新型的企业民主管理制度。1950 年 2 月 7 日，《人民日报》发表了题为《学会管理企业》的社论（即著名的“二七”社论），提出：“在一切国营公营的工厂企业中，必须坚决地改变旧的官僚主义的管理制度，实行管理民主化，建立工厂管理委员会，吸收工人参加生产管理，以启发工人的主人翁的觉悟，发扬工人的自觉的劳动热情，这是改造旧企业、管好人民企业的基本环节。”“建立工厂管理委员会和工厂职工代表会议的制度，乃是目前改造旧的官僚资本企业为新民主主义人民企业的中心环节。”① 1950 年 3 月，中共中央和政务院提出，发动和依靠广大职工，有领导、有计划、有步骤地在所有企业中，首先是在国营企业中清理反动势力，对旧企业留下的管理制度进行民主改革；并根据需要建立合理的企业管理制度，许多企业实行了生产责任制、交接班制、质量检验等生产制度，建立了工厂管理委员会和职工代表会议制度，推动企业民主管理。1951 年 12 月中共中央发布《关于国营工厂管理的决定（草案）》，实行一整套企业管理新型制度。对于其他经济成分企业，也要求进行民主改革。许多地方也在探索具体的国营企业管理模式，例如，在东北地区借鉴苏联经验，推行“厂长负责制”，而在华北、华东、中南、西南地区则推行“党委领导制”。

第三，逐步建立国营企业合理的工资制度。新中国成立初期的国营企业存在着形式多样、各不相同的收入分配制度，这种混乱的工资制度越来越不适应国家财经工作的统一管理，必须进行必要的工资制度改革。按劳分配是新中国工资制度改革的根本原则，从 1951 年起，为统一新老解放区国营企业的收入分配制度，各地在中财委的指导下进行了工资改革，一方面适度提高工资，另一方面努力使工资制度趋向合理，以体现“公私兼顾”和按劳分配的原则。中财委在这一年 2 月提出：在工资问题上，采取由地区到全国逐步清理、逐步调整、逐步统一的方针。于是，第一次全国工资改革实际上改由以大区为单位进行。东北地区率先进行工资改革。1952 年前后，华北、华东、中南、西南、西北等地区都进行了工资改革，这次工资改革的主要内容有：一是统一以“工资分”作为工资的计算单位，“工资分”的确定是以粮、油、布、盐、煤五种主要的生活用品为代表，以维持两口人最低生活消费量为 100，取其 1% 作为一个“工资分”，每个“工资分”中五种物品的含量为粮 0.8 市斤、白布 0.2 市尺、食油 0.05 市斤、盐 0.02 市

① 中共中央文献研究室编：《建国以来重要文献选编》第一册，中央文献出版社 1992 年版，第 114、115 页。

斤、煤2市斤。实物的数量，全国一致，而实物的质量，地区有别。二是建立了大体统一的企业工人工资等级。经过初步改革，大多数企业实行了八级工资制，少数企业实行了七级工资制或六级工资制，最高工资和最低工资的倍数一般为2.5～3倍，多数为2.8倍，并且大都制定了工人技术等级标准。重新调整了产业顺序和工资关系，把煤矿、冶炼摆到前列，工资标准较高；把机器制造、电力列为中间几类，工资标准次之；把轻工、纺织排列在后面，工资标准更低些。各大区产业的分类标准不同，华东、东北和西南地区划分为五类，中南和西北地区划分为八类，华北地区划分为九类。三是推广计件工资制和奖励工资制。在工资制度改革之前，一些部门已经建立了生产奖、劳动竞赛奖和合理化建议奖等。在这次工资制度改革中，规定了划分工作物等级和计算计件单价的原则，规定了按先进水平制定和修改劳动定额的原则，提出了改革旧计件办法、推广新计件办法的要求。大力推行奖励工资制，对奖励的条件、考核指标、奖金额等作了规定，有的还制定了奖励工资条例和办法。计件工资制和奖励工资制的推广，调动了工人的生产积极性，推动了生产的发展。

1951年7月，中共中央批准劳动部《关于各地调整工资情况的综合报告》，报告提出进行工资制度的改革，在增加工资的基础上，本着按劳付酬的原则，大部分依据技术标准实行了八级工资制。总之，这次工资制度的初步改革，使工人的工资水平都有所提高，工资制度趋向合理，为“一五”时期工资制度的进一步改革建立了基本框架。

四、接受来自苏联的经济援助

新中国应该选择什么样的国际战略？这是毛泽东等中国共产党人面临的重大选择。1949年3月，毛泽东在中共七届二中全会上就指出：“中国的经济遗产是落后的，但是中国人民是勇敢而勤劳的，中国人民革命的胜利和人民共和国的建立，中国共产党的领导，加上世界各国工人阶级的援助，其中主要地是苏联的援助，中国经济建设的速度将不是很慢而可能是相当地快的，中国的兴盛是可以计日程功的。”[①] 6月，刘少奇率中共代表团访问苏联，商谈苏联如何援助新中国建设问题，双方于7月23日就苏联向新中国提供三亿美元借款达成初步协议。第一批苏联专家随即来到中国。1949年6月30日，毛泽东指出：“‘不要国际援助

① 《毛泽东选集》第四卷，人民出版社1991年版，第1433页。

也可以胜利。’这是错误的想法。”“我们在国际上是属于以苏联为首的反帝国主义战线一方面的，真正的友谊的援助只能向这一方面去找，而不能向帝国主义战线一方面去找。”[①] 这种“一边倒”方针是在总结“中国革命历史经验的基础上，从当时整个国际战略格局，主要是美国等帝国主义国家对新中国采取敌视态度并实行包围封锁这个现实情况出发的”[②]。有四亿多人口的中国加入社会主义阵营，极大地改变了世界资本主义和社会主义两大阵营的格局，屹立在世界东方的中国宣布实行社会主义，也给世界社会主义阵营在东方筑起了牢固的铜墙铁壁。

1949 年 12 月，毛泽东访问苏联，就是“为了适应中国革命胜利后国际形势的新情况和中苏关系的新变化，把中苏关系建立在平等、互利、友好、合作的基础上，及时地解决中苏友好条约问题”[③]。1950年2月，中苏双方签订了如下三个协约：《中苏友好同盟互助条约》《中苏关于中国长春铁路、旅顺口及大连的协定》《中苏关于贷款给中华人民共和国的协定》。根据最后一个协定，苏联向中国提供相当于 3 亿美元的贷款，年利率为 1%，自 1950 年 1 月起分 5 年交付中国；贷款的偿还以 10 年为期（1954—1963 年），每年偿还 1/10。这次贷款利率低于苏联向东欧国家提供的贷款利率，贷款数量则是根据毛泽东多借不如少借有利的指示确定的。苏联还应中国政府的请求，派遣了一批专家帮助中国恢复和发展国民经济。

在国民经济恢复时期，苏联帮助中国恢复和新建了 50 项工程。在不少工程中，由于中国缺少技术人员和经验，苏方不仅负责提供设备，还要协助中国进行勘探、研究和设计工作，帮助建设和培训人员。1950 年中苏双方签订了联合创办“中苏民用航空股份公司”“中苏石油股份公司”“中苏有色及稀有金属股份公司”的协定，1951 年中苏双方又签订了合资在大连创办“中苏轮船修理建造股份公司”的协定，同年中国政府与波兰政府签订了合资创办“中波轮船股份公司”的协定。上述 5 个合资公司共计投资 25 600 万卢布，其中苏联和波兰投资为 12 800 万卢布，苏联和波兰主要以设备进行投资。这一时期，苏联在民用航空、石油、有色金属、橡胶等国民经济急需领域给予的大力援助，对中国的国民经济恢复起到了很大的促进作用。

---

① 《毛泽东选集》第四卷，人民出版社 1991 年版，第 1473、1475 页。

② 中共中央文献研究室编：《毛泽东传（1949—1976）》上，中央文献出版社 2003 年版，第 56 页。

③ 中共中央文献研究室编：《毛泽东传》第三册，中央文献出版社 2011 年版，第 993 页。

第三节　废除封建土地制度

中国共产党领导的土地改革，不同于之前的农业改良方案，因其彻底废除封建土地制度、真正实现耕者有其田而赢得了广大农民群众的支持和拥护，有着广泛的阶级力量和社会基础。土地改革不是把土地从地主手中转移到农民手中这么简单易行的事情，而是一场剧烈的经济斗争，是一场深刻的社会革命。新中国成立之初，全国约有 2.9 亿农业人口的新解放区，主要是华东、中南、西南、西北四区尚未进行土地改革。如果不及时地、有步骤地加以解决，那将对国民经济的恢复和发展，特别是对国家财政经济状况的好转产生不利影响，也无法在全国范围内基本消灭封建土地制度和剥削制度。

新中国成立后，毛泽东和中国共产党进一步丰富和完善了土地改革的思想与理论，形成了具有中国特色、符合中国实际的土地改革理论体系与实践体系。中国共产党和人民政府根据各地的实际情况，加快了土地改革的进程。1950 年 1 月，政务院通过《关于处理老解放区市郊农业土地问题的指示》，要求京津两市和河北、山西、察哈尔、绥远、平原和山东六省所属各市的郊区均应于当年春耕以前或秋收以后完成土地改革。这次较大范围的土地改革有相当的难度：一是时间紧、范围大，在拥有 2 600 万农业人口的广大地域较迅速地进行土地改革并非易事；二是政策性强、难度大，由于城市郊区在经济上与城市联系密切，商品经济较为发达，解决城郊土地问题必须考虑到城市建设与发展工业的需要，这就使城郊的土地改革与农村的土地改革有一定的区别。在总结经验的基础上，政务院于这一年 11 月颁布了《城市郊区土地改革条例》。

一、颁布《中华人民共和国土地改革法》

1950 年 6 月 6 日至 9 日，中共七届三中全会集中讨论了土地改革问题。毛泽东作了《为争取国家财政经济状况的基本好转而斗争》的报告，指出在国民经济恢复时期的主要任务是争取国家财政经济状况的根本好转，而土地改革的完成是争取财政经济状况根本好转的首要条件。刘少奇就土地改革问题作了专门报告，提出了这次新解放区土地改革的总路线和关于富农土地问题、债务问题、人民法庭问题等方面的方针政策。中央设立了由刘少奇、彭德怀、习仲勋、王震、刘伯承、邓子恢、黄克诚等组成的中央土改问题委员会，指导全国土地改革。地方县以上政府设立了土地改革委员会，并派出了大批土改工作队深入农村，发动和组织农民积极参加土改。

随后召开的全国政协一届二次会议也专门讨论了土地改革问题。毛泽东在大会闭幕词中指出：战争和土改是在新民主主义历史时期考验全国一切人民、一切党派的两个“关”，号召包括民族资产阶级、各民主党派在内的各阶层人士积极支持土地改革，像过去过好战争关一样，过好土改关，做一个完全的革命派。刘少奇作了《关于土地改革问题的报告》，系统论述了土地改革的伟大意义、基本目的、历史经验和当前政策。他指出：“土地改革的基本内容，就是没收地主阶级的土地，分配给无地少地的农民。这样，当作一个阶级来说，就在社会上废除了地主这一个阶级，把封建剥削的土地所有制改变为农民的土地所有制。这样一种改革，诚然是中国历史上几千年来一次最大最彻底的改革。”“土地改革的基本目的，不是单纯地为了救济穷苦农民，而是为了要使农村生产力从地主阶级封建土地所有制的束缚之下获得解放，以便发展农业生产，为新中国的工业化开辟道路。”① 报告提出计划在两年半至三年的时间内，基本上完成全国的土地改革。

1950 年 6 月 30 日，《中华人民共和国土地改革法》(简称《土地改革法》)正式公布施行。《土地改革法》共六章四十条，贯彻了土地改革的总路线：依靠贫农、雇农，团结中农，中立富农，有步骤有分别地消灭封建剥削制度，发展农业生产。这与《中国土地法大纲》的基本精神是一致的，但也根据新中国成立后农村的变化情况作了调整：一是保护富农所有自耕和雇人耕种的土地及其他财产，以孤立地主、稳定中农；二是没收地主土地、耕畜、农具、多余的粮食及其在乡村多余的房屋，其他财产不动；三是中农土地不得侵犯，保护中农利益；四是增加了部分土地收归国有，不没收、不分散使用进步设备耕种和技术性经营的农地，适当照顾原耕地农民，照顾少数民族等政策内容；五是修改债务偿还条例，不再一概废除债务；六是规定乡村农民大会，农民代表会及其选出的农民协会委员会，区、县、省各级农民代表大会及其选出的农民协会委员会，为土改的合法执行机关。《土地改革法》只适用于一般农村，大城市郊区的土地改革办法另行规定。《土地改革法》宣布：废除地主阶级封建剥削的土地所有制，实行农民的土地所有制，借以解放农村生产力，发展农业生产，为新中国的工业化开辟道路。

作为对《土地改革法》的补充，中央人民政府又相继颁布了若干重要法令，

---

① 《刘少奇选集》下卷，人民出版社 1985 年版，第 32、34 页。

例如，1950年7月公布施行了《农民协会组织通则》，对农民协会的性质、任务、组织形式和会员的条件、权利、义务等作出了明确而具体的规定；7月又公布了《人民法庭组织通则》，对人民法庭的建立目的和性质、职能、组织形式、工作方式等作出了具体规定；8月又通过了《政务院关于划分农村阶级成分的决定》，为正确划分农村阶级成分、搞好土地改革提供了必要的前提。

二、新解放区的土地改革运动

新中国的土地改革与新中国成立前各解放区进行的土地改革有很大不同，它是有领导、有计划、有秩序、有组织地进行的土地改革。“有领导”是指在中国共产党的统一领导下，成立了各级土地改革委员会直接指导土地改革工作；各地组织起了为数众多的土改工作队来协助农民协会开展土改的各项工作，仅华东区就组织了人数达6万人的土改工作队；土改工作采取由点到面、点面结合、逐步推开的方法。“有计划”是指中国共产党和人民政府的土地改革是有计划的，首先在广大新解放区开展清匪反霸、减租减息，以削弱地主阶级的势力，进而发动和组织农民，确立农民阶级对地主阶级的政治优势，为土地改革奠定政治基础；其次采取分期、分批、分阶段进行的办法，各地土地改革的时间由各地根据实际情况进行安排。“有秩序”是指土地改革从开始到结束的整个过程，从中央到地方都建立了严格的请示报告和审批制度。对于运动中发生的一切新问题，要求应立即报告请示解决，不得擅自处理。对于划分阶级、没收及分配土地和财产等，都规定有一定的审批手续，不能“群众要怎么办就怎么办”，杜绝乱斗、乱打、乱杀现象的发生。“有组织”是指在土地改革开展以前，必须建立农民协会和人民法庭，必须有政府委派的土改工作队指导。

按照中共中央和中央人民政府的部署，从1950年秋季开始，华东、中南、西北、西南等新解放区的土地改革相继展开。其大致情况是：

在华东地区，土地改革大致分为两期进行：第一期从1950年冬至1951年春，完成了拥有约4 700万农业人口的广大地区的土地改革；第二期从1951年夏至1952年春，完成了拥有约2 300万农业人口的广大地区的土地改革。到1952年5月，完成土地改革的乡达到了总乡数的99.85%。

在中南地区，土地改革大致分为三期进行：第一期从1950年秋至1951年春，完成了拥有约5 000万农业人口的广大地区的土地改革；第二期从1951年夏至1952年春，继续完成了拥有约5 000万农业人口的广大地区的土地改革；第三期从 1952 年夏至 1952 年底，完成了拥有约 2 000 万农业人口的广大地区的土地改革。到 1952 年底，除部分民族地区外，中南地区已基本上完成了土地改革。

在西北地区，土地改革分为三期进行：第一期从 1950 年秋至 1951 年春，完成了拥有 700 万农业人口的广大地区的土地改革；第二期从 1951 年秋至 1952 年春，完成了拥有 1 500 万农业人口的广大地区的土地改革；第三期从 1952 年秋至 1953 年春，完成了拥有 300 万农业人口的广大地区的土地改革（即新疆大部分地区）。西北新解放区是一个地域广阔、交通不便、人口稀少的多民族地区。全区共有 17 个少数民族，近 700 万少数民族人口，约占全区人口的 1/4。因此，该区的土地改革特别需要全面贯彻党的民族政策，慎重推进，稳步进行。

在西南地区，土地改革分为四期进行：第一期从 1950 年 11 月至 1951 年 4 月，完成了拥有 1 316 万农业人口的广大地区的土地改革；第二期从 1951 年 5 月至 1951 年 10 月，完成了拥有约 2 476 万农业人口的广大地区的土地改革；第三期从 1951 年 10 月至 1952 年四五月间，完成了拥有约 3 600 万农业人口的广大地区的土地改革；第四期从 1952 年秋至 1953 年春，完成了拥有约 900 万农业人口的广大地区的土地改革。西南地区的土地改革涉及多个民族杂居地区，中国共产党和人民政府始终注意从不同民族杂居地区的不同特点出发，尊重少数民族的宗教信仰和风俗习惯，严禁机械照搬汉族聚居地区土改的口号、方式和做法，取得了很好的成效。①

到 1952 年底，除一部分民族地区外，土地改革在全国大陆基本完成。经过土改，中国农村土地占有发生了根本变化，地主阶级封建土地所有制转变为农民的土地所有制。

三、土地改革的历史意义

新中国土地改革顺利、迅速的完成，对中国社会经济的发展具有巨大的推动作用和深远的意义。

（1）土地改革废除了地主阶级封建土地制度和剥削制度，这就从根本上铲除了中国封建制度的根基，拔除了中国社会经济特别是农村经济长期贫困落后的根源，为中国社会经济的发展提供了广阔的空间。土地改革使约 3 亿无地少地的农民无偿地获得约 7 亿亩土地，实现了“耕者有其田”；农民还分得耕畜 296 万

---

① 杜润生主编：《中国的土地改革》，当代中国出版社 1996 年版，第 348—380 页。

头，农具 3 944 万件，房屋 3 795 万间，粮食 100 多亿斤。刘少奇在写给他被划为地主的姐姐的信中说道：“我当了中央人民政府的副主席，你们在乡下种田吃饭，那就是我的光荣。如果我当了副主席，你们还在乡下收租吃饭，或者不劳而获，那才是我的耻辱。”[①] 正是共产党人的这种坚定立场才确保了土地改革的顺利进行。土地改革消灭了封建剥削制度，解决了民主革命时期遗留下来的最大问题，为我国社会经济由新民主主义阶段向社会主义阶段的转变准备了必要的条件。

（2）土地改革激发了广大获得土地农民的生产积极性，促进了农业生产迅速恢复和发展，为新中国的农业发展和工业建设创造了有利的条件。土地改革免除了过去农民每年向地主交纳的 3 000 万吨以上粮食的沉重地租，是 20 世纪 50 年代前期农业生产连年增产的主要原因。1952 年农业总产值为 483.9 亿元，比 1949 年增长 48.5%；粮食产量为 16 392 万吨，比 1949 年增长 44.8%；棉花产量为 130.4 万吨，比 1949 年增长 193.7%；油料产量为 419.3 万吨，比 1949 年增长 63.5%。[②] 农业生产的发展和农业产量的增加，不仅有力地促进了新中国成立初期各项政治运动的开展，为大规模进行社会主义改造创造了条件，而且推动了社会经济的全面发展，为国家财政经济的根本好转和正在进行的工业化建设提供了坚实的物质保障。

（3）土地改革是农村土地所有权的再分配，是社会利益的大调整，是中国共产党实现全体人民共同富裕的重要举措。土地改革最直接的受益者是占农村人口 60% ～ 70% 的贫苦农民，广大农村出现了“雇贫农得地开心，中农有利称心，富农不动定心，地主劳动回心”的局面。它一方面使农民的生产和生活状况发生了巨大变化，农民的购买力和消费水平显著提高，从而使广大农民从根本上彻底摆脱了依附于地主及其土地、受地主阶级残酷剥削的悲惨经济地位；另一方面也使广大农民从政治上得到解放，使他们的认识水平和思想觉悟有了空前提高，培养并增强了他们积极参与社会活动和政治活动的意识。从此，广大农民成为推动中国工业化和经济现代化的重要力量。

推动土地改革顺利完成的因素有很多，其中中共中央关于土改的正确政策方针、党和人民政府土地改革政策的极大感召力，以及在土改中表现出来的强大的

① 《建国以来刘少奇文稿》第二册，中央文献出版社 2005 年版，第 124 页。

② 国家统计局编：《中国统计年鉴（1984）》，中国统计出版社 1984 年版，第 141—142 页。

社会动员力量与组织力量，是确保土地改革取得成功的重要因素。土地改革运动几乎波及了中国全体农业人口，有约 3 亿农民参与，组织和领导这样大规模的群众运动进行社会变革，是无可争议的人类历史的创举。中国共产党发挥了在战争过程中的强大社会动员力量和组织力量，发动农民群众积极参与土地改革。在这个过程中，一方面动员农民群众自下而上地进行土改，包括广泛建立农民协会，通过在基层建立土改的组织队伍确保土改顺利进行；另一方面派遣大量土改工作队自上而下深入农村，指导农民进行土地改革，每年派遣的工作队都超过 30 万人。例如，伴随着土地改革的深入，各地农村普遍开展文化扫盲运动，利用冬季农闲时间，组织农民学习文化、学习政治。1950 年全国农民上冬学的达 2 500 万人以上，1951 年参加常年夜校学习的农民有 1 100 余万人。农村中普遍进行了扫除封建迷信、改革陈规陋习等移风易俗活动，出现了前所未有的新风气、新气象。土地改革中充分表现出来的党和政府以及政策的感召力、动员力和组织力，成为重要的社会政治资源和强大优势，对以后的经济建设方式产生了巨大影响。

必须看到，土地改革解决了农村的土地问题，满足了农民的土地要求，建立起了农民的土地所有制。但是，这种生产技术十分落后、极度分散的小规模农民土地所有制和生产经营方式，与中国工业化和社会经济发展的矛盾越来越尖锐。土地改革改变了传统农业的所有制基础，但并没有完成对传统农业的改造，并不意味着反封建任务的彻底完成。继续肃清封建的和小生产的政治和思想影响，仍是此后相当长时期的历史任务，进一步的改造任务已经提上中国共产党和人民政府的日程。

第四节　稳定物价和统一财政经济

新中国成立初期，人民政府面临着严峻的经济挑战，国民党政府遗留下来的“烂摊子”需要认真治理，广大人民群众发展生产、改善生活的强烈愿望需要不断被满足，新形势下工商业健康发展需要得到保障。归结起来就是如何治理恶性通货膨胀、如何统一财政经济、如何合理调整工商业。为全面部署党在国民经济恢复时期的各项工作，1950 年 6 月中共七届三中全会在北京召开。毛泽东在会上指出要获得财政经济情况的根本好转，需要用三年左右的时间，创造三个条件，即土地改革的完成，现有工商业的合理调整，国家机构所需经费的大量节减。针对当时革命胜利后进行的社会经济改组以及引发的社会经济不稳定因素，毛泽东在会上作了题为《不要四面出击》的讲话，提出了正确处理复杂形势和阶级关系的重要策略思想。他说："四面出击，全国紧张，很不好。我们绝不可树敌太多，必须在一个方面有所让步，有所缓和，集中力量向另一方面进攻。我们一定要做好工作，使工人、农民、小手工业者都拥护我们，使民族资产阶级和知识分子中的绝大多数人不反对我们。"[①]中共七届三中全会是中国共产党在新中国成立后召开的第一次中央全会，反映了党在刚刚执掌全国政权时对慎重处理社会转变时期的社会矛盾保持了高度清醒，全会提出的国民经济恢复时期党的工作的行动纲领，对争取国家财政经济状况的根本好转起到了重要作用。

一、治理恶性通货膨胀

通货膨胀是财政收支失衡的必然产物。1949 年至 1950 年初，全国物价先后出现了四次猛烈上涨，其中大城市最为剧烈。第一次物价猛烈上涨是 1949 年 4 月至 5 月的华北地区，由粮价上涨引发物价连锁上涨，其中天津上涨近 1.2 倍；第二次物价猛烈上涨是 1949 年六七月的上海及华北和华中，仍由粮价上涨引发其他商品价格上涨，一个多月间上海物价上涨 1.5 倍、天津物价上涨 2 倍；第三次物价猛烈上涨是 1949 年 10 月中旬至 11 月底，由上海、天津开始，波及西北、西南和华南地区，也是由粮价上涨引发，综合物价指数天津上涨 310.5%、上海上涨 326.2%；第四次物价猛烈上涨是 1950 年 2 月春节前后，主要城市物价大幅上涨，以 1949 年底为基期，重庆上涨 186%，西安上涨 132%，广州上涨 73%，天津上涨 83%，上海上涨 71%，武汉上涨 68%，沈阳上涨 57%。导致物价上涨的原因主要有：为了支援解放战争，财政出现大量赤字，货币发行过多；国民政府统治时期长期恶性通货膨胀的影响；不法分子猖狂的投机倒把活动。

能否稳定物价关系到人民政府能否站稳脚跟、得到人民群众拥护，以及国营经济能否取得市场领导权的问题。为了尽量减轻物价剧烈波动给国家、人民带来的严重困难和损失，中国共产党和人民政府采取了一系列措施稳定物价。第一，积极领导发展城乡供销合作社、消费合作社，将人民必需的消费品通过合作社直接分下去，免除投机商人的中间盘剥，并开展折实存款，以保证人民群众的基本

① 《毛泽东文集》第六卷，人民出版社 1999 年版，第 75—76 页。

生活。第二，针对囤积居奇、哄抬物价的投机活动，运用政权的力量，从物资、运输、金融、税收、价格等方面进行全面部署，于 1949 年 11 月展开了全国统一指挥、各方面配合的大“战役”，在主要城市集中抛售物资并进一步收缩银根。经过一系列艰苦的努力，很快物价稳定下来，投机商人遭到致命打击，国营经济取得了商品市场的领导权。稳定物价工作终于在 1950 年初胜利结束。

二、统一财政经济

新中国成立初期，长期战争的消耗、经济遭受严重破坏，使得党和人民政府面临着无法想象的财政经济困难。首先是财政收入无法取得较大增长。国民政府统治期间，工农业生产一片萧条，交通运输遭到严重破坏，内外贸易基本停滞，物价飞涨和投机盛行，人民生活困苦不堪。对于新中国人民政府来说，要解决如此庞大的经济问题，没有财政收入的较快增长是很难做到的。而新中国人民政府的财政收入来源比较单一，主要以农业税为主，不可能大幅度增加，因而财政赤字规模很大。

其次是新中国人民政府财政支出不断加大。一是军费开支庞大。当时解放战争正在进行，因此政府必须支付巨额军费支持解放战争。1949 年军费开支占财政收入的一半以上，1950 年仍占 41.1%。二是政费开支大增。随着全国的解放，人民政府接管了原来国民党政府留下来的政治、军事、经济、文教卫生等机构，对旧政府工作人员采取了“包下来”的政策，到 1950 年 3 月全国吃财政饭的军政公教人员达到近 900 万人。“包下来”的政策的确压力很大，但是不能变，毛泽东提出“三个人的饭五个人匀吃”[①]。三是国民经济恢复需要支出庞大资金。特别是恢复国营工矿企业、交通运输、能源水利等紧迫工程项目，都需要以政府为主进行投资。四是由于经济凋敝和自然灾害严重，城市社会失业严重、农村灾民很多，需要政府给予生活救济。

1949 年人民政府财政收入仅相当于 303 亿斤小米，而财政支出却达到 567 亿斤小米，财政赤字为 264 亿斤小米，主要靠超发人民币来弥补。财政收入和财政支出的巨大缺口对人民政府是一个严峻的考验，解决这一困境的根本办法就是加强财政管理、实现财政平衡。此外，财政赤字较大还有一个诱因，即新中国成立初期全国的财政工作基本上是分散经营，各个解放区没有实现财政经济统一格

① 《毛泽东文集》第五卷，人民出版社 1996 年版，第 335 页。

局，各有货币、各管收支，无疑也增加了中央人民政府的经济负担。

为此，人民政府从财政、贸易、金融三个方面着手统一国家财政经济工作。1950 年 3 月 3 日，中央人民政府政务院发布《关于统一国家财政经济工作的决定》。这项重大决策的主要内容如下：一是统一全国财政收入。为了保证国家财政收入的主要部分集中到中央，用于国家的主要开支，建立起高度集中和统一管理的财政体制；地方、军队和企事业单位不得随意扩大开支。二是统一全国物资调度。把粮食、纱布、工业器材等集中到中央，统一调节国内供求，组织对外贸易，控制市场；全国物资由中财委统一调度、合理使用，各地物资调度由贸易部统一指挥。三是统一全国现金管理。指定中国人民银行为国家现金调度的总机构并代理国库，在全国范围内迅速建立起人民银行的分支机构。一切军政机关、学校、团体和公营企业的现金，一律存入国家银行。

通过上述一系列有效措施的实施，不仅增加了财政收入，而且控制了财政支出。当年 4 月全国财政收支已经接近平衡，物价走势也基本稳定下来。1950 年财政收支接近平衡，在当年全国财政收支概算中安排赤字为 18.7%，但到该年结束时财政赤字仅为 4.3%。毛泽东评价其意义“不下于淮海战役”，刘少奇也评价“这是除开人民解放军在前线上的胜利以外，中央人民政府成立以来为人民所做的一件最大的工作”①。

三、合理调整工商业

1950 年 4 月以后全国出现了市场滞胀、需求不足局面。5 月主要产品产量与 1 月相比，棉布减少 38%、绸缎减少 47%、卷烟减少 59%、烧碱减少 41%、普通纸减少 31%，私营工业生产减少、开工不足，私营商业则纷纷歇业或缩小规模，1950 年第二季度上海、北京、天津、武汉、广州、重庆、西安、济南、无锡、张家口 10 个城市中企业开业仅 5 903 家，歇业达 12 750 家，歇业多于开业户数为 6 847 家。“五月中旬全国各地工商业者都叫喊货卖不出去。”②这种情况出现有很多原因，国民党政府经济崩溃的滞后效应是重要原因，经济发展不合理和统一财政经济政策力度过大也是重要原因。如何解决城市私营工商业困难背后的公私关系、劳资关系、城乡关系不正常问题摆到了人民政府面前。

① 《刘少奇选集》下卷，人民出版社 1985 年版，第 15 页。
② 《陈云文选》第二卷，人民出版社 1995 年版，第 128 页。

早在1949年4月，毛泽东在与陶鲁笳等人谈话时就指出："我们的经济政策就是要处理好四面八方的关系，实行公私兼顾、劳资两利、城乡互助、内外交流的政策。"[①]针对出现的新问题，毛泽东在1950年4月13日的中央人民政府委员会第七次会议上提出："今后几个月内政府财经领导机关的工作重点，应当放在调整公营企业与私营企业以及公私企业各个部门的相互关系方面，极力克服无政府状态。"[②]在中共七届三中全会上，他批评了"认为可以提早消灭资本主义实行社会主义"的错误思想，提出民族资产阶级将来是要消灭的，但是现在要把他们团结在我们身边，共同发展国民经济，不要把他们推开。对民族资产阶级的政策仍然是又团结又斗争，以团结为主，是节制资本而不是挤走资本、消灭资本，并确定调整工商业由陈云领导的中财委部署具体工作，目的就是发挥各方面的积极性。

合理调整工商业，是实现财政经济状况好转的重要条件。其基本精神是：在统筹兼顾的方针下，逐步地消灭经济中的盲目性和无政府状态，合理地调整现有工商业，切实而妥善地改善公私关系和劳资关系，使各种经济成分在具有社会主义性质的国营经济领导之下，分工合作、各得其所，以促进整个社会经济的恢复和发展。具体做法是：

第一，调整公私工商业关系和调整税收，在限制其消极面的同时发挥其积极作用。主要措施包括：一是扩大国家对私营工业的加工订货和收购包销；二是划分公私经营范围；三是调整价格政策；四是调整贷款政策，降低存贷利率，增加贷款；五是调整税负，减轻农业税，减少工商税税种和税目、降低税率。调整公私工商业关系是调整工商业的主要内容，有利于发挥私营工商业的积极作用。

第二，调整劳资关系，在"发展生产、繁荣经济、公私兼顾、劳资两利"原则下，私营企业纷纷建立劳资协商会议，通过劳资协商订立集体合同。主要措施包括：一是劳资间的问题，采用协商办法解决；二是既要保障工人的利益，又要使资本家能获得合理利润，以利于恢复发展生产；三是"降低工资，劳资团结，渡过难关"。

第三，调整产销关系，通过召开系列全国性企业会议，公私代表共同协商，按照以销定产原则制定产销计划，合理分配生产任务，扩大对私营工厂的加工订

① 中共中央文献研究室编：《毛泽东传》第三册，中央文献出版社2011年版，第1026页。

② 《毛泽东文集》第六卷，人民出版社1999年版，第52页。

货和收购包销。具体措施包括：一是对供过于求的行业，实行限额生产。二是国营商业、合作社商业、私营商业都应采取多种形式努力推销，扩大城乡交流。例如，在商业零售业中，除粮食、布匹、煤炭、食油、煤油、食盐6种重要物资外，其他商品让给私商经营。三是1950年6月至9月中央财经各部门召开了一系列专业会议，如工商、税务、贸易、油脂、火柴、橡胶、机械、纺织、造纸、印染等会议，公私代表坐到一起协商解决产销不平衡问题。

经过调整工商业，私营经济很快摆脱了困境。从1950年秋开始，各地市场转入活跃，市场交易大幅回升。1951年更是私营工商业发展很好的一年，全国私营工业总产量比1950年增长39%。这不仅帮助私营工商业渡过了因市场急剧波动造成的难关，繁荣了整个经济，而且由于采取了有计划的加工、订货、统购、包销，使国家掌握了更多的工业品，用以调剂市场、稳定物价，满足农民对生产资料和生活资料的需要，在一定程度上把它们纳入国家计划的轨道，从而使国营经济的领导地位更加巩固，促进了全国财政经济状况的根本好转。

四、“三反”“五反”斗争

“三反”“五反”斗争是新中国继抗美援朝、土地改革和镇压反革命三大运动之后开展的又一次群众性的社会改革运动。对于中国共产党和人民政府来说，能不能保持光荣的革命传统、坚定地反腐倡廉、抵制不良习气的腐蚀干扰，决定着党的执政地位和执政效果。早在中共七届二中全会上，毛泽东就告诫全党在夺取全国政权后，要继续保持艰苦奋斗的作风，警惕糖衣炮弹的进攻。1951年11月，中共东北局和华北局分别向中央报告了一些干部贪污浪费的事例，特别是华北天津地委刘青山、张子善严重贪污的事例，这引起了毛泽东、党中央的高度重视。1951年12月1日，《中共中央关于实行精兵简政、增产节约、反对贪污、反对浪费和反对官僚主义的决定》发布，指出进城两三年来，严重的贪污案件不断发生，必须彻底揭露一切大中小贪污事件，开展“三反”斗争。通过充分发动群众，发扬民主，形成了新中国成立以来声势浩大的廉政运动。运动查出犯有贪污罪或多吃多占、占公家便宜错误者120万人，其中受刑事处分者占3.64%，受行政处分者占20.8%，免予处分者占75.56%，42名贪污犯罪者被枪毙。

“三反”斗争牵出了一些不法资本家的各种违法活动。1952年1月26日，《中共中央关于首先在大中城市开展“五反”斗争的指示》发布，要求配合

“三反”斗争，依靠工人阶级，团结守法的资产阶级及其他市民，向违法的资产阶级开展一个大规模的坚决的彻底的反对行贿、反对偷税漏税、反对盗骗国家财产、反对偷工减料和反对盗窃国家经济情报的斗争。“五反”斗争始终贯彻了党的“五反”、生产两不误政策，按照“既有利于清除资产阶级的‘五毒’，又有利于团结资产阶级发展生产和营业”[①]的原则，将私营工商户分为守法户、基本守法户、半守法半违法户、严重违法户和完全违法户五类，分别采取不同的办法进行处理。对于绝大多数资本家的违法所得的退财补税，一般在核算上和期限上也采取了从宽处理的原则。

1952年4月，中央人民政府公布了《中华人民共和国惩治贪污条例》，这个条例为惩治贪污腐败提供了重要的法律依据。至1952年10月，“三反”“五反”斗争基本结束。“三反”“五反”斗争对于新中国成立初期党的组织建设和纪律建设，对于在广大干部群众中倡导廉洁奉公、惩治贪污腐败，对于在整个社会中形成反腐倡廉、奉公守法的良好风气，都发挥了十分重要的作用。

第五节　全面恢复国民经济

用什么样的速度恢复国民经济，这是对新生人民政权的极大考验。战后各国都面临着同样的恢复国民经济的任务，而中国此时又全力抗美援朝，恢复国民经济的困难加大了。在这种情况下，一面调动各种资源全力满足抗美援朝战争的需要，一面克服千难万险努力做好恢复国民经济的工作，其压力和难度是我们今天所无法想象的。毛泽东提出并经中共中央确定实行“三年准备、十年计划经济建设”方针，按照“巩固国防、稳定物价、全面恢复”的经济工作总方针，全国人民进行了三年的艰苦奋斗，终于全面恢复了国民经济并使之有了初步发展，为即将开展的大规模社会主义工业化建设准备了良好的条件。

一、恢复国民经济的投资和成效

在新中国成立前后，我们党建立了经济工作的领导机构，着手统一全国财经管理，努力制止持续多年的通货膨胀，实现社会经济稳定。这是我们党从推翻国

① 中共中央文献研究室编：《建国以来重要文献选编》第三册，中央文献出版社1992年版，第184页。

民党的政权到掌握全国政权过程中所面临的新课题，也是对我们党执政能力的一次考验。在这三年内，全面恢复国民经济运行，按照“公私兼顾、劳资两利、城乡互助、内外交流”的基本方针，各项经济建设与发展事业逐渐恢复，各类所有制企业相继恢复生产，新创办的企业大量涌现，尤其是国营企业的恢复发展更快。

旧中国没有为新中国留下可观的经济遗产。到 1949 年 10 月新中国成立时，我国钢铁工业只有 7 座高炉、12 座平炉、22 座小电炉，钢铁生产能力降到最低；发电设备总数仅剩 114.6 万千瓦左右，许多企业生产用电和城市生活用电无法保障；铁路通车里程仅仅维持在 1.1 万公里，全国铁路处于半瘫痪状态。全国全部工业固定资产仅为 124 亿元。

在三年国民经济恢复时期，国家进行预算内基建投资 66.3 亿元，约占同期国家财政收入的 17.7%；此外，地方自筹资金 12.1 亿元。按当时比价，仅预算内基建拨款就相当于黄金 4 639 万两或银元 33.1 亿元。三年新增固定资产 59 亿元，社会总产值由 1949 年的 557 亿元增至 1952 年的 1 015 亿元，增长 82%。①

三年投资的主要方向为兴修水利、恢复交通运输和恢复工业生产。其中工业固定资产由 1949 年的 128 亿元增加到 1952 年的 158 亿元，三年增加的工业固定资产相当于此前近百年积累的工业固定资产的 25%。在投资比例和重点上也较好地体现了恢复国民经济的任务要求，工业尤其是重工业是首要的投资重点，农业特别是水利建设是投资重点。1952 年的工业投资占总投资的 38.8%，其中重工业占 29.5%，轻工业占 9.3%；农业投资占总投资的 13.4%，其中水利投资占 9.4%。这样投资的结果是十分明显的。一是重工业得到迅速恢复，投资重点就是恢复建设一批能源项目，如鹤岗、辽源、阜新等主要煤矿基地，抚顺、小丰满电厂等电力企业，鞍钢、抚顺铝厂等原材料工业项目；恢复建设沈阳冶炼厂、葫芦岛锌厂等，形成东北有色金属工业基地；恢复建设华东地区的铜官山和新建上海冶炼厂，逐步形成华东铜生产基地；中南地区恢复建设一批钨矿；西南地区恢复建设重庆冶炼厂、昆明冶炼厂和云南锡业公司等；开始开采新疆可可托海稀有金属矿石。二是轻纺工业得到恢复发展，其中投资 3.5 亿元主要用于建设咸阳、邯郸、武汉三地三个新棉纺织厂，总规模为 15.88 万锭、2 592 台织机；建设设备先进的经纬纺织机械厂，沈阳、郑州纺织机械厂和哈尔滨亚麻纺织厂；在新疆、

① 曾培炎主编：《中国投资建设 50 年》，中国计划出版社 1999 年版，第 1、2、47 页。

湖南、河北、浙江等省（区）安排一批棉纺织和黄麻纺织项目。三是城市经济恢复和城市建设取得显著成效，中财委于1952年召开了第一次城市建设工作会议，会议确定：从中央到地方建立健全城市建设管理机构；开展城市规划，有计划、有步骤地进行城市建设；划定建设范围，包括自来水、煤气、电车、公共汽车、轮渡、排水、公园绿地、防洪、桥梁等；结合国家经济建设重点，按照城市性质与工业建设比重，对城市分类排队建设等。到1952年底，全国设市城市157个，城市化水平为12.5%。①

具体而言，第一，工农业总产值大幅增长。1952年工农业总产值达827.11亿元，比1949年增长77.6%；按照1952年不变价格计算，比新中国成立前工业总产值最高年份的1936年增长20%以上。其中，工业总产值达到343.2亿元，比1949年增长145.1%，年均增长34.8%；农业总产值达到483.9亿元，比1949年增长48.4%，年均增长14.1%。第二，国民收入和财政收入显著增长。按可比价格计算，1952年国民收入比1949年增长69.8%；财政总收入1950—1952年达到361.07亿元，财政总支出为362.19亿元，除了1950年财政收支缺口为5.88亿元外，1951年和1952年连续两年收大于支，实现略有结余。第三，五种经济成分在国民经济中所占比重有明显变化。国营经济比重大幅提升，国营工业在整个工业中所占比重，从1949年的34.7%升至1952年的56%，国营工业总产值年均增长57%；国营商业在全社会商品批发总额中所占比重，从1950年的23.2%升至1952年的60.5%。第四，现代工业得到较大发展。在工业总产值中，1952年现代工业产值达220.5亿元，与1949年相比，年均增长40.7%。农轻重的比例发生较大变化，1949年为69.9∶22.1∶8.0，1952年则为58.5∶26.7∶14.8；同期在工业结构中，轻工业比重由73.4%降至64.3%，重工业比重则由26.6%增至35.7%。

二、全面恢复工农业生产和交通运输

日本帝国主义的长期军事侵略和殖民掠夺以及国民党政府悍然挑起内战的破坏，使中国工农业生产受到严重影响。1949年主要农产品产量与新中国成立前最高年产量相比，粮食下降24.5%，棉花下降47.7%，花生、油菜籽和芝麻三大油料作物合计下降61.6%，黄红麻下降66.1%，桑蚕茧、柞蚕茧分别减少86%

① 曾培炎主编：《中国投资建设50年》，中国计划出版社1999年版，第48—50页。

和87.2%，茶叶下降81.8%[①]；大牲畜存栏数减少16.1%，生猪减少26.5%，羊只减少32.3%，家禽减少42%，水产品下降70%[②]。工业遭受的战争破坏更为严重，几乎所有工业到1949年都滑到了历史低点。与历史最高年产量相比，原煤产量下降48.4%，原油产量下降62.5%，发电量下降28.3%，钢产量下降82.9%，生铁产量下降86.1%，水泥产量下降71.2%，平板玻璃产量下降16.3%，硫酸产量下降77.8%，纯碱产量下降14.6%，金属切削机床产量下降70.4%，纱产量下降26.5%，布产量下降32.3%，原盐产量下降23.7%，糖产量下降51.2%，卷烟产量下降22.2%。[③]

第一，农业生产的恢复与发展事关国家的稳定与发展，是人民政府最重要的经济工作内容。通过土地改革，从根本上消灭了束缚农业生产发展的封建剥削制度；通过提倡农业合作组织，进一步增强了农业生产克服各种发展困难的能力；通过兴修水利、开垦荒地等措施，从农田基本建设方面大力增强了农业发展潜力并组织了大量劳动力投入农田基本建设；通过发放农业贷款等帮扶办法，帮助农民克服了暂时经济困难。此外，通过促进城乡商品交流，进一步活跃了农村经济。到1952年，全国农业生产基本恢复到历史最高水平，主要农产品产量如粮食、棉花、糖料、黄红麻、烤烟等都超过了历史最高水平，其中粮食超出9.3%，棉花超出53.6%。

第二，到1952年底，伴随着整个工业恢复与发展目标的完成，主要工业产品产量均已超过历史最高水平（见表1-1）。

表1-1　1950—1952年主要工业产品恢复发展情况

产品名称	单位	1950年	1951年	1952年	1952年为1949年产量的百分比（%）	1952年为新中国成立前最高产量的百分比（%）
纱	万吨	43.7	48.7	65.6	200.6	147.4
布	亿米	25.2	30.6	38.3	202.6	137.3
火柴	万件	613.6	754.7	909.9	135.6	105.9

① 朱荣主编：《当代中国的农业》，当代中国出版社1992年版，第50页。

② 徐矶、李易方主编：《当代中国的畜牧业》，当代中国出版社1991年版，第22页。

③ 国家统计局编：《中国统计年鉴（1984）》，中国统计出版社1984年版，第249页。

续表

产品名称	单位	1950年	1951年	1952年	1952年为1949年产量的百分比（%）	1952年为新中国成立前最高产量的百分比（%）
原盐	万吨	246.4	434.6	494.1	165.4	126.3
糖	万吨	24.2	30.0	45.1	225.5	109.8
卷烟	万箱	184.8	200.2	265.0	164.4	112.3
机制纸	万吨	14.0	24.0	37.0	344.4	106.5
原煤	亿吨	0.43	0.53	0.66	206.2	106.5
原油	万吨	20.0	31.0	43.6	363.6	137.5
发电量	亿度	45.5	57.5	72.6	168.8	121.7
钢	万吨	60.6	89.6	134.9	853.7	146.3
生铁	万吨	97.8	144.8	192.9	771.6	107.2
成品钢材	万吨	37	66.9	106	806.4	191.2
水泥	万吨	141.0	249.0	286.0	433.3	124.9
平板玻璃	万箱	135.0	181.0	213.0	197.2	165.1
硫酸	万吨	6.9	14.9	19.0	474.9	105.6
纯碱	万吨	16.0	18.5	19.2	218.1	186.4
烧碱	万吨	2.3	4.8	7.9	526.6	658.3
切削机床	万台	0.33	0.59	1.37	856.2	253.7

资料来源：国家统计局编：《中国统计年鉴（1984）》，中国统计出版社1984年版，第220—226、249页。

第三，交通运输、邮电通信、水利设施都得到恢复和发展，尤其交通运输的恢复与发展更是十分迅速。铁路的修复对于确保经济大动脉畅通至关重要，1949年修复铁路8 300公里，桥梁2 715座。到1950年底，修复铁路已达14 089公里，基本保证了铁路畅通。到1952年底，在修复原有铁路线基础上，新建来睦线（广西来宾至睦南关）、成渝线（四川成都至重庆）、天兰线（甘肃天水至兰州）三条铁路，全国通车里程达24 578公里。铁路货物周转量大幅度提高，1952年达到601亿吨公里，超过历史最高水平50%。公路运输面貌也大为改观，三年间抢修恢复近14 000公里，改建8 000余公里，新建1 700多公里，全国公路通车里程从1949年底的8.07万公里增至1952年底的12.67万公里。1952年国营汽车完成货运 420 余万吨、货物周转量 2.7 亿吨公里、客运 4 100 余万人、旅客周转量 11 亿人公里，分别比 1949 年提高 180%、126%、92% 和 65%。[①]

三、全面恢复商业和贸易

全面恢复商业和贸易对于新中国内外商品交流和国内市场活跃具有重要意义，而商业和贸易的恢复对于工农业生产和人民生活也具有积极的推动作用。1950 年全社会商品零售总额为 170.56 亿元，1951 年增至 208.84 亿元，1952 年更增至 246.88 亿元，三年间，商业总产值由 1949 年的 68 亿元增至 1952 年的 113 亿元，增长 66.2%；商业部门上缴国家财政收入也由 1950 年的 10.7 亿元增至 1952 年的 41.73 亿元。由于城乡商业的恢复与发展，商业对农副产品的采购量明显增加，由 1950 年的 80 亿元增至 1952 年的 129.7 亿元，增长 62.1%；农民净货币收入由 1949 年的 68.5 亿元增至 1952 年的 127 亿元，增长 85.4%，农民购买力提高近 80%。[②] 随着商业的恢复与发展，国营商业企业从 1950 年的 7 638 家增加到 1952 年的 31 444 家，农村供销合作社从 1949 年的 20 133 个增加到 1952 年的 32 788 个。与此同时，比较稳定的物资储备制度开始建立，1952 年不含国家储备和出口储备，主要物资如原煤储备达 1 703.1 万吨，生铁达 30.5 万吨，钢材达 68.9 万吨，木材达 654.5 万立方米，水泥达 44.6 万吨[③]，储备数量和规模都已比较可观。

这一时期，虽然我国对资本主义国家的贸易出现明显下滑，但是对社会主义国家的贸易则大幅增长。1950—1952 年这三年我国进出口贸易总额分别为 11.3 亿美元、19.6 亿美元和 19.4 亿美元，其中出口分别为 5.5 亿美元、7.6 亿美元和 8.2 亿美元，进口分别为 5.8 亿美元、12.0 亿美元和 11.2 亿美元。导致这一时期对外贸易入超的原因，一是中国主要出口的商品是初级产品，在对外贸易中处于不利地位，例如 1950 年出口产品中初级产品占 90.7%，1952 年仍占 82.2%；二是中国恢复和发展国民经济需要进口大量工业制品特别是机器装备等，不得不增加进口。

---

① 武力主编：《中华人民共和国经济史》增订版上卷，中国时代经济出版社 2010 年版，第 158 页。

② 董志凯主编：《1949—1952 年中国经济分析》，中国社会科学出版社 1996 年版，第 181—182 页。

③ 国家统计局：《几年来主要物资储备情况》，1957 年 5 月 29 日。转引自武力主编：《中华人民共和国经济史》增订版上卷，中国时代经济出版社 2010 年版，第 145 页。

四、扩大就业和改善人民生活

中国共产党和人民政府的根本宗旨就是全心全意为人民服务。秉承这一宗旨，国民经济恢复时期的各项政策确保全面恢复和改善人民生活，并取得了显著的成效。

第一，广大农民生活水平明显提高。尤其是随着土地改革的顺利完成，绝大多数贫苦农民无偿获得了大量土地，免除了向封建地主交纳的地租，生活水平显著提高。农业人口人均社会商品零售额由1950年的21.7元升至1952年的30.7元；1952年农村居民人均消费粮食192公斤、食用植物油1.7公斤、食糖0.6公斤、肉类5.5公斤、棉布4.6米。

第二，针对1949年城市存在大量失业人口的状况，人民政府通过努力恢复生产，不断增加城市就业。据不完全统计，从1950年7月到1953年底，全国以工代赈达280万人次，领取失业救济金达460余万人次，到1951年底有220万失业人员实现重新就业。从1949年至1952年，全国职工人数由809万人增至1 603万人，增长98.1%；职工工资增长60%～120%，年人均货币工资达446元。另据国家统计局研究，1951年工人实际工资已达到旧中国最高水平1936年的标准。在1952年全国工资制度改革中，国家机关工作人员和文教卫生领域工作人员工资提高15%至31%不等，提升了城市人口的购买力。此外，《共同纲领》明确规定了“公私企业目前一般应实行八小时至十小时的工作制”[①]，1951年2月政务院颁布了《中华人民共和国劳动保险条例》等确保劳动者权益的制度。

第三，人民政府在保障人民生活水平方面还规定了最低工资水平，继续遵循1948年8月在《关于工资问题给东北局的指示》中确定的“最低工资应保证维持连本人在内的两个人的生活”，并不断根据生产发展水平逐步提高最低工资水平。这就促进了城乡居民消费水平和消费结构的提升，1952年全国居民人均消费水平为76元，其中农业居民62元，城镇居民148元，城镇居民储蓄存款余额为8.8亿元，人均储蓄为12元。

第四，教育卫生事业发展迅速，各级各类在校生人数大幅提高，由1949年占人口总数的4.76%猛增至1952年的9.47%，其中每万人中的中学生由23人增

---

① 中共中央文献研究室、中央档案馆编：《建党以来重要文献选编（1921—1949）》第二十六册，中央文献出版社2011年版，第764页。

至 55 人，小学生由 450 人增至 889 人。政府还大规模开展业余教育和扫盲活动，受益人数众多。针对旧中国广大城乡缺医少药的状况，1951 年 9 月，毛泽东提出“今后必须把卫生、防疫和一般医疗工作看作一项重大的政治任务，极力发展这项工作”①。人民群众的医疗卫生水平的提高可以从医疗卫生机构数量的激增中看得很清楚，各级各类卫生机构从 1949 年的 3 670 个增至 1952 年的 38 987 个，其中尤其是以服务基层群众的门诊部（所）的增速为最快，从 769 个增至 29 050 个。针对威胁我国人民健康的天花、鼠疫、霍乱等传染病，国家确定卫生工作的重点是做好积极的预防，成立中国药品生物制品检定所，并在六大行政区建立北京、上海、长春、兰州、武汉、成都生物制品研究所，大量生产疫苗。

本章小结

1. 毛泽东在中共七届二中全会上提出了党的工作重心必须由乡村转移到城市，城市工作必须以生产为中心；分析了新民主主义各种经济成分的状况和党必须采取的正确政策；指明了中国将由农业国转变为工业国、由新民主主义社会转变为社会主义社会的发展方向。

2. 中华人民共和国的成立标志着一个新时代的到来。1949 年 9 月中国人民政治协商会议在北平召开，毛泽东在开幕词中指出：“现在的中国人民政治协商会议是在完全新的基础之上召开的，它具有代表全国人民的性质，它获得全国人民的信任和拥护。因此，中国人民政治协商会议宣布自己执行全国人民代表大会的职权。”他庄严宣告：“占人类总数四分之一的中国人从此站立起来了。”会议一致通过《中国人民政治协商会议共同纲领》。《共同纲领》具有临时宪法作用，也是建国纲领，共 7 章 60 条。《共同纲领》规定：“以新民主主义即人民民主主义为中华人民共和国建国的政治基础”，“中华人民共和国为新民主主义即人民民主主义的国家，实行工人阶级领导的、以工农联盟为基础的、团结各民主阶级和国内各民族的人民民主专政，反对帝国主义、封建主义和官僚资本主义，为中国的独立、民主、和平、统一和富强而奋斗”。《共同

① 中共中央党史和文献研究院编：《毛泽东年谱》第四卷，中央文献出版社 2023 年版，第 395 页。

纲领》在经济方面的政策规定体现了这样一些原则：（1）坚决实现国家的政治独立和经济独立；（2）没收官僚资本归新民主主义国家所有，将封建半封建的土地所有制改变为农民的土地所有制；（3）坚决保护人民群众的合法财产；（4）坚决发展新民主主义经济，推进国家的工业化；（5）坚决调动一切积极因素，形成新民主主义经济的繁荣局面。

3. 废除帝国主义强加给中国的一切不平等条约。毛泽东在中共七届二中全会上指出："不承认国民党时代的任何外国外交机关和外交人员的合法地位，不承认国民党时代的一切卖国条约的继续存在，取消一切帝国主义在中国开办的宣传机关，立即统制对外贸易，改革海关制度，这些都是我们进入大城市的时候所必须首先采取的步骤。在做了这些以后，中国人民就在帝国主义面前站立起来了。"这就是要彻底废除帝国主义的一切损害中国人民尊严和利益的特权，彻底废除旧中国与外国签订的一切不平等条约和损害中国人民利益的外交关系，彻底取消帝国主义在中国开设的各种文化宣传和文化奴役的机构，取消它们在华享有的一切文化特权，彻底取消外国对中国对外贸易的实际控制权，根本改革国民政府时期的海关制度。

4. 没收官僚资本，建立国营经济。没收官僚资本主要是没收国民党政府的国家垄断资本以及以蒋、宋、孔、陈四大家族为首的官僚私人资本和敌产。对官僚资本企业采取了按照不打烂企业组织机构和生产系统的办法，保留原职、原薪、原制度，完整接收，然后逐步改造，使之成为社会主义国营企业。到 1950 年初，接收官僚资本工矿企业 2 858 家、金融企业 2 400 余家。截至 1952 年，全国国营企业固定资产原值为 240.6 亿元人民币，其中大部分为没收的国民党政府官僚资本企业资产（不包括其土地价值在内）。除去已用年限折旧后净值高达 167.1 亿元人民币。国营经济则是社会主义性质的经济，是整个国民经济的领导力量和发展生产、繁荣经济的主要物质技术基础。没收的官僚资本构成了新中国成立初期国营经济物质技术基础的最主要部分。

5. 实行土地改革，彻底解放农民。中国共产党领导的土地改革因其彻底废除封建土地制度、真正实现耕者有其田而赢得了广大农民群众的支持和拥护，有着广泛的阶级力量和社会基础。1950 年 6 月《中华人民共和国土地改革法》正式公布施行。新中国土地改革的总路线是：依靠贫农、雇农，团结中农，中立富农，有步骤有分别地消灭封建剥削制度，发展农业生产。到1952年底，除一部分民族地区外，土地改革在全国大陆基本完成。土地改革的意义如下：（1）土地改革废除了地主阶级封建土地制度和剥削制度，使约3亿无地少地的农民无偿地获得约7亿亩土地，实现了“耕者有其田”。（2）土地改革激发了广大获得土地农民的生产积极性，促进了农业生产迅速恢复和发展。（3）土地改革是农村土地所有权的再分配，是社会利益的大调整。经过土改，中国农村土地占有发生了根本变化，废除地主阶级封建剥削的土地所有制，实行农民的土地所有制，借以解放农村生产力，发展农业生产，为新中国的工业化开辟道路。

6. 新中国成立初期，人民政府面临着严峻的经济挑战，归结起来就是如何治理恶性通货膨胀、如何统一财政经济、如何合理调整工商业。为治理恶性通货膨胀，党和人民政府积极领导城乡供销合作社、消费合作社，并运用政权的力量，从物资、运输、金融、税收、价格等方面进行全面部署，严厉打击囤积居奇、哄抬物价的投机活动，在主要城市集中抛售物资并进一步收缩银根，很快将物价稳定下来。为统一财政经济，人民政府从财政、贸易、金融三个方面着手统一国家财政经济工作，有效地克服了政府财力分散和经济混乱局面，并在较短的时间内取得了突出的成效，为此后的计划经济体制的建立创造了条件。为合理调整工商业，人民政府调整公私工商业关系和调整税收、调整劳资关系、调整产销关系，逐渐使私营经济摆脱了困境。

7. 国民经济恢复。用什么样的速度恢复国民经济，这是对新生人民政权的极大考验。战后各国都面临着同样的恢复国民经济的任务，而中国此时又全力抗美援朝，恢复国民经济的困难加大了。党和人民政府一面调动各种资源全力满足抗美援朝战争的需要，一面克服千难万险努力做好恢复国民经济的工作。经过三年的艰苦奋斗，中国终于实现了国民经济的全面恢复，为此后开展的大规模社会主义工业化建设准备了良好的条件。

关键概念和重要事件

中共七届二中全会
《共同纲领》
废除一切不平等条约
没收官僚资本
建立国营经济
《中华人民共和国土地改革法》
新解放区的土地改革运动
统一财政经济
合理调整工商业

思考题

1. 简述《共同纲领》确定的新中国经济建设的根本方针。

2. 阐述新中国成立之际彻底废除帝国主义强加给中国的一切不平等条约的意义。

3. 新中国是如何没收官僚资本、建立国营经济的?

4. 论述新解放区土地改革运动的主要进程及其历史意义。

本章阅读文献

1. 中共中央党史和文献研究院:《中国共产党的一百年》, 中共党史出版社 2022 年版。

2. 中共中央党史研究室:《中国共产党历史》第二卷(1949—1978)上册, 中共党史出版社 2011 年版。

3.《中华人民共和国简史》编写组编著:《中华人民共和国简史》, 人民出版社、当代中国出版社 2021 年版。

4. 当代中国研究所:《中华人民共和国史稿》, 人民出版社、当代中国出版社 2012 年版。

5. 吴承明、董志凯主编:《中华人民共和国经济史(1949—1952)》第一卷, 社会科学文献出版社 2010 年版。

6. 武力主编：《中华人民共和国经济史》增订版上卷，中国时代经济出版社 2010 年版。

拓展阅读

第二章　过渡时期总路线和“一五”计划建设

主要内容

本章主要介绍和分析中国共产党提出的过渡时期总路线和从 20 世纪 50 年代初期开始的社会主义工业化建设。20 世纪 50 年代初，国民经济恢复的时间和速度大大超过了人们的预想，而且朝鲜战争的爆发使得保障国家安全成为紧迫任务，为此，党和人民政府选择了优先发展重工业的社会主义工业化道路，从而改变了经过 10 年至 15 年过渡期才考虑向社会主义过渡的设想。中国共产党决定从 1953 年开始实施第一个五年计划，并提出了过渡时期总路线。社会主义经济就是计划经济，社会主义经济体制就是计划经济体制，这是当时人们对马克思主义的基本理解。1952 年底中央人民政府成立了国家计划委员会，着手制定国民经济发展的年度计划和中长期计划，到 1954 年逐步建立和充实了从中央各部门到基层工作部门及企业单位的计划机构。“一五”计划和“156 项工程”是 20 世纪 50 年代社会主义工业化建设的最主要任务，国家集中了大量的人力、物力、财力资源，争取到了苏联等社会主义国家的援助，初步建立起了独立的比较完整的工业体系和国民经济体系的基础。

在中国共产党过渡时期总路线的指引下，大规模、有计划的社会主义改造和社会主义工业化建设同时推进。在经济关系变革方面，相继进行了对农业、手工业和资本主义工商业的社会主义改造，初步建立起了公有制占绝对优势的社会主义经济制度；在经济建设方面，围绕“一五”计划和“156 项工程”开展了前所未有的社会主义工业化建设，初步建立起了独立的比较完整的工业体系和国民经济体系的基础。与此同时，开始积极探索中国社会主义建设道路并取得了初步成效。

第一节　过渡时期总路线和社会主义工业化

在中国建立社会主义制度并发展社会主义经济，是中国共产党的奋斗目标。在中国建立社会主义制度不能照搬苏联模式，必须经过新民主主义过渡到社会主义，这是中国共产党领导中国革命的“两步走”战略。“两步走”战略的具体内容为：中国革命的第一步，是改变半殖民地半封建的社会形态，建立工人阶级领导的各个革命阶级联合专政的新民主主义社会；第二步，在社会主义革命为社会主义发展扫清道路后，建立社会主义社会。① 在新中国成立之后特别是在国民经济恢复时期结束之后，向社会主义转变就被提上了党和国家的议事日程。

一、过渡时期总路线的提出

新中国成立时，面对因经受长期战争破坏而满目疮痍的国民经济，中国共产党对医治战争创伤、恢复国民经济作了比较长时期的安排。当时包括毛泽东在内的领导人都认为，新中国成立后的首要任务还不是立即转变为社会主义社会，而是迅速地恢复和发展国民经济，开始大规模的国家工业化建设，使新民主主义的政治、经济、文化形态有相当程度的发展，为中国稳步地由农业国转变为工业国、由新民主主义国家转变为社会主义国家奠定基础。1950 年毛泽东还认为，“在各种条件具备了以后，在全国人民考虑成熟并在大家同意了以后，就可以从容地和妥善地走进社会主义的新时期”②。1951 年 2 月他又提出一个中国的长期发展战略，即“三年准备、十年计划经济建设”的设想。可见，这时还没有明确提出向社会主义社会过渡的问题。

1. 向社会主义过渡的必然性

新中国成立后，向社会主义过渡一直是毛泽东反复思考的重大战略问题。在国民经济恢复时期的三年，中国的经济发展出现了新变化，已经建立起了相对强大的社会主义国营经济，国营工业产值占全国现代工业总产值的 52.8%，国营批发商业营业额占全国批发商业营业额的 60.5%，为国家实现对国民经济的集中统一领导奠定了经济基础；已经积累了利用和限制私营工商业的许多经验，包括加

① 《毛泽东选集》第二卷，人民出版社 1991 年版，第 666—679 页。
② 《毛泽东文集》第六卷，人民出版社 1999 年版，第 80 页。

工订货、经销代销、统购包销、公私合营等一系列从低级到高级的国家资本主义形式；已经积累了在农村中开展农业互助合作的许多经验，党总结了互助组、初级合作社和高级合作社的实践经验，提出互助合作组织不仅是帮助贫苦农民克服困难、增加生产的有效形式，同时也是防止农村资本主义自发趋势，引导农业向社会主义方向发展的适当形式，农业合作化不能坐等工业化和机械化；苏联答应全面援助中国经济建设；与资本主义国家和资本主义制度相比，社会主义国家的发展活力和社会主义制度的优越性在国际上十分充分地体现出来，这也促使党认为在开展大规模工业化建设的同时，可以开始向社会主义逐步过渡。

1952年9月24日，毛泽东在中共中央书记处会议上首次提出：“我们现在就要开始用十年到十五年的时间基本上完成到社会主义的过渡，而不是十年或者以后才开始过渡。七届二中全会提出限制与反限制的斗争问题，现在这个内容就更丰富了。工业中，私营占百分之三十二点七，国营占百分之六十七点三，是三七开；商业零售是倒四六开。”①在他看来，通过国民经济三年恢复，在新民主主义五种经济成分中，其他经济成分都已经挂在社会主义国营经济“车头”上了。这说明毛泽东已经系统思考中国向社会主义过渡问题了，中共中央书记处接受了毛泽东的建议。10月，毛泽东委托刘少奇就中国向社会主义过渡问题在赴苏联参加苏共十九大时征求斯大林的意见，刘少奇比较详细地书面介绍了中国共产党的战略设想、时间安排和过渡路径，斯大林表示赞成。②

1953年2月，毛泽东在外出考察过程中与地方负责人谈话，畅谈了他对合作化的看法。2月15日，他了解到邢台县农民对合作化十分拥护的情况后很兴奋。他指出，“多数农民是愿意走社会主义道路的，因为这是一条由穷变富的道路，关键是我们领导采取什么态度”，并逐步形成了“农业不先搞机械化，也能实现合作化，中国不一定仿照苏联的做法”的思想。③ 2月17日，他在武汉与中共中央中南局负责人谈话时提出：“新民主主义是向社会主义过渡的阶段。在这个过渡阶段，要对私人工商业、手工业、农业进行社会主义改造。”“国家实现对农业、手工业和私营工商业的社会主义改造，从现在起大约需要三个五年计划

① 中共中央党史和文献研究院编：《毛泽东年谱》第四卷，中央文献出版社2023年版，第603—604页。

② 中共中央文献研究室编：《毛泽东传（1949—1976）》上，中央文献出版社2003年版，第242—244页。

③ 中共中央党史和文献研究院编：《毛泽东年谱》第五卷，中央文献出版社2023年版，第29页。

的时间，这是和逐步实现国家工业化同时进行的。”[①] 2月19日，他还谈到了具体改造的途径问题：“个体农业，要用合作社和国营农场去代替，手工业要用现代工业去代替。手工业目前还要依靠，还要提倡”，“对民族资产阶级，可以采取赎买的办法”。[②]

2. 党在过渡时期的总路线

1953年6月15日，毛泽东在中央政治局扩大会议上首次提出了党在过渡时期总路线的基本内容。他指出：“从中华人民共和国成立，到社会主义改造基本完成，这是一个过渡时期。党在过渡时期的总路线和总任务，是要在十年到十五年或者更多一些时间内，基本上完成国家工业化和对农业、手工业、资本主义工商业的社会主义改造。”[③] 他强调：“党在过渡时期的总路线是照耀我们各项工作的灯塔。不要脱离这条总路线，脱离了就要发生‘左’倾或右倾的错误。”他认为在过渡问题上发生急躁情绪就要犯“左”倾错误，而在当时仍然坚持“确立新民主主义社会秩序”“由新民主主义走向社会主义”“确保私有财产”则是右倾错误。毛泽东指出：“我们提出逐步过渡到社会主义，这比较好。”“社会主义、半社会主义经济的劳动生产率大大提高，这一点已经清清楚楚地给人民看到了。为什么社会主义经济比较好些？就是劳动生产率比较高，技术提高得快，生产发展得快，又快又好。这说明社会主义比资本主义优胜。”[④]

1954年2月，中共七届四中全会正式批准过渡时期总路线：从中华人民共和国成立，到社会主义改造基本完成，这是一个过渡时期。党在这个过渡时期的总路线和总任务，是要在一个相当长的时期内，逐步实现国家的社会主义工业化，并逐步实现国家对农业、对手工业和对资本主义工商业的社会主义改造。1954年9月，过渡时期总路线被写入第一届全国人民代表大会第一次会议通过的《中华人民共和国宪法》。实现党在过渡时期的总路线，就是要充分地发展社会主义工业，并且把现有的非社会主义工业变为社会主义工业，使我国由工业不

---

① 中共中央党史和文献研究院编：《毛泽东年谱》第五卷，中央文献出版社2023年版，第31—32页。

② 中共中央党史和文献研究院编：《毛泽东年谱》第五卷，中央文献出版社2023年版，第33页。

③ 中共中央党史和文献研究院编：《毛泽东年谱》第五卷，中央文献出版社2023年版，第115—116页。

④ 中共中央党史和文献研究院编：《毛泽东年谱》第五卷，中央文献出版社2023年版，第116、117页。

发达的落后的农业国变为工业发达的先进的工业国，使社会主义工业成为我国整个国民经济发展的起决定作用的领导力量；就是要扩大社会主义的全民所有制和合作社社员的集体所有制，把农民和手工业者以自己劳动为基础的私人所有制改造为合作社社员的集体所有制，把以剥削工人阶级的剩余劳动为基础的资本主义私人所有制改造为全民所有制。可见，推进国家由落后的农业国向先进的工业国转变，推动各种所有制关系向全民所有制和集体所有制转变，是过渡时期总路线的核心内容。

过渡时期总路线的提出，标志着中国共产党对于新民主主义和社会主义的认识发生了重大转变，党的指导思想和政策基础开始从实行以《共同纲领》为纲领的新民主主义经济制度转向实行以过渡时期总路线为纲领的社会主义经济制度，新民主主义经济制度和经济体制不再是一个相对稳定的经济制度和经济体制，以逐步改造各种非公有制经济、消灭私有制为主要内容的社会主义改造被提上了议事日程。

为了向全党和全国人民解释宣传过渡时期总路线，毛泽东还主持编写了《为动员一切力量把我国建设成为一个伟大的社会主义国家而斗争——关于党在过渡时期总路线的学习和宣传提纲》（简称《宣传提纲》）。该提纲于1953年12月公开出版发行，成为对过渡时期总路线的权威解释。全国由此掀起了学习过渡时期总路线的热潮。根据《宣传提纲》对过渡时期总路线的表述和解释，它的基本内容包括以下四个方面：

第一，重新解释了新民主主义革命与社会主义革命之间的关系，提出新民主主义革命的结束就是社会主义革命的开始。在此之前，党在理论和宣传上都认为，在新民主主义革命完成与社会主义革命开始之间，有一个以《共同纲领》为基础的发展新民主主义政治、经济和文化的阶段。

第二，全面吸收了苏联共产党关于过渡时期的理论（即列宁1921年以前的思想和斯大林思想）。1955年3月毛泽东回顾说：“中央委员会根据列宁关于过渡时期的学说，总结了中华人民共和国成立以来的经验，在我国国民经济恢复阶段将要结束的时候，即一九五二年，提出了党在过渡时期的总路线。”①

第三，提出过渡时期总路线的实质是实现生产资料的社会主义改造，即“使

① 《建国以来毛泽东文稿》第九册，中央文献出版社2023年版，第403页。

生产资料的社会主义所有制成为我国国家和社会的唯一的经济基础”[①]。逐步实现对农业、手工业和资本主义工商业的社会主义改造，是过渡时期的主要任务之一。

第四，为社会主义工业化而斗争。在此以前，党和政府在谈到中国的经济发展时一般都是用“工业化”这个词，《宣传提纲》首次明确提出中国要实行的是“社会主义工业化”并解释了其含义，即社会主义工业化具有两个重要特点：一是将发展重工业作为工业化的中心环节；二是优先发展国营经济并逐步实现对其他经济成分的改造，保证国民经济中社会主义经济的比重不断增长。

1955 年 3 月，中国共产党全国代表会议在北京召开，毛泽东在会议开幕词中向全党提出了要在大约三个五年计划内实现过渡时期总路线中提出的总任务，在大约几十年内把我国建设成为一个强大的高度社会主义工业化的国家的宏伟目标。他指出：“我们现在是处在新的历史时期。一个六万万人口的东方国家举行社会主义革命，要在这个国家里改变历史方向和国家面貌，要在大约三个五年计划期间内使国家基本上工业化，并且要对农业、手工业和资本主义工商业完成社会主义改造，要在大约几十年内追上或赶过世界上最强大的资本主义国家，这是决不会不遇到困难的，如同我们在民主革命时期所曾经遇到过的许多困难那样，也许还会要遇到比过去更大的困难。但是，同志们，我们共产党人是以不怕困难著名的。”[②]这充分体现了毛泽东的高瞻远瞩及推动中国向社会主义过渡的坚定自信。

二、探索中国社会主义工业化道路

实现国家工业化，是中国共产党领导各族人民实现国家独立和富强，使中国能够自立自强于世界民族之林的必由之路。社会主义工业化是过渡时期总路线的主体。在过渡时期，全党和全国人民开始把注意力转移到实现社会主义工业化的任务上来，积极投入大规模的经济建设之中。社会主义工业化通常是指现代工业部门在社会主义国民经济中取得优势地位的过程，即用现代经济要素和科学技术装备工业，进而装备农业和国民经济的其他部门，使国家由落后的农业国转变为先进的工业国的过程。按照马克思的设想，社会主义社会是在资本主义社会高度

① 中共中央党史和文献研究院编：《毛泽东年谱》第五卷，中央文献出版社 2023 年版，第 199 页。
② 《建国以来毛泽东文稿》第九册，中央文献出版社 2023 年版，第 406 页。

发达的基础上产生的，资本主义社会为社会主义社会准备好了物质条件，因而，社会主义社会不存在发展或实现工业化的问题。然而，现实中的社会主义制度都不是在马克思所设想的高度发达的资本主义国家产生的，而是在经济文化落后、尚未实现工业化的国家和地区产生的，这就提出了一个尖锐的问题，即社会主义的物质技术基础和社会经济基础怎样建立？列宁创造性地发展了马克思主义，选择了在社会主义条件下进行工业化建设的道路，开创了社会主义国家工业化的先例。

中国共产党和毛泽东创造性地提出并丰富了中国社会主义工业化理论，且领导中国人民开展了规模空前的社会主义工业化建设，取得了举世瞩目的辉煌成就。由落后的农业国变成社会主义工业国，对新中国来说是一个十分艰巨繁重的历史任务。经过国民经济恢复时期的艰苦努力，新中国主要工农业产品产量已经达到或者超过历史最好时期，但是整个工业的基础还十分薄弱。毛泽东早在1944年就指出：“由农业基础到工业基础，正是我们革命的任务。”① 1945年4月，他又指出：“没有独立、自由、民主和统一，不可能建设真正大规模的工业。没有工业，便没有巩固的国防，便没有人民的福利，便没有国家的富强。”②“在新民主主义的政治条件获得之后，中国人民及其政府必须采取切实的步骤，在若干年内逐步地建立重工业和轻工业，使中国由农业国变为工业国。”“中国工人阶级的任务，不但是为着建立新民主主义的国家而斗争，而且是为着中国的工业化和农业近代化而斗争。”③ 1949年3月召开的中共七届二中全会，标志着党的工作重心的转移和转变，即由以乡村为中心转移到以城市为中心、由以革命为中心转变到革命与建设并重上来。

在中国建设强大的现代化国家是毛泽东等中国共产党人的宏伟理想。当时，我国缺乏大规模国家工业化建设的经验，苏联为我们提供了一个可以借鉴的范例。在中华人民共和国成立之初，毛泽东就率团访问了苏联。苏联的工业化建设成果给他留下了深刻的印象，他在1950年3月3日中共中央东北局高级干部会议上说：“第一个社会主义国家发展的历史，就给我们提供了最好的经验，我们可以用他们的经验。”④中国社会主义工业化借鉴了苏联工业化的经验和做法，并

① 《毛泽东文集》第三卷，人民出版社1996年版，第207页。
② 《毛泽东选集》第三卷，人民出版社1991年版，第1080页。
③ 《毛泽东选集》第三卷，人民出版社1991年版，第1081页。
④ 中共中央文献研究室编：《毛泽东传（1949—1976）》上，中央文献出版社2003年版，第53页。

结合中国工业化建设的实际需要和可能，形成了鲜明的中国特色。

第一，中国社会主义工业化是在社会主义公有制基础上进行的，它有效克服了在生产资料私有制基础上进行的资本主义工业化的不可克服的内在矛盾。新中国成立初期，通过没收官僚资本和大力发展国营经济，为大规模开展国家工业化建设准备了必要的物质基础。《共同纲领》对国营经济职能地位、经济作用等的规定，也使国营经济能够发挥引领国民经济发展的作用，这就使我国社会主义工业化建设可以通过执行国家经济计划的方式，实现较快的发展。“一五”计划就是国家通过制定科学的国民经济计划推动经济较快发展的成功范例。中国社会主义工业化与许多国家资本主义工业化的显著区别之一，就是这种工业化发展进程的计划性。中国社会主义工业化发展进程的计划性，也是它优于资本主义工业化的基本原因。

第二，中国社会主义工业化是在确保生产资料生产优先增长的基础上推进的。按照马克思主义基本原理和要求，在推动国民经济发展中必须确保生产资料生产的优先增长。列宁在论述建立社会主义大工业时，十分强调重工业的地位和作用，认为“‘重工业’，是社会主义的主要基础”①。在他看来，这不仅符合马克思关于社会再生产的一般原理，而且更适用于社会主义国家落后的物质技术基础及迅速发展社会生产力的要求。在具体的经济建设和经济发展中，生产资料生产优先增长根本体现为重工业的优先发展，特别是最基本重工业部门的优先发展。在中国社会主义工业化建设中，生产资料生产特别是重工业建设始终处于关键和优先地位，它在推动国民经济快速发展、产业结构和经济结构较快变化、物质技术基础显著进步等方面，都发挥了重要作用。

第三，中国社会主义工业化积累资金的主要途径是国内积累或内部积累。中国的社会主义制度决定了中国工业化积累资金的方式和途径与资本主义国家工业化有着根本不同，既不能依靠剥削本国人民、增加人民的经济负担的方式进行积累，也不能依靠对外扩张、掠夺他国财富的方式进行积累，只能依靠“内部积累”，即依靠各行各业、全体人民的贡献和厉行节约。可以说，中国社会主义工业化就是依靠全体人民的辛勤劳动和压缩消费推动的，在一定时期内广大农民群众作出的无私奉献会更大一些。

---

①《列宁全集》第四十三卷，人民出版社2017年版，第215页。

三、中国社会主义工业化的特点与优势

1955 年 10 月 29 日，毛泽东邀集中华全国工商业联合会执行委员召开座谈会时指出：“现在，我国又不富，也不强，还是一个很穷的国家。我国是个大国。但不是富国，也不是强国。飞机也不能造，大炮也不能造，坦克也不能造，汽车也不能造，精密机器也不能造，许多东西我们都不能造，现在才开始学习制造。我们还是一个农业国。在农业国的基础上，是谈不上什么强的，也谈不上什么富的。”[①] 这种情况加剧了实现社会主义工业化的紧迫性。

中国社会主义工业化采取了计划经济体制。这种经济体制的最大特点，就是国家或政府充分参与经济发展过程，发挥空前的政治优势，动员一切可以动员的力量，为实现国民经济高速发展而奋斗。这种社会主义工业化模式，后来成为许多经济基础比较落后的社会主义国家共同选择的道路。中国社会主义工业化实行的计划经济体制有这样一些鲜明特点：

第一，它具有强有力的手段和政治优势，通过进行集中计划、动员、调集和配置经济资源的宏观管理，迅速实现经济发展所要求的较快、较大的结构变动。提高积累率是经济文化比较落后的低收入国家步入现代经济增长阶段所必不可少又十分不易满足的条件，中国的计划经济体制可以充分利用强有力的社会力量和政治优势来保证较长时期保持较高的积累率，使国家能够较快地奠定工业化基础，使以重工业为核心的现代工业突出发展，建立起较独立与完整的工业体系和国民经济体系，实现经济结构的迅速转变，从而改变国民经济的落后面貌并增强国家的综合实力。

第二，它具有强有力的全面提高和改善人民生活水平的力量，能够使人民较迅速地摆脱极端贫困状态，实现较高程度的收入分配均等化，为最低收入阶层提供生活必需品和必要的社会保障。现实中实行计划经济体制的国家几乎都是经济文化比较落后的国家，它们不仅面临着迅速改变国民经济落后面貌的历史任务，而且也面临着保障充分就业和迅速提高人民生活水平、摆脱贫困的现实要求。中国在国家工业化进程中主要通过发展社会生产力和实现较高程度的收入分配均等化的途径来提高或改善人民生活水平。

第三，它具有强有力的克服严重经济困难、解决经济生活中出现的紧迫问题

① 《毛泽东文集》第六卷，人民出版社 1999 年版，第 495 页。

的能力。这种克服严重经济困难、解决紧迫经济问题的能力来自高度集中的计划经济体制的优势。这种计划经济体制可以动员最为广泛的社会经济力量，集中解决或克服经济中遇到的困难和障碍，从而确保整个国民经济高速发展。新中国成立后，面临着十分繁重的修复战争创伤、恢复和发展国民经济的任务，面临着十分艰巨的社会主义革命与建设的任务，实行这种计划经济体制，有效地克服了许多难以克服的困难，解决了许多难以解决的问题。

历史已经证明，社会主义工业化是中国由站起来走向强起来的必由之路。

第二节　“一五”计划与有计划的经济建设

在传统社会主义政治经济学中，计划经济就是社会主义经济，计划经济体制就是社会主义经济体制，这主要是源于苏联社会主义建设的经验。但是，中国与苏联的国情有很大不同，中国不可能完全照搬苏联模式。1950 年，刘少奇在一份手稿中记录了他关于加快国家工业化建设的思想。“中国劳动人民的生活水平和世界许多先进国家比较起来，还是很低的。他们还很穷困，他们迫切地需要提高生活水平，过富裕的和有文化的生活。这是全国最大多数人民最大的要求和希望，也是中国共产党和人民政府力求实现的最基本的任务。”“只有工业化和电气化，才能建立中国强大的经济力量和国防力量。”“我们为了筹集资金去建设我们的工业以创造将来更好的生活，在我们不饿不冻并能保持通常的健康的条件之下，我们尽可能多节省一点，少花费一点，以便由国家把资金积累起来，去加快工业化的速度。”我们的工业化道路不同于资本主义国家的工业化道路，“能在工业化的过程中相应地逐步地提高劳动人民的生活水平，避免失业、饥饿和破产的痛苦，并且不需要去侵略其他的民族和国家，更不需要进行战争”。①

就在中国共产党为争取财政经济状况好转而斗争的时候，1950 年 6 月 25 日，朝鲜内战爆发。美国借机武装干涉朝鲜内战，把战火烧到了鸭绿江边，严重威胁到中国的国家安全。美国还派第七舰队侵入台湾海峡，公然阻止人民解放军解放台湾。这对于刚刚建立的新中国来说，是严重的军事挑衅和战争威胁，也给我国国民经济恢复造成了巨大的困难。抗美援朝战争的胜利展现了中国人民不畏强暴

① 《刘少奇论新中国经济建设》，中央文献出版社 1993 年版，第 169、172、176、177 页。

的钢铁意志和不屈不挠的顽强品格，是中国人民站起来后屹立于世界东方的宣言书，是中华民族走向伟大复兴的重要里程碑。抗美援朝战争的胜利激发了全国人民建设社会主义国家的巨大热情，鼓舞了全国各族人民贯彻实施党的过渡时期总路线的信心和决心。

一、开展有计划工业化建设的紧迫性

1953 年 6 月，毛泽东对国家工业化作了如下表述：“什么叫国家基本工业化？工业在国民经济中的比重，至少要达到百分之五十一，或者达到百分之六十吧！按照苏联的经验，工业的比重要达到百分之七十才算工业化，我们现在还差百分之四十二。我国的工业化，工业比重也要达到百分之七十。”[①]在1953年底党正式提出中国要实行的是社会主义工业化，并首次论述了社会主义工业化的基本特点。

为什么要把发展重工业放到这么重要的位置？周恩来指出：“只有依靠重工业，才能保证整个工业的发展，才能保证现代化农业和现代化交通运输业的发展，才能保证现代化国防力量的发展，并且归根结底，也只有依靠重工业，才能保证人民的物质生活和文化生活的不断提高。”[②]李富春也指出：“把发展国家的重工业作为五年建设的中心环节。这是需要巨额的资金、较长的时间和比较复杂的技术，才能做到的。但是，我们必须坚持这一方针而不能选择另外的方针。因为只有建设国家的重工业，即发展冶金、燃料、电力、机械、基本化学等工业，才能建立我国工业的坚实基础；才能保障国防的巩固和国家的安全；才能建立强大的经济力量，保证我国国民经济的完全独立和社会主义经济力量的迅速增长；才能给轻工业以广阔发展的前途，给农业的改造提供物质和技术的条件，使我国经济不断增长，人民的生活不断改善。”[③]

中国选择集中力量加快实现国家工业化，是从中国自己的经济发展实际和当时的国际国内背景出发的。与世界许多国家相比，新中国的现代工业基础更为薄弱。下面仅对 1952 年中国的主要工业数据与 1860 年的英国、1890 年的法国和 1910 年的俄国的主要工业数据进行对比，就可以清晰地看到我国现代工业的不足（见表 2-1）。

---

① 中共中央文献研究室编：《毛泽东著作专题摘编》，中央文献出版社 2003 年版，第 820 页。

② 《周恩来选集》下卷，人民出版社 1984 年版，第 133 页。

③ 《李富春选集》，中国计划出版社 1992 年版，第 110—111 页。

表 2-1　中国（1952 年）与英国（1860 年）、法国（1890 年）、俄国（1910 年）主要工业数据对比

	英国（1860 年）	法国（1890 年）	俄国（1910 年）	中国（帕尔格雷夫数据）（1952 年）	中国（国家统计局数据）（1952 年）
煤	87.9 百万吨			66.49 百万吨	0.66 亿吨
原油			11.3 百万吨		43.6 万吨
铜	16.3 千吨				
铅	64.3 千吨				
锡	6.8 千吨				
铁矿石	8 153 千吨	3 472 千吨	5 742 千吨		
生铁	3 888 千吨	1 962 千吨	3 047 千吨	1 929 千吨	193 万吨
原钢	334 千吨（1871 年）	683 千吨	3 314 千吨	1 349 千吨	135 万吨
棉纺锭数	30 387 千锭（1861 年）	5 040 千锭（1891 年）	7 900 千锭（1908 年）	4 100 千锭	
营业铁路长度	14 603 公里	33 280 公里	66 581 公里	22 300 公里	2.29 万公里
铁路货运量	89.8 百万吨	92.5 百万吨	235 百万吨	132.17 百万吨	13 217 万吨
铁路客运量	153.5 百万人次	241.1 百万人次	195 百万人次	16 400 万人 *	16 352 万人
商船（帆船和轮船）	25 663 艘	14 001 艘	2 504 艘	322 艘	
商船（汽船）	2 000 艘	1 100 艘	943 艘	614 艘	

* 原书中为 1 640 亿人，引者质疑应为 16 400 万人。

资料来源：［英］B.R. 米切尔编：《帕尔格雷夫世界历史统计》欧洲卷（1750—1993 年），贺力平译，经济科学出版社 2002 年版；［英］B.R. 米切尔编：《帕尔格雷夫世界历史统计》亚洲、非洲和大洋洲卷（1750—1993 年），贺力平译，经济科学出版社 2002 年版；1952 年中国官方数据引自国家统计局编：《新中国五十年》，中国统计出版社 1999 年版。

可见，在 1952 年中国准备进行计划经济建设和工业化建设之际，中国的主要工业数据与英国、法国和俄国几十年前的主要工业数据相比还是有差距的。

1954 年 6 月，毛泽东在谈到发展重工业的必要性和迫切性时说："现在我们能造什么？能造桌子椅子，能造茶碗茶壶，能种粮食，还能磨成面粉，还能造纸，但是，一辆汽车、一架飞机、一辆坦克、一辆拖拉机都不能造。"[①] 可以说，

① 《毛泽东文集》第六卷，人民出版社 1999 年版，第 329 页。

实现国家工业化代表了中国共产党和中国人民对建立自己的工业体系和国民经济体系的迫切愿望。实现国家工业化，是中国人民百年来梦寐以求的理想。国际历史经验和我国当时的具体国情都要求我们必须选择社会主义工业化道路，即以较快速度优先发展重工业，同时重视发展轻工业和农业，有计划地进行社会主义建设。

优先发展重工业势必会增加积累、挤占消费，必然会影响到人民群众当前生活水平的改善。对此，毛泽东专门论述了两种“仁政”观，指出：“所谓仁政有两种：一种是为人民的当前利益，另一种是为人民的长远利益，例如抗美援朝，建设重工业。前一种是小仁政，后一种是大仁政。两者必须兼顾，不兼顾是错误的。那末重点放在什么地方呢？重点应当放在大仁政上。现在，我们施仁政的重点应当放在建设重工业上。要建设，就要资金。所以，人民的生活虽然要改善，但一时又不能改善很多。就是说，人民生活不可不改善，不可多改善；不可不照顾，不可多照顾。照顾小仁政，妨碍大仁政，这是施仁政的偏向。”[①] 可以说，毛泽东把优先发展重工业的道理讲得十分透彻。

二、“一五”计划的编制

第一个五年计划（简称“一五”计划）是指 1953—1957 年国民经济发展计划，是新中国制定的第一个全面的中长期国民经济计划。“一五”计划的编制和实施，对于新中国工业化的奠基和国民经济计划建设都发挥了重要作用，“一五”计划是我国制定的“五年计划（规划）”中最成功的计划（规划）之一。

1.“一五”计划的编制过程

国民经济有计划按比例地发展，是社会主义经济的内在规律和要求；制定社会经济发展的中长期计划，则是国家对社会经济发展实施宏观计划管理的重要环节。在新中国成立初期，为了开展大规模经济建设、实现国家工业化，必须采取全新的发展途径和发展模式，即必须把有限的人力、物力、财力凝聚在一起，集中力量建设一批国民经济急需的重大项目，有力缓解制约中国经济发展的重大障碍。从新中国成立初期的经济发展需要来看，开展有计划的经济建设是关键环节。早在 1951 年春，中财委即着手试编了全国国民经济年度计划，虽然只是提

---

① 中共中央党史和文献研究院编：《毛泽东年谱》第五卷，中央文献出版社 2023 年版，第 163—164 页。

出了一些有关国民经济发展的具体控制数字，但对于统一领导全国经济和统筹各地经济发展仍具有重要意义。1951年中财委召开全国计划会议，下达1952年的控制数字，要求各地自下而上编制经济计划草案。1952年，我国成立国家计划委员会和国家统计局，加强了对国营企业和基本建设的计划管理。

第一个五年计划的编制前后经历了四年时间，五易其稿，终于形成了新中国工业化建设的蓝图。1951年2月，中财委根据毛泽东提出的“三年准备、十年计划经济建设”的思想，试编了第一个五年计划。编制工作领导小组成员为周恩来、陈云、薄一波、李富春、聂荣臻、宋劭文六人，具体工作由中财委计划局负责。1951年11月，全国计划会议向各地布置了编制长期计划的任务。1952年3月，中财委将《关于加强计划工作大纲》下发各大区，要求各大区于6月底前分别提出本区五年计划、十年远景的方针任务、主要指标和轮廓计划，并提出对全国长期计划的建议。

1952年8月，中财委提出了《关于编制五年计划轮廓的方针》《中国经济状况和五年建设的任务（草案）》《三年来中国国内主要情况及今后五年建设方针的报告提纲》等。这一稿经中共中央、政务院基本确定后，需要与苏联拟援助我国经济发展的计划和项目对接。1952年8月，周恩来率中国政府代表团赴苏谈判，代表团携带了我国五年建设的基本任务、指导方针和主要经济指标，并据此争取苏联对中国计划经济建设的支持。代表团在苏联期间与斯大林等苏联领导人进行了沟通，并将斯大林及苏联的建议带回。周恩来回国后，由李富春带队的中国代表团与苏联方面进行了深入的谈判。在交换意见之余，中国代表团广泛地考察了苏联的经济管理部门、大中型企业，与苏联政府经济管理负责人、企业管理负责人、技术人员等进行了深入交流，学习和总结了苏联经济建设的做法与经验。苏联方面还专门安排了苏联计划委员会负责人和有关专家，向中国代表团专题介绍了苏联计划经济建设的经验和做法，包括国民经济计划工作的组织和国民经济计划的平衡方法、工业生产计划、黑色冶金计划、有色冶金计划、燃料工业计划、电力工业计划、机器制造工业计划、基本建设计划、劳动计划、干部教育及技术人员与工人的分配计划、人民财政收支计划、商品周转计划、生产费与周转费计划、农业计划、财务计划、物资技术供应与物资平衡计划、统计工作、新技术计划等。此外，还请苏联建设事业委员会、冶金部的专家讲授了“苏联建设事业委员会机构设置”“都市改建问题”“苏联地质工作问题”等专题。[①]

1953年4月初，中苏双方正式进入关键谈判阶段，中方由李富春主谈，苏方由米高扬主谈。米高扬向李富春通报了苏方对我国“一五”计划的意见，主要是从社会主义阵营考虑，中国工业化首先是发展重工业；要保证五年计划的完成，最好是超额完成；要注意培养自己的专家；要加强地质勘探等基础性工作；要大力发展手工业和小工业；要大力发展农业；巩固人民币，扩大购买力，发展商品流通；工业总产值增长要大于职工人数增长；劳动生产率提高速度要大于工资增长速度；技术人员增长速度要大于工人增长速度等。[②]这些建议对于中国编制和执行五年计划都很有帮助。1953年5月15日，中苏两国在莫斯科签订了《关于苏维埃社会主义共和国联盟政府援助中华人民共和国中央人民政府发展中国国民经济的协定》和议定书，苏联承诺援助中国新建和改建91个工业建设项目。1954年，苏联同意向中国提供5.2亿卢布的长期贷款，帮助中国新建15家工业企业，连同国民经济恢复时期援助的50个项目，共156项工程。确定了苏联援建项目，也就确定了“一五”计划的核心内容。

1952年12月，中共中央发布的《关于编制一九五三年计划及五年建设计划纲要的指示》进一步提出：“国家大规模的经济建设业已开始。这一建设规模之大，投资之巨，在中国历史上都是空前的。为了加速国家建设，除应动员全国力量，集中全国人力和财力以赴外，必须加强国家建设的计划工作，使大规模建设能在正确的计划指导下进行，避免可能发生的盲目性。”[③]该指示明确了以下原则：一是按照“边打、边稳、边建”的方针从事建设，必须由此来考虑全国工业建设的投资、速度、重点、分布和比例；二是必须以发展重工业为大规模建设的重点，以有限的资金和建设力量首先保证重工业和国防工业的基本建设，特别是确保那些对国家起决定作用的，能迅速增强国家工业基础与国防力量的主要工程的完成；三是合理利用现有工业基础和现有设备，充分发挥企业的潜力，这是制定生产计划的最重要的问题，应以平均的先进技术经济定额作为制定计划的标准；四是必须以科学的态度从事计划工作，使我们的计划正确地反映客观经济发展的规律。

① 《袁宝华回忆录》，中国人民大学出版社2018年版，第118页。

② 《袁宝华回忆录》，中国人民大学出版社2018年版，第119页。

③ 中共中央文献研究室编：《建国以来重要文献选编》第三册，中央文献出版社1992年版，第448页。

1954 年 2 月，中央成立了编制五年计划纲要的八人工作小组，由陈云、高岗、李富春、邓小平、邓子恢、习仲勋、贾拓夫、陈伯达组成，陈云担任组长，开始编制详细具体的“一五”计划草案。8 月，八人工作小组审议国家计委提出的《中华人民共和国发展国民经济的第一个五年计划草案（初稿）》。9 月，送毛泽东审阅。11 月，毛泽东、刘少奇、周恩来又在广州集中，用二十来天的时间共同审核修改该草案。11 月，由陈云主持召开中共中央会议，仔细讨论了“一五”计划的方针任务、发展速度、投资规模、工农业关系、建设重点和地区布局，又提出了许多修改意见和建议。陈云在“一五”计划制定过程中贡献巨大。

1955 年 3 月 31 日，中国共产党全国代表会议原则通过了“一五”计划草案。1955 年 7 月 30 日，一届全国人大二次会议审议通过了国务院提交的中共中央主持制定的“一五”计划。

“一五”计划是中国共产党和新中国人民政府制定的第一个中长期国民经济和社会发展计划，也是中国有史以来的第一个中长期国民经济和社会发展计划。“一五”计划的基本任务是：集中主要力量进行以“156 项工程”为中心的、由限额以上的 694 个建设单位组成的工业建设，建立我国社会主义工业化的初步基础；发展部分集体所有制的农业生产合作社，并发展手工业生产合作社，建立对农业和手工业的社会主义改造的初步基础；基本上把资本主义工商业分别纳入各种形式的国家资本主义轨道，建立对私营工商业的社会主义改造的基础。“一五”计划还提出了 12 项具体任务。例如，在工业建设方面，提出建立和扩建电力工业、煤矿工业及石油工业；建立和扩建现代化的钢铁工业、有色金属工业及基本化学工业；建立制造大型金属切削机床、发电设备、冶金设备、采矿设备和汽车、拖拉机、飞机的机器制造工业等。

2. “一五”计划的核心：“156 项工程”

新中国大规模经济建设是在国民经济恢复任务基本完成之后开始的，特别是在“一五”计划建设中围绕苏联帮助我们设计并援助建设的“156 项工程”开展的国家工业化建设，初步搭建起了中国工业化的框架，因而具有特别重要的意义。“156 项工程”涵盖了国防、钢铁、有色金属、机械、船舶、航空、电子、化工、能源等 14 个工业领域，其中包含 106 项民用工业工程，仅投资了 156.1 亿元人民币，就使我国的工业生产能力和技术水平前进了一大步，为后来的工业化奠定了坚实的基础。“156 项工程”中的大部分项目都填补了我国工业的空白，以“156 项工程”为中心的国家工业化建设是中国近代以来引进规模最大、效果最好、作用最大的工业化建设，被称为工业化奠基之役。

“156项工程”的产业结构主要出于以下三种考虑：一是针对朝鲜战争爆发后的国际形势和中国国防工业极端薄弱的情况，将国家安全放在重要位置；二是旧中国重工业基础非常薄弱，已经成为工业化中的瓶颈部门；三是既要利用原来的工业基础，又要备战和改善过去的地区布局不平衡状况。“156项工程”（实际施工150项）主要可以分为如下几类：

（1）国防工业共44项。它们是航空工业12项，即南昌飞机厂、株洲航空发动机厂、沈阳飞机厂、沈阳航空发动机厂、西安飞机附件厂、西安发动机附件厂、陕西兴平航空电器厂、宝鸡航空仪表厂、哈尔滨飞机厂、哈尔滨航空发动机厂、南京航空液压附件厂、成都飞机厂（成都航空发动机厂）；电子工业10项，如北京电子管厂、西安电力机械制造公司等；兵器工业16项；航天工业2项；船舶工业4项。这些项目为我国国防工业建设奠定了坚实的基础，并带动了其他工业项目和现代产业的发展。

（2）冶金工业共20项。它们是钢铁工业7项，即鞍山钢铁公司、本溪钢铁公司、吉林铁合金厂、富拉尔基特钢厂、武汉钢铁公司、热河（承德）钒钛厂、包头钢铁公司；有色金属工业13项，即抚顺铝厂、哈尔滨铝加工厂、吉林炭素厂（电极厂）、洛阳铜加工厂、白银有色金属公司、株洲硬质合金厂、杨家杖子钼矿、江西大吉山钨矿、江西西华山钨矿、江西岿美山钨矿、云南锡业公司、云南东川铜矿、云南会泽铅锌矿。“一五”时期冶金工业完成投资46.61亿元，新增固定资产38.13亿元，极大地加强了我国钢铁工业基地和有色金属工业建设。

（3）能源工业共52项。它们是煤炭工业25项，即峰峰中央洗煤厂、峰峰通顺三号立井、大同鹅毛口立井、潞安洗煤厂、辽源中央立井、阜新海州露天煤矿、阜新平安立井、阜新新邱一号立井、抚顺西露天矿、抚顺东露天矿、抚顺龙凤矿、抚顺老虎台矿、抚顺胜利矿、通化湾沟立井、兴安台二号立井、鹤岗东山一号立井、鹤岗新安台十号立井、兴安台洗煤厂、双鸭山洗煤厂、城子河洗煤厂、城子河九号立井、淮南谢家集中央洗煤厂、平顶山二号立井、焦作中马村立井、铜川王石凹立井；电力工业25项，即北京热电厂、石家庄热电厂、太原第一热电厂、太原第二热电厂、包头四道沙河热电厂、包头宋家壕热电厂、阜新热电厂、抚顺电厂、大连热电厂、丰满水电站、吉林热电厂、富拉尔基热电厂、佳木斯纸厂热电厂、郑州第二热电厂、洛阳热电厂、三门峡水利枢纽、武汉青山热电厂、株洲热电厂、重庆电厂、成都热电厂、云南个旧电厂、西安热电厂、陕西户县热电厂、兰州热电厂、乌鲁木齐热电厂；石油工业2项，即兰州炼油厂、抚顺第二制油厂。“一五”时期能源工业为了适应国民经济发展需要，充分利用原有矿区，积极开始建设新的煤炭基地，逐步改善煤炭工业布局。

（4）机械工业共24项。它们是：沈阳风动工具厂、沈阳第一机床厂、沈阳电缆厂、沈阳第二机床厂、长春第一汽车制造厂、哈尔滨量具刃具厂、哈尔滨电表仪器厂、哈尔滨锅炉厂、哈尔滨汽轮机厂、哈尔滨电机厂、第一重型机械厂、哈尔滨电碳厂、哈尔滨轴承总厂、洛阳滚珠轴承厂、洛阳矿山机械厂、洛阳第一拖拉机厂、武汉重型机床厂、湘潭船用电机厂、西安高压电瓷厂、西安开关整流器厂、西安绝缘材料厂、西安电力电容器厂、兰州石油机械厂、兰州炼油化工机械厂。“一五”时期机械工业完成投资38.47亿元，新增固定资产30.25亿元，新增金属切削机床制造能力13 549台，设备自给率达到62%，初步建立起了比较完整的机械工业构架。

（5）化学工业和轻工业共10项。它们是化学工业7项，即太原化工厂、太原氮肥厂、吉林氮肥厂、吉林染料厂、吉林电石厂、兰州氮肥厂、兰州合成橡胶厂；轻工业（包括医药）3项，即华北制药厂、太原制药厂、佳木斯造纸厂。“一五”时期化学工业和轻工业完成投资13.61亿元，新增固定资产8.75亿元，我国开始有能力生产高级染料、航空油漆、塑料、抗菌素、飞机轮胎及特种橡胶制品等。①

此外，为了确保“一五”计划建设目标的实现，建材工业安排限额以上项目21个，完成投资6.33亿元，重点发展水泥生产、扩大建材品种、采用新技术装备，建设了山西大同、甘肃永登、新疆乌鲁木齐、云南昆明、四川江油、河南洛阳6个水泥厂和湖南株洲、河南洛阳2个平板玻璃厂。②

苏联援华总顾问阿尔希波夫1995年夏天在接待中国访问者时回忆说：“苏联帮助中国建立了飞机、坦克、火炮和无线电工厂，提供了当时最现代化的仪器和设备、先进的军械样品，如飞机、坦克等。我们还帮助中国建立了生产潜艇的工厂和相应的基地。对苏联提供的设备，中国是用易货方式支付的，军工技术

① 《中华人民共和国发展国民经济的第一个五年计划（1953—1957）》，人民出版社1955年版。《袁宝华回忆录》，中国人民大学出版社2018年版，第122—123页。董志凯、武力主编：《中华人民共和国经济史（1953—1957）》上，社会科学文献出版社2011年版，第126页。

② 曾培炎主编：《中国投资建设50年》，中国计划出版社1999年版，第55页。

是用优惠贷款支付的。中国向苏联提供了某些战略物资，如锡、锡精矿和钨精矿等。中国还向苏联提供了大量的日用消费品。”“50 年代，苏联缺少可兑换的外币，我们请求中国用外币支付一部分我们供应的货物。中国每年向我们提供 1 亿～ 1.2 亿美元，这笔钱主要来自国外的侨汇。1959 年至 1960 年，中国侨汇情况严重复杂化，便向我们提供黄金，由我们拿到国际市场出售，从而弥补了苏联外汇的不足。”[①]苏联帮助中国建设了许多现代化工业体系的骨干企业，向中国提供了大量先进技术装备和先进技术知识。同样，中国也竭尽所能支援苏联的社会主义建设，包括向苏联提供稀有金属、生活必需品、外汇等。

中国正在恢复和建设中的国民经济虽然面临巨大困难，但是中国还是为援助朝鲜人民抵抗美帝国主义武装侵略、维护中国领土主权、保卫国家安全，全力开展抗美援朝，在朝鲜半岛停战后又向朝鲜提供了大量无偿援助。与此同时，中国对周边国家的建设也进行了力所能及的援助，例如，援助越南抗击法国侵略者及战后医治战争创伤、恢复经济活动，对蒙古、柬埔寨、尼泊尔等国进行大量经济和技术援助。

三、“一五”计划的完成

“一五”计划是一个一边编制、一边实施的国民经济中长期计划，“一五”计划的编制之所以历经四年才完成，主要是由于我国当时编制国民经济长期计划的主客观条件不足。例如，我国经济发展面临的困难很大，国家对发展工业特别是重工业需要的矿产资源情况掌握有限；受到技术水平和相关资料限制，没有编制长期计划的经验；朝鲜战争和抗美援朝增加了我国经济建设和计划编制的不确定性等。但是，“一五”计划却是一个实施效果很好的计划。

“一五”时期我国实行的是高度集中统一的投资管理体制，投资决策权包括对投资规模、投资方向、投资布局和基本建设项目投资等的决策权高度集中于中央，由中央政府直接安排。“一五”计划的主要计划指标如下：一是基本建设投资合计 427.4 亿元，其中工业部门 248.5 亿元，占 58.2%；工业新建和改建限额以上建设单位 694 个，加上农林水利、运输邮电、文教卫生等领域的建设单位，全部限额以上建设单位 1 600 个，限额以下 6 000 多个。二是工农业总产

① 曲青山、高永中主编：《新中国口述史（1949—1978）》，中国人民大学出版社 2015 年版，第 244—245 页。

值[①] 由 1952 年的 827.1 亿元增至 1957 年的 1 249.9 亿元，增长 51.1%，年均增长 8.6%。其中工业总产值由 270.1 亿元增至 535.6 亿元，年均增长 14.7%；生产资料生产年均增长 17.8%，消费资料生产年均增长 12.4%；国营工业比重由 52.8% 升至 61.3%，私营工业比重由 39% 降至 12.2%。三是农业及其副业总产值由 1952 年的 483.9 亿元增至 1957 年的 596.6 亿元，年均增长 4.3%。四是运输和邮电部门投资总额为 89.9 亿元，其中基建投资 82.1 亿元，仅铁路建设投资就为 56.7 亿元，新建铁路干支线约 4 084 公里、公路 10 000 公里以上。五是社会商品零售总额 1957 年比 1952 年增长 80% 左右，国营与合作社商业比重由 34% 升至 54.9%，私营商业比重由 66% 降至 45.1%。六是新建高等学校 60 所，总数达到 208 所，在校生人数增长 127.4%，派遣留学生 10 100 人（其中 9 400 人派往苏联）；培养熟练工人 92 万人；在校高中生增长 178%，初中生增长 78.6%，小学生增长 17.9%。七是人民生活改善，工人、职员平均工资增长 33%，农村居民购买力提高近一倍。应该说这个计划指标定得很高，需要经过一番艰苦奋斗才能完成。

在实际执行中，“一五”计划多项计划指标都提前完成且超额完成。第一，完成基本建设投资合计 588.5 亿元，超过 7 亿两黄金，年均投资完成额都超过三年国民经济恢复时期所完成的投资总和。其中国家预算内投资 531.2 亿元，占基本建设投资的 90.3%；中央政府直接管理的项目投资占 82%，地方则占 18%。[②] 经济和文教部门基建投资为 493 亿元，超计划 15.3%，限额以上施工单位 921 个，比原计划增加 227 个；1957 年底，全部投产 428 个，部分建成 109 个。第二，国内生产总值增速明显，年均增长 9.1%。1957 年工业总产值达到 704 亿元，年均增长 18.0%；其中生产资料生产年均增长 25.4%。五年计划规定的 46 种主要工业产品产量中，27 种提前完成，其中钢产量 535 万吨，增长近三倍；煤炭产量 1.31 亿吨，增长近一倍。工业总产值在工农业总产值中的比重提高至 56.7%。第三，1957 年农副业总产值达到计划规定的 101%，其中粮食达到 102%，棉花达到 100.3%。农业生产条件大幅改善，扩大耕地 5 867 万亩，新增灌溉面积 1.1 亿亩，农用拖拉机从 2 006 台增至 24 629 台。第四，1957 年底，全国铁路通车里程达 29 862 公里，增加 22%，宝成、鹰厦铁路和武汉长江大桥先后建成。公路通车里程达 25.5 万公里，增加一倍，康藏、青藏、新藏公路建成通车。第五，国家财

① 此处工农业总产值为工业总产值、手工业总产值及农业总产值之和。其余部分如未说明，工业总产值中均将手工业总产值统计在内。

② 曾培炎主编：《中国投资建设 50 年》，中国计划出版社 1999 年版，第 53 页。

政收入总计达到 1 354.9 亿元，从中拨出 39.2% 用于国家预算内投资，支持国家工业化建设；1957 年社会商品零售总额比 1952 年增长 71.3%。“一五”计划后期，由于供应紧张，出现了用行政方法代替市场调节的趋势。第六，高等学校总数达到 229 所，在校生人数达到 44.1 万人，增长 1.3 倍；中等专业学校在校生达到 77.8 万人，增长 22.3%；普通中学在校生达到 628.1 万人，增长 1.5 倍；小学在校生达到 6 428.3 万人，增长 25.8%。全国科研机构达到 580 多个，研究人员达到 2.8 万人，增长两倍多。第七，1957 年全国人均消费达到 102 元，比 1952 年的 76 元提高 34.2%。职工总数达到 3 101 万人，增长 93.4%；国营企业职工年均工资达到 637 元，增长 42.8%。

第三节　计划经济体制

新中国成立初期的国情与苏联有很大不同，中国不可能完全照搬苏联模式。但是，中国在建立计划经济体制时还是学习和借鉴了苏联计划经济的许多做法。正如李富春所说：新中国“开始了有计划的国民经济建设”，我们最主要的任务“就是有计划地发展我国的社会主义工业，促进农业和手工业的合作化，使我国由落后的农业国变为社会主义的工业—农业国。只有实现国民经济计划化和正确指导全国经济的发展，才能完成这些复杂而巨大的任务”。[①]

一、计划经济体制的建立

新中国经济建设是在国家的组织领导和管理下有计划地进行的。国家通过一定的组织系统，采取适当的管理方式对生产、分配、流通和消费过程进行指导、协调和监督，从而形成一套计划管理体制，直接指挥并调控国民经济的发展。在国民经济恢复时期，国家将一切重要的经济权力都集中到中央，把全国的财政收支、物资调度、现金管理等都集中统一起来，这对于国家财政经济状况的根本好转起了重要作用。1950 年 3 月政务院通过了《关于统一国家财政经济工作的决定》，此后又陆续发布了《关于决算制度、预算审核、投资的施工计划和货币管理的决定》《基本建设工作暂行办法》《货币管理实施办法》等，形成了比较成形

① 《李富春选集》，中国计划出版社 1992 年版，第 109 页。

的计划经济体制和投资管理体制。中央人民政府政务院财政经济委员会在陈云的领导下，为恢复国民经济作了大量卓有成效的工作，特别是突出了计划引领的积极作用。1950 年 8 月下旬，中财委召开计划会议，讨论编制 1951 年计划和三年奋斗目标，提出当时的主要任务是搞好经济调整和恢复，为将来大规模经济建设做好准备。1951 年 11 月下旬，中财委召开全国计划会议，提出当时基本建设的投资重点是重工业、铁路和水利，并对 1952 年 29 种主要工业产品的生产控制数字进行了安排，对提高国营工业比重进行了规划。

可见，在国民经济恢复时期，中国就已经建立起对部分国民经济进行计划管理的体制框架，这为后来建立计划经济体制奠定了基础。

1. 计划经济体制的形成

事实上，最早的计划经济管理是在东北解放区开始实施的。1949 年东北解放区就已经制定了比较详尽的经济计划，开始进行大规模计划建设了。东北解放区的国营工业企业和铁路部门学习与借鉴了苏联的企业管理方式和计划管理方法，计划管理已经得到比较普遍的推广。新中国成立后，国家大力推动企业进行民主改革，学习和借鉴苏联工业管理和企业管理体制，在国营企业中建立起了一套与苏联管理体制类似的管理体制。1949 年成立的中央人民政府政务院财政经济委员会是统一领导全国财政经济工作的机构，到 1952 年底，在政务院所属 38 个部级机构中，中财委指导的部级机构工作就有 20 个之多。

1952 年 11 月成立的国家计划委员会是一个具有高度集中统一领导职能的政府机构，直接由中央人民政府领导，其主要职能和任务就是制定国民经济发展的年度计划和中长期计划。1953 年中国开始执行第一个五年计划。

1954 年 2 月，中共中央发出《关于建立与充实各级计划机构的指示》，明确要求中央人民政府所属各国民经济部门和文教部门，必须建立和健全计划机构，这些计划机构在业务上应与国家计委的有关各局建立经常密切的联系。各大区行政委员会，各省（市）、省属市及县（旗）人民政府，应设立计划委员会，各级计划委员会在业务上同时受上级计划机关及国家计委的指导。

1954 年 9 月，一届全国人大一次会议决定将政务院改称中华人民共和国国务院（简称国务院）。国务院作为最高国家权力机关的执行机关，是最高国家行政机关。同时，将中央人民政府国家计划委员会改为中华人民共和国国家计划委员会，由国务院领导。1956 年 5 月，第一届全国人大常委会第四十次会议决定设立国家经济委员会，负责年度计划工作。至此，由国家计委负责中长期计划、国家经委负责年度计划的计划管理体制基本形成。

在国家工业化建设中，为了更好地发挥计划经济体制的优势，进一步学习和借鉴苏联经验，推动集中统一领导的计划管理体制逐步完备，党和政府建立起了从上到下垂直领导的计划管理机构，直接计划管理的范围不断扩大，包括生产、投资、物资、流通、劳动工资等方面的管理权日趋集中。国家计委承担着计划经济体制运行的主要职能并发挥着重要作用。

到 1956 年底，随着社会主义改造的基本完成，中国逐步形成了以指令性计划为主、指导性计划为辅的计划经济体制。这种计划经济体制有这样一些基本特点[①]：

第一，形成了一套比较完整的国民经济计划体系。为了对国民经济进行有效的计划管理，国民经济计划必须由反映国民经济各方面运行的各项计划组成。各项计划各自完成特定领域的计划管理任务，并相互联系、相互制约，形成一个完整的体系。国民经济计划，按时间序列分为长期计划、中期计划和短期计划，按计划内容分为经济计划、科技计划和社会发展计划，按计划管理层次分为国家计划、部门和地区计划、企业计划。

第二，形成了一套经济计划编制的程序和方法。计划编制的程序可概括为“两下一上”，即首先由国家计委制定计划的控制数字，下达给部门和地区，这是对各部门、各地区编制计划草案提出的基本要求和轮廓设想；其次由各部门、各地区根据计划控制数字，结合本部门、本地区实际编制计划草案，上报国家计委；最后由国家计委在各部门、各地区计划草案的基础上进行综合平衡，制定全国的计划草案并报国务院审定，经全国人民代表大会审议通过后，作为正式计划分部门、分地区下达。计划编制的方法主要是综合平衡法，即对社会生产和社会需要进行平衡，对人、财、物及其相互间的比例进行平衡，通过这些平衡使社会再生产各个环节和各个部门保持一定的平衡。综合平衡主要包括财政、信贷、外汇和物资四大平衡。同时，计划编制还采用经济分析法、专项规划法、定额法、系数法等。

第三，形成了一套比较系统的计划组织体系。这套组织体系包括计划管理的组织系统和各级计划管理机构的职责分工及其相互关系。国家计划管理的组织系统分为中央、省、市、县四级机构。在中央一级关于计划管理的职责分工是：全

① 曾培炎主编：《新中国经济 50 年》，中国计划出版社 1999 年版，第 56—58 页。

国人民代表大会是国民经济计划管理的最高权力机关，负责审议批准国民经济发展的中长期计划和年度计划，国务院要定期就国民经济计划的执行情况向全国人民代表大会报告；国务院是国家计划管理的最高行政机关，负责组织实施国民经济计划；国家计委是国务院计划管理的职能机构，负责国民经济计划的编制、下达和检查工作。

第四，形成了一套高度集中的计划管理体系。这套计划管理体系包括计划管理的决策体系和计划管理的调节体系。计划管理的决策体系的特点是计划决策权主要集中在中央，地方计划决策权很小，企业基本没有计划决策权。此后 20 多年我国曾数次就计划决策权进行调整，但也主要是在中央与地方两个层面，很少扩展到企业层面。计划管理的调节体系主要是通过单一的指令性计划进行调节，很少或基本不使用经济手段和法律手段。

第五，形成了一套比较单一的资源配置方式。这套资源配置方式就是通过计划指标、行政分配和行政协调对社会资源进行配置，基本上排斥了市场配置资源的方式和经济杠杆的调节作用。具体体现为：财政按国家计划实行统收统支，银行成为社会各部门实行资金计划管理的出纳机构，固定资产投资均需按照国家计划进行，绝大部分商品价格由国家物价部门制定，重要物资和商品均按照国家计划进行收购、分配和调拨，劳动用工和工资分配按统一计划进行等。

中国计划经济体制的形成，既源于中国自己实践经验的总结和提炼，也源于对国外成功发展经验的借鉴和尝试。例如，在农业、财政、金融、物价等领域形成的宏观管理体制，主要来自中国自己的经验，具有明显的中国特色；而在工业交通、基本建设、物资管理、劳动工资等领域形成的部门管理体制，则主要是学习和借鉴苏联经济建设的经验与做法。在学习和借鉴苏联经验的过程中，中国共产党始终保持着清醒的认识，那就是一定要从中国的实际出发，根据中国的国情保持经济计划的灵活性、可调性。例如，在制定计划时，陈云就指出："苏联专家搞的表太复杂，不能完全照办，必须和我们的现状结合起来。中国是农业国，不可能把每家有几个鸡、几头猪都统计起来。中国开始建设时，计划的线条是粗的，将来由粗到细。"①

2. 政府投资体制的形成

"一五"计划是一个以国家为投资主体的经济建设计划，"一五"时期的基本

① 《陈云文选》第二卷，人民出版社 1995 年版，第 137 页。

建设资金，90%来源于财政，其中79%来源于中央财政。[①]政府从事如此大规模的基本建设投资，还是中国有史以来第一次。

对于基本建设项目管理，我国采取了分类管理的体制，即按照项目投资额，将基本建设项目划分为限额以上项目和限额以下项目。凡一个建设项目和单位，不论其为新建、改建还是恢复，只要其全部投资额大于限额者，即为限额以上的建设单位；小于限额者，即为限额以下的建设单位。不同产业和部门对限额的规定不同。以工业为例：钢铁工业、汽车制造工业、拖拉机制造工业、船舶制造工业、机车车辆制造工业的投资限额为1 000万元；有色金属工业、化学工业、水泥工业的投资限额为600万元；电站、输电线路和变电所、煤炭采掘工业、石油开采工业、石油加工工业、除交通机械以外的机器制造工业、汽车和船舶的修配工业、纺织（包括印染）工业的投资限额为500万元；橡胶工业、造纸工业、制糖工业、卷烟工业、医药工业的投资限额为400万元；陶瓷工业、除制糖以外的食品工业、其他各项轻工业的投资限额为300万元。

同时，又将基本建设项目分为甲乙丙丁四类：投资额在1 000万元以上的项目为甲类，其计划任务书必须由政务院批准；投资额在1 000万元以下的限额以上项目为乙类，其计划任务书由中央主管部门提出审核意见后报中财委或政务院批准；投资额在限额以下20万元以上的项目为丙类，其计划任务书由中央主管部门或大行政区指定的机关批准；投资额在20万元以下的项目为丁类，其计划任务书由省里批准，报中央有关部门备案。

这种按投资额进行分级管理的办法，在当时财力有限、投资额不大的情况下，只能将大部分投资集中于中央政府，避免了投资过于分散，保证了人力、财力、物力的集中使用。例如，“一五”计划规定，全国限额以上基本建设单位有1 600个，其中工矿单位694个，农林水利单位252个，运输邮电单位220个，文教卫生单位156个，城市公用事业单位118个，其他单位160个；限额以上工业单位中，属于中央各部的有612个。全国限额以下基本建设单位有6 000多个，其中工业单位约2 300个；限额以下建设单位中，属于中央各部的约900个。

为了加强基本建设资金拨付与管理，我国还设立了专业银行（交通银行）来专管政府的投资。1951年2月，中国人民银行指定交通银行兼办国家财政对基

---

① 周道炯主编：《当代中国的固定资产投资管理》，中国社会科学出版社1989年版，第19页。

本建设投资的拨款，从此确定了国家投资拨款由专业银行管理的体制。1951 年 6 月，中央贸易部的基本建设拨款交由交通银行办理，至此交通银行全部接办了中央各部的投资拨款。1954 年交通银行接办了全部地方级拨款。1956 年交通银行又接办了军工尖端工业拨款，最终实现了投资管理监督权的集中。

"一五"时期我国基本确立了高度集中的投资管理体制，由国家计划部门统一安排基本建设投资，直接负责决策投资规模、投资结构、投资布局、项目安排等相关事宜，企业和建设单位只是国家计划的执行者；国家计划管理主要通过指标控制来实现，各部门、各地区必须严格执行计划指标，无权调整指标；所有建设资金由国家财政统收统支、无偿划拨使用。

总之，这种投资管理体制的基本特征可概括为：一是国家计划部门集中了投资决策权和管理权；二是确立了投资要素中央统一调配制度；三是强化了建设资金统一拨付与管理制度；四是形成了重点建设制度以确保"156 项工程"等顺利完成；五是加强了基本建设计划管理机构和项目管理制度。①

二、统购统销政策

对粮食、油料、棉花等农产品实行计划收购和计划供应是"一五"时期中国农产品流通领域发生的重大变化，是国家对主要农产品加强计划管理的重要途径，是确保国家工业化建设与人民生活基本需要的必然选择。

早在国民经济恢复时期，国家就已经通过对一些工业品实行加工订货、统购包销的方法，对一些农产品实行预购、统购、统销的方法，将它们纳入国家控制的渠道统一经营。例如，1950 年 11 月东北地区对棉花实行统购，1951 年 1 月全国范围内对棉纱实行统购，1952 年 1 月国家将生铁、钢材、木材、水泥等 12 种物资纳入中央统配物资范围。从根本上讲，统购统销政策是服从并服务于国家工业化战略需要的。

1. 1953 年粮食供应紧张局面的出现

与计划经济体制紧密联系的就是统购统销政策。实行统购统销政策的目的，主要是确保国家工业化建设和城市快速发展的需要得到满足，解决人民生活必需的粮食等农副产品尖锐的供求矛盾。导致 1953 年粮食供应出现较大缺口的原因是多方面的，突出体现在以下几个方面：

---

① 曾培炎主编：《中国投资建设 50 年》，中国计划出版社 1999 年版，第 222—224 页。

第一，中国大规模经济建设超出了农业生产所能承受的程度，体现为工业与农业的矛盾。1953 年是我国开展大规模经济建设的第一年，由于中央和地方的经济建设积极性高涨，安排的经济建设项目和基本建设投资超出了预想，更是超出了我国农业生产的承受能力。一是 1953 年的基本建设投资比 1952 年增长 75%，工业总产值比 1952 年增长 30%（其中重工业增长 37%，轻工业增长 27%），对外贸易总额比 1952 年增长 25.2%。二是城市人口和居民消费水平较快增长，1953 年城市人口比 1952 年增加 663 万，增长 9.3%，非农业居民的消费水平比 1952 年增长 15%。三是工业快速增长刺激作为工业原料的作物种植面积扩大，导致 1953 年国家在农村的粮食返销量大幅度增加，比 1952 年增加 1.3 倍。四是随着土地改革成效的显现，广大农民的个人粮食消费量明显增加，不仅要求能够吃饱，而且希望家有余粮。

第二，粮食等农产品供销体系不适应大规模经济建设需要，体现为粮食供销体系与工业化建设的矛盾。在实行统购统销政策之前，国家通过实行“以公粮征收为主、市场收购为辅”的办法掌握粮食供销。公粮征收与市场收购二者的比例，在 1951—1952 年粮食年度为 61：39，在 1952—1953 年粮食年度为 56：44，公粮征收所占比重有所下降。1953 年 5 月中央又提出对粮食实行“少征多购”方针，结果导致 1953 年夏粮征收和收购大幅减少。一方面是 1953 年我国粮食需求显著增加，另一方面则是国家收到的粮食没有明显增长。在 1952 年 7 月至 1953 年 6 月的粮食年度内，国家收到粮食 547 亿斤，支出粮食 587 亿斤，收支相抵后，有赤字 40 亿斤。

第三，农村个体经济难以满足国家工业化建设需要，体现为个体经济与计划经济的矛盾。在粮食统购统销之前，我国主要采取由国营公司控制粮食市场牌价的办法，即国营公司利用雄厚的实力制定市场牌价，当粮食市场价格高于牌价时，国营公司就抛售粮食，当粮食市场价格低于牌价时，国营公司就收购粮食，以平衡粮食价格，使粮食价格不致出现剧烈波动。这种办法在粮食市场供求基本平衡时具有明显的积极效应，但是在粮食市场供求明显失衡时就很难发挥作用。由于 1953 年粮食市场供求严重失衡，个体农民普遍产生了惜售心理，加之在全国许多省份特别是湖南、江西、山东、河北等粮食主产区出现了市价高于牌价的情况，私营商业和部分个体农民往往参与抢购、囤积和贩卖，因此粮食供应紧张局面加剧。尽管 1953 年夏收以后国营公司粮食销售量远高于收购量，甚至动用库存，但仍不能缓解粮食供不应求局面。[①]

1953年10月，中共中央发出通知，提出从根本上找出办法解决粮食问题，是全党刻不容缓的任务。中财委立即主持召开了全国粮食紧急会议，陈云受命研究并提出解决问题的办法。他在会议上作了关于实行粮食统购统销的讲话，比较了此前各部门、各地区提出的各种解决粮食问题可能选择方案的利弊，包括又征又配、只配不征、只征不配、原封不动、“临渴掘井”、动员认购、合同预购、各行其是等，并经过认真深入的调查研究和紧张有序的政策设计，提出在农村采取征购粮食的办法，在城镇采取配售粮食的办法，即“计划收购”和“计划供应”。粮食统购统销政策由此被中央认可并推行开来。

邓小平在会议上传达了毛泽东的讲话，特别提出讲粮食统购统销一定要联系过渡时期总路线去讲。实行粮食统购统销政策的直接原因是要解决严峻的粮食购销矛盾，深层次原因就是要促进农业的社会主义改造。

2. 统购统销政策的主要内容

1953年10月16日，中共中央发布《关于实行粮食的计划收购与计划供应的决议》，规定：（1）在农村向余粮户实行粮食计划收购（简称“统购”）的政策。粮食统购价格大体维持在当时城市出售价格水平，以不赔不赚为原则。后又规定：“生产粮食的农民应按国家规定的收购粮种、收购价格和计划收购的分配数量将余粮售给国家。”[②]（2）对城市人民和农村缺粮人民，实行粮食计划供应（简称“统销”）的政策，也就是实行适量的粮食定量配售的政策，即对县以上城市、农村集镇、缺粮的经济作物产区人民，以及一般地区缺粮户和灾民实行粮食计划供应。当时城乡需要保障粮食供应的人口近2亿，接近全国总人口的1/3。（3）实行由国家严格控制粮食市场，对私营粮食工商业进行严格管制，并严禁私商自由经营粮食的政策。“一切有关粮食经营和加工的国营、地方国营、公私合营和合作社经营的商店和工厂，必须统一归当地粮食机关领导”，所有私营粮店一律不许自由经营粮食，农民运粮进城出售，由国家商店和合作社收购。（4）实行在中央统一管理之下，由中央与地方分工负责的粮食管理政策。粮食“所有方针政策的确定，所有收购量与供应量，收购标准与供应标准，收购价

① 《国家统计局关于粮食购销情况的报告》，1953年11月20日。引自董志凯、武力主编：《中华人民共和国经济史（1953—1957）》上，社会科学文献出版社2011年版，第179页。

② 中共中央文献研究室编：《建国以来重要文献选编》第四册，中央文献出版社1993年版，第561页。

格与供应价格等，都必须由中央统一规定或经中央批准；地方则在既定的方针政策原则下，因地制宜，分工负责，保障其实施”。①

更为重要的是，《关于实行粮食的计划收购与计划供应的决议》认为：“实行上述政策，不但在现在的条件下可以妥善地解决粮食供求的矛盾，更加切实地稳定物价，和有利于粮食的节约；而且是把分散的小农经济纳入国家计划建设的轨道之内，引导农民走向互助合作的社会主义道路，和对农业实行社会主义的改造，所必须采取的一个重要步骤，它是党在过渡时期的总路线的一个不可缺少的组成部分。”②这样，旨在解决粮食供求矛盾的统购统销措施，就被上升到向社会主义过渡的重要条件和措施，从而提高了它在计划经济体制形成过程中的地位和作用，统购统销已经不单纯是一个解决经济问题的具体措施，而成为正在形成中的计划经济体制的重要组成部分。

同日，中共中央还发出了《关于粮食统购宣传要点》。11 月 19 日，政务院通过《关于实行粮食的计划收购和计划供应的命令》，开始实行控制粮食资源的经济政策。国家统计局的资料显示，在实行统购统销政策后，在 1953 年 7 月 1 日至 1954 年 6 月 30 日的粮食年度内，国家原定计划获得粮食 709 亿斤，而实际获得粮食 784.5 亿斤，超过计划 75.5 亿斤，使粮食库存有较大幅度增长，粮食供求紧张形势趋于缓解。

随后，国家将统购统销范围逐步扩大至主要农产品各品种，1953 年 11 月对食用油实行统购统销，1954 年 9 月对棉花实行统购、对棉布实行统购统销，将主要农产品逐步纳入国家计划管理的范围。将人民生活必需品纳入计划管理是应对生活物资短缺、保证基本生活需要的不得已的办法。各地在 20 世纪 50 年代开始相继按照人口定量发行了粮票、布票、油票、棉花票、肉票、糖票、工业券等专用购买凭证。1985 年以后，随着商品供应开始根本好转，各种票证才陆续被取消。1993 年粮票被取消，人民生活必需品凭票供应的历史至此结束。统购统销政策直到 1985 年才被粮棉合同定购制度所代替，1992 年底我国彻底放开主要农产品市场。统购统销制度在客观上割断了农民历来同市场的联系，但它对支持经济建设、保障人民基本生活都起到了重要作用。

---

① 中共中央文献研究室编：《建国以来重要文献选编》第四册，中央文献出版社 1993 年版，第 483、484—485 页。

② 中共中央文献研究室编：《建国以来重要文献选编》第四册，中央文献出版社 1993 年版，第 479 页。

在后发国家经济发展中，一个棘手的问题就是如何处理好工业建设与农业发展的关系。随着大规模经济建设的开展，农产品不能满足国家推进工业化需要的问题日益突出。面对实现社会主义工业化的必要性和紧迫性，实现工业化所需大量资金必须有相当一部分来源于农业，在这种情况下，实行粮食等主要农产品的统购统销，是我国工业化初期必须采取的一项重大决策。

第四节　经济建设的初步成就及基本经验

在第一个五年计划执行期间，中国国民经济和社会发展在短短的五年时间内取得了较大的进展，尤其是国民经济结构和面貌发生了显著变化，为社会主义建设奠定了必要的物质基础和经济基础。李富春曾这样概括："在第一个五年计划期间，基本上完成了对农业、手工业和资本主义工商业的社会主义改造，从而确立了社会主义经济制度，结束了中国几千年来阶级剥削制度的历史，为我国生产力的迅速发展开辟了广阔的道路；积极进行了以重工业为中心的工业建设，发展了工业生产，从而建立了我国社会主义工业化的初步基础；农业也取得了重大成就，大量增产了粮食和各种经济作物，从而基本上保证了日益增长的民食和消费品工业发展的需要；新建了大量的铁路、公路、船舶、电报电话线路，从而基本上满足了工农业发展和人民生活的需要；广泛地发展了文化教育和科学研究事业，从而逐步改善了科学技术人才缺乏的状况，并适当提高了人民的文化水平。在工农业发展的基础上，人民的生活也有了很大的改善。"①

一、经济建设成就

"一五"计划是中国大规模开展现代经济建设的开端。"一五"时期，中国工业生产能力和技术水平前进了一大步，中国国民经济发展和国家工业化建设取得了辉煌成就，国民经济面貌在很短的时间内发生了深刻变化，这集中表现在以下几个方面：

（1）随着"一五"时期中国大规模经济建设和国家工业化的开展，大批青壮年劳动人口进入工业战线和其他各条战线，造成了中国就业结构的明显变化。全

① 《李富春选集》，中国计划出版社1992年版，第221页。

国人口中农业人口和非农业人口绝对数量及比例出现了较大调整，非农业人口数量及其在全国人口总数中的比例也发生了明显变化。1952—1957 年间，非农业人口增加 2 786 万，在全国人口总数中所占比例提高 2.93 个百分点（见表 2-2）。

表 2-2　1949—1957 年全国人口总数中农业人口与非农业人口数量及比例

年份	人口总数（万人）	非农业人口（万人）	非农业人口占比（%）	农业人口（万人）	农业人口占比（%）
1949	54 167	5 765	10.64	48 402	89.36
1952	57 482	7 163	12.46	50 319	87.54
1957	64 653	9 949	15.39	54 704	84.61

（2）随着“一五”时期中国工业化建设特别是以重工业为中心的“156 项工程”建设的推进，中国经济发展呈现出两个十分明显的变化：一是国内生产总值增长迅速，从 1953 年的 824.0 亿元增加到 1957 年的 1 068.0 亿元，增长了 29.6%；二是产业结构显著改观，三大产业比例关系出现积极变化，第一产业所占比重下降，第二产业所占比重显著上升（见表 2-3）。

表 2-3　1953 年和 1957 年国内生产总值及三大产业比例关系

年份	国内生产总值（亿元）	第一产业生产总值（亿元）	第一产业占比（%）	第二产业生产总值（亿元）	第二产业占比（%）	第三产业生产总值（亿元）	第三产业占比（%）
1953	824.0	378.0	45.87	192.5	23.36	253.5	30.77
1957	1 068.0	430.0	40.26	317.0	29.68	321.0	30.06

（3）在大力推进国家工业化进程中，工业与农业之间保持了比较合适的比例关系，特别是对农业的社会主义改造和广大农民走上合作化道路，在这一时期确实起到了解放农业生产力、提高农民劳动积极性的作用，主要农产品产量有了较大增长（见表 2-4）。

（4）随着“一五”时期国家工业化建设的顺利推进，中国工业水平有了较大提升，工业生产能力明显增强，主要工业产品产量的增幅显著，国家工业生产能力大幅提升（见表 2-5 和表 2-6）。一批布局于战略腹地的现代工业基地初步建成，一批现代工业企业恢复生产或建成投产：阜新海州露天煤矿于 1953 年 7 月建成投产，设计规模为每年产原煤 300 万吨，成为我国当时最大的露天煤矿；北

表 2-4　1949—1957 年主要农产品产量

年份	粮食（万吨）	棉花（万吨）	油料（万吨）	糖料（万吨）	茶叶（万吨）	水果（万吨）	大牲畜年底头数（万头）	猪年底头数（万头）	羊年底只数（万只）	猪牛羊肉产量（万吨）	水产品产量（万吨）
1949	11 318	44.4	256.4	283.3	4.1	120.0	6 002	5 775	4 235	220.0	45.0
1952	16 392	130.4	419.3	759.5	8.2	244.3	7 646	8 977	6 178	338.5	167.0
1957	19 505	164.0	419.6	1 189.3	11.2	324.7	8 382	14 590	9 858	398.5	312.0

表 2-5　1949—1957 年主要工业产品产量

年份	纱（万吨）	布（亿米）	呢绒（万米）	丝（万吨）	机制纸及纸板（万吨）	糖（万吨）	原盐（万吨）	食用植物油（万吨）	卷烟（万箱）
1949	32.7	18.9	544	0.18	11	20	299	44	160
1952	65.6	38.3	423	0.56	37	45	495	98	265
1957	84.4	50.5	1 817	0.99	91	86	828	110	446

表 2-6　1949—1957 年标志国家工业生产能力的主要工业产品产量

年份	原煤（亿吨）	原油（万吨）	天然气（亿立方米）	发电量（亿度）	生铁（万吨）	钢（万吨）	成品钢材（万吨）	水泥（万吨）	平板玻璃（万重量箱）	木材（亿立方米）	硫酸（万吨）	化肥（万吨）	化学农药（万吨）	金属切削机床（万台）
1949	0.32	12	0.07	43	25	16	13	66	108	567	4.0	0.6	—	0.16
1952	0.66	44	0.08	73	193	135	113	286	213	1 233	19.0	3.9	0.2	1.37
1957	1.31	146	0.70	193	594	535	415	686	462	2 787	63.2	15.1	6.5	2.80

满特殊钢厂于 1957 年 11 月全面建成投产，该厂水压机可锻造出大炮的炮身，开启了我国用自己生产的钢制造大炮的历史；哈尔滨锅炉厂于 1956 年 12 月投产，试制成功我国第一台每小时蒸汽蒸发量为 35 吨的煤粉中压锅炉，标志着我国动力工业进入新的发展阶段；第一汽车制造厂于 1956 年建成投产，年产解放牌汽车 3 万辆，成为我国第一个汽车生产基地；大连机车车辆厂于 1956 年 9 月试制成功中国设计制造的第一辆 1-5-1 新型蒸汽机车；大连造船厂建造的我国自行设计的第一艘载重 4 500 吨、排水量为 7 100 吨的油轮于 1957 年 10 月建成下水；我国试制的第一架喷气式歼击机歼-5 于 1956 年 7 月 19 日在沈阳首飞成功，标志着我国航空工业进入了喷气时代。

此外，在“一五”时期，我国农垦事业随着社会经济环境的日益稳定实现了快速的发展。新中国成立后，根据中共中央关于人民解放军转入生产建设的战略决策，在全国许多地方迅速组建了农垦大军。全国各地的农垦事业是以创建国营农场为主体的。东北地区主要在黑龙江省开垦原始荒地，建立粮食、大豆生产基地；西北地区主要在新疆维吾尔自治区开垦盐碱荒漠，建立棉花、粮食生产基地；华南地区则主要在广东、云南营建林带，建立天然橡胶和热带作物生产基地。1956 年 5 月，农垦部成立，王震担任首任部长。与 1949 年相比，1956 年国营农场由 26 个增加到 730 个，耕地面积由 45 万亩增加到 1 274 万亩，职工人数由 4 300 人增加到 37.8 万人，工农业总产值由 385 万元增加到 4.26 亿元，粮食总产量由 2 000 万斤增加到 13.1 亿斤。[①] 国营农场职工亦工、亦农、亦军，发挥了工作队、生产队、战斗队的作用，还为保卫和建设边疆作出了重要贡献。

由此可见，“一五”时期中国国民经济发展和国家工业化建设取得了辉煌的成就，“一五”计划是我国制定的国民经济和社会发展“五年计划（规划）”中成效最为突出的计划（规划）之一。

二、人民生活水平提高

“一五”时期，中国较好地处理了经济建设规模、效益和速度的关系，坚持经济建设与国力相适应、发展生产同改善人民生活相结合。五年间，在国民收入总额增长 53%、人均国民收入增长 36.5% 的背景下，全国消费基金增长 36.8%，人均消费基金增长 21.6%。全国居民平均消费水平从 1952 年的 76 元增至 1957

① 张林池主编：《当代中国的农垦事业》，中国社会科学出版社 1986 年版，第 15 页。

年的 102 元，提高了 34.2%，其中非农业居民平均消费水平从 148 元增至 205 元，农民平均消费水平从 62 元增至 79 元，分别提高了 38.5% 和 27.4%。

“一五”时期城市建设步伐空前加快、力度空前加大，不仅改建和扩建了一批原有的城市，还新建了一批新兴工业城市。尤其是大规模的工业化建设和“156 项工程”选址建设，都推动了中国内地城市建设特别是建设项目布点较多的内地城市建设的快速发展，中国原有的沿海与内地、东部与西部发展不均衡的状况有了较大改观。国家在“一五”时期开始了城市规划的编制工作，到 1957 年，国家建设委员会先后批准了太原、西安、兰州、洛阳、包头、成都、大同、湛江、石家庄、郑州、哈尔滨、吉林、沈阳、抚顺、邯郸 15 个城市总体规划和部分详细规划，指导并确保城市建设有计划有步骤地进行。原有城市市政公用设施明显改善，许多城市多方筹资，新建了一批居民住宅，不少城市还建设了工人新村等国营企业职工集中居住的住宅区，五年间仅国家投资新建职工住宅就有 9 454 万平方米。城市供水排水设施得到改造，城市卫生和城市环境明显改善。“一五”时期，新建了 6 个城市，大规模扩建了 20 个城市，一般扩建了 74 个城市。到 1957 年底，全国设市的城市达 177 个，比 1952 年增加了 17 个；城市人口达 6 902 万人，加上县镇人口共 9 949 万人，比 1952 年增加 2 786 万人。①

伴随着城市建设的发展，五年间城镇安置就业 1 300 万人，全国职工人数由 1952 年的 1 603 万人增至 1957 年的 3 101 万人。1955 年 8 月，国家决定全部实行工资制，并制定了统一的工资标准。1956 年全国进行第一次工资制度改革，1957 年全民所有制职工年平均工资达到 637 元，比 1952 年实际增长了 30.3%。

五年间国家出资 103 亿元用作职工的劳动保险、医药费、福利费等。同时，通过提高农产品收购价格等方式，不断增加农民收入，缩小工农业产品价格“剪刀差”，改善农民生活。这些都使人民群众的医疗条件明显改善，1957 年医院、疗养院床位达 36.4 万张，比 1949 年增长 3 倍多；医疗卫生人员达 190.8 万人，比 1952 年增长 83.5%，做到了县县有医院、大多数乡有诊所。

教育事业的发展更多惠及广大人民群众。“一五”时期，国家共支出教育事业费 76.64 亿元，教育基建投资 16.22 亿元。到 1957 年，全国共有高等学校 229 所，中等专业技术学校 728 所，技工学校 144 所。以扫盲识字运动为核心的农村教育工作蓬勃开展，职工参加业余学校学习十分踊跃，干部文化业余学校随处可

① 当代中国研究所：《中华人民共和国史稿》第一卷，人民出版社、当代中国出版社 2012 年版，第 184 页。

见。而最突出的则是基础教育事业的迅猛发展，到 1957 年，全国有小学 54.73 万所，在校学生 6 428.3 万人，专任教师 188.4 万人；有初中 0.89 万所，在校学生 537.7 万人，专任教师 19.4 万人；有高中 0.21 万所，在校学生 90.4 万人，专任教师 4 万人；学龄儿童入学率达 61.7%。此外，民族教育事业也快速发展起来，为各民族经济发展培养了大批人才。

三、经济建设基本经验

“一五”时期中国抓住时机，优先发展重工业，同时较好平衡了争取外来援助与立足国内力量之间的关系，在肯定苏联等社会主义国家的援助的同时，强调国家建设应当筑牢独立自主、自力更生的基础，迅速改变了我国国民经济落后面貌和国民经济结构落后局面。我国在经济建设中的基本经验主要可以概括为以下四点：

（1）“一五”时期优先发展重工业是正确的发展抉择，是迅速改变我国经济落后面貌、加速实现社会主义工业化的必然要求。“一五”计划的基本任务是：在进行社会主义改造的同时，集中主要力量进行以 156 个建设单位为中心的、由限额以上的 694 个建设单位组成的工业建设，并以重工业建设作为经济建设的中心，重工业基本建设投资占工业部门基本建设投资的 85%，在不太长的时间内迅速建立起中国社会主义工业化的初步基础。相对于 1952 年，1957 年国内生产总值由 679 亿元增至 1 068 亿元，人均国内生产总值也由 119 元增至 168 元。1957 年积累额占国民收入使用额的 24.2%，财政收入占国民收入使用额的 33.9%，固定资产投资额占国家财力总额（包括财政收入总额和预算外收入）的 42.4%。在当时的情况下，这是一个比较合适的比例，被称为“二、三、四”比例关系。①

（2）“一五”时期中国较好协调了经济建设规模、效益、速度的关系，本着与国力相适应的原则采取了既积极又稳妥的方针，工业在国民经济中的地位发生了明显变化，国民经济实现了高速的发展，发生了深刻的变化。在工农业总产值中，工业及手工业总产值所占的比重由 1952 年的 43.1% 提高到 1957 年的 56.7%，工业生产能力成倍提高，工业生产取得的成就远远超过了旧中国百年来所达到的水平。到 1957 年，钢产量达 535 万吨，原煤产量达 1.31 亿吨，发电量达 193 亿度，分别比 1949 年增加了 32.4 倍、3.1 倍和 3.5 倍。在工业快速发展的

① 曾培炎主编：《中国投资建设 50 年》，中国计划出版社 1999 年版，第 61 页。

带动下，国民经济高速发展。特别是我国新建了一系列工业部门，填补了许多工业部门的空白。例如，到 1957 年底，我国载重汽车、高炉制造设备、平炉制造设备、汽轮发电设备、拖拉机、精密仪器、石油机械和电信设备等几十个行业已经有了比较齐全的制造系统，机械设备自给能力从新中国成立前的 20% 左右提高到 60% 以上。我国制造出了第一辆解放牌汽车、第一架喷气式歼击机、第一辆蒸汽机车等，创造了许多个中国制造业历史上的“第一”。

（3）“一五”时期中国在推进国家工业化进程中，在优先发展重工业的同时，不放松农业、轻工业，较好地解决了农业、轻工业的发展问题，使国民经济各部门能够做到统筹兼顾、全面发展。“一五”时期，中国完成的基本建设投资总额达 588.5 亿元，其中经济和文化部门的基本建设投资总额达 493 亿元。在实际完成的投资总额中，工业部门占 56%，农林水利部门占 8.2%，运输邮电部门占 18.7%。尤其是各级各类教育事业迅速发展，办学条件明显改善。在各级政府充分利用各类空间改建校舍的基础上，国家还安排教育基本建设投资超过 16.22 亿元，新建和扩建校舍 2 349 万平方米，占国家预算内基本建设投资总额的 3.1%。

（4）“一五”时期中国在经济发展布局上采取了积极调整和改变原有工业布局不合理状态的做法，在内地安排了一半左右的基本建设投资及投资金额在限额以上的工业建设单位，并特别重视以重大工业建设项目带动地区经济发展。针对旧中国长期存在的地区经济差距，在“一五”时期进行了新中国成立后的首次大规模调整。例如，到 1957 年底，初步建成了以鞍山钢铁联合企业为中心的东北工业基地，开始建设以武汉钢铁联合企业为中心的华中工业基地和以包头钢铁联合企业为中心的华北工业基地。为改变工业发展布局上存在的不合理状况，同期开始建设的还有西南、西北地区的钢铁工业、有色金属工业、石油工业基地等。

本章小结

1. 过渡时期总路线的提出。在中国建立社会主义制度并发展社会主义经济，是中国共产党的奋斗目标。新民主主义革命和建设、社会主义革命和建设是中国共产党领导中国革命的“两步走”战略。1952 年 9 月，毛泽东提出“中国怎样从现在逐步过渡到社会主义去”的指导方针和设想，要求全党思考这一问题。1953 年 6 月，毛泽东在中央政治局扩大会议上首次提出了党在过渡时期总路线的基本内容。1954 年 2 月中共七届四中全会正式通过了过渡时期总路线：从中华人民共和国成立，到社会主义改造基本完成，这是一个过渡时期。党在这个过渡时期的总路线和总任务，是要在一个相当长的时期内，逐步实现国家的社会主义工业化，并逐步实现国家对农业、对手工业和对资本主义工商业的社会主义改造。

2. 国家工业化建设的紧迫性。1950 年，刘少奇指出：实现国家工业化“是全国最大多数人民最大的要求和希望，也是中国共产党和人民政府力求实现的最基本的任务”。“我们为了筹集资金去建设我们的工业以创造将来更好的生活，在我们不饿不冻并能保持通常的健康的条件之下，我们尽可能多节省一点，少花费一点，以便由国家把资金积累起来，去加快工业化的速度。”1954 年 6 月，毛泽东在谈到发展重工业的必要性和迫切性时说：“现在我们能造什么？能造桌子椅子，能造茶碗茶壶，能种粮食，还能磨成面粉，还能造纸，但是，一辆汽车、一架飞机、一辆坦克、一辆拖拉机都不能造。”这基本代表了当时党和人民对建立自己的工业体系和国民经济体系的迫切愿望。

3.“一五”计划的编制与实施。从第一个五年计划开始，中国共产党就始终把工业化作为一切经济建设的重点和中心。“一五”计划是中国共产党和人民政府制定的第一个中长期国民经济和社会发展计划，也是中国有史以来的第一个中长期国民经济和社会发展计划。“一五”计划总的方针是围绕苏联援建的“156 项工程”，初步建立社会主义工业化的基础，并兼顾农业、手工业和工商业的发展。“一五”计划在产业布局上，重点建设东北，平衡东西部工业发展；在建设方针上，自力更生为主，苏联援助为辅；在产业结构上，优先发展重工业，同时注重平衡发展。“一五”时期完成基本建设投资合计 588.5 亿元，建立了我国工业化的初步基础。

4. 工业化建设的初步成就。“一五”时期，中国共产党和中国人民选择了优先发展重工业的国家工业化建设目标，围绕苏联援建的“156 项工程”，调动一切因素并集中力量加快建设步伐。中国开始有了过去从未有过的现代化工业的骨干部门，包括飞机制造、汽车工业、发电设备、重型机械、新式机床、精密仪器等工业生产部门，初步建立起了中国的国防工业和重工业体系，缩小了国内东部沿海地区与西部内陆地区工业发展水平的差距，缩小了与发达国家工业发展水平的差距，为我国后来的工业化建设奠定了坚实的物质基础。

5. 计划经济体制的特点。1952年底，为了适应大规模经济建设的需要，我国成立了国家计划委员会，并调集了一批干部来充实该机构。国家计委直属中央人民政府，与政务院平级，主要任务是制定国民经济发展的年度计划和中长期计划。到1954年，我国逐步建立和充实了从中央各部门到基层工作部门及企业单位的计划机构。计划经济体制最根本的特点，就是国家或政府是全部社会经济生活的决策者和指挥者，国家通过计划对整个社会的经济活动实行高度集中管理，国家的指令性计划是所有生产单位进行生产经营活动和经济决策的唯一依据。在农村，通过农业合作化，把分散的个体小农组织起来进行集体劳动，发展集体经济，并对粮食等农产品实行统购统销；在城市，对城市居民的日常生活必需品，逐步实行计划供应；将生产企业逐步纳入国家的经济计划中，并对其生产的产品实行统购包销；主要由国营企业和合作社统一经营产品流通业务；国家直接组织对外贸易和进出口业务。

6. 统购统销政策的实施。统购统销政策是1953年10月16日中共中央发布《关于实行粮食的计划收购与计划供应的决议》后实行的控制粮食资源的经济政策，后逐步扩大至食用油、棉花、棉布。统购统销政策主要是为了确保国家大规模工业化建设和城市化快速发展的需要得到满足，解决粮食供求的尖锐矛盾。统购统销政策推动形成的高度集中的计划经济体制和农村支持城市、农业支持工业的现代化道路，是计划经济体制的基础。统购统销政策是工农业产品价格“剪刀差”形成的重要原因。

关键概念和重要事件

过渡时期总路线	社会主义工业化
第一个五年计划	“156项工程”

计划经济体制　　统购统销政策

思考题

1. 阐述我国过渡时期总路线提出的历史背景和历史依据。
2. 我国为什么要选择有计划的经济建设道路？
3. 如何理解我国社会主义工业化建设的必要性和紧迫性？
4. 为什么说“156 项工程”建设初步搭建起了中国工业化的框架？
5. 简述统购统销政策的历史贡献和历史局限性。

本章阅读文献

1. 中共中央党史和文献研究院：《中国共产党的一百年》，中共党史出版社 2022 年版。

2. 中共中央党史研究室：《中国共产党历史》第二卷（1949—1978）上册，中共党史出版社 2011 年版。

3.《中华人民共和国简史》编写组编著：《中华人民共和国简史》，人民出版社、当代中国出版社 2021 年版。

4. 当代中国研究所：《中华人民共和国史稿》第一卷，人民出版社、当代中国出版社 2012 年版。

5. 吴承明、董志凯主编：《中华人民共和国经济史（1949—1952）》第一卷，社会科学文献出版社 2010 年版。

拓展阅读

第三章　社会主义经济制度的初步建立

主要内容

本章主要介绍和分析 20 世纪 50 年代在中国大规模开展的向社会主义的过渡，即社会主义改造。建立社会主义经济制度是中国共产党的理想追求，是写在中国共产党旗帜上的奋斗目标。新中国成立后，面对着巨大的国家安全压力。随着国民经济的恢复和大规模经济建设的开展，国家对农业、手工业和资本主义工商业的社会主义改造具有必要性。随着“一五”计划的实施，私有制与优先发展重工业的矛盾凸显，因此国家加快调整各种非社会主义经济关系。三大改造的基本完成，标志着公有制占绝对优势的社会主义经济制度初步建立起来。

在中国共产党的经济理论与经济实践中，中国由半殖民地半封建经济形态通过新民主主义经济形态走向社会主义经济形态，是近现代中国发展的历史逻辑、理论逻辑和实践逻辑。新民主主义经济形态是中国不可逾越的发展阶段，新民主主义经济形态的前途就是社会主义经济形态。新民主主义社会也不是独立的社会形态，而是向社会主义社会转变的过渡性社会形态。正是因为如此，中国共产党和毛泽东创造性地提出了中国由新民主主义经济形态向社会主义经济形态过渡的理论和过渡时期总路线。在 20 世纪 50 年代，我国向社会主义过渡主要是通过社会主义改造完成的。

社会主义改造就是国家对个体农业、手工业和资本主义工商业等非社会主义经济通过实行集体化或国有化的路径，将其改造成为社会主义公有制经济的过程。进行三大改造是新中国经济发展的必然趋势，是建立社会主义经济制度的必经途径。国民经济的迅速恢复和国家工业化的大规模开展，都要求加快调整各种非社会主义经济关系。1953 年到 1957 年各种经济成分在国民收入中的比重变化如下：国营经济由 23.9% 增加到 33.2%，合作社经济由 2.5% 增加到 56.4%，公私合营经济由 0.9% 增加到 7.6%，资本主义经济则由 7.9% 到基本被消灭，个体经济由 64.8% 降至 2.8%。伴随着社会主义工业化建设的快速推进，对个体农业、个体手工业的社会主义改造和对资本主义工商业的社会主义改造也逐渐加快了步伐，并于 1956 年底基本完成。三大改造的基本完成，标志着中国初步建立起公有制占绝对优势的社会主义经济制度，中国发生了最深刻、最伟大的社会变革。

第一节　农业的社会主义改造

在逐步实现国家对生产资料私有制的社会主义改造过程中，农业的社会主义改造具有决定性的意义。因为中国当时有 5 亿多农村人口，农业是国民经济的基础。农民个体经济，是劳动者的私有制经济。在土地改革完成之后，怎样让农民走上社会主义道路，并采用先进技术和大型农业机械，迅速提高农业生产力，适应社会主义工业化的需要，是必须认真解决的问题。

一、农业社会主义改造的必要性

中国对农业的社会主义改造，是通过将个体农民组织起来走合作化的道路，把小农经济逐步改造成社会主义集体经济的方式实现的，即在流通领域切断农民同资本主义的联系，在生产领域逐步将农民劳动者私有制改造成为社会主义集体所有制。土地改革之后，中国农村社会形成了大量的小生产方式，传统农业的经营方式、生产技术、劳动组织被完整地保留下来，因此改造传统农业的历史任务远未完成。小生产方式不可能为社会主义工业化创造必要的经济、社会条件，而且二者之间的矛盾日渐显露出来，集中体现在以下几个方面：

第一，以个体小农的小规模经营为特征的农业生产与以社会化大生产为主要内容的工业化之间存在着矛盾。土地改革使广大农民成为小土地所有者，一家一户的生产组织形式使农民生活有了基本的保障，但也使农业生产与工业化的矛盾暴露出来。个体小农经济不可能有更强的扩大再生产能力和抗御各种灾害的能力，更不可能满足工业化对农产品和资金积累的大量需要。据一些地方调查数据，土地改革后贫雇农平均每户只有 12.5 亩耕地，1/2 头耕牛，2/5 部犁，1/11

部水车；中农平均每户有 19 亩耕地，9/10 头耕畜，7/10 部犁，1/7 部水车。一户个体小农还配不齐一套生产工具，这样的个体小农不可能为社会主义工业化提供更多的农产品和资金积累。①

第二，建立在生产资料私有制基础之上的个体小农经济与以国营经济为主体的社会主义工业化之间存在着矛盾。建立在私有制基础上的分散的小农经济，与建立在公有制基础上的集中的大规模工业化建设之间最突出的矛盾就是落后的农业生产无法满足和保证工业化所必需的粮食和原材料供应。国家工业化所需要的各种农产品无法通过并不发达的市场渠道获得，个体小农也并不愿将农业剩余都销售给国营商业机构。国家工业化的整体利益和个体小农的自身利益之间的冲突加剧，势必影响农业的发展和工业化的进程。

第三，个体小农经济小生产的整体无计划性与社会主义工业化的有计划性之间也存在着矛盾。个体小农经济小生产的整体无计划性，使其生产有很大的自给性和盲目性，很难把自己的生产经营同国家的经济计划紧密结合起来，尤其是在粮食作物种植和经济作物种植的选择上，个体小农的选择很难与国家经济计划衔接起来。因此，个体小农经济小生产不可能保证持续稳定地提供工业化所需要的农副产品，这就直接影响到了工业化的发展和国家经济计划的贯彻执行。

落后的农业与工业化的矛盾还表现为落后的农业生产无法提供工业化发展所需要的各种贡献。而在新中国这样一个以农业为主要产业的国家中，工业化的启动和发展绝对离不开农业的贡献。按照发展经济学的理论，农业在经济发展和工业化中的作用可以概括为以下几个方面②：一是产品贡献，即非农业部门的扩大强烈地依赖于本国农业所能提供的粮食和工业原料。如果一个国家粮食供给的增长长期跟不上对粮食需求的增长，工业化进程就不得不减缓；同样，只有当农产品以一个适当的比率增加时，使用农产品作为原料的工业部门的增长率才能提高。二是市场贡献，即农业和农村作为工业品的需求者对经济发展和工业化的贡献，在工业化阶段尤其如此。农村商品市场对工业特别是轻工业的发展具有十分重要的作用。三是因素贡献，即农业资源向非农业部门的转移。其中最主要的因素贡献就是资本贡献和劳动贡献。工业化需要大量的投资，仅靠工业部门自身的积累来筹措发展资金是不够的。因此，农业成为国家积累建设资金的重要来源，

---

① 柳随年、吴群敢主编：《中国社会主义经济简史（1949—1983）》，黑龙江人民出版社 1985 年版，第 66 页。

② 张培刚：《农业与工业化》上卷，华中科技大学出版社 2009 年版，第 21—63 页。

在落后的农业国，农业几乎成为工业化唯一的资金来源。与此同时，农业对工业化的劳动贡献也是巨大的。四是外汇贡献，即通过增加国家初级产品（特别是农副产品）的出口或扩大农业进口替代品的生产，增加并节约外汇，以支付因引进技术或设备而需要的外汇。在工业化阶段，农副产品是主要的出口创汇商品。因此，可以这样说：工业化发展的速度和规模取决于农业的发展程度和对工业化的支持力度。当时新中国落后的农业无力满足经济发展和工业化的需要。

随着土地改革的完成，农村的形势和所面临的任务也发生了变化。土地改革虽然促进了农业的发展，但未能使农业成为中国工业化持续、稳定发展的经济保障，仍然未能解决工业化发展所必需的资金和原材料来源问题。个体小农经济的落后性、分散性和不稳定性仍然是中国工业化进程的不利因素与潜在威胁。中国共产党和人民政府面临改造传统农业的艰巨任务，既不可能通过大量的资金投入来推动农业的发展和改造，也不可能通过大规模的技术投入来装备农业生产，而采取对农业进行制度变革和组织变革的方式则是比较现实的选择。于是中国共产党及时提出了对农业进行社会主义改造的历史任务，这个改造的实质就是实现农业合作化。推进农业合作化的重要性不仅仅表现为中国共产党在农村中建立和发展社会主义性质的经济关系，缩小、限制继而最终消灭各种危害社会主义制度的经济关系，而且还在于中国共产党对农村社会生产力作出了清醒的判断，希望通过采取组织起来的方式，发挥集体劳动的优越性，以克服传统农业的局限性，发展农业社会生产力。

推进农业合作化的现实依据是：第一，农业是国民经济的基础，实现国家的社会主义工业化、改善人民生活，都要求加速农业的发展。新中国成立初期，中国还是一个落后的农业国。1955 年以前，农业总产值在工农业总产值中的比重在 50% 以上，以农产品为原料的工业产值占工业总产值的 50% 左右。这样的产业结构势必使国民经济的发展和工业化严重地依赖于农业的发展。要想开展工业化和大规模经济建设，不首先解决农业发展缓慢的问题，是不可能的。第二，农业是提供实现工业化所需资金的主要部门，因此，农业不发展或缓慢发展，都势必使工业化进程受挫。当时中国主要通过国内积累为实现工业化提供巨额资金，这就使农业承担着超常规的经济负担和历史任务。不迅速扭转农业生产的落后局面，就根本无法胜任这项任务。第三，农业还要提供工业化必不可缺的粮食等重要产品，不改变个体的、私有的小农业，国家就不能确保这类重要物资的供应。搞得不好，势必引起粮食恐慌。1953 年秋天的粮食紧张局面及上百万人参与粮食投机，都印证了对农业生产和流通的改造要早日进行。第四，广大农民也有互助合作的要求。土地改革后农村中落后的生产力水平并没有多少改变，农民仍然使用极为简陋的农具进行手工劳动，生产和生活的困难并未完全解决。此外，在少数地方农村中出现的两极分化，也提醒党和政府要注意防止这种趋势的蔓延和加剧。

二、农业合作化进程

毛泽东很早就有把农民组织起来、帮助他们由贫穷走向富裕的思想。根据毛泽东的思想，中共七届二中全会提出要谨慎地、逐步地而又积极地引导个体农业向着现代化和集体化方向发展。1951 年，毛泽东在审阅中共中央《关于农业生产互助合作的决议（草案）》时，就在“要克服很多农民在分散经营中所发生的困难，要使广大贫困的农民能够迅速地增加生产而走上丰衣足食的道路，就必须提倡组织起来”一句的“丰衣足食的道路”之后，加写了“要使国家得到比现在多得多的商品粮食及其他工业原料，同时也就提高农民的购买力，使国家的工业品得到广大的销场”；在“必须在农村中提出爱国的口号，使农民的生产和国家的要求结合起来”一句后，加写了“片面地提出‘发家致富’的口号，是错误的”。[①] 早在新中国成立之前，在一些革命根据地和解放区就出现了大量的农业生产互助组织。例如，江西革命根据地的劳动互助社和耕田队，陕北革命根据地的变工队，华北、华东和东北等解放区的互助组等。到 1949 年，各老解放区的农业生产互助组织已经有了相当规模。山西省有 8.8 万个互助组，参加的农户达 48 万户，占全省农户总数的 17%；黑龙江省有 24.6 万个互助组，参加的农户达 108 万户，占全省农户总数的 65%。但从全国范围来看，互助合作尚未成为中国农村和农业发展的主要方向。农村的主要工作仍是扩大土地改革范围，巩固土地改革成果。

中国农业合作化运动经历了三个发展阶段。

1. 以互助组为主要形式的阶段

这一阶段大致是 1949 年至 1952 年，为农业互助合作的初期发展阶段，以互助组为主要形式，分为临时互助组和常年互助组。互助组由几户或十几户农民按照自愿互利原则组织起来，在不打破家庭经营核算原则的基础上，共同劳动，换

---

① 《建国以来毛泽东文稿》第五册，中央文献出版社 2023 年版，第 338 页。

工互助，以解决成员之间缺少劳力、耕畜和农具的困难。据统计，1950 年全国有农业生产互助组 280 万个，参加的农户为 1 150 万户，占农户总数的近 11%。到 1951 年底，全国参加互助组织的农户共 2 100.2 万户，占农户总数的 19.2%。在这些农户中，参加互助组的为 2 100 万户，组成了 467.75 万个互助组；这个阶段也出现了少数初级社，参加初级社的为 1 588 户，组成了 129 个初级社；高级社仅有 1 个，共有农户 30 户。到 1952 年底，全国参加互助组织的农户发展到 4 542.3 万户，占农户总数的 39.95%，其中绝大部分是参加互助组，参加初级社的农户仅为 57 188 户，组成了 3 634 个初级社，合作社在农业互助组织中所占比重还很低。

这一时期的农业合作化以互助组为主体，农民既有是否参加农业互助组织的选择权，也有参加哪种农业互助组织的选择权。而互助组在自愿互利、不打破家庭经营核算原则下，实行平等互利的有偿互助，加之组织规模小、自由结合、互助方式灵活等特点，受到广大缺乏生产资料或劳动力的农户的欢迎，它使农村的人力、畜力、物力和土地都能得到比较充分合理的利用。这个时期为数不多的初级农业生产合作社尚处于重点试办、典型示范阶段，由于各方面条件比较好，并得到了政府有关部门的大力扶助，生产投入一般比个体农户和互助组有较大幅度增加，因而其增产效果也很明显。

农业的社会主义改造是新中国经济发展的必然趋势，在 1952 年编制“一五”计划时，设想的农业社会主义改造的时间表是按照三个五年计划或者更长一些时间来安排的。1953 年 3 月，中共中央要求对于 1952 年冬和 1953 年春许多地方在互助合作运动中出现的急躁冒进等倾向予以纠正，10 月，肯定并批转了华北局提出的“当前农业生产互助合作运动应以发展和巩固互助组为中心环节”，认为“从全国范围看来，互助组依然是适合广大人民群众生产要求和文化水平的一种合作形式”。①

实际上一直到 1955 年，中国大多数农户都选择参加互助组，这一年互助组达到 714.7 万个，其中常年互助组 317.2 万个。参加互助组的农户达 6 038.9 万户，占农户总数的 50.7%，这还不包括已参加农业生产合作社的农户。互助组农产品产量增长幅度各地不同，对湖北等省三个乡的典型调查表明，常年互助组农

① 中国社会科学院、中央档案馆编：《中华人民共和国经济档案资料选编（1953—1957）》农业卷，中国物价出版社 1998 年版，第 154 页。

产品产量比个体农户高41%；个人收入增长幅度也不一样，据对陕西老区四个乡的典型调查，常年互助组收入比个体农户高29%。可见，农业生产互助组在组织生产经营方面相比个体农户有明显的优势，互助组利用集体劳动的特点，克服了个体小农的自身局限性和条件约束，解决了农民生产上的困难，提高了劳动效率。

2. 以初级农业生产合作社为主要形式的阶段

这一阶段大致是1953年至1955年上半年，为农业合作化快速发展阶段，以初级农业生产合作社为主要形式。初级农业生产合作社是以土地入股、统一经营为特点的合作组织。社员将私有的土地、耕畜、大型农具等生产资料交合作社统一经营和使用，由合作社付给适当的报酬；社员在分工和协作的基础上组织集体劳动，产品统一分配。社员留有自留地并可经营家庭副业。初级社已具有半社会主义性质。初级社和互助组一样，也具有集体劳动的特点，但由于土地等重要生产资料归合作社统一使用，因此解决了互助组不能解决的集体劳动和分散经营之间的矛盾，有利于农业生产力的发展。互助组推动了农业生产的发展，但是仍不能有效缓解农业生产与国家工业化之间的矛盾，1953年出现的包括粮食等在内的农产品供应紧张的问题，导致了毛泽东认为这是农业拖了工业化的后腿。1953年10月26日至11月5日，在中央农村工作部召开第三次全国农业互助合作会议期间，他先后两次召集中央农村工作部负责人谈话，指出小农经济与社会主义工业化不相适应，提出各级党的一把手要亲自动手抓农业社会主义改造这件大事，县区干部的工作重点要逐步转到农业合作化方面来。

1953年12月中共中央通过的《中国共产党中央委员会关于发展农业生产合作社的决议》，贯彻了毛泽东的指示要求，总结了农业生产合作社的十大优点，提出“必须采用说服、示范和国家援助的方法来使农民自愿联合起来”，要求各地政府及有关部门“给农业生产合作社以适当的物质援助”。决议还要求，“从一九五三年冬季到一九五四年秋收以前，全国农业生产合作社应由现有的一万四千多个发展到三万五千八百多个”。[①] 这个决议标志着农业互助合作运动的重心已由发展巩固互助组转变为发展巩固初级社，由此掀起了从1954年开始的大办初级社的热潮。1953年全国初级社仅有1.4万多个，但是到了1954年6

① 中共中央文献研究室编：《建国以来重要文献选编》第四册，中央文献出版社1993年版，第667、668、678页。

月增至 9 万多个，年底猛增至 48 万个，1955 年春又增至 67 万多个。合作社的规模也不断扩大，由1953年每社平均18.2户，到1954年末达到每社平均25.7户。

在大办初级社的热潮中，许多条件不成熟的地方也办起了合作社，不少合作社在经营管理方面出现了一些问题。这些问题突出表现为：一是农业生产合作社的管理干部和上级部门帮助建社整社的干部严重不足。中央农村工作部部长邓子恢指出："区一级干部，不只是质量弱而且数量也少，现在好多地方，一个区只有三五人可以办合作社，每人管三四十个，确实抓不起来。"①上级派来的干部一走，许多合作社就陷入管理混乱的状态。二是农业生产合作社中的财会人员严重不足。由于广大农民缺少文化，合作社组织起来却没有财会人员负责日常财务管理，这导致许多农业生产合作社账目不清，问题较多。三是农业生产合作社经营管理水平普遍较低。农业生产合作社缺乏民主决策、统一经营的制度和能力，导致生产计划不周全，制度不健全，部分农民干活时窝工、评工分时闹意见等。针对这种情况，邓子恢于 1955 年 1 月提出两项建议：一是制定一个全国性的农业合作社章程，避免底下乱立章法或无章可循；二是将合作化运动转入"控制发展，着重巩固"阶段。中共中央采纳了邓子恢的建议，并于 1955 年 1 月 10 日发出了《关于整顿和巩固农业生产合作社的通知》。各地根据该通知要求对初级社进行整顿和巩固，中央农村工作部的工作重心也转向整顿、巩固现有合作社，重点是协助河北、浙江、山东等合作社发展较快的省做好整顿工作。

但是，在浙江省整顿初级社的问题上，又产生了不同意见。在 1954 年冬的合作化运动中，浙江省出现了盲目发展的情况。这年秋收前全省农业合作社只有 3 800 个，到 1955 年春已发展到 50 950 个，加上 4 800 个自发成立的合作社，总数达 55 000 多个，入社农户由占全省农户总数的 6‰ 猛增到 28%。这种求多求快的做法导致不少地方出现了强迫命令和侵犯中农利益等问题，从而对 1955 年春耕生产造成了不利影响。为了帮助浙江省做好对合作社的整顿工作，中央农村工作部于 1955 年 3 月 25 日向浙江省委发出题为《对浙江省目前合作化工作的意见》的电报，希望浙江省对合作社进行大胆整顿，有条件巩固的社必须加以巩固，没有条件巩固的社则应主动有领导地转回互助组或单干经营。经过一个多月的整顿，浙江省农业生产合作社锐减为 37 507 个。

---

① 武力、郑有贵主编：《解决"三农"问题之路：中国共产党"三农"思想政策史》，中国经济出版社 2004 年版，第 349 页。

中央农村工作部和浙江省对农业生产合作社的这种整顿，引起了毛泽东的注意。毛泽东本来是同意对快速发展起来的农业生产合作社进行整顿的，1955年3月他提出了“停、缩、发”的整顿方针，即区别不同地区情况，暂时停止发展，全力进行巩固；或者适当收缩；或者在巩固中继续发展。这年四五月间，毛泽东到一些地方进行调查研究，听取对农业生产合作社和农村发展形势的意见，发现不少地方干部对农业合作化是积极的，认为“好得很”，农业生产形势也不像原来听说的那么严峻，这就使他认为中央农村工作部对农业合作化形势的情况报告不够真实。中央不分管农业和不太了解农业的其他领导干部也觉得这样的整顿很可惜。7月31日，毛泽东在省、市、自治区党委书记会议上对邓子恢等人进行了严厉批评，认为在全国农村社会主义高潮面前，邓子恢及其领导的中央农村工作部像“小脚女人”走路，已经落在了群众运动后面，提出农业合作化目前不是“下马”的问题，而是赶快“上马”的问题。以此为标志，中国的农业社会主义改造进入高潮。

3. 以高级农业生产合作社为主要形式的阶段

这一阶段大致是1955年下半年至1956年，为农业合作化高潮阶段，以高级农业生产合作社为主要形式。导致农业合作化步伐加快的因素还有供应工业的农产品原料不足，我国几大区域1954年夏秋遭受了百年不遇的洪涝灾害，农业总产值仅比上年增长3.3%，工业增长速度也因农业原材料的影响由上年的16.3%降至5.6%。为了基本解决商品粮食和工业原料需求较快增长与个体小农经济生产之间的矛盾，抑制当时认为富农经济发展导致“两极分化”趋向的观点，从1955年夏季起，中共中央、毛泽东要求加快农业合作化步伐。7月31日，毛泽东作了《关于农业合作化问题》的报告，全面肯定了初级社向高级社的快速过渡和所有制的快速升级，指出：这是5亿多农村人口的大规模的社会主义的革命运动，带有极其伟大的世界意义。我们应当积极地热情地有计划地去领导这个运动，而不是用各种办法去拉它向后退。毛泽东强调指出，应当爱惜农民和干部的任何一点微小的社会主义积极性，而不应当去挫折它。实际上，这个报告改变了农业合作化的发展方针和进程。10月4日至11日，以农业合作化为主要议题的扩大的中共七届六中全会召开，全会通过了《关于农业合作化问题的决议》，提出在互助合作运动比较先进的地方，到1957年春季以前基本上实现半社会主义的合作化，即合作化程度发展到入社农户占当地总农户的70%～80%；在全国大多数地方，在1958年春季前，先后基本上实现半社会主义的合作化。

1956 年 1 月，毛泽东主编并亲自写了两篇序言和大量按语的《中国农村的社会主义高潮》一书出版，进一步推动了农业合作化运动。同月，中央政治局提出的《一九五六年到一九六七年全国农业发展纲要（草案）》也强调指出："对于一切条件成熟了的初级社，应当分批分期地使它们转为高级社。不升级就将妨碍生产力的发展。"[①]该纲要（草案）还要求合作基础较好并且已经办了一批高级社的地区，在 1957 年基本上完成高级形式的农业合作化，即农户基本加入高级社，其余地区在 1958 年基本上完成高级形式的农业合作化。于是 1956 年春全国农村又掀起了建立高级社的高潮。6 月 30 日，一届全国人大三次会议通过了《高级农业生产合作社示范章程》，进一步推动了广大农村基层干部和农民群众争先恐后地将初级社转变成高级社。

初级社向高级社的过渡，是农业社会主义改造过程中一个质的变化。在高级社阶段，社员的土地、大牲畜等生产资料加入高级社后，不再获取相关报酬，这些生产资料由私有性质转变为集体所有性质，社员依靠自己的劳动获取报酬。1955 年底，全国共有高级社 1.7 万个，入社农户 475 万户，占农户总数的 4%。1956 年 6 月，高级社增至 31.2 万个，入社农户占农户总数的 63.2%，平均每社 246.4 户。到 1956 年底，高级社又增至 54 万个，入社农户占农户总数的 87.8%，平均每社 199 户；加上参加初级社的农户，入社农户达 11 783 万户，占农户总数的 96.3%。中国农村已基本上实现了农业合作化。

高级社是完全社会主义性质的集体经济组织，生产资料归集体所有，农民参加集体劳动，实行按劳分配。高级社劳动组织的基本形式是固定生产队；在生产管理中曾普遍实行过"三包一奖"制度，即包工、包产、包费用和超产奖励制度；在分配中实行按劳分配，并兼顾国家、集体、个人三者利益。不过，由于高级社割断了农民与土地的直接经济联系，所以它在一定程度上挫伤了广大农民的生产积极性。

三、农业合作化是深刻的社会经济变革

农业合作化是一场深刻的社会经济变革，它是继通过土地改革废除封建土地所有制之后，在中国广大农村地区进行的又一次深刻的生产关系变革，其目的就

---

① 史敬棠、张凛、周清和等编：《中国农业合作化运动史料》下册，生活·读书·新知三联书店 1959 年版，第 165 页。

是通过走合作化道路把个体小农带到社会主义发展道路上来。中国共产党的农业合作化理论是党的“三农”理论的重要组成部分。

根据中国具体实际不断丰富和发展马克思主义生产力和生产关系理论，是中国共产党和毛泽东在领导中国社会主义建设中的重要理论贡献。毛泽东深刻论述了生产力和生产关系之间的辩证关系，生产力决定生产关系，生产关系反映生产力的性质要求。在这种关系中，生产力和生产关系都具有能动性，生产力的发展具有决定性作用，它决定着生产关系的性质和发展方向；生产关系并不是简单机械地反映生产力的性质要求，生产关系在一定条件下会能动地促进生产力的发展。例如，毛泽东高度关注生产关系的调整与发展，总是希望通过积极调整生产关系来促进生产力发展，为生产力发展提供有利的生产关系。

农业合作化能够在 20 世纪 50 年代比较顺利地推进，与中国共产党的领导分不开。党在争取新民主主义革命胜利和反对帝国主义、封建主义、官僚资本主义的斗争中赢得了崇高威望，党发挥了其影响力、强大的组织领导力量和社会动员力量，顺应广大农民对社会主义新生活的向往，广泛动员并大力推进农业合作化。1951 年 12 月，中共中央印发全国第一次互助合作会议起草的《关于农业生产互助合作的决议（草案）》，明确提出农业生产互助组织是中国农村走向社会主义的过渡形式，同时也提出要注意保护农民从事个体经济的积极性，特别是对发展农业互助合作的高级形式——农业生产合作社，要视条件是否成熟而定。

1953 年 10 月，毛泽东指出，农民的基本出路是社会主义，由互助合作到大合作社。农村经济正处在由个体经济到社会主义集体经济的过渡时期。可以说，毛泽东对实行农业合作化已经有了较长时期的、较为充分的理论思考和理论准备。正如 1953 年 12 月中共中央通过的《关于发展农业生产合作社的决议》所指出的那样：孤立的、分散的、守旧的、落后的个体经济限制着农业生产力的发展，与社会主义工业化的矛盾日益突出。中国共产党在农村工作中的最根本的任务，就是教育和促进农民群众逐步联合组织起来，逐步实行农业的社会主义改造，使农业能够由落后的小规模生产的个体经济变为先进的大规模生产的合作社经济，使农民能够逐步完全摆脱贫困的状况而过上共同富裕和普遍繁荣的生活。毛泽东十分关注在生产关系调整过程中生产力的发展问题，例如 1955 年 10 月，他在中共七届六中全会上谈到合作社时指出：“在发展合作社的工作上，要比质量，比规格。质量的标准是什么呢？就是要增加生产和不死牲口。怎样才会增加生产，怎样才会不死牲口？这就要遵守自愿互利的原则，要有全面规划，要有灵活的指导。”[①]

在对农业进行社会主义改造的过程中，国家按照自愿互利、典型示范和国家帮助的原则，采取了从临时互助组和常年互助组，发展到半社会主义性质的初级农业生产合作社，再发展到社会主义性质的高级农业生产合作社的过渡形式。通过农业合作化运动，中国广大农村建立起了公有制性质的农业生产组织和农村集体经济。这样，不仅从经济上消除了农村私有经济膨胀和农民两极分化产生的可能性，而且也从组织上有效地确保了农业对社会主义工业化的巨大经济贡献。

第一，组织起来的农业生产和农业组织具有较强的内部积累机制，使在较低生产力水平上的农业生产的有限剩余，能更多地用于集体经济的公共积累，为社会主义工业化积累资金。公共积累增多有利于增强农业发展后劲，在一定程度上克服小农经济的不稳定性和脆弱性。与此同时，农业的发展也使国家可以更多地获得工业化发展资金。

第二，组织起来的农业生产和农业组织对技术改造和提高农业劳动生产力有着较迫切的要求，这就使对工业品特别是对农用机械的需求不断扩大。这为增加农业的物质技术投入，用现代机器装备农业提供了可能，同时也为工业品开辟了广阔的农村市场。以农用拖拉机为例，1949 年全国农村仅有 401 台，1952 年增至 2 006 台，1954 年增至 5 061 台，1956 年增至 19 367 台，1957 年又增至 24 629 台。1957 年比 1949 年增长了 60 倍还多。[②] 1957 年农业机械总动力达 165 万马力，机耕面积达 263.6 万公顷，化肥施用量达 37.3 万吨。[③]

第三，组织起来的农业生产和农业组织不仅确保了维持农村大多数人口较低但较稳定的生活水平，而且为城市和工业提供了更多的商品粮食和其他农副产品。合作化以后，农村两极分化趋势被遏制住，除了少数富裕农民（富农和部分中农）生活水平下降外，绝大多数农民的生活水平都略有提高和改善。国家通过农业合作组织有效地控制了农副产品的购销，以维持现有和新增人口较低水平的消费，从而避免了迅速工业化和城市化可能带来的较大的社会动荡。

第四，组织起来的农业生产和农业组织为 20 世纪 50 年代中国初级产品的出口创汇作出了重要贡献。新中国成立初期，由于工业基础非常薄弱，所以在相当

---

① 中共中央党史和文献研究院编：《毛泽东年谱》第五卷，中央文献出版社 2023 年版，第 449—450 页。

② 国家统计局编：《伟大的十年》，人民出版社 1959 年版，第 120 页。

③ 国家统计局编：《中国统计年鉴（1985）》，中国统计出版社 1985 年版，第 275、281 页。

长一段时间内出口商品以农副土特产品及其加工品为主。1953 年中国出口总值为 10.22 亿美元，其中初级产品为 8.11 亿美元，占出口总值的 79.4%；1957 年出口总值为 15.98 亿美元，其中初级产品为 10.16 亿美元，占出口总值的 63.6%。由此可见 20 世纪 50 年代初级产品在出口创汇中的重要地位。

更为重要的是，中国广大农民拥护中国共产党，组织起来的农业生产和农业组织成为支援国家建设的重要保障。正是由于组织起来的农业的巨大经济贡献，中国国民经济才能在 20 世纪 50 年代保持较高的发展速度和积累率。

第二节　手工业的社会主义改造

旧中国不仅是个体小农经济的汪洋大海，也是个体手工业经济的汪洋大海。由于中国现代工业发展缓慢，个体手工业成为满足人们生产生活需要的重要力量。鉴于实际国情，促进手工业生产力发展，积极发展手工业合作社，一直是中国共产党的政策主张。早在新中国成立之前，党在革命根据地就曾建立和积极发展过手工业合作社。新中国成立之后，中国共产党和人民政府在积极恢复手工业生产的同时，极为重视通过合作组织来促进手工业走向集体化和现代化。

一、手工业社会主义改造的必要性

由于中国现代工业起步较晚，手工业生产在国民经济中占有相当大的比重。据 1952 年统计，全国手工业从业人员为 736.4 万人，加上兼营手工业生产的农民，达 1 930 余万人；手工业产值为 73.12 亿元，约占工业总产值的 21%，约占工农业总产值的 9%。中国的手工业就其与农业分离的程度及与现代工业的关系来说，大致可分为四种类型：一是从属于家庭农业的家庭手工业；二是作为农民家庭兼业的手工业；三是独立经营的个体手工业；四是雇工经营的工场手工业。其中第三种类型在数量上最多，对手工业的社会主义改造主要是针对这一类型。第一、二种手工业被纳入农业社会主义改造范畴，第四种手工业被纳入资本主义工商业改造范畴。根据过渡时期总路线，个体手工业要通过手工业生产合作社逐步转变为社会主义集体所有制企业，这是对个体手工业进行社会主义改造的主要形式。

刘少奇于 1953 年 12 月 8 日在听取中华全国合作社联合总社代主任程子华关

于第三次全国手工业生产合作会议情况汇报时，对手工业社会主义改造作了深入分析。他指出：“手工业生产合作社不仅是国营工业的助手，既供应城乡人民消费资料的需要（手工业品约占农民需要的百分之八十），也供应农民生产资料的需要，更重要的是，它在实现党的总路线和总任务中，担负着对手工业实现社会主义改造的任务。”“为什么要对手工业实行社会主义改造？这是因为：实行资本主义的结果是手工业者多数人破产，少数人发财；实行社会主义改造，即用组织合作社的方式，就可以使多数人避免破产，共同过好日子。这种改造就是要把古老的生产方式，改变为近代的生产方式。”①“手工业合作化了，可以达到下列目的：（一）适应农民对生产资料和生活资料的需要，配合国家工业建设；（二）提高产品质量，增加产品数量，提高生产技术，降低产品成本；（三）以较快的时间培养学徒，减少其痛苦，为国家培养技术工人；（四）使手工业生产也纳入国家计划；（五）使手工业的小私有制逐步改变为半私有制，再从半私有制改变为公有制。供销性的手工业生产合作社也有社会主义成分。目前我们国家有几十万工人无工可做，这些人还可以调剂入手工业生产合作社。”②他还分析了手工业生产合作社展现出来的优越性，指出：“手工业生产合作社比单干好，集体生产的又比小组分散生产的好，但要有事实证明，使人确实觉得好他们才会来参加。手工业生产合作社比资本家开的作坊好，比无计划的小生产也好，这就是社会主义的好处，但要有事实。首先要对生产者好，同时要对国家、对消费者好，这样才能做到自愿、有利。因为生产合作社中无剥削，无劳资关系，而是合作关系。这样，社员的积极性就高，在某种程度上说比国营工厂工人的积极性更高。因为国营工厂是全民所有制，全民所有制对劳动者的好处不是完全能直接看到的，需要有更高的觉悟才行。”③

1953 年 12 月公布的《为动员一切力量把我国建设成为一个伟大的社会主义国家而斗争——关于党在过渡时期总路线的学习和宣传提纲》指出：“分散的个体手工业的生产是十分落后的，不能使用新的技术，在生产和销售中会遇到许多不可克服的困难，并且会受到私商的剥削。同时，个体手工业是小商品经济，它也是不稳固的，如果听其自发地发展，也会走资本主义的道路，就是少数人发财、大多数人破产的痛苦的道路。因此，必须对个体手工业进行社会主义的

① 《刘少奇论新中国经济建设》，中央文献出版社 1993 年版，第 244 页。
② 《刘少奇论新中国经济建设》，中央文献出版社 1993 年版，第 245 页。
③ 《刘少奇论新中国经济建设》，中央文献出版社 1993 年版，第 248—249 页。

改造，引导手工业劳动者走社会主义的道路。”[①]“把手工业者逐渐组织到各种形式的手工业合作社（手工业生产小组、手工业生产供销社、手工业生产合作社等）中去，是国家对手工业实行社会主义改造唯一的道路。”“手工业者一方面虽是劳动者，但同时又是私有者，因此，必须经过说服、示范和国家援助的方法，提高手工业劳动者的社会主义觉悟，使他们自觉自愿地组织到手工业合作社中。”[②]

二、手工业社会主义改造进程

手工业社会主义改造进程受农业社会主义改造进程的影响，二者的进程是基本同步的。改造大致可以分为三个阶段。

1. 初期发展阶段

1949年至1952年底，中国对手工业的社会主义改造还处在发展初期，手工业生产合作社也还处于行业自发发展和政府倡导发展阶段。1950年7月，全国合作社工作者第一届代表会议在北京召开并成立了中华全国合作社联合总社，以加强对合作社工作的领导。刘少奇、朱德到会讲话。刘少奇提出：“关于手工业生产社问题，应以组织独立手工业者和家庭手工业者为主。这种合作社主要是供给原料，推销成品，尽量不采取开设工厂的方式。”[③]朱德在讲话中也强调先不要急于改变所有制形式。会议明确，组织手工业生产合作社的目的是联合起来，凑集股金，建立自己的供销机构，推销自己的产品，购买原料和其他生产资料，避免商人的中间剥削，提高产品的数量和质量。到1950年底，全国手工业生产合作社发展到1 326个，社员26万人。

1951年6月，第一次全国手工业生产合作会议召开，针对各种不同形式的手工业合作社，专门制定了《手工业生产合作社章程准则（草案）》。会后，各地根据会议要求和上述章程准则，对已有的手工业合作社进行了整顿，那些不符合合作社性质的组织不再作为合作社存在。到1952年底，全国共建立手工业生产合作社2 600多个，社员达到25万余人，年产值将近3 976万元。

---

① 中共中央文献研究室编：《建国以来重要文献选编》第四册，中央文献出版社1993年版，第721页。

② 中共中央文献研究室编：《建国以来重要文献选编》第四册，中央文献出版社1993年版，第722页。

③《刘少奇论合作社经济》，中国财政经济出版社1998年版，第86页。

2. 大规模发展阶段

过渡时期总路线的确立加快了对手工业的社会主义改造进程，对手工业的社会主义改造进入大规模发展阶段。

1953 年 11 月至 12 月间，第三次全国手工业生产合作会议召开，朱德在这次会议上作了题为《把手工业者组织起来，走社会主义道路》的讲话。他指出："组织手工业生产合作社，是改造手工业者的个体经济，帮助他们过渡到社会主义的唯一的组织形式。"[①]手工业合作社的组织要由低级到高级、由简单到复杂，防止盲目地强调集中，盲目地将小社并大社，盲目地要求机械化，要根据手工业者的要求，采取不同的形式加以组织，不要规定一个死格式到处乱套，那样会妨碍或限制合作社的发展。会议经过讨论，确定了对个体手工业进行社会主义改造的方针和政策，即在方针上，应当是积极领导，稳步前进；在组织形式上，应当是由手工业生产小组、手工业供销生产合作社到手工业生产合作社；在方法上，应当是从供销入手，实行生产改造；在步骤上，应当是由小到大，由低级到高级。会议还确定了手工业合作化的对象是手工业独立劳动者、家庭手工业者、手工业工人；发展合作社的重点应是手工业比较集中的城市和集镇。这次会议之后，手工业合作化逐渐被纳入国家计划指导范围，逐步与国营工业、国营商业和合作社商业建立起供产销联系，通过加工订货、统购包销等形式进行生产经营。

刘少奇在会议结束后听取汇报时，就手工业生产合作社若干问题发表了谈话。一是关于生产关系的改变。当手工业小私有者组织在社会主义的手工业生产合作社里，就实现了社会主义改造。不要随便把好的生产合作社收归国有。合作社就有优越性，要考虑收归国有后，生产力是否会提高，成本是否会降低。二是关于生产组织形式。在生产组织上，旺季集中生产，淡季分散生产或搞些别的生产，采取这种灵活的方式很好。组织起来，经手工业生产小组、供销性的手工业生产合作社，而后成为手工业生产合作社，这是一般的规律，但各种形式不一定都经过。三是关于半机械化、机械化问题。喜欢搞大的，或盲目地搞半机械化、机械化，这是一种急躁冒进情绪，应该给予批评。必须在实行分工协作、手工工具改进、生产技术提高的基础上，确有把握时才能实行半机械化、机械化。四是

① 中共中央文献研究室编：《建国以来重要文献选编》第四册，中央文献出版社 1993 年版，第 641 页。

关于领导问题。手工业劳动者有一千多万人，要对他们实行社会主义改造，政府有必要设专门机构。省以上设手工业管理局，专、县设科、股，或由工商科兼管也是个办法。手工业劳动者协会、手工业生产联合社，以及党委和政府的主管领导，可以四位一体，总之要有一批人去办。中央设手工业管理局，党内由农村工作部领导。五是关于联营分化[①]问题。在社会经济的改组中，关系上一时脱节是有的，大问题则没有，因为这并不会根本破坏生产力，破坏市场。这种改组可以做，适当地做，但不要搞得太急、太激烈了，应该注意不要引起社会生产的损失。社会经济不改组不行，一点乱子没有也不可能。[②]

第三次全国手工业生产合作会议确定手工业的合作化主要采取三种形式：第一种组织形式是手工业生产小组，即在原料采购、产品推销和接洽加工订货方面实行统一安排，而生产和核算则是独立的，其规模比较小，属于比较初级形式的合作社。第二种组织形式是手工业供销生产合作社，即在生产上虽然仍保持原来的生产方式和独立核算，但在原料采购和产品销售方面已实行合作制，其成员实际上已经成为合作社的来料加工者，属于比较稳定的供销合作社。第三种组织形式是手工业生产合作社，即实行“平股平权”、按劳分配为主，生产集中，统一核算，这种形式也被视为手工业合作组织的高级形式。在管理体制上，各类手工业合作社都必须参加政府管理的合作社组织，并作为基层社接受上级组织的领导。

3. 稳步前进阶段

随着中国大规模经济建设的开展，手工业与国营企业和国家经济建设之间的摩擦和冲突日益显现，尤其是生产原材料的短缺严重影响了手工业的发展。1954 年 11 月，国务院成立中央手工业管理局。12 月，第四次全国手工业生产合作会议召开，会议鉴于手工业遇到的上述情况，提出了“统筹兼顾，全面安排，积极领导，稳步前进”的方针，并决定 1955 年手工业社会主义改造工作的中心任务为：把手工业主要行业的基本情况摸清楚，分别轻重缓急，按行业拟定供、产、销和手工业劳动者的安排计划，以便有准备、有步骤、有目的地进行改造；整顿、巩固和提高现有社（组），每一县（市）分别总结出主要行业的社会主义改

① 联营是指在过渡时期总路线提出之前，一部分手工业者与手工业资本家组成的联营企业；分化是指在过渡时期总路线提出之后，一部分手工业者从联营企业中分化出来组成手工业生产合作社，原有的手工业资本家企业则实行公私合营。

② 《刘少奇论新中国经济建设》，中央文献出版社 1993 年版，第 244—250 页。

造和整顿社的系统的典型经验，为进一步开展手工业社会主义改造工作奠定稳固的基础。会议计划 1955 年合作社（组）人员要由 1954 年底的 116 万人增加到 190 万人。

陈云指出：手工业合作化过程中应注意综合平衡，要有全局观念。“对手工业合作社生产的发展，要加以管理和控制。手工业合作社是一定要发展的，但要防止产量超过需要，并注意原料是否有保证。”“手工业合作化宁可慢一点，使天下不乱。如果搞得太快了，就会出毛病。”① 会议还提出，在手工业社会主义改造中以不提“依靠手工业工人，团结独立劳动者”这样的阶级路线为宜；那些“上不接天，下不踏地”的雇用 10 人以下的手工业小资本家（据典型调查推算，仅有 3% ～ 7% 属于劳资关系），只要放弃剥削，就可以归队，即参加合作社。1954 年，全国个体手工业从业人员达 2 000 万人，产值约 93 亿元，其中，独立的个体手工业从业人员 800 万人，产值 68 亿元，农民兼营商品性手工业生产的约 1 200 万人，产值约 25 亿元。② 随着合作社的发展，这一年组织起来的合作社（组）已达 4.17 万多个，社（组）员有 121.35 万人；到 1955 年上半年，合作社（组）发展到 4.98 万个，社（组）员有 143.9 万人。

三、手工业社会主义改造提前完成

1955 年 7 月毛泽东作了《关于农业合作化问题》的报告之后，手工业合作化运动也掀起了高潮。在全党批判右倾保守思想、掀起农业和资本主义工商业社会主义改造高潮的形势下，手工业的社会主义改造也不得不改变原来的计划，加快步伐。11 月 24 日，陈云在《在对资本主义工商业改造会议上的总结讲话》中提出：“对手工业的社会主义改造，要有一个全面规划的方案，不能做得太慢。农业合作社发展很快，私营工商业改造速度也加快，手工业的改造要赶上。”③ 12 月 5 日，刘少奇在中共中央召开的座谈会上传达了毛泽东的指示，要求各条战线批判右倾保守思想，加快社会主义改造和社会主义建设的步伐。他要求手工业合作化到 1957 年完成 70% ～ 80%。12 月下旬，他在听取手工业管理局负责人汇报时又指出：手工业改造不应比农业慢。与其怕背供销包袱，还不如把供销包袱全部背起来好搞些。要求手工业合作化在 1956 年、1957 年两

---

① 《陈云文选》第二卷，人民出版社 1995 年版，第 270—271 页。

② 张亚斌：《中国所有制结构与产业结构的耦合研究》，人民出版社 2001 年版，第 101 页。

③ 《陈云文集》第二卷，中央文献出版社 2005 年版，第 683 页。

年内搞完。

在这种热火朝天的背景下，手工业合作化开始加速，1955年下半年合作社（组）又发展到6.46万个，社（组）员达220.6万人。12月，第五次全国手工业生产合作会议决定："必须在'全面规划，加强领导'的方针下，坚决克服右倾保守思想，加速对手工业的社会主义改造，积极发展合作组织。要求组织起来的比重在一九五六年达到百分之七十四，一九五七年达到百分之九十以上。同时，要求完全社会主义性质的生产合作社社员，一九五七年达到社（组）员总数的百分之八十以上，最迟在一九五八年把其余的半社会主义性质的生产合作社（组）全部过渡完毕。"①中共中央很快批准了这次会议的报告，并在批示中指出："加快手工业合作化的发展速度，是当前一项迫切的任务。"于是从1956年1月起，全国开始掀起手工业合作化的高潮。毛泽东在《中国农村的社会主义高潮》一书的序言中明确指出："中国的手工业和资本主义工商业的社会主义改造，也应当争取提早一些时候去完成，才能适应农业发展的需要。"②

1956年1月11日，北京市宣布手工业全部实现了合作化。全国各大城市纷纷学习北京市的经验，改变了原来以区为单位、按行业分期分批分片改造的办法，采取全市按照行业将手工业全部组织起来的办法。到2月底，全国已有143个大中城市和169个县基本实现了手工业合作化，全国参加手工业合作组织的手工业从业人员达到300万人。毛泽东对于手工业社会主义改造的这个速度是满意的，他在3月4日听取手工业管理局负责人汇报时指出："个体手工业社会主义改造的速度，我觉得慢了一点。今年一月省市委书记会议的时候，我就说过有点慢。一九五五年底以前只组织了二百万人。今年头两个月就发展了三百万人，今年基本上可以搞完，这很好。"③

毛泽东的意见促使手工业合作化的速度进一步加快。到1956年6月底，全国组织起来的手工业者已占手工业者总数的90%。当年年底，全国手工业合作社（组）已达10.4万余个，社（组）员达603.9万人；合作社（组）成员已占全部手工业从业人员的91.7%，手工业合作组织的产值已占全部手工业产值的

① 中华全国手工业合作总社、中共中央党史研究室编：《中国手工业合作化和城镇集体工业的发展》第一卷，中共党史出版社1992年版，第354页。

② 中共中央文献研究室编：《建国以来重要文献选编》第七册，中央文献出版社1993年版，第434页。

③ 中共中央文献研究室编：《建国以来重要文献选编》第八册，中央文献出版社1994年版，第171页。

92.9%；手工业产值占全国工业总产值的16.6%，占全国工农业总产值的9.1%。可以说对全国手工业的社会主义改造基本完成。

第三节 资本主义工商业的社会主义改造

资本主义工商业的社会主义改造是三大改造的重点之一，也是建立社会主义经济制度的关键之一。资本主义工商业在新中国究竟应该怎样发展？这是当时中国共产党和社会各界都十分关注的问题。资本主义工商业既有资本主义经济自发发展的内在要求，也有转变为社会主义性质和接受人民政府管理的时代必要。在国民经济恢复时期，党对资本主义工商业采取的政策就是“利用、限制、改造”，这是根据《共同纲领》提出的“公私兼顾、劳资两利”和在国营经济领导下“分工合作、各得其所”的原则确定的。“利用”就是利用其有利于国计民生和恢复发展经济的积极作用，“限制”就是限制其不利于国计民生的消极作用，“改造”就是改造其不符合新民主主义社会要求的弊病。1953年6月，毛泽东在中央政治局扩大会议上首次提出了党在过渡时期的总路线的基本内容，并提出了对资本主义工商业采取的政策是通过“公私合营”方式，逐步完成对资本主义工商业的社会主义改造。在这个过程中，毛泽东和中国共产党创造性地提出了对民族资产阶级“和平改造”和对资本主义工商业“和平赎买”的理论，极大地丰富了马克思主义理论与实践。

一、资本主义工商业社会主义改造的实施

对资本主义工商业进行社会主义改造的政策，是在新中国成立后逐步确立起来的。早在中国共产党新民主主义革命的三大经济纲领中，党就指明了在新中国经济发展中资本主义工商业的发展方向，但当时并没有提出资本主义工商业的社会主义改造问题。

1. 新中国成立初期的资本主义工商业

新中国成立后，资本主义工商业在中国国民经济恢复与发展中、在人民生产生活中都还发挥着积极的作用，是《共同纲领》规定的五种经济成分中重要的一种。实际上，部分资本主义工商业在新中国成立初期就有了公私合营的愿望。例如，在没收官僚资本过程中，一批原来有官僚资本部分投资的企业成为公私合营

企业，一批私营企业由于遇到资金、原材料、市场等困难也希望国家投资（或将贷款转为投资）共同经营。针对这种情况，周恩来提出："公私合营是以国家为领导的国家资本主义经济，可以为社会主义创造条件。资本家也很希望合营，因为合营了，企业的原料供应等方面的问题就有保障了，并且还能得到贷款。但是，我们不得不有所选择，对那些与国计民生关系较重要而又对双方有利可图的企业，就可以先合营。总之，要分清轻重缓急，逐步发展。"[①]为此，中财委专门发出指示，提出国家投资私营企业与之合营必须遵循三个前提条件：一是符合国家经济发展计划；二是私营企业主完全自愿；三是企业有发展前途，投资效益高。按照以上指示，国家对诸如工商运输企业的公私合营均采取慎重发展方针，对现存公私合营企业则主要是进行清理整顿和加强管理。为了吸收社会游资和侨资，使其投入有益于国计民生的产业，从 1950 年起，政府还在各地倡导成立了一些公私合营性质的投资公司，其中国家的股份一般不超过 25%。

毛泽东在 1952 年 9 月曾经指出："资本主义工商业正通过公私合营、加工订货、工人监督、资本公开等发生了性质上的变化，变成新式的资本主义。"[②] 1953 年2月，毛泽东提出了"对民族资产阶级，可以采取赎买的办法"[③]。从历史来看，1953 年以前，中共中央对于工商业的公私合营是很谨慎的，严格遵循符合国家投资计划、资本家真正自愿、迫切需要发展三个原则。正如毛泽东在 1953 年评论的那样，"西向让三，南向让再"。

2. 资本主义工商业社会主义改造的提出

1952 年底至 1953 年春，毛泽东和中共中央已经开始考虑如何向社会主义过渡的问题了。在这个背景下，中央统战部对民族工商业进行了深入调研，部长李维汉于 1953 年 5 月 27 日向中共中央和毛泽东报送了《资本主义工业中的公私关系问题》的报告。报告总结了新中国成立三年多来国家资本主义经济的发展情况，提出"私营企业在改为合营之后大部都获得很大进步，产量增加，质量提高，成本降低"，而私营大工厂"资本主义的外壳已经束缚了生产力的发展，特别在五反之后，工人不服管，职员不敢管，资本家消极，原有的代理人纷纷辞职

① 《周恩来统一战线文选》，人民出版社 1984 年版，第 170—171 页。

② 中共中央文献研究室编：《毛泽东传（1949—1976）》上，中央文献出版社 2003 年版，第 420 页。

③ 中共中央党史和文献研究院编：《毛泽东年谱》第五卷，中央文献出版社 2023 年版，第 33 页。

甚至逃走，继起无人，开支日增，浪费严重，生产潜力难以发挥”[①]，提出并论述了公私合营是私营工业过渡到社会主义的最好方式。报告同时提出，对有利于国计民生和有发展前途的私营大工厂实行合营，在步骤上必须照顾需要、干部、资金、资本家自愿和政治影响等条件，有计划地进行，并设有一定的批准程序。这个报告受到了毛泽东的重视并被提交到中央政治局扩大会议讨论，得到了与会同志的赞同。

中共中央接受李维汉提出的通过公私合营改造资本主义企业的建议，主要有三个理由：一是毛泽东和中共中央正在酝酿过渡时期总路线，迫切需要找到一种渐进的改造方式。公私合营既适合中国国情特别是统一战线这个国情，又不同于苏联和东欧国家采取的直接没收的方式。二是解决不少私营企业已经出现的问题，即一些资本家由于“五反”斗争已经不敢管理，而工人也不服从其管理的问题，这就为国家通过参股接管这些企业创造了条件。三是中国已经进入大规模经济建设阶段，许多私营企业与国营企业在生产所需原料、资金等方面竞争，发展生产离不开国家统筹安排，实行公私合营更利于私营企业将生产纳入国家计划，获得原料、资金等生产要素。

1953 年 6 月 15 日，毛泽东在中央政治局扩大会议上谈到对资本主义工商业进行社会主义改造的时间安排时，提出：“经过国家资本主义完成对私营工商业的社会主义改造，是较健全的方针和办法。”“将全国私营工商业基本上（不是一切）引上国家资本主义轨道，至少需要三年至五年的时间”。[②] 周恩来对这个时间表作了更明确的阐释：“至少要三年到五年，才能基本上纳入国家资本主义轨道。这并不是完成社会主义改造，完成社会主义改造还要几个五年计划，两者不可混同。”[③]

1953 年 9 月 7 日，毛泽东邀集民主党派和工商界部分代表座谈。毛泽东在座谈会上谈了他对资本主义改造的如下设想：第一，“经过国家资本主义，完成由资本主义到社会主义的改造”。第二，“稳步前进，不能太急。将全国私营工商业基本上引上国家资本主义轨道，至少需要三年至五年的时间，因此不应该发生

① 中共中央文献研究室编：《建国以来重要文献选编》第四册，中央文献出版社 1993 年版，第 218、230 页。

② 《毛泽东文集》第六卷，人民出版社 1999 年版，第 291 页。

③ 中共中央文献研究室编：《建国以来重要文献选编》第四册，中央文献出版社 1993 年版，第 361 页。

震动和不安”。“至于完成整个过渡时期，即包括基本上完成国家工业化，基本上完成对农业、对手工业和对资本主义工商业的社会主义改造，则不是三、五年所能办到的，而需要几个五年计划的时间。在这个问题上既要反对遥遥无期的思想，又要反对急躁冒进的思想。”第三，“实行国家资本主义，不但要根据需要和可能（共同纲领），而且要出于资本家自愿，因为这是合作的事业，既是合作就不能强迫，这和对地主不同”。① 10 月 26 日，在全国工商联会员代表大会上，李维汉又对毛泽东的上述思想作了比较详细的论述。

3. 资本主义工商业社会主义改造的加速

对资本主义工商业社会主义改造的步伐不断加快，则主要由于农业合作化高潮的推动。尤其是 1955 年 5 月至 10 月，农业合作化高潮为加速对资本主义工商业的社会主义改造创造了条件。10 月 11 日，毛泽东在中共七届六中全会闭幕会上作结论并指出：“只有在农业彻底实行社会主义改造的过程中，工人阶级同农民的联盟在新的基础上，就是在社会主义的基础上，逐步地巩固起来，才能够彻底地割断城市资产阶级和农民的联系，才能够彻底地把资产阶级孤立起来，才便于我们彻底地改造资本主义工商业。”② 10 月底，毛泽东曾先后邀请工商界政治代表人物、全国工商联执行委员座谈资本主义工商业的社会主义改造问题，希望工商业者认清社会发展的规律，掌握自己的命运，积极走社会主义道路。周恩来对工商界代表详尽分析了当时的形势和出路，推动他们接受改造。11 月 1 日，陈云在全国工商联执行委员会一届二次会议上，作了关于资本主义工商业社会主义改造问题的报告，对实行全行业公私合营、实行定股定息、继续贯彻赎买等政策作了详细说明。会议通过了《告全国工商界书》，表示“我们工商业者当前的首要的任务是应该坚守爱国守法的立场，积极接受社会主义改造”。

11 月 16 日至 24 日，中央政治局召集有各省、市、自治区党委代表参加的会议，讨论毛泽东主持起草的《中共中央关于资本主义工商业改造问题的决议（草案）》（简称《决议（草案）》），并一致通过。《决议（草案）》的主要内容如下：第一，指出经过三年的恢复工作和三年有计划的建设工作，我们已经在经济上大大地巩固和扩大了社会主义的阵地，大大地削弱和缩小了资本主义的阵

① 中共中央文献研究室编：《建国以来重要文献选编》第四册，中央文献出版社 1993 年版，第 344—345、346 页。

② 中共中央党史和文献研究院编：《毛泽东年谱》第五卷，中央文献出版社 2023 年版，第 448—449 页。

地。资本主义企业中的生产力和生产关系的矛盾，现在已经暴露得特别突出，资本主义生产关系如果不进一步地受到改造，就不可能提高生产力来适应人民的需要，并且会使生产力受到重大的破坏。因此，我们现在已经有了充分有利的条件和完全的必要，把对资本主义工商业的改造工作推进到在一切重要的行业中分别在各地区实行全部或大部公私合营的阶段。第二，指出我们同民族资产阶级建立联盟，是为了借助国家资本主义达到社会主义的目的。为此，对于资产阶级私有的生产资料，不是采取没收而是采取赎买的政策。一是用赎买和国家资本主义的方法，有偿地、逐步地改变资产阶级的所有制；二是在改造资产阶级的同时，给他们以必要的工作安排；三是不剥夺资产阶级的选举权。第三，指出在资产阶级队伍中，除了有百分之几是属于具有严重情况的反革命分子或者其他坏分子外，一般地存在着进步的、中间的和落后的这样三个部分。要组成推动接受社会主义改造的核心力量，并适当扩大这种力量；对中间分子和落后分子要用教育方法逐步地争取过来；分化那些顽固分子，使最顽固的分子孤立起来。强调做好这些工作，首先必须根据党的“又团结又斗争”的政策，采取鼓励和批评相结合的工作方法；其次必须采取企业改造和人的改造相结合的工作方法。陈云在会议上作了《资本主义工商业改造的新形势和新任务》报告，刘少奇等中央领导同志发表了讲话。从此，全国各地迅速掀起了资本主义工商业改造的高潮。

二、资本主义工商业社会主义改造的过程

从 1949 年 10 月到 1956 年底，对资本主义工商业的社会主义改造主要是通过采取国家资本主义的方式实现公私合营，大致经历了三个阶段，采取了三种不同的形式。第一个阶段主要采取的是国家资本主义的低级形式，第二个阶段主要采取的是国家资本主义的中级形式，第三个阶段主要采取的是国家资本主义的高级形式。

1. 资本主义工商业社会主义改造的第一个阶段

1949 年 10 月至 1952 年是对资本主义工商业进行社会主义改造的第一个阶段。在这个阶段采取的是国家资本主义的低级形式，即由政府或国营企业向私营企业加工订货、统购包销，从流通领域将私营企业与国营经济联系起来，这是国民经济恢复时期的主要形式。

毛泽东对国家资本主义在改造资本主义工商业中的作用进行了深入研究，指出：“中国现在的资本主义经济，其绝大部分是在人民政府管理之下的，用各种

形式和国营社会主义经济联系着的，并受工人监督的资本主义经济。这种资本主义经济已经不是普通的资本主义经济，而是一种特殊的资本主义经济，即新式的国家资本主义经济。它主要地不是为了资本家的利润而存在，而是为了供应人民和国家的需要而存在。”“这种新式国家资本主义经济是带着很大的社会主义性质的，是对工人和国家有利的。”① 这就为形成对资本主义工商业采取利用、限制、改造的政策起到了定调的作用。

新中国成立之初，资本主义工商业得到了较快的发展。由于国家对资本主义工商业采取利用、限制的政策，引导和鼓励资本主义工商业转变为国家资本主义经济，公私合营经济得到了很大发展。1952 年，公私合营企业已达 1 000 多户。公私合营工业产值增速明显，若以 1949 年为 100，则 1950 年增至 147.5，1951 年增至 324.4，1952 年增至 647.5，增速之快由此可见一斑。公私合营工业产值占全国工业产值的比重也从 1949 年的 2% 提高到 1953 年的 6%。②

2. 资本主义工商业社会主义改造的第二个阶段

1953—1955 年是对资本主义工商业进行社会主义改造的第二个阶段。在这个阶段主要采取的是国家资本主义的中级形式，即在低级形式的基础上，加强对私营企业的合同管理、加强企业内部工人的监督。

1953 年 12 月，李维汉向中央提交了《关于将资本主义工业纳入国家资本主义的轨道的意见》，这个汇报提纲提出在两个五年计划内基本上完成对雇用 10 个工人以上私营工厂的公私合营。中共中央批准了这个提纲。1954 年 1 月，中财委提出《关于有步骤地将有十个工人以上的资本主义工业基本上改造为公私合营企业的意见》，开始转入有计划地扩展公私合营阶段。到 1954 年底，全国公私合营工业企业已经达到 1 746 户，职工 53.3 万余人，产值 51.1 亿元，分别占全国公私合营与私营工业职工总数和总产值的 23% 和 33%，实行公私合营的私营企业一般都是有发展前途并且职工人数在 100 人以上的大型企业。③

对私营工商业的社会主义改造首先是从流通领域开始的，即从对私营批发商的改造开始的。由于国家大规模经济建设的开展，私营工商业与国营经济之间的经济竞争和矛盾进一步加剧。1953 年上半年，投资规模过大引起了市场紧张和

① 《毛泽东文集》第六卷，人民出版社 1999 年版，第 282 页。

② 中国社会科学院、中央档案馆编：《中华人民共和国经济档案资料选编（1953—1957）》工业卷，中国物价出版社 1998 年版，第 297 页。

③ 国家统计局编印：《社会主义建设统计资料汇编》，1956 年 10 月，第 59 页。

农副产品供不应求，国家一方面决定对主要农产品实行“统购统销”，另一方面认为私营批发商业不利于国家的计划管理和计划建设，并于1953年底首先开始对粮油私营批发商进行改造，令其转业或停业。1954年后，国家又通过国营商业控制重要生产资料和工业原料以确保计划供应，禁止私营批发商自营一般商品进出口业务等，使一批私营大批发商转业或停业。对于经营次要商品的较小的批发商，则通过“留、转、包”（“留”，即凡为国营商业所需要者，可以为国营商业代理批发业务；“转”，即凡有条件转业者，辅导其转业；“包”，是指对无法继续经营者，其职工和资方代理人可经过训练，由国营商业录用）等不同方式进行改造。到1954年底，国家对私营商业的改造取得了很大进展。

促使私营企业自愿接受公私合营的原因还有市场关系的变化。1954年，中国农业因遭受严重自然灾害未能完成预定计划，从而使得1955年上半年工业因原料不足而不能完成计划。加之农产品的征购和销售又掌握在国家手中，相当一部分规模较小、技术落后的私营企业遇到较大困难，突出表现为原料短缺、资金不足、原有供销渠道受阻等。据1955年上半年上海市对私营工业困难户的调查，产品不符合要求的占28%，原料不足的占22%，产品过剩的占20%，行业困难的占18%，销路不畅的占12%。① 私营企业的这种状况促使它们愿意接受公私合营。为了解决上述问题，1955年4月，中共中央批转了《关于扩展公私合营工业计划会议和关于召开私营工商业问题座谈会的报告》。该报告提出对资本主义工商业进行改造应实行“统筹兼顾，全面安排”的方针，即在合营过程中，应着眼于整个行业，采取以大企业带中小企业、以先进带落后的办法，根据不同的情况进行改组、合并，然后再进行公私合营。这种按行业对私营企业进行整体改造、统筹安排的设想的提出，实际上标志着全行业公私合营的开始。

1953—1955年的数据显示，私营企业工业总产值中，接受国家资本主义各种形式（包括加工、订货、统购、包销、收购）的工业产值所占比重持续上升，三年分别为61.84%、78.52%和81.68%，私营企业自产自销的比重持续下降。1953—1955年三年间，公私合营工业企业户数分别为1 036家、1 746家和3 193家，企业职工人数分别为27.01万人、53.33万人和78.49万人，企业总产值分别为20.13亿元、50.86亿元和71.88亿元，占全部工业总产值的比重分别为5.7%、

---

① 武力：《意气风发：1956年的中国》，中国工人出版社2000年版，第39页。

12.3% 和 16.1%。①

3. 资本主义工商业社会主义改造的第三个阶段

1955 年底至 1956 年是对资本主义工商业进行社会主义改造的第三个阶段。在这个阶段主要采取的是国家资本主义的高级形式，即由政府或国营企业以投资入股的方式与私营企业在内部产权层面进行结合，实现公私合营。

《中共中央关于资本主义工商业改造问题的决议（草案）》确定了实行全行业公私合营的方针、政策和计划。根据中共中央的部署，从 1956 年 1 月起，全国掀起了资本主义工商业的社会主义改造高潮。1956 年元旦过后，北京率先出现全行业公私合营热潮，北京的私营工商业者向政府提出实行全行业公私合营的申请，要求政府批准。仅用了十几天时间，北京就实现了全市私营工商业的公私合营。紧接着，这种方式就在全国各个城市迅速推广。到 1956 年 1 月底，包括私营工商业集中的上海、天津、广州、武汉、西安、重庆、沈阳等在内的 118 个大中城市和 193 个县，相继实现了公私合营。到 1956 年底，全国私营工业户数的 99%、私营商业户数的 82.2% 分别被纳入了公私合营或合作社。

通过公私合营途径对资本主义工商业进行社会主义改造，使这些企业的产权关系、企业管理、生产运营、工人地位等都发生了根本的改变，政府对公私合营企业完全按照国营企业的计划模式管理，将企业投资计划、生产计划、供销计划等纳入国家计划。对资本主义工商业的社会主义改造是中国经济领域的一场深刻的社会革命。

三、资本主义工商业社会主义改造的途径探索

20 世纪 50 年代，在对资本主义工商业的社会主义改造过程中，中国共产党探索并创造了一套不同于其他社会主义国家的做法。刘少奇在 1955 年 11 月 16 日中央政治局召开的关于资本主义工商业社会主义改造问题会议上的讲话中，特别就在党内把思想统一到加快对资本主义工商业的社会主义改造问题上谈道：“我们要全面地进行对资本主义工商业的社会主义改造，要全面规划，同农业合作化一样，在两三年之内把对资本主义工商业的改造搞出一个头绪来，公私合营要基本上完成。”② 中央政治局召开这个会议，就是为了统一党内的思想。“要建

① 董志凯、武力主编：《中华人民共和国经济史（1953—1957）》上，社会科学文献出版社 2011 年版，第 254、258 页。

② 《刘少奇选集》下卷，人民出版社 1985 年版，第 176 页。

成社会主义社会，就要改变资本主义所有制和个体所有制，建立全民所有制和集体所有制。只要我们抓紧了这一点，在这一点上不动摇，那末，我们就基本上没有违背马列主义，就不会犯重大错误。至于用什么方法，采取什么形式，用多少时间来改变这两种所有制，特别是废除资本主义所有制，这是可以根据各国的客观条件来决定的。”“党的路线是要实行和平改造，即采用赎买的办法来废除资本主义所有制。这就跟废除封建所有制的办法不同。对于地主阶级，我们是采取打倒的办法，没收的办法，而对资产阶级我们不是采取打倒的办法，也不是采取没收的办法，而是采取赎买的办法。”[①]他分析了废除资本主义所有制的几种办法：一是没收的办法，这是苏联和东欧各国采取的办法；一是挤垮的办法，这是党内很多人的想法；一是赎买的办法，就是分若干年付给资本家一笔利润，当定息没有了，就是全民所有制完全实现了。赎买的办法是统一战线的办法，是最好的办法。

1. 对私营工商业者的安排

在全行业公私合营以后，国家对原私营企业的所有在职人员采取了“包下来”的政策，进行了全面的人事安排。另外，对于原来参加企业辅助劳动的私方人员，包括原来小厂小店的家属，也参照过去的情况，适当地吸收他们参加工作；如果安排确实有困难，也要在生活上加以照顾，以便使私方人员各得其所，更加安心地接受改造。

安排私方人员的原则为“量才录用、适当照顾”。所谓“量才录用”，就是根据私方人员的政治态度、在社会主义改造工作中的贡献和经营管理才能，妥善地安排他们的工作，使人尽其才、各得其所；所谓“适当照顾”，就是在安排工作时，考虑其原来职务、在工商界的代表性以及过去对企业的贡献等因素，并给予适当的照顾。具体做法是“私提公批，公私协商”，即先由工商联、同业公会与私方人员协商提出初步方案，然后与企业职工商量讨论，再由公方代表将安排方案报请政府有关部门审批。具体步骤是“自上而下，逐级安排”。毛泽东、陈云讲话都多次提出要充分利用资产阶级及其知识分子。例如，1956 年 11 月 28 日，陈云在全国公私合营企业工会基层干部大会上的讲话中教育工会干部说：“现代化的生产是要技术的，虽然工人阶级的劳动是重要的，但是必须有技术。在目前，工人阶级自己的技术人员还极少，而资本家和他们的知识分子是现在最有文

① 《刘少奇选集》下卷，人民出版社 1985 年版，第 177 页。

化的一个阶级，这种情况短期内还难以改变，我们需要团结这部分人参加社会主义建设。虽然资方人员中也有没有本领的人，但多数是有生产技术和经营管理知识的。如果我们对他们不采取赎买政策而采取没收政策，那末，资方人员和他们的知识分子便不会像现在这样积极地为社会主义建设服务。如果我们不用这些人，我们又不可能从国外招请这样多的专家帮助我们进行建设，企业在生产技术上和经营管理上将会受到很大损失。”①

1956年12月5日和8日，毛泽东与全国工商联合会相关人员谈话时，特别提到对于私人工商业者的安排问题。毛泽东说：“资产阶级作为一个阶级是要消灭的，但人都包下来了。工商业者不是国家的负担，而是一笔财富，他们过去和现在都起了积极作用。”“对资本家要解决两个问题，一是物质问题，二是思想问题。物质问题就是有职有权问题，有工资可拿，拿到工资能过生活。思想问题要资本家改造自己，发挥他们的作用，不但使用老经验，而且使得他们能够发展新的经验。比如荣毅仁年纪轻轻的，这种人来日方长，还可以学新的经验。”②

据1957年统计，全国拿定息的71万在职私方人员和10万左右的资本家代理人全部被安排了工作。据几个大城市的统计，被安排直接参加生产经营的占60%～65%，被安排为管理人员的占35%～40%。③部分工商业代表人士还担任了重要的领导职务，如荣毅仁担任上海市副市长、乐松生担任北京市副市长、周叔弢担任天津市副市长等。

2. 对资本主义工商业的“和平赎买”

在国民经济恢复时期，对私营工商业者采取的是“四马分肥”的政策，即对私营企业利润按照国家所得税金、企业公积金、职工福利奖金和资方的股息红利四个部分分配，各部分在企业利润中所占比例分别为30%左右、10%～30%、5%～15%和25%左右。中国共产党确定了要对资本主义工商业采取“和平赎买”政策后，接下来的问题就是国家需要付出多少“赎金”。1956年2月8日，《国务院关于在公私合营企业中推行定息办法的规定》（简称《规定》）获得通过，规定用定息取代资方的股息红利。《规定》提出：“定息，就是企业在公私合营时期，

① 《陈云文选》第三卷，人民出版社1995年版，第38—39页。

② 中共中央党史和文献研究院编：《毛泽东年谱》第六卷，中央文献出版社2023年版，第48、44页。

③ 李定主编：《中国资本主义工商业的社会主义改造》，当代中国出版社1997年版，第268页。

不论盈亏，依据息率，按季付给私股股东以股息。”“对全国公私合营企业私股实行定息的息率，规定为年息1厘到6厘。”“个别公私合营企业，如果情况特殊，息率需要高于6厘的，由省、自治区、直辖市人民委员会核报国务院批准。”①根据上述原则，中共中央和国务院指示各地，确定定息息率的精神为根据资本家过去几年实得利润，参照他们在“四马分肥”办法下应得的股息来决定，并使定息后的资本家所得不少于过去的实得。实际上，在1956年以前，除1953年以外，公私合营工业企业的私股股息没有超过5厘的，1950年和1954年为3.6厘，1955年为3.9厘，而同期的私营工业企业资本家的股息红利还低于这个数。因此，上述规定出台后，在私营工商业资本比较发达的上海，大多数资本家的想法是“定三厘稍低，四厘不好讲，五厘不敢想”②，即所谓“坐三望四”，他们估计能够得到3厘定息，但盼望得到4厘定息。

1956年7月28日，《国务院关于对私营工商业、手工业、私营运输业的社会主义改造中若干问题的指示》发布，规定：“全国公私合营企业的定息户，不分工商、不分大小、不分盈余户亏损户、不分地区、不分行业、不分老合营新合营，统一规定为年息五厘，即年息5%。个别需要提高息率的企业，可以超过五厘。过去早已采取定息办法的公私合营企业，如果它们的息率超过五厘，不降低；如果息率不到五厘，提高到五厘。”③

陈云在前述讲话中解释了这样做的原因：“民族资本家经过了反帝、反国民党反动派的战争的一关，又经过了土改斗争的一关，这两关都过来了，他们又参加了抗美援朝和恢复经济的工作，在通过社会主义改造这一关，就是今年一月前后全行业实行公私合营的时期，我们能抛开他们吗？当然不能，而且更不应该采用没收企业的政策了。政府决定对他们的资产在一定时期内给以五厘定息，这样做，对资方、对国家和人民都是合情合理的。”④定息的息率定为5厘以后，超出了资本家“坐三望四”的预期，大多数资本家很高兴，但是对于定息到底能拿多久，心中仍然没有底，担心这是国家为改造顺利进行给的甜

① 中共中央文献研究室编：《建国以来重要文献选编》第八册，中央文献出版社1994年版，第124、125页。

② 武力：《意气风发：1956年的中国》，中国工人出版社2000年版，第44页。

③ 中共中央文献研究室编：《建国以来重要文献选编》第八册，中央文献出版社1994年版，第457页。

④ 《陈云文选》第三卷，人民出版社1995年版，第37页。

头，拿不了多久。

1956 年 12 月 5 日晚，在毛泽东约请全国工商联合会主任委员陈叔通交谈时，陈叔通提到资本家对定息能拿多久心里没有底、怕取消得太快，毛泽东说：“主要是要解决问题，不能解决问题时还要叫他拿下去。取消定息不要来个高潮。资本家拿定息如两个五年计划不能解决问题，拖到三个五年计划，带个尾巴进工会”。“让资本家多拿几年定息，安心工作，安心学习，对工人阶级是有利的。” 12 月 7 日晚，毛泽东又邀请全国工商联和民主建国会在京的主任委员和副主任委员座谈，刘少奇、陈云、陆定一、薄一波等参加了座谈，毛泽东再次谈论了资本家摘帽子问题与定息问题。他说：摘帽子“不好来个高潮，一搞高潮就是整拿定息较多的人，而他们大都是先进核心分子。我们团结的主要对象、定息的主要对象是大的资本家，我们不要使对国家经济起重要作用的人利益受到损害”。他特别提出工人阶级与民族资产阶级的矛盾是非对抗性的，在民族资产阶级中，不革命的和反革命的是个别的，整个阶级不能说是不革命的或反革命的。[①] 12 月 10 日上午，薄一波在全国工商联第二届会员代表大会上代表中共中央宣布了毛泽东关于定息至少 7 年不变和定息很少的资方人员改为“小资产阶级”的政策，这使参加会议的资产阶级和小资产阶级心里的一块石头落了地。

截至 1956 年底，全国公私合营的私股为 24 亿元，其中工业 17 亿元，商业 6 亿元，交通运输业 1 亿元。按照政府与工商联共同商定的意见，对上述私股实行定息，年息 5%，由政府统一发放，先规定发 10 年，然后视情况再定。据 1957 年统计，全国拿定息的私方在职人员 81 万余人，平均每人每年拿定息 148 元，可见当时的私营工商业规模是很小的。

第四节　初步建立社会主义经济制度

通过对农业、手工业和资本主义工商业的社会主义改造，中国基本上消灭了剥削制度，初步建立起社会主义经济制度。在实践中受到教育和改造的资本家，逐步成为自食其力的劳动者和拥护社会主义的爱国者。劳动光荣的观念深入人

① 中共中央党史和文献研究院编：《毛泽东年谱》第六卷，中央文献出版社 2023 年版，第 44、46—47 页。

心，整个社会主义经济面貌为之一新。

一、社会主义经济成分的壮大

1956 年 12 月 8 日，毛泽东在一次谈话中说："为什么要搞公私合营，搞社会主义？就是为了便于把国家发展起来，社会主义比私有制更有利于发展国家的经济、文化，使国家独立。"[①] 从 1953 年到 1957 年各种经济成分在国民收入中的比重变化就可以十分清晰地看到过渡时期我国社会主义经济成分的壮大（见表 3-1）。三大改造的基本完成标志着中国初步建立起公有制占绝对优势的社会主义经济制度，中国发生了最深刻、最伟大的社会变革。我们可以从下面几个数据变化中清晰地看到这一点。[②]

表 3-1　1953—1957 年国民收入公私比重（%）

年份	国营经济	合作社经济	公私合营经济	资本主义经济	个体经济	总计
1953	23.9	2.5	0.9	7.9	64.8	100.0
1954	26.8	4.8	2.1	5.3	61.0	100.0
1955	28.0	14.1	2.8	3.5	51.6	100.0
1956	32.2	53.4	7.3	—	7.1	100.0
1957	33.2	56.4	7.6	—	2.8	100.0

第一，在国民收入中各种经济成分的比重发生了巨大变化，其中国营经济、合作社经济和公私合营经济等社会主义性质的经济成分所占比重显著上升，所有制结构发生了深刻变化，社会主义经济成分在国民经济中占据了绝对优势。

第二，在全国工业总产值中各种经济成分所占比重明显变化，其中国营、合作社、公私合营工业企业产值比重大幅增长（见表 3-2）。工业是现代经济的主要产业部门，是新中国的经济基石，社会主义性质的工业产值在工业总产值中占据了绝对优势。

---

① 中共中央党史和文献研究院编：《毛泽东年谱》第六卷，中央文献出版社 2023 年版，第 48—49 页。

② 董志凯、武力主编：《中华人民共和国经济史（1953—1957）》上，社会科学文献出版社 2011 年版，第 309、310、313 页。

表 3-2　1953—1957 年全国工业（包括手工业）总产值公私比重（%）

年份	国营	合作社	公私合营	私营	个体手工业	总计
1953	43.1	3.9	4.5	29.3	19.2	100.0
1954	47.1	5.3	9.8	19.9	17.9	100.0
1955	51.3	7.6	13.1	13.2	14.8	100.0
1956	54.5	17.1	27.2	0.04	1.2	100.0
1957	53.8	19.0	26.4	0.05	0.8	100.0

第三，在全国公私营工业企业单位数和职工数上，国营、公私合营企业单位数及职工数显著增长，私营企业单位数及职工数大幅下降（见表 3-3）。社会主义性质的工业企业和在社会主义工业企业中就业的工人阶级占据了绝对优势。

表 3-3　1953—1957 年全国公私营工业企业单位数和职工数

年份	总计	国营	合作社	公私合营	私营
单位数（户）					
1953	176 405	12 295	12 799	1 036	150 275
1954	167 626	13 666	17 938	1 744	134 278
1955	125 474	15 190	18 282	3 193	88 809
1956	60 665	16 226	10 166	33 404	869
1957	57 992	19 034	8 367	29 598	993
职工数（千人）					
1953	6 127	3 401	225	270	2 231
1954	6 286	3 635	322	533	1 796
1955	5 986	3 586	305	785	1 310
1956	7 480	4 776	260	2 430	14
1957	7 907	5 197	300	2 397	13

第四，在全社会商品零售额中，国营经济、国家资本主义及合作化经济占比保持稳定增长，私营经济及农民贸易所占比重大幅下降（见表 3-4）。社会主义经济在流通领域占据了绝对优势。

表 3-4 1953—1957 年全社会商品零售额公私比重（%）

年份	国营经济	合作社经济	国家资本主义及合作化经济	私营经济及农民贸易	总计
1953	17.4	24.3	0.5	57.8	100.0
1954	21.0	38.6	4.5	35.9	100.0
1955	28.1	30.9	11.9	29.1	100.0
1956	34.0	30.1	28.3	7.6	100.0
1957	37.2	24.9	31.9	6.0	100.0

在社会主义改造和社会主义经济制度初步建立过程中，中国的社会生产力不仅没有遭受破坏，反而取得了显著增长。1953—1957 年中国经济发展的成效可以从这样一些数据看出来：国内生产总值从 824 亿元增至 1 068 亿元，增长了 29.6%；人均国内生产总值从 142 元增至 168 元，增长了 18.3%；农村居民消费水平从 72 元增至 82 元，增长了 13.9%；城镇居民消费水平从 188 元增至 222 元，增长了 18.1%；社会消费品零售总额从 348 亿元增至 474.2 亿元，增长了 36.3%。第一产业、第二产业和第三产业增加值之比从 45.9：23.2：30.9 变为 40.1：29.6：30.3，第二产业的发展最为突出。这些成就都是在开展大规模经济建设、迅速医治战争创伤、全力解决大范围失业救助问题等背景下实现的。

二、《中华人民共和国宪法》的通过

在中国社会主义革命和建设中，社会主义经济制度理论也逐步建立起来。从中国共产党的理论认识来看，过渡时期总路线的实质，就是使生产资料的社会主义所有制成为我国国家和社会的唯一的经济基础。毛泽东指出：这“是因为只有完成了由生产资料的私人所有制到社会主义所有制的过渡，才利于社会生产力的迅速向前发展，才利于在技术上起一个革命，把在我国绝大部分社会经济中使用简单的落后的工具农具去工作的情况，改变为使用各类机器直至最先进的机器去工作的情况，借以达到大规模地出产各种工业和农业产品，满足人民日益增长着的需要，提高人民的生活水平，确有把握地增强国防力量，反对帝国主义的侵略，以及最后地巩固人民政权，防止反革命复辟这些目的”①。

在过渡时期总路线的指引下，从 1953 年到 1956 年底大规模进行的社会主义

① 《建国以来毛泽东文稿》第九册，中央文献出版社 2023 年版，第 34 页。

三大改造迅速改变了新中国成立初期的经济结构和所有制结构，社会主义经济在国民经济中占据了绝对的优势，取得了决定性的胜利。

1954年9月，第一届全国人民代表大会在北京隆重举行。毛泽东在《为建设一个伟大的社会主义国家而奋斗》的开幕词中指出："这次会议是标志着我国人民从一九四九年建国以来的新胜利和新发展的里程碑，这次会议所制定的宪法将大大地促进我国的社会主义事业。""我们的总任务是：团结全国人民，争取一切国际朋友的支援，为了建设一个伟大的社会主义国家而奋斗，为了保卫国际和平和发展人类进步事业而奋斗。"① 他还指出，我们"准备在几个五年计划之内，将我们现在这样一个经济上文化上落后的国家，建设成为一个工业化的具有高度现代文化程度的伟大的国家"②。

这次会议通过的《中华人民共和国宪法》（简称《宪法》）是新中国成立后颁布的第一部宪法，它正式取代了1949年中国人民政治协商会议通过的具有临时宪法性质的《共同纲领》。《宪法》在序言中对新民主主义社会和社会主义社会进行了明确的论述，指出："中华人民共和国的人民民主制度，也就是新民主主义制度，保证我国能够通过和平的道路消灭剥削和贫困，建成繁荣幸福的社会主义社会。""从中华人民共和国成立到社会主义社会建成，这是一个过渡时期。国家在过渡时期的总任务是逐步实现国家的社会主义工业化，逐步完成对农业、手工业和资本主义工商业的社会主义改造。我国人民在过去几年内已经胜利地进行了改革土地制度、抗美援朝、镇压反革命分子、恢复国民经济等大规模的斗争，这就为有计划地进行经济建设、逐步过渡到社会主义社会准备了必要的条件。"③《宪法》在总纲中进一步确立了我国社会主义社会的根本政治制度，规定："中华人民共和国是工人阶级领导的、以工农联盟为基础的人民民主国家。""中华人民共和国的一切权力属于人民。人民行使权力的机关是全国人民代表大会和地方各级人民代表大会。全国人民代表大会、地方各级人民代表大会和其他国家机关，一律实行民主集中制。"④

---

① 《建国以来毛泽东文稿》第九册，中央文献出版社2023年版，第225—226页。

② 《建国以来毛泽东文稿》第九册，中央文献出版社2023年版，第226页。

③ 中共中央文献研究室编：《建国以来重要文献选编》第五册，中央文献出版社1993年版，第520—521页。

④ 中共中央文献研究室编：《建国以来重要文献选编》第五册，中央文献出版社1993年版，第522页。

《宪法》明确了我国向社会主义过渡的方向和途径，对新民主主义社会所有制关系作了明确规定，指出："中华人民共和国依靠国家机关和社会力量，通过社会主义工业化和社会主义改造，保证逐步消灭剥削制度，建立社会主义社会。"我国新民主主义社会所有制关系是："国家所有制，即全民所有制；合作社所有制，即劳动群众集体所有制；个体劳动者所有制；资本家所有制。"在各种所有制关系中，"国营经济是全民所有制的社会主义经济，是国民经济中的领导力量和国家实现社会主义改造的物质基础。国家保证优先发展国营经济"。"合作社经济是劳动群众集体所有制的社会主义经济，或者是劳动群众部分集体所有制的半社会主义经济。劳动群众部分集体所有制是组织个体农民、个体手工业者和其他个体劳动者走向劳动群众集体所有制的过渡形式。国家保护合作社的财产，鼓励、指导和帮助合作社经济的发展，并且以发展生产合作为改造个体农业和个体手工业的主要道路。""国家依照法律保护农民的土地所有权和其他生产资料所有权。国家指导和帮助个体农民增加生产，并且鼓励他们根据自愿的原则组织生产合作、供销合作和信用合作。国家对富农经济采取限制和逐步消灭的政策。"对于手工业者，《宪法》规定："国家依照法律保护手工业者和其他非农业的个体劳动者的生产资料所有权。国家指导和帮助个体手工业者和其他非农业的个体劳动者改善经营，并且鼓励他们根据自愿的原则组织生产合作和供销合作。"对于资本主义工商业，《宪法》规定："国家依照法律保护资本家的生产资料所有权和其他资本所有权。国家对资本主义工商业采取利用、限制和改造的政策。国家通过国家行政机关的管理、国营经济的领导和工人群众的监督，利用资本主义工商业的有利于国计民生的积极作用，限制它们的不利于国计民生的消极作用，鼓励和指导它们转变为各种不同形式的国家资本主义经济，逐步以全民所有制代替资本家所有制。"《宪法》还明确规定："国家保护公民的合法收入、储蓄、房屋和各种生活资料的所有权。""国家依照法律保护公民的私有财产的继承权。"①

《宪法》对我国经济管理体制也作了法律规定，指出："国家用经济计划指导国民经济的发展和改造，使生产力不断提高，以改进人民的物质生活和文化生活，巩固国家的独立和安全。"对人民群众的劳动权利也在法律上作了高度肯定：

① 中共中央文献研究室编：《建国以来重要文献选编》第五册，中央文献出版社 1993 年版，第522—524 页。

“劳动是中华人民共和国一切有劳动能力的公民的光荣的事情。国家鼓励公民在劳动中的积极性和创造性。”①

可以说，1954 年《宪法》充分体现了党的过渡时期总路线的要求，为国家社会主义工业化建设和进行三大改造提供了法律上的根本保障。

三、通过和平改造实现经济制度变革

中国社会主义经济制度的初步建立是通过社会主义的和平改造实现的，这是中国社会主义革命的伟大创造。马克思主义经典作家没有论述过类似中国这样的在半殖民地半封建社会废墟之上建立社会主义经济制度的问题，苏联和东欧国家则是采取了通过没收资产阶级财产建立国营经济的办法建立社会主义经济。中国共产党结合中国具体实际，创造性地提出并探索出了通过和平改造建立社会主义经济制度的理论和实践路径。1954 年 9 月，刘少奇在一届全国人大一次会议上作的《关于中华人民共和国宪法草案的报告》中系统地论述了中国共产党和人民政府选择和平改造的历史依据。

首先，要建立社会主义经济制度，就必须消灭资本主义剥削制度。中国对农业、手工业和资本主义工商业的社会主义改造是在中国共产党和无产阶级已经夺取了政权之后进行的，这就使中国能够通过和平改造来建立社会主义经济制度。刘少奇指出：“在人民的讨论中有不少的人问：为什么宪法草案序言中说我国的人民民主制度能够保证我国通过和平的道路来消灭剥削，建成社会主义社会呢？”“为要建成社会主义社会，还要消灭资本主义的剥削制度。这是进一步的社会变革。在资本主义国家中，工人阶级和其他劳动群众要实行这种社会变革，必须经过推翻资产阶级专政的国家制度的革命。但是，我国现在的政治经济状况是同资本主义国家完全不同的。我国已经建立了工人阶级领导的人民民主的国家制度。”②

其次，要建立社会主义经济制度，就必须使国营经济占据主导地位，形成国营经济领导下的国民经济发展格局。在 20 世纪 50 年代的各种经济成分中，社会主义经济成分不断扩大，非社会主义经济成分不断缩小，这就为中国通过和平改造建立社会主义经济制度提供了必要条件和路径。刘少奇指出：“我国已经有了

① 中共中央文献研究室编：《建国以来重要文献选编》第五册，中央文献出版社 1993 年版，第 524—525 页。

② 《刘少奇论新中国经济建设》，中央文献出版社 1993 年版，第 253 页。

日益强大的社会主义的国营经济，这种国营经济已经成为整个国民经济的领导力量，而资本主义经济在我国已经不占统治地位。因此，我国的社会主义革命也就同资本主义国家不相同。我们可以依靠现在这样的国家机关和社会力量来逐步地进行社会主义改造。”①

最后，在新民主主义革命和建设中，中国半殖民地半封建社会的性质使工人阶级同民族资产阶级结成反帝反封建的联盟，并为新中国的成立共同奋斗，这也为中国通过和平改造建立社会主义经济制度创造了条件。刘少奇指出：“国家对资本主义工商业的社会主义改造，将经过一个相当长的时间，并通过各种不同形式的国家资本主义来逐步实现。我们将让资本家们有一个必要的时间在国家和工人阶级的领导下逐步接受改造。”而“工人阶级的国家领导权和工农的巩固联盟，社会主义经济在国民经济中的领导地位，国内统一战线的关系，并加上有利的国际条件，就是我国所以能够通过和平道路消灭剥削制度、建成社会主义社会的必要条件”。②

三大改造的基本完成，标志着中国初步建立起公有制占绝对优势的社会主义经济制度。应该指出，在改造中也有缺点和偏差，主要是在 1955 年夏季以后，农业合作化以及对手工业和个体商业的改造要求过急，工作过粗，改变过快，形式也过于简单划一，以致在长期间遗留了一些问题。但正像《中国共产党中央委员会关于建国以来党的若干历史问题的决议》指出的那样：“在一个几亿人口的大国中比较顺利地实现了如此复杂、困难和深刻的社会变革，促进了工农业和整个国民经济的发展，这的确是伟大的历史性胜利。”③中国共产党提出过渡时期总路线并付诸实施，“创造性地完成了由新民主主义革命向社会主义革命的转变，使中国这个占世界四分之一人口的东方大国进入了社会主义社会，成功实现了中国历史上最深刻最伟大的社会变革。新民主主义革命的胜利，社会主义基本制度的确立，为当代中国一切发展进步奠定了根本政治前提和制度基础”④。

---

① 《刘少奇论新中国经济建设》，中央文献出版社 1993 年版，第 253—254 页。

② 《刘少奇论新中国经济建设》，中央文献出版社 1993 年版，第 254、255 页。

③ 中共中央文献研究室编：《改革开放三十年重要文献选编》上，中央文献出版社 2008 年版，第 189 页。

④ 习近平：《论中国共产党历史》，中央文献出版社 2021 年版，第 53 页。

本章小结

1. 对农业的社会主义改造。在逐步实现国家对生产资料私有制的社会主义改造过程中，对农业的社会主义改造具有决定性的意义。因为中国当时有5亿多农村人口，农业是国民经济的基础。在土地改革完成之后，怎样让农民走上社会主义道路，并采用先进技术和大型农业机械，迅速提高农业生产力，适应社会主义工业化的需要，是必须认真解决的问题。中国对农业的社会主义改造，是通过将个体农民组织起来走合作化的道路，把小农经济逐步改造成社会主义集体经济的方式实现的，即在流通领域切断农民同资本主义的联系，在生产领域逐步将农民劳动者私有制改造成为社会主义集体所有制。

2. 农业社会主义改造三阶段。农业合作化运动经历了三个阶段：1949年至1952年为第一阶段，是农业互助合作的初期发展阶段，以互助组为主要形式；1953年至1955年上半年为农业合作化快速发展阶段，以初级农业生产合作社为主要形式，初级社已具有半社会主义性质；1955年下半年至1956年为农业合作化高潮阶段，以高级农业生产合作社为主要形式，高级社是完全社会主义性质的集体经济组织，生产资料归集体所有，农民参加集体劳动，实行按劳分配。到1956年底，参加合作社的农户占全国农户总数的96.3%，至此，中国对农业的社会主义改造基本完成。

3. 对手工业的社会主义改造。在中国国民经济中，手工业生产占有相当大的比重，1952年全国手工业从业人员为736.4万人，加上兼营手工业生产的农民，达1 930余万人，其产值为73.12亿元，约占工业总产值的21%，约占工农业总产值的9%。根据过渡时期总路线，个体手工业要通过手工业生产合作社逐步转变为社会主义集体所有制企业，这是对个体手工业进行社会主义改造的主要形式。到1956年6月底，全国组织起来的手工业者已占手工业者总数的90%。到1956年底，全国手工业合作社（组）成员已占全部手工业从业人员的91.7%，手工业合作组织的产值已占全部手工业产值的92.9%，对全国手工业的社会主义改造基本完成。

4. 对资本主义工商业的社会主义改造。从1949年10月到1956年底，中国资本主义工商业的社会主义改造大致经历了三个阶段：1949年10月至1952年为第一个阶段，在这个阶段，党和政府基本上是根据《共同纲领》提出的“公私兼顾、劳资两利”和在国营经济领导下“分工合作、各得其所”的原则，对资本主义工商业实行“利用、限制、改造”的政策，即利用其有利于国计民生和恢复发展经济的积极作用，限制其不利于国计民生的消极作用，改造其不符合新民主主义社会要求的弊病。1953—1955年为第二个阶段，在这个阶段，党和政府对资本主义工商业的政策是加强对私营企业的合同管理、加强企业内部工人的监督，并开始转向逐步的、有计划的“公私合营”。1955年底至1956年为第三个阶段，在这个阶段，由政府或国营企业以投资入股的方式与私营企业在内部产权层面进行结合，实现公私合营。对资本主义工商业的社会主义改造是中国经济领域的一场深刻的社会革命。

5. 社会主义经济制度的初步建立。社会主义改造是新中国在20世纪50年代进行的一场深刻的生产关系革命，是在全社会建立社会主义公有制的所有制变革。1953年到1957年各种经济成分在国民收入中的比重变化如下：国营经济由23.9%增加到33.2%，合作社经济由2.5%增加到56.4%，公私合营经济由0.9%增加到7.6%，资本主义经济则由7.9%到基本被消灭，个体经济由64.8%降至2.8%。对农业、手工业和资本主义工商业的社会主义改造基本完成，标志着中国初步建立起公有制占绝对优势的社会主义经济制度。

关键概念和重要事件

社会主义改造　　农业合作化
初级农业生产合作社　　高级农业生产合作社
手工业生产合作社　　资本主义工商业
公私合营　　和平赎买
股息与定息

思考题

1. 简述中国为什么要在20世纪50年代进行社会主义改造。
2. 怎样理解农业合作化对农业生产发展的意义？
3. 中国为什么对资本主义工商业采取和平赎买的政策？
4. 为什么说三大改造基本完成标志着公有制占绝对优势的社会主义经济制度初步建立？

本章阅读文献

1. 中共中央党史和文献研究院：《中国共产党的一百年》，中共党史出版社2022年版。
2. 中共中央党史研究室：《中国共产党历史》第二卷（1949—1978）上册，中共党史出版社2011年版。
3.《中华人民共和国简史》编写组编著：《中华人民共和国简史》，人民出版社、当代中国出版社2021年版。
4. 当代中国研究所：《中华人民共和国史稿》第一卷，人民出版社、当代中国出版社2012年版。

5. 董志凯、武力主编:《中华人民共和国经济史（1953—1957）》上，社会科学文献出版社 2011 年版。

拓展阅读

第四章　社会主义经济建设道路的艰辛探索

主要内容

本章主要介绍和分析中共八大前后以毛泽东同志为主要代表的中国共产党人对适合中国国情的社会主义建设道路的卓有成效的探索和取得的重要理论成果，包括中共八大提出的工作重心的转移、《论十大关系》和《关于正确处理人民内部矛盾的问题》等。党确立的“鼓足干劲、力争上游、多快好省地建设社会主义”的总路线，反映了党和广大人民群众迫切要求尽快改变我国经济文化落后状况的普遍愿望，体现了党中央、毛泽东关于社会主义建设的思路。由于党的各级干部普遍缺乏进行社会主义经济建设的经验，将“多快好省”的经济发展目标理解为片面追求“快”的目标，将速度理解为总路线的灵魂，这就为片面追求高速度的“大跃进”提供了可能。在冒进思想的鼓动和大干快上氛围下，出现了不顾现实条件和实际可能的情绪与倾向，掀起了“大跃进”和人民公社化运动。

社会主义制度初步建立起来后，如何在中国建设社会主义，是中国共产党和人民政府面临的崭新课题。以毛泽东同志为主要代表的中国共产党人对适合中国国情的社会主义建设道路进行了艰辛探索。在新民主主义经济向社会主义经济过渡的关键时刻，毛泽东提出了把马克思列宁主义基本原理同中国具体实际进行“第二次结合”的时代课题。他提出了要以苏联的教训为鉴戒，创造新的理论、写出新的著作，找到在中国进行社会主义革命和建设的正确道路，最终把中国建设成为一个强大的社会主义国家的战略思想。由于对社会主义建设规律的认识不足和实践上的重大偏差，中国在经济建设和发展速度等问题上出现了严重的急躁冒进倾向，导致国民经济发展遭受了严重的挫折。

第一节　中国经济建设道路的初步探索

1956—1957 年，以毛泽东同志为主要代表的中国共产党人开始对适合中国国情的社会主义建设道路进行卓有成效的探索，取得了重大的理论成果。这些成果集中体现在中共八大确定的正确路线、《论十大关系》和《关于正确处理人民内部矛盾的问题》之中。

一、探索经济建设道路的尝试

“一五”计划的超额完成，为探索中国自己的经济建设道路、建立一个独立的比较完整的工业体系和国民经济体系、实现国家工业化奠定了重要基础，中国可以也应该走出一条自己的建设道路。对个体农业、手工业和资本主义工商业社会主义改造的基本完成，标志着中国已由新民主主义经济过渡到社会主义经济，建立起了以单一公有制和计划经济为特征的社会主义经济制度和经济体制。这些都使中国共产党加深了对中国国情的认识，积累了经济建设的宝贵经验，为探索中国自己的经济建设道路创造了条件。

1. 积极探索自己的经济建设道路

从 1955 年 12 月开始，中共领导人开始集中思考和研究三大改造完成后中国经济建设道路的问题，为中共八大的召开作准备。苏联和东欧国家的经济建设模式曾经是我们学习的榜样。但是，苏联和东欧国家在经济建设中存在的问题，特别是重工业的超常规发展造成的国民经济比例严重失调问题，高度集中的经济管理体制所带来的官僚主义、经济效益低下等问题，引起了毛泽东和其他中共领导人的高度关注和重视。他们尤其关注和重视以下两个方面：一是对工业化战略和政策的反思与探索，即对农轻重的关系、积累与消费的关系、经济增长速度、对外经济关系的再认识。二是对经济体制的反思与探索，即对所有制结构、计划与市场的关系、中央与地方的关系、政府与企业的关系、企业内部的党政关系等的再认识。

针对在学习和借鉴苏联等国家的经验中出现的偏差，毛泽东提出学习应是有分析有批判地学习，不能盲目地学，不能一切照抄、机械搬用。毛泽东说：“最近苏联方面暴露了他们在建设社会主义过程中的一些缺点和错误，他们走过的弯路，你还想走？过去我们就是鉴于他们的经验教训，少走了一些弯路，现在当然更要引以为戒。”[①]“我们要学的是属于普遍真理的东西，并且学习一定要与中国

① 《建国以来毛泽东文稿》第十一册，中央文献出版社 2023 年版，第 1 页。

实际相结合。”①

毛泽东不仅思考着召开中共八大的相关问题，而且更加关心关系中国长远发展的问题。例如，毛泽东对中国科学技术发展越来越关心，对科学技术推动中国经济发展越来越期待。在 1955 年 3 月中国共产党全国代表会议上，毛泽东指出：“我们进入了这样一个时期，就是我们现在所从事的、所思考的、所钻研的，是钻社会主义工业化，钻社会主义改造，钻现代化的国防，并且开始要钻原子能这样的历史的新时期。”“因为现在我们面临的是新问题：社会主义工业化、社会主义改造、新的国防、其他各方面的新的工作。适合这种新的情况钻进去，成为内行，这是我们的任务。”②在1956年1月最高国务会议讨论《一九五六年到一九六七年全国农业发展纲要（草案）》时，毛泽东阐述他如何评价三大改造的思想时指出：“社会主义革命的目的是为了解放生产力。农业和手工业由个体的所有制变为社会主义的集体所有制，私营工商业由资本主义所有制变为社会主义所有制，必然使生产力大大地获得解放。这样就为大大地发展工业和农业的生产创造了社会条件。”我们要大发展，“我国人民应该有一个远大的规划，要在几十年内，努力改变我国在经济上和科学文化上的落后状况，迅速达到世界上的先进水平”。③ 1956年4月4日，毛泽东在一次会议上提出：“最重要的是要独立思考，把马列主义的基本原理同中国革命和建设的具体实际相结合。民主革命时期，我们吃了大亏之后才成功地实现了这种结合，取得了新民主主义革命的胜利。现在是社会主义革命和建设时期，我们要进行第二次结合，找出在中国怎样建设社会主义的道路。”④毛泽东提出的“第二次结合”的思想与理论对于在新的历史时期把马克思主义基本原理同中国具体实际相结合，对于我国坚持独立自主、自立自强的建设与发展道路具有重要的理论指导意义。

2. 向现代科学进军

毛泽东强调科学技术的地位和作用，为推动中国科学技术的发展创造了条件。1956 年 1 月，中共中央召开关于知识分子问题的会议，周恩来代表中共中央作了《关于知识分子问题的报告》，指出：“我们所以要建设社会主义经济，归根结底，是为了最大限度地满足整个社会经常增长的物质和文化的需要，而为了

① 《建国以来毛泽东文稿》第十一册，中央文献出版社 2023 年版，第 19 页。

② 《毛泽东文集》第六卷，人民出版社 1999 年版，第 395 页。

③ 《毛泽东文集》第七卷，人民出版社 1999 年版，第 1、2 页。

④ 中共中央党史和文献研究院编：《毛泽东年谱》第五卷，中央文献出版社 2023 年版，第 557 页。

达到这个目的，就必须不断地发展社会生产力，不断地提高劳动生产率，就必须在高度技术的基础上，使社会主义生产不断地增长，不断地改善。因此，在社会主义时代，比以前任何时代都更加需要充分地提高生产技术，更加需要充分地发展科学和利用科学知识。”该报告还提出，中国知识分子“中间的绝大部分已经成为国家工作人员，已经为社会主义服务，已经是工人阶级的一部分”。[①] 这对于广大知识分子积极投身于社会主义建设是很大的鼓舞，对于从旧中国走过来的知识分子来说是政治上的信任，对于新中国培养的广大知识分子来说是事业上的鼓舞。

这一时期，党中央还邀请科学家到中南海怀仁堂为领导干部作关于科学工作的报告。周恩来在《关于知识分子问题的报告》中指出，人类面临着一个新的科学技术和工业革命的前夕，他向全国广大知识分子发出了“向现代科学进军”的号召，在全国范围内掀起了重视知识分子、学习科学技术的热潮。与此同时，新中国开始制定第一个中长期科学技术规划，即 1956—1967 年科学技术发展远景规划。在周恩来的领导下，国务院成立了科学规划委员会，参与规划编制的科学家有数百位。经过大量艰苦的努力和细致的工作，1956 年 12 月中共中央批准国务院科学规划委员会提出的《一九五六——一九六七年科学技术发展远景规划纲要（修正草案）》（简称《规划纲要（修正草案）》）。

《规划纲要（修正草案）》提出制定中国科学技术规划是为了实现国家的这样一个基本任务：迅速壮大中国的科学技术力量，力求某些重要的和急需的部门在十二年内接近或赶上世界先进水平，使中国建设中许多复杂的科学和技术问题能够逐步地依靠自己的力量加以解决，做到更好更快地进行社会主义建设。在这十二年内，中国将全部地或部分地完成国民经济各部门的技术改造，实现社会主义工业化的目标。完成这样一个伟大的建设任务，一个强大的科学技术力量是绝对不可缺少的。中国正处在新的生产技术大革命的前夕，中国的社会主义建设只有充分利用现代一切科学技术成就，并通过自己的努力来充实和发展这些成就，才能保证社会生产力的不断提高。

可见，在中共八大召开之前，党的领导人通过各种方式并从各个方面思考着中国经济建设的道路问题。

二、《论十大关系》

《论十大关系》是毛泽东在新中国成立后系统论述中国发展道路的重要讲话。

---

① 周恩来：《关于知识分子问题的报告》，《人民日报》1956 年 1 月 30 日。

他在《论十大关系》中提出的中国建设的基本方针是："我们一定要努力把党内党外、国内国外的一切积极的因素，直接的、间接的积极因素，全部调动起来，把我国建设成为一个强大的社会主义国家。"① 正如他后来在《十年总结》中所说："前八年照抄外国的经验。但从一九五六年提出十大关系起，开始找到自己的一条适合中国的路线。"②

1.《论十大关系》的酝酿

《论十大关系》的酝酿来自毛泽东的调查研究。1955 年 12 月至 1956 年 3 月，刘少奇先后听取了中央和国务院 37 个部门主要负责人的工作汇报，详细询问和了解各个部门、各个行业的生产能力、技术水平、设备状况、产品流通和干部职工情况。刘少奇的调查研究引起了毛泽东的极大兴趣。毛泽东从 1956 年 2 月 14 日至 4 月 24 日认真听取了国务院 35 个部门的汇报，边听汇报边讨论。在他的要求下，各省、市、自治区党委都向中央提交了汇报材料，工交部门数百个重要工厂及建设工地也向中央上报了书面报告。1956 年 4 月，他开始审阅这些报告。这一系列调查研究的目的，就是要总结国内外经济建设的经验与教训，调动国内外一切积极因素，探索一条比苏联、东欧各国发展得更好更快的建设道路。这次调查研究被认为是毛泽东"在建国后乃至在他一生中所作的规模最大、时间最长、周密而系统的经济工作调查"③。他自己也说："如果没有那些人谈话，那个十大关系怎么会形成呢？不可能形成。"④

在听取各个部门的情况汇报时，毛泽东反复就探索中国自己的发展道路问题发表看法。例如，2 月 25 日在听取重工业部汇报时特别谈到了中国的发展速度问题，他说："我国建设能否超过苏联头几个五年计划的速度？我看是可以赶上的，工业也可以超过。中国有两条好处，一曰穷，二曰白，一点负担没有。""要打破迷信，不管中国的迷信，外国的迷信。我们的后代也要打破对我们的迷信。我国工业化，工业建设，完全应该比苏联少走弯路。我们不应该被苏联前几个五年计划的发展速度所束缚。我们有可能超过它，理由有四：国际条件不同；国内

① 《建国以来毛泽东文稿》第十一册，中央文献出版社 2023 年版，第 21 页。

② 《建国以来毛泽东文稿》第十五册，中央文献出版社 2023 年版，第 247 页。

③ 中共中央文献研究室编：《毛泽东传（1949—1976）》上，中央文献出版社 2003 年版，第 483 页。

④ 中共中央文献研究室编：《毛泽东传（1949—1976）》上，中央文献出版社 2003 年版，第 471 页。

条件不同；技术水平不同；中国人口多，农业发展快。同样，即使在技术发展方面，在现代技术发展方面，也可以超过苏联，有社会主义的积极性，群众路线，少搞官僚主义。"[①]又如，4月19日他在听取汇报时提出要解决好沿海与内地、轻工业与重工业、个人与集体的关系，指出："真想建设内地，就必须充分利用沿海；真想建设重工业，就必须建设轻工业；真想搞好集体所有制，就必须搞好个人所得。""现在的危险是忽视个人利益，如果不注意个人收入问题，就可能犯大错误。"[②]再如，在听取各部委汇报期间，苏共二十大引起的社会主义阵营的震动更加坚定了毛泽东走自己建设道路的信心，他提出："不要再硬搬苏联的一切了，应该用自己的头脑思索了。应该把马列主义的基本原理同中国社会主义革命和建设的具体实际结合起来，探索在我们国家里建设社会主义的道路了。"[③]

2.《论十大关系》的主要内容

1956年4月25日，毛泽东在中央政治局扩大会议上作了题为《论十大关系》的著名讲话。这是他历时一个多月调查研究的成果，它的形成标志着毛泽东对中国社会主义建设道路的探索开始有了一个初步的然而又比较系统的思路。5月2日，他在最高国务会议上再次讲十大关系。

在《论十大关系》中，他把探索中国自己的社会主义建设道路的任务提到全党面前，并论述了中国经济建设的一系列重要原则。这十大关系是：重工业和轻工业、农业的关系，沿海工业和内地工业的关系，经济建设和国防建设的关系，国家、生产单位和生产者个人的关系，中央和地方的关系，汉族和少数民族的关系，党和非党的关系，革命和反革命的关系，是非关系，中国和外国的关系。可见，《论十大关系》论述的前五个关系主要讨论的是经济建设中的各种关系，与中国经济建设实际紧密相连。

关于重工业和轻工业、农业的关系，毛泽东指出，必须优先发展生产资料的生产，但是决不可以因此忽视生活资料尤其是粮食的生产。他强调必须正确处理农轻重的比例关系，更多地发展轻工业和农业。从国外经验教训来看，苏联农业

---

① 中共中央党史和文献研究院编：《毛泽东年谱》第五卷，中央文献出版社2023年版，第536—537页。

② 中共中央党史和文献研究院编：《毛泽东年谱》第五卷，中央文献出版社2023年版，第562页。

③ 中共中央党史和文献研究院编：《毛泽东年谱》第五卷，中央文献出版社2023年版，第550页。

滞后问题比较严重，一些东欧国家轻重工业发展不平衡问题比较严重，而中国在这方面比它们做得好些。他指出："我们现在发展重工业可以有两种办法，一种是少发展一些农业轻工业，一种是多发展一些农业轻工业。""我们现在的问题，就是还要适当地调整重工业和农业、轻工业的投资比例，更多地发展农业、轻工业。"在他看来，要想真正发展重工业，就必须重视发展农业、轻工业。他说："你对发展重工业究竟是真想还是假想，想得厉害一点，还是差一点？你如果是假想，或者想得差一点，那就打击农业轻工业，对它们少投点资。你如果是真想，或者想得厉害，那你就要注重农业轻工业，使粮食和轻工业原料更多些，积累更多些，投到重工业方面的资金将来也会更多些。"

关于沿海工业和内地工业的关系，毛泽东指出，中国全部轻工业和重工业，有约 70% 在沿海，只有约 30% 在内地。鉴于"一五"计划建设的项目主要安排在东北地区和内地省份，内地工业发展速度快了一些。现在可能有十年或者更长一点的和平时期，所以提出要平衡工业发展布局，强调要更多地利用和发展沿海工业。他指出："好好地利用和发展沿海的工业老底子，可以使我们更有力量来发展和支持内地工业。如果采取消极态度，就会妨碍内地工业的迅速发展。所以这也是一个对于发展内地工业是真想还是假想的问题。如果是真想，不是假想，就必须更多地利用和发展沿海工业，特别是轻工业。"

关于经济建设和国防建设的关系，毛泽东指出，经过抗美援朝战争和几年的整训，军队加强了，装备也有所改进。今后如何发展，可靠的办法就是要把军政费用降到一个适当的比例，增加经济建设费用。只有经济建设发展得更快，国防建设才能有更大的发展。他说："这里也发生这么一个问题，你对原子弹是真正想要、十分想要，还是只有几分想，没有十分想呢？你是真正想要、十分想要，你就降低军政费用的比重，多搞经济建设。你不是真正想要、十分想要，你就还是按老章程办事。"

关于国家、生产单位和生产者个人的关系，毛泽东指出：必须兼顾国家、集体和个人三个方面，特别要照顾农民的利益，给工厂一定的权力和一定的独立性。他提出："把什么东西统统都集中在中央或省市，不给工厂一点权力，一点机动的余地，一点利益，恐怕不妥。中央、省市和工厂的权益究竟应当各有多大才适当，我们经验不多，还要研究。"毛泽东特别提出要处理好国家与农民的关系，指出："苏联的办法把农民挖得很苦。他们采取所谓义务交售制等项办法，把农民生产的东西拿走太多，给的代价又极低。他们这样来积累资金，使农民的生产积极性受到极大的损害。”“我们对农民的政策不是苏联的那种政策，而是兼顾国家和农民的利益。”“鉴于苏联在这个问题上犯了严重错误，我们必须更多地注意处理好国家同农民的关系。”

关于中央和地方的关系，毛泽东提出，在巩固中央统一领导的前提下，扩大地方权力，让地方办更多的事情。他指出：“我们的国家这样大，人口这样多，情况这样复杂，有中央和地方两个积极性，比只有一个积极性好得多。我们不能像苏联那样，把什么都集中到中央，把地方卡得死死的，一点机动权也没有。”

此外，他还论述了中国社会主义建设的其他重要关系。关于汉族和少数民族的关系，毛泽东说，着重反对大汉族主义，也要反对地方民族主义，执行好民族区域自治政策。关于党和非党的关系，毛泽东说，要长期共存，互相监督。关于革命和反革命的关系，毛泽东认为，反革命因素是消极因素、破坏因素，但已经大为减少，社会镇反要少捉少杀。关于是非关系，毛泽东说，党内外都要分清是非，对犯错误的人要“惩前毖后，治病救人”，帮助改正错误，允许继续革命。关于中国和外国的关系，毛泽东说，一切民族、一切国家的长处都要学，资本主义国家先进的科学技术和企业管理中科学的方法也要学。①

在起草中共八大开幕词的过程中，毛泽东还思考了中国实现国家工业化的时间表问题。在这个时间表中有两个时间节点：一是实现初步工业化的时间，二是接近或赶上世界上工业最发达国家的时间。他写道：“到那时，即到一九六七年第三个五年计划完成的时候，工业产值将占百分之六十几，农业产值将占百分之三十几，这样我国就可以说基本上有了现代工业了，就可以说初步地工业化了。但是我国是一个具有六亿人口的国家，到第三个五年计划完成的时候，按照每年增加一千二百万人计算，那时将有七亿几千万人口，按照每人占有各项主要工业产品的数量来说，我国要进一步工业化，要接近或者赶上世界上工业最发达的国家，那就需要几十年才有可能。”他还认为，中国建设所需要的和平环境是可以争取到的，因为“需要一个持久的和平环境，并且愿意为和平事业努力，争取避免再发生一次世界大战的人们，占了人类的大多数，这种趋势还会发展”。②

---

① 《建国以来毛泽东文稿》第十一册，中央文献出版社 2023 年版，第 1—21 页。

② 中共中央文献研究室编：《毛泽东传（1949—1976）》上，中央文献出版社 2003 年版，第 529、530 页。

第二节　中共八大和社会主义道路的进一步探索

1956年9月15日至27日，中国共产党第八次全国代表大会召开。这是新中国成立后中国共产党召开的第一次全国代表大会，也是在中国基本完成社会主义改造、开始进行社会主义建设的关键时刻召开的重要会议。会前毛泽东指出："我国是一个东方国家，又是一个大国。因此，我国不但在民主革命过程中有自己的许多特点，在社会主义改造和社会主义建设的过程中也带有自己的许多特点"[①]。

一、中共八大明确国内主要矛盾和主要任务

中共八大是在中国社会主义建设关键时刻召开的党的代表大会。中共八大及其政治报告都是围绕着社会主义建设这个主题，特别是以毛泽东提出的"第二次结合"和《论十大关系》为指导思想，就中国社会主义建设一系列重大问题作出了回答。毛泽东在开幕词中明确了大会的任务："总结从七次大会以来的经验，团结全党，团结国内外一切可能团结的力量，为了建设一个伟大的社会主义的中国而奋斗。"他强调："把马克思列宁主义的理论和中国革命的实践密切地联系起来，这是我们党的一贯的思想原则。"[②]刘少奇代表中央委员会作了政治报告。

中共八大对社会主义社会主要矛盾的理论论述和理论创新，是中国共产党领导社会主义革命和建设所取得的重大理论成果。中共八大对中国社会主义建设事业作出的重大决策主要有：

第一，对中国当时社会的阶级关系和主要矛盾作出了科学的分析和判断。明确宣布：国内的主要矛盾不再是工人阶级和资产阶级的矛盾，已经是人民对于建立先进的工业国的要求同落后的农业国的现实之间的矛盾，已经是人民对于经济文化迅速发展的需要同当前经济文化不能满足人民需要的状况之间的矛盾。中国的社会主义和资本主义谁战胜谁的问题，现在已经解决了。"革命的暴风雨时期已经过去了，新的生产关系已经建立起来，斗争的任务已经变为保护社会生产力的顺利发展"[③]。社会主要矛盾性质的变化要求我们适时地转变头脑和工作作风。

---

① 《建国以来毛泽东文稿》第十一册，中央文献出版社2023年版，第67页。

② 《建国以来毛泽东文稿》第十一册，中央文献出版社2023年版，第125、127页。

③ 中共中央文献研究室编：《建国以来重要文献选编》第九册，中央文献出版社1994年版，第93页。

第二，明确提出在社会主义阶段，全党全国人民的主要任务“已经由解放生产力变为发展和保护生产力”①，尽快把中国建设成先进的工业国。党的工作重心由过渡时期的革命与建设并举，转移到社会主义经济建设上来。“我们党现时的任务，就是要依靠已经获得解放和已经组织起来的几亿劳动人民，团结国内外一切可能团结的力量，充分利用一切对我们有利的条件，尽可能迅速地把我国建设成为一个伟大的社会主义国家。”②中共八大对当时中国的形势与任务的估计和评价是符合实际的，对社会主义建设道路的探索也是沿着正确的方向进行的。

第三，重申了“既积极又稳妥可靠”的既反保守又反冒进，即在综合平衡中稳步前进的经济建设方针。提出了“发展速度必须是积极的，以免丧失时机，陷入保守主义的错误；又必须是稳妥可靠的，以免脱离经济发展的正确比例，使人民的负担过重，或者使不同的部门互相脱节，使计划不能完成，造成浪费，那就是冒险主义的错误”③。还提出了要在三个五年计划或者再多一点时间内，在中国基本上建成一个完整的工业体系的战略设想。

毛泽东在开幕词中提出：“要把一个落后的农业的中国改变成为一个先进的工业化的中国，我们面前的工作是很艰苦的，我们的经验是很不够的。因此，必须善于学习。”“我们决不可有傲慢的大国主义的态度，决不应当由于革命的胜利和在建设上有了一些成绩而自高自大。”“即使我们的工作得到了极其伟大的成绩，也没有任何值得骄傲自大的理由。虚心使人进步，骄傲使人落后，我们应当永远记住这个真理。”④

中共八大确定的重大决策还有：强调扩大人民民主，建立健全社会主义法制，着手系统地制定比较完备的法律；愿意用和平谈判的方式，使台湾重新回到祖国的怀抱，争取和平解决台湾问题；要以和平共处五项原则为基础，准备同一切尚未同中国建交的国家建立正常的外交关系，我们也同样具有同美国和平共处的愿望；等等。中共八大是一次解放思想、民主开放的大会，代表们围绕即将展开的大规模的社会主义建设这个重点，积极建言献策，提出了许多有重要价值的

---

① 中共中央文献研究室编：《建国以来重要文献选编》第十册，中央文献出版社 1994 年版，第 141 页。

② 中共中央文献研究室编：《建国以来重要文献选编》第九册，中央文献出版社 1994 年版，第 40 页。

③ 《刘少奇选集》下卷，人民出版社 1985 年版，第 227 页。

④ 《毛泽东文集》第七卷，人民出版社 1999 年版，第 117 页。

思想和认识。中共八大确定的正确路线标志着我们对社会主义的认识和对中国自己的社会主义建设道路的探索达到了新的水平。

在中共八大上，陈云在发言中提出了适合中国国情的社会主义经济体制的比较完整的构想，尤其是“三个主体，三个补充”的思想更为突出，即：在工商业经营方面，国家经营和集体经营是主体，一定数量的个体经营是补充；在工农业生产方面，计划生产是主体，按照市场变化而在国家计划许可范围内的自由生产是补充；在市场方面，国家市场是主体，国家领导下的自由市场是补充。[①] 这个建议在当时十分可贵，为大会决议所采纳。这是在理论上突破苏联计划经济模式，探索经济体制改革的重要尝试。

1957 年 2 月，毛泽东在最高国务会议第十一次（扩大）会议上作了题为《如何处理人民内部的矛盾》的讲话。这篇讲话根据中国社会主义社会主要矛盾的变化，把正确处理人民内部矛盾作为国家政治生活的主题提了出来，从理论上进一步阐述和发展了中共八大确定的正确路线。他指出，社会主义社会存在着敌我矛盾和人民内部矛盾两类性质根本不同的矛盾，前者是对抗性矛盾，需要用强制的、专政的方法去解决，后者是非对抗性矛盾，只能用民主的、说服教育的、“团结——批评——团结”的方法去解决。这篇讲话后来经过整理并作了若干修改与补充，以《关于正确处理人民内部矛盾的问题》为题，于同年 6 月 19 日在《人民日报》上公开发表。

中国共产党和毛泽东对于中国社会主要矛盾和主要任务的认识取得了巨大进步，中国社会主义建设正在开启一个崭新的历史时期。正如《中共中央关于党的百年奋斗重大成就和历史经验的决议》所总结的那样，“党的八大根据我国社会主义改造基本完成后的形势，提出国内主要矛盾已经不再是工人阶级和资产阶级的矛盾，而是人民对于经济文化迅速发展的需要同当前经济文化不能满足人民需要的状况之间的矛盾，全国人民的主要任务是集中力量发展社会生产力，实现国家工业化，逐步满足人民日益增长的物质和文化需要”[②]。

二、在综合平衡中稳步前进的经济建设方针

周恩来在中共八大上作了《关于发展国民经济的第二个五年计划的建议的报

---

① 《陈云文选》第三卷，人民出版社 1995 年版，第 13 页。

② 《中共中央关于党的百年奋斗重大成就和历史经验的决议》，人民出版社 2021 年版，第 10—11 页。

告》，总结了“一五”计划执行中的经验与教训，包括：应该根据需要和可能，合理地规定国民经济的发展速度，把计划放在既积极又稳妥可靠的基础上，以保证国民经济比较均衡地发展；应该使重点建设和全面安排建设相结合，以便国民经济各部门能够按比例地发展；应该增加后备力量，健全物资储备制度；应该正确处理经济和财政的关系，财政收入必须建立在经济发展的基础上，财政支出必须首先保证经济的发展。

报告提出了“二五”计划的基本任务：第一，继续进行以重工业为中心的工业建设，推进国民经济的技术改造，建立我国社会主义工业化的巩固基础；第二，继续完成社会主义改造，巩固和扩大集体所有制和全民所有制；第三，在发展基本建设和继续完成社会主义改造的基础上，进一步地发展工业、农业和手工业的生产，相应地发展运输业和商业；第四，努力培养建设人才，加强科学研究工作，以适应社会主义经济文化发展的需要；第五，在工业农业生产发展的基础上，增强国防力量，提高人民的物质生活和文化生活的水平。

“二五”计划的主要指标是：1962 年工农业总产值比“一五”计划规定的 1957 年的数字增长 75% 左右，工业总产值增长一倍左右，农业总产值增长 35% 左右；职工和农民平均收入增长 25% ～ 30%，1962 年国民收入有可能比 1957 年增加 50% 左右；基本建设投资在全部财政收入中的比重由“一五”计划时期的 35% 左右增加到 40% 左右，积累在国民收入中所占的比重可以稍高于“一五”计划已经达到的水平。1962 年钢产量计划达到 1 050 万吨到 1 200 万吨，原煤产量计划达到 19 000 万吨到 21 000 万吨，粮食产量计划达到 5 000 亿斤左右，棉花产量计划达到 4 800 万担左右。“二五”计划基本建设总投资将比“一五”计划增长一倍左右。这个计划指标应该是比较符合中国发展实际和发展可能的，如果按照这个计划指标安排国民经济发展进度，取得较好的经济成就是完全可以期待的。正如周恩来所提出的，中共八大规定的建设方针是，“为了把我国由落后的农业国变为先进的社会主义工业国，我们必须在三个五年计划或者再多一点的时间内，建成一个基本上完整的工业体系”①。

李富春在发言中专门谈了计划工作的基本要求和经验教训，即：要通过系统地了解和研究中国经济情况的办法来进一步认识和掌握经济发展的客观规律；加强综合平衡、全面安排的工作，掌握有计划按比例发展的规律；适应新的情况，

① 《周恩来选集》下卷，人民出版社 1984 年版，第 232 页。

按照集中统一和因地制宜相结合的原则来改善计划体制和方法。[①] 薄一波在发言中提出，今后若干年内在通常的情况下，我国国民收入中积累部分的比重，不低于 20% 或者略高一点；我国国民收入中国家预算收入的比重，不低于 30% 或者略高一点；我国国家预算支出中基本建设支出的比重，不低于 40% 或者略高一点。[②]

社会主义改造基本结束和大规模社会主义建设的全面展开，对农业发展提出了更高的要求。1955 年底，毛泽东就把农业发展的全面规划问题提上议事日程，主持商定了“农业十七条”。这是第一个全面规划农业发展远景的蓝图，内容包括农业合作化、农业生产、卫生教育、文化设施以及道路建设等。1956 年 1 月，第二次杭州会议将十七条扩展为四十条，定名为《一九五六年到一九六七年全国农业发展纲要（草案）》（即“农业四十条”），1957 年 10 月正式下发。中共中央要求对“农业四十条”展开一次全民讨论，再作修改，“认清方向，坚定信心，人人努力，改造中国”。“农业四十条”是中国历史上第一次为农业和农村发展制定的中长期发展规划，重点是突出农业在国民经济中的重要地位以及对工业的基础作用，明确提出工业是国民经济的领导力量，而农业在社会主义建设中占有极重要的地位。农业用粮食和原料供应工业，同时农村为工业提供了巨大的国内市场。没有我国的农业，便没有我国的工业。“农业四十条”强调农业合作化的重要性，提出农业合作化为农业生产力发展开辟了广阔道路，没有农业合作化，在个体经济的条件下，农业难以实现较大发展。

“农业四十条”规定：从 1956 年开始，在 12 年内，粮食每亩平均年产量，在黄河、秦岭、白龙江、黄河（青海境内）以北地区，由 1955 年的 150 多斤增加到 400 斤；在黄河以南、淮河以北地区，由 208 斤增加到 500 斤；在淮河、秦岭、白龙江以南地区，由 400 斤增加到 800 斤。棉花（皮棉）每亩平均年产量，按照各地情况，由 1955 年的 35 斤（全国平均数）分别增加到 40 斤、60 斤、80 斤和 100 斤。为此，“农业四十条”提出了 12 条农业增产措施，即：兴修水利；增加肥料；改良旧式农具和推广新式农具；推广优良品种；扩大复种面积；多种高产作物；实行精耕细作，改进耕作方法；改良土壤；保持水土；保护和繁殖耕畜；消灭虫害和病害；开垦荒地，扩大耕地面积。5 种推广先进

---

① 《李富春选集》，中国计划出版社 1992 年版，第 183—187 页。

② 《薄一波文选（1937—1992 年）》，人民出版社 1992 年版，第 255 页。

经验的方法是：由各省、市、自治区收集当地的丰产经验，编印成书，传播推广；举办农业展览会；各级政府定期召开农业劳动模范会议，奖励丰产模范；组织合作社之间的参观和评比，交流增产经验；在总结先进经验的基础上，组织技术传授，发动农民和干部学习外社外乡外县外省（自治区）先进的管理经验和技术知识。这个文件对于中国农业生产的发展起到了重要的作用。

在社会主义经济建设和经济发展中，建设规模要和国力相适应是一条重要的原则。从 1956 年底到 1957 年初，针对我国经济生活中出现的急于求成的倾向，陈云反复提醒计划指标必须切合我国实际，必须兼顾人民生活与国家经济建设，制定计划必须做好三大平衡（即财政收支平衡、银行信贷平衡、物资供需平衡）。1957 年 1 月 18 日，他出席中共中央召开的各省、自治区、直辖市党委书记会议时发表了题为《建设规模要和国力相适应》的讲话，指出："建设规模的大小必须和国家的财力物力相适应。适应还是不适应，这是经济稳定或不稳定的界限。像我们这样一个有六亿人口的大国，经济稳定极为重要。建设的规模超过国家财力物力的可能，就是冒了，就会出现经济混乱；两者合适，经济就稳定。当然，如果保守了，妨碍了建设应有的速度也不好。但是，纠正保守比纠正冒进要容易些。因为物资多了，增加建设是比较容易的；而财力物力不够，把建设规模搞大了，要压缩下来就不那么容易，还会造成严重浪费。"①之后发生的"大跃进"就明显违背了建设规模要和国力相适应的重要经济原则，使国民经济发展遭受了严重挫折。

综上所述，可见在中共八大前后，中国共产党和党的领导人积极探索中国社会主义革命和建设的道路，确立了中国建设强大的社会主义国家的战略思想。

三、经济管理体制的改革探索

根据中共中央和毛泽东对中国社会主义建设道路的思考和探索，以及借鉴苏联经济建设的经验教训，中国在中共八大前后开始对经济管理体制进行一些改革探索。这集中体现为：一是探索解决苏联高度集中的计划经济体制统得过死的体制束缚问题，从管理体制方面提出了对工业、商业和财政管理体制的改革方案；二是探索解决在所有制关系和所有制结构方面过于单一的体制束缚问题，逐步放宽了对个体经济的限制，使个体经济得到一定恢复；三是探索解决农业合作社经

① 《陈云文选》第三卷，人民出版社 1995 年版，第 52 页。

济发展存在的问题，整顿和巩固农业合作社。

1. 探索改革经济管理体制的过程

毛泽东《论十大关系》和中共八大对中国经济管理体制改革都有论述，表明中国对苏联高度集中的计划经济体制和“一五”计划后期形成的集中过多、统得过死的体制问题有了一定的认识，这就为探索改革中国自己的经济管理体制提供了必要前提。

首先是从国家层面开始探索不断改进经济管理体制。1956年5月至8月，为了使中国的行政体制和经济管理体制更加适应中国经济发展的需要和发挥各方面的积极性，国务院组织召开了全国体制会议，研究讨论体制改进问题。会议提出了《国务院关于改进国家行政体制的决议（草案）》（简称《决议（草案）》）。《决议（草案）》按照统一领导、分级管理、因地制宜、因事制宜的原则对国家行政体制要点作了规定，涉及计划、财政、工业、基本建设、农业林业水利、运输邮电、商业、文教科学卫生、政法、劳动、机构编制、少数民族等方面。其有关改进体制的基本设想如下：一是划分中央与各省、市、自治区的行政管理权限，划分省与县、县与乡的行政管理权限；二是扩大地方各级的行政管理权限。其中关于中央、地方、企业关系和管理体制的调整是《决议（草案）》的亮点。例如，关于中央和地方对企事业管理权限作了如下规定：“凡关系到整个国民经济而带全局性、关键性、集中性的企业和事业，由中央管理；其他企业和事业，应该尽可能地多交给地方管理；企业和事业在下放的时候，同他们有关的计划、财务管理和人事管理一般地应该随着下放”。“企业和事业的管理，应该认真地改进和推行以中央为主、地方为辅或者以地方为主、中央为辅的双重领导的管理方法，切实加强对企业和事业的领导”。1956年10月30日，中共中央、国务院发出通知，要求各部委和省、市、自治区对《决议（草案）》进行认真研究、讨论并提出书面意见，以便中央研究修改后确定。

其次是从探索改进中国自己的经济管理体制出发，研究落实《决议（草案）》内容，并拟定了关于改进工业、商业和财政管理体制的文件。1957年1月，中央成立以陈云为组长，李富春、薄一波、李先念、黄克诚为委员的中央经济工作五人小组，统一领导全国经济工作，并着手按照适当分权的思路落实《决议（草案）》。据此国务院组织了工业、交通、农业、文教、商业、财政六个小组，研究中央和地方在企业管理权和财政管理权方面的分配方案，7月中旬形成了《关于在若干工作中划分中央和地方管理权限问题的意见（草稿）》（简称《意见（草稿）》）。根据当时各地对工业、商业和财政的分权要求比较集中的情况，在陈云主持下《意见（草稿）》被修改为《关于改进工业管理体制的规定（草案）》《关于改进商业管理体制的规定（草案）》《关于改进财政体制和划分中央与地方对财政管理权限的规定（草案）》。在9月至10月间召开的中共八届三中全会通过了这三个规定，又经11月14日第一届全国人大常委会第八十四次会议批准，以国务院名义正式公布[①]，从1958年起开始实施。

上述三个规定总的精神是调整中央与地方、国家与企业的关系，改变权力过多集中于中央的状况，将人、财、物，产、供、销等环节的部分权限下放给地方和企业，以发挥它们的主动性和积极性，因地制宜地完成国家的计划。但上述改革措施在实施之时，正逢“大跃进”运动，因而未能达到预期目的。

2. 促进个体私营经济的发展

由于社会主义改造后期存在要求过急过快的倾向，大量个体经济在短时间内被吸纳到各种集体经济和合作社经济之中。中共八大以后，随着国家不断探索中国自己的发展道路，随着国家对所有制结构的调整，个体经济有了新的发展商机。在一些地方出现了个体工商户明显增加的情况。例如上海个体手工业户的增加就十分突出，1956年9月仅有1 661户，10月增至2 885户，年底增至4 236户。与此同时，一些地方出现了自发经营的较大的手工业个体户、手工工场和商业店铺，被称为“地下工厂”“地下商店”。

1956年12月7日，毛泽东在同全国工商联和民主建国会负责人座谈时表示：“地下工厂”是“因为社会有需要，就发展起来。要使它成为地上，合法化，可以雇工”。“最好开私营工厂，同地上的作对，还可以开夫妻店，请工也可以”。“只要社会需要，地下工厂还可以增加。可以开私营大厂，订个协议，十年、二十年不没收。华侨投资的，二十年、一百年不没收。可以搞国营，也可以搞私营。”他把这种思想称为“可以消灭了资本主义，又搞资本主义”，“这叫新经济政策”，并且说：“我怀疑俄国新经济政策结束得早了，只搞了两年退却就转为进攻，到现在社会物资还不充足。”陈云参加座谈并提出：“计划要分批。重要产品要有计划，日用产品要自由主义。”[②]在当时公私合营如火如荼的历史背景下，这种思想和主张虽然很难付诸实施，但却是十分可贵的。

---

① 正式文件名分别为《国务院关于改进工业管理体制的规定》《国务院关于改进商业管理体制的规定》《国务院关于改进财政管理体制的规定》。

② 中共中央党史和文献研究院编：《毛泽东年谱》第六卷，中央文献出版社2023年版，第47页。

刘少奇对个体私营经济的发展也持比较肯定的态度。他在 1956 年底的一次谈话中说："有些资本主义或小生产者，有什么不好呢？这对人民有利，是社会主义经济的补充。"[①] 在 12 月 29 日第一届全国人大常委会第五十二次会议上，他指出："我们国家有百分之九十几的社会主义，有百分之几的资本主义，我看也不怕，它是社会主义经济的一个补充嘛！""有这么一点资本主义，一条是它可以作为社会主义经济的补充，另一条是它可以在某些方面同社会主义经济作比较"。[②] 1957 年 3 月，他在听取中共湖南省委负责人汇报时提出："我们现在有一个迷信思想：'我是社会主义，就比私人资本主义先进'。这种迷信思想要不得，一定要去掉，实际上现在在某些方面社会主义比私人资本主义落后。只要我们去掉这种迷信思想，我们有人有钱，社会主义的名声又好，靠这样多的优越条件，再加上学习私人资本主义的先进经验，社会主义就一定会竞争赢资本主义。否则，就是资本主义优越于社会主义。"[③]

周恩来在 1957 年 4 月国务院全体会议第四十四次和第四十六次会议上也说："主流是社会主义，小的给些自由，这样可以帮助社会主义的发展。工业、农业、手工业都可以采取这个办法。""大概工、农、商、学、兵除了兵以外，每一行都可以来一点自由，搞一点私营的。……在社会主义建设中，搞一点私营的，活一点有好处。""一切东西都靠国家生产不行，各方面都应该有百分之几的自由活动，太死了不行。不仅商业方面如此，工业方面也可以如此。资本主义复活不了。"[④]

党的领导人对中国社会主义改造过程中所出现问题提出的一些政策调整的建议和设想，无疑是可贵的。但是，当时对资本主义工商业进行社会主义改造是大势所趋，国家对资本主义的根本态度并没有发生改变，这也是这些建议和设想很难实施的原因所在。

3. 整顿和巩固农业合作社

在 1955 年之后的农业合作化运动中，相当多的地方在条件并不成熟的情况下加速实现农业合作化，由于要求过急、工作过粗、改变过快、形式过于简单划一，出现了一系列问题。因此，中共八大政治报告指出："有一部分合作社的成立是比较急促的，还需要迅速处理许多遗留问题，或者还需要调整现有

---

① 《刘少奇论工人运动》，中央文献出版社 1988 年版，第 437 页。

② 《刘少奇论新中国经济建设》，中央文献出版社 1993 年版，第 326—327 页。

③ 《刘少奇论新中国经济建设》，中央文献出版社 1993 年版，第 333 页。

④ 《周恩来经济文选》，中央文献出版社 1993 年版，第 350—351 页。

的组织形式。”①

1957年9月，中共中央召开全国第四次农村工作会议，着重讨论整顿和巩固农业生产合作社问题。邓子恢在讲话中肯定了一些地方实行的产包到队、工包到组、田间管理包到户的责任制形式，总结了全国各地合作社改进生产管理的经验。会议讨论了由邓子恢主持、中央农村工作部代中央起草的《中共中央关于整顿农业生产合作社的指示》《中共中央关于做好农业合作社生产管理工作的指示》《中共中央关于在农业合作社内部贯彻执行互利政策的指示》并予以公布。这些指示具有很强的针对性，例如：提出调整社队规模，一般一村一社，作为基本生产单位的生产队以20户左右为宜，10年内不予变动；社对队实行“包工、包产、包财务”，超产提成，减产扣分，深远山区也可以包产到组、到户；队对组实行按片按季包工到组，田间零活包工到户；大活集体干、小活分开干，取代“干活一窝蜂”等浪费劳动力的做法。可见，这些指示对高级社经营管理的方法和体制都有调整，尤其是指示中提出的整顿干部作风、调整社队规模、加强生产管理和照顾不同群体等措施，深受广大农民群众的拥护。同月，中共中央发出了《关于农业合作社干部必须参加生产劳动的指示》。从1956年到1957年上半年，四川、安徽、浙江、广东、河北等地农村出现了包产到户的生产经营方式。这些都是朝向实行农业生产责任制的创造性尝试。

第三节　社会主义建设总路线的提出

1956年底社会主义改造的基本完成、1957年“一五”计划主要指标的超额完成和反右派斗争的开展，使得党中央认为经济战线、政治战线和思想战线上的社会主义革命已经取得伟大胜利，广大人民群众热情高涨，经济建设应该搞得更快一些。在1958年3月9日至26日召开的成都会议上，毛泽东提出了“鼓足干劲、力争上游、多快好省地建设社会主义”的总路线。5月5日至23日中共八大二次会议正式通过了该总路线。社会主义建设总路线的提出，反映了党和广大人民群众迫切要求尽快改变我国经济文化落后状况的普遍愿望，体现了党中央、

① 中共中央文献研究室编：《建国以来重要文献选编》第九册，中央文献出版社1994年版，第56页。

毛泽东关于社会主义建设的思路。这条总路线是在批评反冒进的过程中形成的，但是在急躁冒进、急于求成的思想指导下，忽视了国民经济的综合平衡，夸大了主观意志的作用，因而存在严重缺陷。

一、赶超英国口号的提出与批评反冒进

毛泽东关于社会主义时期“不断革命”的思想是他一贯坚持的重要思想。在他看来，只有不断进行革命，才能巩固和捍卫社会主义，反对和防止资本主义复辟。这种革命不仅要在政治领域进行，而且要在经济领域进行；不仅要在党内进行，而且要在党外进行。在经济领域，就是要不断地对生产关系、所有制结构进行向更加单纯的社会主义过渡的调整；在党外进行，就是要广泛发动群众，通过群众运动的方式推进社会主义革命和建设。

1. 莫斯科会议与提出赶超英国的口号

1957 年 11 月，以毛泽东为团长的中国代表团访问苏联。毛泽东此行的目的，一是参加庆祝十月革命四十周年庆典活动，二是出席各国共产党和工人党代表会议。

在莫斯科举行的庆祝十月革命四十周年会议上，赫鲁晓夫提出：“在各种最重要的产品产量上，苏维埃国家在最近的十五年内不仅可以赶上、而且可以超过美国目前的各种最重要的产品的总产量。自然，在这个时期内，美国的经济也可能有所发展。但是，只要考虑到苏联工业发展速度比美国快得多这一点，那末就可以认为，在最短的历史时期内在和平竞赛中超过美国这一任务是完全可以实现的。”[①] 苏联这种赶超资本主义发达国家的战略思想对中国的影响更深远。

实际上毛泽东也在酝酿短时间内赶超英美的战略。他在 1957 年 7 月写的《一九五七年夏季的形势》中谈道：“十年至十五年以后的任务，则是进一步发展生产力，进一步扩大工人阶级知识分子的队伍，准备着逐步地由社会主义过渡到共产主义的必要条件，准备以八个至十个五年计划在经济上赶上并超过美国。”[②] 当苏联提出 15 年内赶超美国的目标时，在莫斯科的毛泽东同英国共产党中央主席波立特、中央总书记高兰举行了两次会谈，并仔细询问了英国的经济情况，探讨中国能否在 15 年后在主要工业产品例如钢产量上超过英国。1957 年 11 月 18 日，毛泽东在各国共产党和工人党代表会议上发表讲话时提出：“中国从政治上、

---

① 《苏联最高苏维埃举行庆祝大会》，《人民日报》1957 年 11 月 7 日。

② 《建国以来毛泽东文稿》第十一册，中央文献出版社 2023 年版，第 492 页。

人口上说是个大国，从经济上说现在还是个小国。他们想努力，他们非常热心工作，要把中国变成一个真正的大国。赫鲁晓夫同志告诉我们，十五年后，苏联可以超过美国。我也可以讲，十五年后我们可能赶上或者超过英国。”“在十五年后，在我们阵营中间，苏联超过美国，中国超过英国。”[①] 11月25日，《人民日报》发表社论：“在十五年以后，苏联将在按人口计算的产量方面超过美国。可以预期，在同一期间，或者稍多一点时间，中国可能在钢铁和其他重要工业产品的产量方面赶上或者超过英国。到那个时候，社会主义阵营将在和平竞赛中把帝国主义阵营更远地抛在后面。”毛泽东在莫斯科的讲话迅速在中国共产党和中国人民中间引起了热烈的反响。

1957年12月2日，刘少奇代表中共中央在中国工会第八次全国代表大会上公开宣布：“我国工人阶级和我国人民在今后十年到十五年内的基本任务，就是要在优先发展重工业的基础上，实行工农业同时并举的方针，把我国建成为一个具有现代工业、现代农业和现代科学文化的社会主义强国。”“在十五年后，苏联的工农业在最重要的产品的产量方面可能赶上或者超过美国，我们应当争取在同一期间，在钢铁和其他重要工业产品的产量方面赶上或者超过英国。”[②]

2.“大跃进”的思想准备

毛泽东根据这种“不断革命”的理论，提出在中国社会主义经济建设中，必须反对庸俗的平衡论或均衡论，反对消极的平衡方法。他号召中国人民应该有一个远大的规划，要在几十年内，努力改变中国在经济上和科学文化上的落后状况，迅速达到世界上的先进水平。[③] 在他的鼓舞下，各行各业纷纷提出或制定了很高的发展目标和指标，经济生活中过热的情绪急剧升温。他在1955年底还提出，不要出现“两翼”（指三大改造）走在前面，“主体”（指社会主义工业化）跟不上的现象。这一思想在1955年12月毛泽东为《中国农村的社会主义高潮》写的按语中也得到了充分体现。他反复强调要反对经济建设中的右倾保守思想，并且预见社会主义中国将会“出现从来没有被人们设想过的种种事业，几倍、十几倍以至几十倍于现在的农作物的高产量。工业、交通和交换事业的发展，更是前人所不能设想的”[④]。

---

① 《毛泽东外交文选》，中央文献出版社、世界知识出版社1994年版，第296页。

② 《在中国工会第八次全国代表大会上 刘少奇同志代表中共中央致祝词》，《人民日报》1957年12月3日。

③ 《毛泽东文集》第七卷，人民出版社1999年版，第2页。

④ 《毛泽东文集》第六卷，人民出版社1999年版，第458页。

鼓舞人心的目标和愿景是动员广大群众的号角，而实事求是的平衡和工作则是经济建设的要求。针对1955年底以后出现的经济过热现象和急于求成、盲目冒进的倾向，刘少奇、周恩来、陈云等作了很大努力予以纠正。1956年1月20日，周恩来在中共中央召开的关于知识分子问题的会议上就呼吁："不要做那些不切实际的事情，要使我们的计划成为切实可行的实事求是的，不是盲目冒进的计划。"他提醒人们"不要光看到热火朝天的一面。热火朝天很好，但应小心谨慎。要多和快，还要好和省，要有利于提高劳动生产率"，"领导者的头脑发热了的，用冷水洗洗"。[①] 1956年4月，面对因急于求成造成的各种物资与财政的紧张状况，周恩来又提出，搞计划必须注意实事求是，一定要为平衡而奋斗。1956年6月20日，《人民日报》发表了题为《要反对保守主义，也要反对急躁情绪》的社论，进一步提醒人们要反对急躁冒进。

对于反冒进的提法，毛泽东从一开始就不赞同。从1956年底开始，他在党内越来越严厉地批评反冒进。在1957年9月至10月中共八届三中全会上，毛泽东尖锐地批评了反冒进。1957年11月13日，《人民日报》发表了经毛泽东审阅同意的题为《发动全民，讨论四十条纲要，掀起农业生产的新高潮》的社论。社论对反冒进进行了公开的批评，认为"有些人害了右倾保守的毛病，象蜗牛一样爬行得很慢，他们不了解在农业合作化以后，我们就有条件也有必要在生产战线上来一个大的跃进。这是符合于客观规律的。1956年的成绩充分反映了这种跃进式发展的正确性"。此后，1958年1月的杭州会议和南宁会议、3月的成都会议、4月的武汉会议继续严厉批评反冒进。[②] 在严厉批评反冒进和反对右

① 中共中央文献研究室编：《周恩来年谱（1949—1976）》上卷，中央文献出版社1997年版，第540、545页。

② 杭州会议是指中共中央于1958年1月3日至4日在浙江杭州召开的华东四省一市党委第一书记会议，毛泽东在会议上提出了"不断革命"的思想。南宁会议是指中共中央于1958年1月11日至22日在广西南宁召开的有部分中央领导人和部分中央部委、地方负责人参加的工作会议，会议讨论了1958年国民经济计划、财政预算及工作方法等问题，毛泽东严厉批评了反冒进并提出了中央地方"两本账"的工作方法以及积极平衡的思想。成都会议是指中共中央于1958年3月9日至26日在成都举行的有中央领导人、中央有关部门负责人和大部分省、市、自治区党委第一书记参加的工作会议，会议的中心议题是总结新中国成立以来的工作、研究经济建设问题、确立社会主义建设总路线，会议通过了《中共中央关于一九五八年计划和预算第二本账的意见》等40多个文件。武汉会议是指中共中央于1958年4月1日至9日在湖北武汉召开的工作会议，这次会议是成都会议的补充，会议听取了河南省关于一年实现"农业四十条"的规划报告和安徽省大搞水利突击的情况报告。

倾保守的氛围中，一系列不切实际的口号和理论观点不断提出，各地区、各部门的原定计划指标一再被突破，“大跃进”运动已是山雨欲来。

二、中共八大二次会议与“大跃进”的全面发动

在中国社会主义革命和建设中，毛泽东始终抱有“只争朝夕”的豪情和期待。在社会主义改造和“一五”计划推进过程中，他更加坚定了中国经济可以迅速发展的信念。早在1955年，他就多次论述过领导各项工作要采取又多又快又好的方法，1956年初他主持制定的“农业四十条”也反映了这种思想。对中共八届二中全会上提出的反冒进和国务院提出的“保证重点，适当收缩”方针，毛泽东也有不同意见。在1957年9月至10月召开的中共八届三中全会上，毛泽东提出无产阶级与资产阶级的矛盾、社会主义道路与资本主义道路的矛盾仍然是社会主要矛盾，这就不仅改变了中共八大关于中国社会主要矛盾的判断，而且改变了这次会议制定的“既反保守又反冒进，在综合平衡中稳步前进”的经济建设方针。毛泽东在会议最后一天作了题为《做革命的促进派》的讲话，对反冒进再次进行了严厉批评。他说：“做事情，至少有两种方法：一种，达到目的比较慢一点，比较差一点；一种，达到目的比较快一点，比较好一点。一个是速度问题，一个是质量问题。不要只考虑一种方法，经常要考虑两种方法。”“去年这一年扫掉了几个东西。一个是扫掉了多、快、好、省。不要多了，不要快了，至于好、省，也附带扫掉了。”他提出：“去年下半年一股风，把这个口号扫掉了，我还想恢复。有没有可能？请大家研究一下。”他还提出要研究苏联的经验教训，争取实现比苏联更快的经济建设速度。他说：“苏联的建设经验是比较完全的。所谓完全，就是包括犯错误。不犯错误，那就不算完全。学习苏联，并不是所有事情都硬搬，教条主义就是硬搬。”“我们学习苏联，要包括研究它的错误。研究了它错误的那一方面，就可以少走弯路。我们是不是可以把苏联走过的弯路避开，比苏联搞的速度更要快一点，比苏联的质量更要好一点？应当争取这个可能。”[①] 1958年1月和3月，毛泽东先后在南宁和成都主持召开了有部分中央和地方领导人参加的工作会议。在南宁会议上，毛泽东在严厉地批评反冒进之后，再次提出了“不断革命”的思想。在3月召开的成都会议上，周恩来、陈云等作了反冒进的检讨，毛泽东提出了“苦战三年”、基本改变落后面貌的口号，并提出了

---

① 中共中央文献研究室编：《建国以来重要文献选编》第十册，中央文献出版社1994年版，第604—606页。

“鼓足干劲、力争上游、多快好省地建设社会主义”的总路线。这就为 5 月召开的中共八大二次会议通过社会主义建设总路线作了思想和舆论的准备。

1958 年 5 月 5 日至 23 日中共八大二次会议在北京召开。会后，“大跃进”运动在全国范围内从各方面开展起来。会议根据毛泽东的创议，通过了社会主义建设总路线，即鼓足干劲、力争上游、多快好省地建设社会主义。总路线的提出和确立，实际上取代了党在中共八大前后提出的“既反保守又反冒进，在综合平衡中稳步前进”的经济建设方针。总路线是 1958—1978 年中国经济建设的基本指导：一方面，它反映了党和广大人民群众迫切要求尽快改变中国经济文化落后状况的普遍愿望，是凝聚全体人民共识的建设旗帜；另一方面，它由于产生于反右派斗争之后和批评反冒进的气氛之中，对“大跃进”起了促成作用，成为“大跃进”的旗帜，被列为“三面红旗”① 之一。

刘少奇代表中央委员会作的工作报告全面阐述了社会主义建设总路线。他指出：“党中央认为，鼓足干劲、力争上游、多快好省地建设社会主义的总路线的基本点是：调动一切积极因素，正确处理人民内部矛盾；巩固和发展社会主义的全民所有制和集体所有制，巩固无产阶级专政和无产阶级的国际团结；在继续完成经济战线、政治战线和思想战线上的社会主义革命的同时，逐步实现技术革命和文化革命；在重工业优先发展的条件下，工业和农业同时并举；在集中领导、全面规划、分工协作的条件下，中央工业和地方工业同时并举，大型企业和中小型企业同时并举；通过这些，尽快地把我国建成为一个具有现代工业、现代农业和现代科学文化的伟大的社会主义国家。”“建设速度的问题，是社会主义革命胜利后摆在我们面前的最重要的问题。我们的革命就是为了最迅速地发展社会生产力。我国经济本来很落后，我国的外部还有帝国主义，只有尽可能地加快建设，才能尽快地巩固我们的社会主义国家，提高人民的生活水平。”“我们现在正经历着我国历史上伟大的飞跃发展的时代。我们的党，我们的国家，现在需要大批敢想敢说敢做的人，敢于破除迷信、革新创造的人，敢于坚持真理、为真理冲锋陷阵、树立先进和革命旗帜的人，依靠这样的人，我们才能够领导全国人民跃进再跃进，多快好省地完成伟大的社会主义建设事业。”② 中共八大二次会议期间，

---

① 1959 年庐山会议以后，在批判所谓的“右倾机会主义”运动中，社会主义建设总路线、“大跃进”和人民公社被称为“三面红旗”。

② 中共中央文献研究室编：《建国以来重要文献选编》第十一册，中央文献出版社 1995 年版，第 303—304、305、322—323 页。

毛泽东于5月18日在《卑贱者最聪明，高贵者最愚蠢》的批语中提出：我国“七年赶上英国，再加八年或者十年赶上美国”。这就把在莫斯科提出的中国15年赶上或者超过英国的目标又提前了。

在实际工作中，人们把总路线的核心理解为追求和实现高速度。总路线积极的一面是反映了党和广大人民群众迫切要求尽快改变中国经济文化落后状况的普遍愿望；消极的一面是片面强调高速度和人的主观能动性，导致了“用最高的速度来发展我国的社会生产力”“速度是总路线的灵魂”“快，这是多快好省的中心环节”等错误认识的产生，忽视或违背了国民经济有计划按比例发展的要求和生产关系一定要适合生产力性质的规律，从而使中国经济从1958年开始遭受很大的损失。1958年6月1日，《红旗》杂志刊发了毛泽东4月写的一篇题为《介绍一个合作社》的文章，这篇文章从河南“一个苦战二年改变了面貌的合作社”的事例中得出结论：“由此看来，我国在工农业生产方面赶上资本主义大国，可能不需要从前所想的那样长的时间了。”“六亿人口是一个决定的因素。人多议论多，热气高，干劲大。从来也没有看见人民群众像现在这样精神振奋，斗志昂扬，意气风发。”在他看来，中国“一穷二白”会促使“穷则思变，要干，要革命。一张白纸，没有负担，好写最新最美的文字，好画最新最美的画图”。[①] 他高度评价并充分肯定革命干劲和工作热情的极端重要性，这无疑给已经发热的头脑又加了一把“火”。

这种气氛导致在经济建设中，片面追求工农业生产和经济建设的高速度，不断地大幅度提高计划指标和缩短完成时间，特别是把优先发展重工业的战略片面理解为重工业可以摆脱其他工业部门和产业部门“一花独放”。由于社会主义建设经验不足，对经济发展规律和中国经济情况认识不足，以及在成绩面前滋长了骄傲自满情绪，急于求成，夸大了主观意志和主观努力的作用，中央和地方不少领导同志没有经过认真调查研究和试点，就发动了“大跃进”和人民公社化运动。

三、“二五”计划草案及其调整

中共八大审议通过了周恩来所作的关于第二个五年计划的报告，同意了此

---

① 中共中央党史和文献研究院编：《毛泽东年谱》第六卷，中央文献出版社2023年版，第338—339页。

前提出的在综合平衡中稳步前进的经济建设方针。但是随着形势的变化特别是毛泽东对反冒进的严厉批评，急躁冒进情绪日益高涨，原来已经确定的“二五”计划被迫多次调整，许多经济增长数字不断被调高，国民经济发展被逐渐纳入“大跃进”的轨道。

1. 以“积极平衡”取代“综合平衡”

在追求发展速度的驱动之下，中国经济建设开始以“积极平衡”取代“综合平衡”。“综合平衡”是国务院在“一五”期间指导国民经济建设的重要方针。根据中国经济建设实际，“综合平衡”一般是建立在“短线平衡”的基础之上，即不是以“长线”（供大于求）产品或产业来平衡，而是以“短线”（供不应求）产品或产业来平衡，因为“短线”产品或产业是制约经济增长的关键因素。毛泽东不完全赞同这种计划平衡方法，他在 1956 年从辩证法的角度提出平衡是相对的、暂时的，而不平衡则是绝对的，平衡总是被不平衡打破，又在新的基础上建立起新的平衡。在 1958 年南宁会议上，他再次从平衡只是相对的、不平衡是绝对的观点出发，认为“综合平衡”是一种“消极平衡”，并提出了“积极平衡”思想。

1958 年 2 月 28 日，《人民日报》发表社论《打破旧的平衡，建立新的平衡》。社论说，实现每一项任务，可以有两种方法：一种方法是使事情做得快一些，好一些；另一种方法是使事情做得慢一些，差一些。人们对于平衡问题的两种看法、两种态度，往往产生两种不同的工作方法。一种是积极的方法，就是竭力支持群众的积极性和创造性，促进新生事物的生长，让落后事物赶上先进事物；另一种是消极的方法，不信任也不依靠群众的力量，不关心以至压制新生事物的生长，让先进事物迁就落后事物。上面所说的两种工作方法反映在计划工作方面，就是两种平衡的方法：一种方法，是采取积极的态度解决不平衡，不断地提高落后的指标和定额，使它适应于先进的指标，向先进的定额看齐，这是积极的平衡。另一种方法，是采取消极的态度解决不平衡，总是企图压低先进的指标和定额，使它迁就落后的指标，向落后的定额看齐，这是消极的平衡。社论提出，我们必须反对庸俗的平衡论或均衡论，反对消极的平衡方法，从庸俗的平衡论的思想束缚中解放出来。这篇社论实际上反映了毛泽东的主张。

陈云在 1962 年 3 月的一次讲话中总结了 1958 年以后这段时间的经验教训。他说：“过去几年，基本上是按长线搞平衡。这样做，最大的教训就是不能平衡”，“按短线搞综合平衡，才能有真正的综合平衡。所谓按短线平衡，就是当年能够生产的东西，加上动用必要的库存，再加上切实可靠的进口，使供求相适应”，“一定要从短线出发搞综合平衡，这样做，生产就可以协调，生产出来的东西就能够配套”。[①]

2. 中央和地方经济发展“两本账”

在这种背景下，1958 年 3 月的成都会议接受了毛泽东提出的“生产计划要有两本账”的观点，即“中央两本账，一本是必成的计划，这一本公布；第二本是期成的计划，这一本不公布。地方也有两本账。地方的第一本就是中央的第二本，这在地方是必成的；第二本在地方是期成的”[②]。成都会议通过了要实现“大跃进”的 1958 年第二本账，即比 2 月上旬一届全国人大五次会议刚刚通过的计划“高了很多”的“一本多快好省的账”。具体要求是：1958 年比 1957 年工业总产值增长 32.6%，农副业总产值增长 16.2%，财政收入增长 20.7%，基本建设投资增长 41.5%，钢、原煤等主要工业产品产量增长 30% ～ 35%，粮食产量增长 16.6%，棉花产量增长 24.8%。[③] 可见，这第二本账的计划指标已经严重脱离客观实际。成都会议 3 月 21 日通过的国家经委党组制定的第二本账的主要指标及其与第一本账的关系见表 4–1。

表 4–1　1958 年度国民经济计划第二本账及其与第一本账的关系简表

项目	计算单位	第一本账	第一本账为 1957 年的百分比（%）	第二本账	第二本账为 1957 年的百分比（%）
工农业总产值	亿元	1 435.7	108.1	1 658.2	124.8
工业和手工业总产值	亿元	747.4	110.0	903.8	133.0
其中：工业	亿元	643.7	110.5	771.7	132.6
手工业	亿元	103.7	106.3	132.1	135.2
中央	亿元	348.1	112.0	397.7	127.9
地方	亿元	399.3	108.2	506.1	137.3
主要产品产量					
发电量	亿度	224.5	118.0	246.0	129.3
原煤	万吨	15 072.4	117.2	16 737.4	130.1
钢	万吨	624.8	119.2	700.0	133.5

① 《陈云文选》第三卷，人民出版社 1995 年版，第 211、212 页。

② 《毛泽东文集》第七卷，人民出版社 1999 年版，第 347 页。

③ 《中华人民共和国国民经济和社会发展计划大事辑要》，红旗出版社 1987 年版，第 118—119 页。

续表

项目	计算单位	第一本账	第一本账为 1957 年的百分比（%）	第二本账	第二本账为 1957 年的百分比（%）
木材	万立方米	2 847.7	109.4	3 095.1	118.9
水泥	万吨	765.6	114.5	1 010.0	151.0
金属切削机床	台	27 022.0	107.4	50 000.0	198.6
棉纱	万件	520.0	112.7	560.0	121.3
机制纸	万吨	104.2	117.1	120.5	135.3
原盐	万吨	820.0	101.6	1 002.4	124.2
农业（包括副业）总产值	亿元	688.3	106.1	754.4	116.2
主要产品产量					
粮食	亿斤	3 920.0	105.9	4 316.0	116.6
棉花	万担	3 500.0	106.7	4 093.0	124.8
生猪	万头	15 000.0	117.4	19 515.0	152.7
增加农田灌溉面积	万亩	9 221.0	206.8	25 986.0	582.9
基本建设投资总额	亿元	145.7	117.8	175.0	141.5
铁路运输					
货运量	万吨	31 000.0	113.1	34 000.0	124.0
货物周转量	亿吨公里	1 525.0	113.2	1 648.0	122.4
对外贸易进出口总额	亿元	110.0	108.6	117.6	116.1
出口总额	亿元	60.0	113.2	65.0	122.6
进口总额	亿元	50.0	103.5	52.6	108.9
国家财政收入	亿元	332.0	107.7	372.0	120.7

资料来源：国家经委党组：《关于一九五八年度计划第二本账的报告》，1958 年 3 月 7 日。

成都会议讨论并通过了 40 多个文件，其中对“大跃进”影响比较重大的有：《中共中央关于一九五八年计划和预算第二本账的意见》《中共中央关于发展地方工业问题的意见》《中共中央关于把小型的农业合作社适当地合并为大社的意见》《中共中央关于农业机械化问题的意见》等。例如，在谈论中央编制第二本账时，认为它是一本多快好省的账，反映了国民经济大发展的新形势；提出一旦把各省、各专区和各县举办工业的积极性调动起来，万马齐奔，又有中央大型工业的协助和国家的统一规划、调整，中国工业化的速度就没有理由不比欧洲各国快得多。又如，在谈论发展地方工业时，提出各省、自治区要在大力实现农业跃进规划的同时，争取在五年或者七年时间内，使地方的工业总产值赶上或超过农业总产值，这就需要大力发展地方工业。此前，国家经委曾设想，用三分的力量搞中央的大工业，用七分的力量搞地方的中小工业，使工业遍地开花，认为从中央直到乡一级都举办自己的工业，使大型工业和中小工业、工业和农副业更加有机地结合在一起，形成一个强大的城乡工业网，这是一条多快好省的社会主义工业化道路。再如，在谈论把小型社合并为大社时提出："我国农业正在迅速地实现农田水利化，并将在几年内逐步实现耕作机械化，在这种情况下，农业生产合作社如果规模过小，在生产的组织和发展方面势将发生许多不便。为了适应农业生产和文化革命的需要，在有条件的地方，把小型的农业合作社有计划地适当地合并为大型的合作社是必要的。"①另如，在谈论农业机械化问题时，提出在七年内（争取五年内做到）基本上实现农业机械化和半机械化，实现农业生产力的大发展。

实际上在中共八大二次会议之后，国家经济计划指标不断被刷新，超英、赶美的时间表一再被提前。毛泽东在莫斯科提出 15 年赶上或超过英国，主要是指重要工业产品产量，特别是钢产量要赶上或超过英国、这就给钢铁工业带来了巨大的压力。1958 年初，国家经委提出 1958 年钢产量计划为 624.8 万吨。在 3 月召开的成都会议前，国家经委提交的"二五"计划第二本账将这一数字提高到 700 万吨。冶金工业部负责人提出钢铁工业要苦战 3 年，超过"二五"计划指标，到 1962 年钢产量达到 1 500 万～1 700 万吨，2 000 万吨是可以争取的，这得到了毛泽东的肯定。在 5 月召开的中共八大二次会议上，国家经委提出"二五"计划第二本账：1962 年钢产量指标，第一方案为 2 500 万吨，第二方案为 3 000 万吨。会议期间，冶金工业部又提出，1959 年钢产量达到 1 200 万吨，1962 年达到 3 000 万吨，1967 年达到 7 000 万吨，1972 年达到 1.2 亿吨，是完全有把握的。这就把 15 年赶上或超过英国提前到 5 年可以超过英国、15 年可以赶上美国。1958 年 6 月 18 日晚，毛泽东等中央领导人与各有关方面负责人讨论经济指标问题，在听取了冶金工业部负责人的汇报后，决定 1958 年的钢产量按照比 1957 年翻一番来安排，即从 1957 年的 535 万吨增至 1958 年的 1 070 万吨。冶金工业部

---

① 中共中央文献研究室编：《建国以来重要文献选编》第十一册，中央文献出版社 1995 年版，第 209 页。

这种高涨的热情让人们对中国钢产量抱有强烈的期待，但这种热情不是建立在科学和客观的分析基础上的。

1958年6月21日，毛泽东在中共中央军委扩大会议上提出，我们3年基本上超过英国，10年超过美国，有充分把握。次日他在《两年超过英国（向政治局的报告）》中批示："两年是可能的。这里主要是钢。只要一九五九年达到二千五百万吨，我们就在钢的产量上超过英国了。"[①]冶金工业部党组向中央和毛泽东提交的一份关于产钢计划的报告称，1959年"钢的产量可以超过三千万吨，而一九六二年的生产水平则将可能争取达到八九千万吨以上"[②]。与此同时，各协作区纷纷召开农业会议，提出各自的农业"大跃进"指标。例如，农业部1958年6月中旬向中央政治局提交的关于"二五"期间农业所要达到目标的报告，提出粮、棉产量在5年中都要翻一番。

1958年8月23日，国家计委向中共中央报送了经过大幅度调高的"二五"计划意见书。这个意见书是在"全面大跃进"的形势下提出的，主要内容是：到1962年，中国不仅可以提前建设成为一个具有现代工业、现代农业和现代科学文化的社会主义国家，而且可以为开始向共产主义过渡创造条件。到那个时候，全国就能建成强大的独立完整的工业体系，各协作区就能建成比较完整的、不同水平和各有特点的工业体系。到那个时候，农业劳动就能实现半机械化和机械化，有条件的农村就能基本上实现电气化，90%以上的耕地就能实现水利化。到那个时候，主要科学技术就能赶上世界先进水平，全国就能普及中等教育。并且，国家计委据此提出了"二五"期间的一系列高指标：农业总产值平均每年增长速度安排为30%左右，工业总产值平均每年增长速度安排为53%左右。到1962年，设想粮食产量达到15 000亿斤，棉花产量达到15 000万担，比1957年增长3.5倍左右。钢产量达到8 000万吨，原煤产量达到9亿吨，发电量达到3 000亿度，棉纱产量达到2 600万件，比1957年增长五六倍甚至十几倍。"二五"期间，基本建设战线将进一步拉长，重工业建设项目安排1 000个以上；五年基本建设投资3 850亿元，比"一五"时期完成的基本建设投资总额588.5亿元增长5.5倍。[③]

① 中共中央党史和文献研究院编：《毛泽东年谱》第六卷，中央文献出版社2023年版，第374页。

② 《建国以来毛泽东文稿》第十二册，中央文献出版社2023年版，第438页。

③ 中共中央文献研究室编：《建国以来重要文献选编》第十一册，中央文献出版社1995年版，第431—433页。

1958年8月17日至30日，中央政治局扩大会议在北戴河举行，讨论了1959年的国民经济计划及当前的工业生产、农业生产和农村工作等问题，提出了“以钢为纲，全面跃进”方针，号召全党全民为在1958年生产1 070万吨钢而奋斗。会议通过了《中共中央关于一九五九年计划和第二个五年计划问题的决定》《中共中央关于在农村建立人民公社问题的决议》等37个文件，作出了许多项决定。中共中央在批准“二五”计划意见书的同时，要求国家计委立即会同各地区依据这个意见书，编制出分省、市、自治区的计划草案。北戴河会议以后，全国迅速掀起了大规模的大炼钢铁运动和人民公社化运动。

第四节 “大跃进”和人民公社化运动

中共八大之后，全国各条战线、各个方面都呈现出蓬勃发展的局面，如果能够始终坚持中共八大确定的正确路线，中国社会主义革命和建设将会避免许多挫折和曲折。但是，经济建设不是一帆风顺的。在中国经济发展相对落后、经济建设困难重重的压力下和在急于改变贫穷落后面貌的强烈愿望的推动下，中国经济发展的指导思想和经济建设从20世纪50年代中后期开始偏离正确的轨道，出现了“左”的错误，特别是1958年中共八大二次会议以后掀起的“大跃进”和人民公社化运动，导致中国国民经济发展遭受了严重的挫折。

一、国民经济的“大跃进”

1957年冬季，为贯彻中共八届三中全会精神，各地区、各部门根据“农业四十条”和15年赶超英国的要求，纷纷召开会议，批判右倾保守思想，在全国掀起以兴修水利、养猪积肥和改良土壤为中心的农业生产高潮，揭开了“大跃进”的序幕。

1. 农业生产“大跃进”

农业部门确定了“以粮为纲”的口号，掀起了农业生产“大跃进”。伴随着各地农业生产组织形式的变革，1958年全国各地掀起了农田水利建设的高潮。中共中央在这一年8月关于水利工作的指示中，盛赞广大农民“打破社界、乡界、县界以至省界的大协作”和“自带工具口粮无偿地进入山区进行水土保持，到外地去兴修水库、打机井、修渠道、开运河、挑水抗旱等等，这些都是伟大共产主义风格的具体表现”，并提出“只要再苦战两冬两春，全国现有耕地，基本上完成水利化是完全可能的”。在这一指示的要求下，1958 年、1959 年两个冬春全国水利设施开工数达 1 000 多座，完成土石方数量巨大。1960 年全国施工的水利设施达 1 789 座，许多大型水库和大型灌区都是这时开工兴建的。1958 年 9 月开始修建密云水库，人力投入达 20 多万；同年 9 月开始修建丹江口水利枢纽工程，人数最多时达 10 余万。

1958 年 8 月 29 日，中共中央发出了《关于深耕和改良土壤的指示》，提出深耕是农业增产技术措施的中心，是努力的主要方向。该指示要求之后两三年内各地把一切可能深耕的土地全部深耕一遍，并且每三年轮流深耕一次；深耕的标准是一尺以上，丰产田二尺以上；土层太薄的田地要在两三年内，采取“借客土”的办法，把土层加厚到一尺以上；全国需要改良的 33 000 万亩盐碱地、红壤土等贫瘠土地，要在两三年内全部改完。10 月 24 日，《人民日报》报道了各地“高产卫星”推行农业生产“三三制”的经验，即用总耕地的 1/3 种庄稼、1/3 种树种草、1/3 休闲的耕作制度，确定实行少种、高产、多收的方针，大搞大面积高额丰产田，放弃了不少低产贫瘠田。1959 年全国粮食播种面积比 1958 年减少 1 160 万公顷。

从 1958 年夏收开始，一些地方出现了虚报产量的现象，在《人民日报》等主要媒体上纷纷刊登农业高产的报道，引发了比较严重的放“卫星”的浮夸风。8 月 27 日，《人民日报》通栏标题宣传“人有多大胆，地有多大产”。同月，在北戴河召开的中央政治局扩大会议乐观地估计“共产主义在我国的实现，已经不是什么遥远将来的事情了”。12 月 18 日，《人民日报》发表的《中国共产党八届六中全会公报》宣布：1958 年中国国民经济的发展获得了空前伟大的胜利，粮食产量将由 1957 年的 3 700 亿斤增加到 7 500 亿斤左右。[①] 根据后来国家统计局的核实，1958 年的粮食产量实际只有 4 000 亿斤。面对根本无法实现的目标，农村实际工作中开始了日趋严重的大刮“共产风”、浮夸风、强迫命令风、生产瞎指挥风和干部特殊化风这“五风”。

2. 以大炼钢铁为特征的工业“大跃进”

1958 年是工业战线最紧张的一年，工业战线的“大跃进”是首先从钢铁工

① 《中国共产党八届六中全会公报》，《人民日报》1958 年 12 月 18 日。

业开始的。在“以钢为纲”口号的引导下，要求7年、5年以至3年内提前实现15年钢产量赶超英国的目标，这显然是脱离实际的。

面对农业夏粮大丰收的形势，农村中开始刮起了高估产、放“卫星”的风潮，这就给工业“大跃进”带来了更大的压力。1958年8月，北戴河中央政治局扩大会议正式决定1958年钢产量比1957年翻一番，达到1 070万吨。然而当年1月至8月，全国仅生产钢400万吨，离1 070万吨钢的生产目标还有很大差距，要在剩下的四个月生产600多万吨钢，只能大搞小土高炉、小土焦炉，开展土法炼钢的群众运动了。在钢铁高指标的指引下，全国掀起了大炼钢铁的高潮。尤其是1958年9月1日《人民日报》发表了题为《立即行动起来 完成把钢产翻一番的伟大任务》的社论，指出这“是全党全民当前最重要的政治任务”。9月5日《人民日报》又发表社论，强调要“全力保证钢铁生产”，指出：工业生产和建设中的重点有两个，即钢铁和机械，而钢铁又是重点中的重点。要保证1 070万吨钢，必须具有“停车让路、首先为钢”的全局观点。当钢铁工业的发展与其他工业的发展在设备、材料、动力、人力等方面发生矛盾的时候，其他工业应该主动放弃或降低自己的要求，让路给钢铁工业先行。①

9月8日，毛泽东在最高国务会议上发表讲话，指出：“鉴于农业生产的飞跃发展对工业的越来越大的压力，还鉴于农业生产和农村工作方面已经有了比较稳固的基础和比较成熟的经验，我们的领导工作的重心需要适时地从农业和农村工作方面转移到工业建设方面来。中央和省一级的领导机关，必须一手抓工业，一手抓农业，而从现在开始，要把重点放在工业方面。在工业方面，必须首先抓紧钢铁工业和机械工业，因为这是实现我国工业化、农业机械化和加强国防力量的基础。”②之后全国各地各级党委第一书记挂帅，大搞群众运动，共建立各种小土高炉、小土焦炉几百万座，数千万群众纷纷参与土法炼钢，砍树挖煤，找矿炼铁，“小土群”遍地开花。在国庆节之前的9月29日，是全国大放钢铁生产“卫星”日，各地大放钢铁生产“卫星”，其中有8个省市宣布生铁日产量突破万吨。

不少地方群众为了大炼钢铁，把居民家中使用的铁锅等都投入炼钢炉，一些地方把城门上的铁钉、公路上的金属隔离都拆卸了；大中型钢铁企业也大搞群众运动，打破正常的生产秩序和合理的规章制度，例如鞍山钢铁公司提出“大风高

---

① 《全力保证钢铁生产》，《人民日报》1958年9月5日。

② 《毛主席在最高国务会议上论目前形势 美国侵略者把绞索套在自己脖子上》，《人民日报》1958年9月9日。

温，多装快炼”，无法保证钢铁生产质量；各个地方和部门也“以钢为纲，全面跃进”，放了不少钢铁生产“卫星”。大炼钢铁最紧张的时候，包括冶金工业部在内的许多部委机关大院里也盘起了小高炉来炼钢，不少省、市、县机关和文、教、卫单位也投入大炼钢铁的热潮中。到12月19日，中共中央宣布：1 070万吨钢的指标已经完成。1958年底全国钢产量达到1 108万吨，可是合格的钢仅有800万吨，其他300多万吨钢基本上是不能用的土钢土铁。① 1958年10月底，全国参加大炼钢铁的人数有6 000万人，年底则达到9 000多万人。②

大炼钢铁造成了极大的直接经济损失。例如，当时大高炉生产每吨生铁的成本，鞍山钢铁公司为85.4元，石景山钢铁厂为112.6元，国家出厂价为150元，而各地的小高炉生产成本几乎都超过这个价格。仅以每吨生铁平均生产成本来看，200～300元的仅有山西，300～400元的仅有宁夏，400～500元的有四川、福建，500～600元的有吉林、辽宁、湖北、黑龙江、山东、湖南、贵州、云南，浙江为650元，陕西为700元，青海高达971元。③ 1958年9月1日，国家为了鼓励群众炼铁的积极性，将小高炉生铁调拨价每吨提高到200元，亏损部分由国家财政补贴，共计补贴了40亿元，占当年财政收入的1/10多。④

“以钢为纲，全面跃进”的结果就是各行各业都要支援“钢铁元帅升帐”，为大炼钢铁让路。其后果就是：国家资源遭受巨大浪费，人力、物力、财力消耗巨大；农业生产特别是1958年秋收受到严重冲击，丰产不丰收，大片山林因大炼钢铁被毁坏，造成的损失和破坏长期难以恢复；轻重工业发展严重失调，轻工业发展受到抑制，人民生活受到严重影响；国家职工数量快速增长，由1957年的2 451万人猛增至1958年的4 532万人。

中国“一五”时期形成的计划管理体制在“大跃进”中也受到很大冲击，开始由以中央和中央各部门集中统一管理为主转变为以地方管理为主，即由“条条为主”转变为“块块为主”。1958年9月，中共中央、国务院发出《关于改进计划管理体制的规定》，对计划管理体制和管理制度进行了重大调整。该规定的内

① 《袁宝华回忆录》，中国人民大学出版社2018年版，第148页。

② 中共中央党史研究室：《中国共产党历史》第二卷（1949—1978）上册，中共党史出版社2011年版，第490页。

③ 《新中国若干物价专题史料》编写组：《新中国若干物价专题史料》，湖南人民出版社1986年版，第443页。

④ 薄一波：《若干重大决策与事件的回顾》修订本下卷，人民出版社1997年版，第737—738页。

容主要体现为两个方面：一是将中央集中统一的计划管理体制改为在中央集中领导下，以地方综合平衡为基础的、专业部门和地区相结合的计划管理制度；将计划程序由之前的“两下一上”改为自下而上地逐级编制计划和进行综合平衡；大规模减少中央统配物资和部管物资品种。二是赋予各地政府更大的投资决策权，在确保完成新增生产能力和重大建设项目等原则下，各地政府对本地区内的建设规模、建设项目、投资使用等方面可以统筹安排，对本地区内物资可以调剂使用，对超收分成和支出节余部分可以支配，对本地区劳动力和技术力量可以统筹安排；此外，商业、地方交通、邮电、文教卫生、城市建设等由地方统筹安排。①这种未经充分论证和实践检验的管理体制调整加剧了国民经济的波动。

二、人民公社化运动

中国农业究竟应该走一条什么样的发展道路，这对于刚刚获得解放的广大农民群众和刚刚夺取政权的人民政府来说，的确是一个十分迫切又难以处理好的问题。亿万农民群众对于过上美好生活的期望和共产党人急于使农民摆脱贫穷面貌的理想，是 20 世纪 50 年代促进农村经济发展的出发点和落脚点。

1. 人民公社化运动的缘起

早在农业合作化时期，毛泽东就有在中国农村建立“大社”“公社”的思想。1955 年他在《大社的优越性》按语中写道：“现在办的半社会主义的合作社，为了易于办成，为了使干部和群众迅速取得经验，二、三十户的小社为多。但是小社人少地少资金少，不能进行大规模的经营，不能使用机器。这种小社仍然束缚生产力的发展，不能停留太久，应当逐步合并。有些地方可以一乡为一个社，少数地方可以几乡为一个社，当然会有很多地方一乡有几个社的。不但平原地区可以办大社，山区也可以办大社。”②

1958 年 3 月成都会议通过的《中共中央关于把小型的农业合作社适当地合并为大社的意见》提出：中国农业正在迅速地实现农田水利化，并将在几年内逐步实现耕作机械化，在这种情况下，农业生产合作社如果规模过小，在生产的组

---

① 国务院法制局、国务院法规编纂委员会编：《中华人民共和国法规汇编（1958 年 7 月—12 月）》，法律出版社 1959 年版，第 96—99 页。

② 中共中央文献研究室编：《建国以来重要文献选编》第七册，中央文献出版社 1993 年版，第 225 页。

织和发展方面势将发生许多不便。为了适应新的形势，在有条件的地方，把小型的农业合作社有计划地适当地合并为大型的农业合作社是必要的。同时，成都会议还通过了《中共中央关于农业机械化问题的意见》，规定“在七年内（争取五年内做到）基本上实现农业机械化和半机械化，实现农业生产力的大发展”①。

1958 年 7 月 1 日，《红旗》杂志发表题为《全新的社会，全新的人》的文章，在介绍一个农业生产合作社办工业的情况后说：“把一个合作社变成为一个既有农业合作又有工业合作的基层组织单位，实际上是农业和工业相结合的人民公社。”这是毛泽东关于人民公社的构想，即把工（工业）、农（农业）、商（交换）、学（文化教育）、兵（民兵，即全民武装）组成一个大公社。于是，一些地方就出现了由小社并大社再转为大搞公社的热潮。

河南省最先得到有关在农村兴办人民公社的信息。该省在兴修水利、小社并大社中行动比较快，搞得比较早，推动了全国的人民公社化运动。1958 年 4 月，河南省的遂平县和平舆县最早出现 6 000 户至 7 000 户的大社。4 月 20 日，河南省遂平县嵖岈山农业大社②成立。7 月中旬，在该大社的基础上，全国第一个人民公社——遂平县嵖岈山卫星公社（后改名为遂平县嵖岈山卫星人民公社）正式建立，由 27 个高级农业社合并而成，共 9 369 户、43 263 人。8 月 17 日至 30 日召开的北戴河会议印发了经毛泽东审阅修改的《嵖岈山卫星公社试行简章（草案）》。9 月 1 日，《红旗》杂志第 7 期全文刊载了该简章草案，并将其标题改为《嵖岈山卫星人民公社试行简章（草稿）》。③毛泽东后来在 11 月 13 日接见遂平县领导同志时说，巴黎公社是世界上第一个公社，遂平的卫星公社是第二个公社。④

毛泽东关于在农村把工农商学兵组成一个大公社，并将其作为中国社会基本单位的思想大大推动了农村人民公社体制的形成。

2. 人民公社化运动全面展开

1958 年 8 月初，毛泽东视察河北省徐水县，称赞当地农业社“组织军事化，

---

① 中央档案馆、中共中央文献研究室编：《中共中央文件选集（1949 年 10 月—1966 年 5 月）》第二十七册，人民出版社 2013 年版，第 323 页。

② 5 月改名为遂平县嵖岈山卫星农业社。

③ 《建国以来毛泽东文稿》第十三册，中央文献出版社 2023 年版，第 1—3 页。

④ 杨胜群、田松年主编：《共和国重大决策的来龙去脉（1949—1965）》，江苏人民出版社 1997 年版，第 289 页。

行动战斗化，生活集体化”。8月6日他视察河南农村，对新乡县七里营人民公社大加赞扬，说“‘人民公社’是一个好名字，包括工农兵学商，管理生产，管理生活，管理政权。‘人民公社’前面加上个地名，或者加上群众所喜欢的名字”。同时他还概括了人民公社的特点为“一曰大，二曰公”。[①] 8月9日他视察山东省历城县北园的农业生产合作社时说：“还是办人民公社好，它的好处是，可以把工、农、商、学、兵合在一起，便于领导。”[②] 8月11日、12日、13日，《人民日报》分别发表了毛泽东在视察河北、河南、山东时的上述谈话。从此，“人民公社好”传遍全国各地，小社并大社的工作转变成直接办人民公社的热潮。

1958年8月，北戴河会议通过的《中共中央关于在农村建立人民公社问题的决议》(简称《决议》)对人民公社给予了极高的评价，认为：建立人民公社是形势发展的必然。人民公社发展的主要基础是中国农业生产全面的不断的跃进和五亿农民愈来愈高的政治觉悟。建立农林牧副渔全面发展、工农商学兵相互结合的人民公社，是指导农民加速社会主义建设，提前建成社会主义并逐步过渡到共产主义所必须采取的基本方针。《决议》规定人民公社遵循政社合一、工农商学兵相结合的原则。《决议》在经济政策的规定方面，强调用“共产主义的精神”教育干部和群众，不要算细账，自留地收归集体经营，零星果树、股份基金等在一两年后也变为公有。关于向全民所有制过渡问题，《决议》说，快的地方需要三四年，较慢的地方需要五六年或者更长一些的时间就可以过渡到全民所有制。《决议》宣布：“共产主义在我国的实现，已经不是什么遥远将来的事情了，我们应该积极地运用人民公社的形式，摸索出一条过渡到共产主义的具体途径。”[③]会议还在通过的《中共中央关于今冬明春在农村中普遍展开社会主义和共产主义教育运动的指示》中提出：“工农商学兵合一，乡社合一的人民公社，是现阶段建设社会主义的最好的一种组织形式，也将是未来的共产主义社会的基层单位。”[④]

《决议》规定了办社的具体步骤——并大社、转公社，一气呵成当然更好，不能够一气呵成的，也可以分两步走，并对公社的规模作出了具体规定。《决议》公布仅一个多月的时间，全国农村就基本上实现了人民公社化。据统计，到

① 中共中央党史和文献研究院编：《毛泽东年谱》第六卷，中央文献出版社2023年版，第404页。
② 《建国以来毛泽东文稿》第十二册，中央文献出版社2023年版，第478页。
③ 中共中央文献研究室编：《建国以来重要文献选编》第十一册，中央文献出版社1995年版，第450页。
④ 中共中央文献研究室编：《建国以来重要文献选编》第十一册，中央文献出版社1995年版，第453页。

1958 年 9 月底，全国共建立人民公社 23 397 个，入社农户占农户总数的 90.4%，少数省则实现 100% 入社；平均每个公社有农户 4 797 多户；据 10 个省、市的统计，1 万户至 2 万户的大社有 516 个，2 万户以上的大社有 51 个；河南、吉林等 13 个省有 94 个县建立了以县为单位的县人民公社或县联社。[①] 到 1958 年底，全国 74 万多个农业合作社合并组建成 26 500 多个人民公社，参加农户占农户总数的 99% 以上，参加公社的农民达 1.2 亿多户；平均约 28 个农业合作社并成一个人民公社；平均每个公社有农户近 5 000 户。到 1958 年 10 月底，全国人民公社兴办公共食堂 265 万多个，在公共食堂吃饭的人数占农村人口的 70% ～ 90%；还建有托儿所、幼儿园 475 万多个，敬老院 10 万余个。[②]

3. 人民公社体制的经济特征

人民公社由农业合作社转变而来，但已不是单纯的农村集体经济组织了。它既是一种工农商学兵相结合的基层组织单位，又是中国社会主义国家政权的基层政权单位。创办初期人民公社的特点十分明显：一是在所有制上，生产资料全部归公社所有，三级所有，队为基础；二是在劳动组织上，实行生产组织“军事化”管理，统一调度，集体劳动；三是在分配制度上，采取工资制和供给制相结合的办法，脱离农民生活实际；四是在生活形态上，推行生活集体化，举办公共食堂。可见，创办初期的人民公社体制严重脱离了中国农业生产、农村经济和农民生活的具体实际，不仅没有促进反而阻碍了中国农业生产和农村经济的发展。

随着人民公社“公有化”程度的提高，“共产风”、浮夸风、强迫命令风、生产瞎指挥风和干部特殊化风“五风”愈刮愈烈，问题愈来愈多。一些地方提出了“吃饭不要钱”“放开肚皮吃饭”等口号。这些情况表明，初期的人民公社带有浓厚的平均主义和军事共产主义色彩。“大跃进”运动最大的失误是急于求成，在建设速度上盲目求快；人民公社化运动最大的失误是片面追求提高公有化程度。两者的共同教训，是背离了党倡导的实事求是的原则，脱离了中国社会生产力的发展水平，违背了经济和社会发展的客观规律。[③]

---

① 中共中央党史研究室：《中国共产党历史》第二卷（1949—1978）上册，中共党史出版社 2011 年版，第 496、497 页。

② 中共中央党史和文献研究院：《中国共产党的一百年》，中共党史出版社 2022 年版，第 493 页。

③ 中共中央党史和文献研究院：《中国共产党的一百年》，中共党史出版社 2022 年版，第 494 页。

三、纠“左”的努力与反复

“大跃进”和人民公社化运动的一个重要目标，就是要在最短的时间内使工农业主要产品产量成倍增长、社会主义生产关系迅速巩固。但是，在没有坚实的物质技术基础的前提下，这种盲目追求生产力发展的高速度和生产关系的快速变革的做法，不可能实现预期的目标。中共中央从1958年11月第一次郑州会议到1959年7月庐山会议前期，已经认识到了“大跃进”和人民公社化运动中显现出来的一些严重后果，并积极作出了初步纠“左”的努力。

1. 九个月的初步纠“左”

1958年秋冬，“大跃进”和人民公社化运动的严重后果开始显现。一些农村出现了杀牲口、砍树、藏粮等现象，一些地方遭灾歉收后仍然高报产量并征收过头粮，一些地方急于提出“向共产主义过渡”的口号。由于1958年农业和工业领域的“大跃进”并没有真正带来经济大发展，这种做法很快导致了严重的经济困难和重大经济比例关系失调。

从1958年10月中旬起，毛泽东赴河北、河南、湖北等省调查研究。11月，他在郑州主持召开有中央和地方部分领导人参加的工作会议（即第一次郑州会议），这时他已经有了比较清晰的纠“左”的思路，对“大跃进”中一些地方拆散家庭问题、取消商品生产和商品交换问题、资产阶级法权问题、高指标问题和工作方法问题等都谈了重要意见。就人民公社究竟是扩大自然经济还是商品经济问题，他明确指出“公社要多搞商品生产”①，“必须使每一个公社，并且使每一个生产队，除了生产粮食以外，都要生产商品作物”②。他指出：“现在要利用这个商品生产、商品交换和价值法则，作为有用的工具，为社会主义服务。”“我国是商品生产很不发达的国家，我看还要一个发展阶段。”“必须肯定社会主义的商品生产与商品交换还有积极作用。”③他对一些地方不切实际地提出“向共产主义过渡”问题，指出：“建成社会主义，这好。准备向共产主义过渡，你说十年就过渡了，我就不一定相信”，“人们的想法是一件事，是否符合客观规律，又是一件事”。④他对徐水人民公社进行“共产主义试点”的做法是不赞同的。他在

① 中共中央党史和文献研究院编：《毛泽东年谱》第六卷，中央文献出版社2023年版，第487页。
② 中共中央党史和文献研究院编：《毛泽东年谱》第六卷，中央文献出版社2023年版，第488页。
③ 中共中央党史和文献研究院编：《毛泽东年谱》第六卷，中央文献出版社2023年版，第500页。
④ 中共中央党史和文献研究院编：《毛泽东年谱》第六卷，中央文献出版社2023年版，第490页。

1958年11月郑州会议上批评了徐水人民公社的做法，指出徐水的全民所有制不能算是建成社会主义。“现在有一种偏向，好像共产主义越快越好。实行共产主义是要有步骤的……现在有些人总是想在三五年内搞成共产主义。”[①]他对一些人认为中国无产阶级在农村，农民是无产者，工人是小资产阶级等看法提出批评，并指出：“有的同志读马克思主义教科书时是马克思主义者，一碰到实际问题就要打折扣。”[②]可见，人民公社化运动中的许多做法并不是毛泽东的初衷。正是在他的批评下，徐水人民公社所进行的“共产主义试点”才告结束。

他号召大家读两本书，即斯大林的《苏联社会主义经济问题》和《马克思恩格斯列宁斯大林论共产主义社会》。他指出：“要联系中国社会主义经济革命和经济建设去读这两本书，使自己获得一个清醒的头脑，以利指导我们伟大的经济工作。”[③]他还建议有时间的话可以再读一读苏联人编的《政治经济学教科书》。

之后，他又在武昌主持召开中央政治局扩大会议，围绕人民公社问题和1959年国民经济计划安排问题进行讨论，重点讨论了高指标和浮夸风问题。毛泽东提出“压缩空气”，降低指标特别是钢铁生产指标。毛泽东主持的这两次会议都批评了急于由集体所有制向全民所有制过渡、由社会主义向共产主义过渡，企图过早地取消商品生产和商品交换的错误思想倾向。

1958年11月28日至12月10日，中共八届六中全会在武昌举行，会议讨论并通过了《关于人民公社若干问题的决议》和《中共中央关于一九五九年国民经济计划的决议（草案）》。《关于人民公社若干问题的决议》指出：“无论由社会主义的集体所有制向社会主义的全民所有制过渡，还是由社会主义向共产主义过渡，都必须以一定程度的生产力发展为基础。”“我们既然热心于共产主义事业，就必须首先热心于发展我们的生产力，首先用大力实现我们的社会主义工业化计划”。“继续发展商品生产和继续保持按劳分配的原则，对于发展社会主义经济是两个重大的原则问题，必须在全党统一认识。”[④]会议对1959年国民经济计划指标进行了一些压缩，但是压缩得并不彻底，许多指标仍然远远高于实际可能达到的水平。中共八届六中全会后，各地相继开展整顿人民公社的工作，刹住急于向

① 中共中央党史和文献研究院编：《毛泽东年谱》第六卷，中央文献出版社2023年版，第500页。

② 《毛泽东文集》第七卷，人民出版社1999年版，第436—437页。

③ 《毛泽东文集》第七卷，人民出版社1999年版，第432页。

④ 中共中央文献研究室编：《建国以来重要文献选编》第十一册，中央文献出版社1995年版，第606、607、611页。

全民所有制和共产主义过渡的势头。

2. 纠正和制止农村工作“五风”

毛泽东对中国农村经济关系的变革充满了热情和期待，从农业合作化到人民公社化，都是在他的热情指导和鼓励下实现的。从 1958 年 11 月第一次郑州会议开始，他就一直在探索和思考人民公社的所有制结构和经营管理体制。1959 年 2 月 27 日到 3 月 5 日，中央政治局在郑州召开扩大会议（即第二次郑州会议）。2 月 27 日，毛泽东讲话提出人民公社是什么性质的问题。“现在有许多人还不认识公社所有制必须有一个发展过程，在公社内，由队的小集体所有制到社的大集体所有制，需要一个过程，这个过程要有几年时间才能完成。他们误认人民公社一成立，各生产队的生产资料、人力、产品，就都可以由公社领导机关直接支配。他们误认社会主义为共产主义，误认按劳分配为按需分配，误认集体所有制为全民所有制。他们在许多地方否认价值法则，否认等价交换。因此，他们在公社范围内，实行贫富拉平，平均分配，对生产队的某些财产无代价地上调；银行方面，也把许多农村中的贷款一律收回。‘一平、二调、三收款’，引起广大农民的很大恐慌。”[①] 他提出要纠正平均主义倾向和过分集中倾向。“所谓平均主义倾向，即否认各个生产队和各个个人的收入应当有所差别，而否认这种差别，就是否认按劳分配、多劳多得的社会主义原则。所谓过分集中倾向，即否认生产队的所有制，否认生产队应有的权利，任意把生产队的财产上调到公社来。”[②] 在他的提议下，会议确定了整顿和建设人民公社、遏制“共产风”的 14 句话，即：统一领导，队为基础；分级管理，权力下放；三级核算，各计盈亏；分配计划，由社决定；适当积累，合理调剂；物资劳动，等价交换；按劳分配，承认差别。会议还起草了《关于人民公社管理体制的若干规定（草案）》。毛泽东提出的“统一领导，队为基础”和“三级核算，各计盈亏”得到了广大干部和群众的普遍拥护。同年三四月间，中央政治局上海会议在郑州会议纠“左”的基础上，继续推进整顿人民公社工作。

3. “反右倾”斗争和纠“左”努力的中断

1959 年的经济情况更为严峻。粮、棉、钢、煤四大指标都难以落实，各地物资紧张局面开始显现。7 月 2 日至 8 月 1 日，中共中央在江西庐山召开中央政

① 中共中央党史和文献研究院编：《毛泽东年谱》第六卷，中央文献出版社 2023 年版，第 604 页。

② 中共中央党史和文献研究院编：《毛泽东年谱》第六卷，中央文献出版社 2023 年版，第 605 页。

治局扩大会议。会议期间，彭德怀给毛泽东写了一封信，认为“大跃进”有失有得。毛泽东认为彭德怀的这封“意见书”表现了“资产阶级的动摇性”，是“右倾机会主义的纲领”，致使党内工作方向出现逆转，从纠“左”转而反右。随后召开的中共八届八中全会继续批判彭德怀及其“意见书”，从而在全党开展“反右倾”斗争，纠正“大跃进”错误的努力戛然而止。

全国在“反右倾，鼓干劲”的要求下，掀起了继续进行“大跃进”的高潮。各种名目的“大办”一哄而上，大办钢铁，大办粮食，大办县、社工业，等等。钢铁工业高指标持续上升，农村“五风”日益严重，国民经济比例关系严重失调。1958—1960年三年间，基本建设投资完成1 007亿元，比“一五”期间五年完成的基本建设投资还多70%多，而三年间国家财政收入仅从387.7亿元增长到572.3亿元。尤其是积累率大幅攀升，三年分别达到33.9%、43.8%、39.6%，如此高的积累率只有以牺牲人民群众的消费利益为代价才能实现。工农业比例严重失调，按1957—1960年可比价值计算，工业总产值增长1.3倍，农业总产值下降22.8%；工业内部比例关系也严重失调，钢铁工业“一花独放”，挤占了其他工业部门的发展，尤其是轻工业严重滞后。

4. 继续调整农村经济政策

在迅速掀起的人民公社化运动中，农村经济和农业生产遭受破坏之烈、面临困难之巨，都大大超出了毛泽东的想象。1960年8月10日，中央工作会议通过了《中共中央关于全党动手，大办农业，大办粮食的指示》，要求大力发展农业生产。毛泽东也在中央工作会议上提出，农村以生产队为基本核算单位的三级所有制，至少5年不变，死死地规定下来。要有部分的个人所有制，总要给每个社员留点自留地。

针对人民公社化运动中农村“共产风”、浮夸风、强迫命令风、生产瞎指挥风和干部特殊化风盛行问题，1960年10月，中共中央决定在农村开展整风整社运动。11月3日，中共中央向全党和全国人民发出《关于农村人民公社当前政策问题的紧急指示信》(即“十二条”，简称《紧急指示信》)。《紧急指示信》的主要内容是：三级所有，队为基础，是现阶段人民公社的根本制度，从1961年算起，至少7年不变；坚决反对和彻底纠正“一平二调”的错误；加强生产队的基本所有制；坚持生产小队的小部分所有制；允许社员经营少量的自留地和小规模的家庭副业；少扣多分，尽力做到90%的社员增加收入，分配给社员消费的部分，一般应该占可分配的总收入的65%左右；坚持各尽所能、按劳分配的原则，供给部分和工资部分三七开，至少在今后20年内，人民公社的分配原则还是按劳分配；从各方面节约劳动力，加强农业生产第一线；安排好粮食，办好公共食堂；有领导有计划地恢复农村集市，活跃农村经济；认真实行劳逸结合，必须保证社员每天睡足8小时；放手发动群众，整风整社。《紧急指示信》是国民经济调整时期一个关系到经济工作全局的重要文件，是大幅度调整农村政策以战胜经济困难的重要开端。

1960年12月24日至1961年1月13日的中央工作会议在《紧急指示信》的基础上，进一步确定了以下重点具体政策：一是提高农副产品收购价格和退赔平调账，分两步走。二是社员家庭副业和手工业，是社会主义经济的必要补充，是大集体下的小自由，允许有适当发展；社员自留地占当地每人平均耕地面积的比例，从《紧急指示信》规定的5%提高到7%。三是对农村集市采取活而不乱、管而不死的方针。目前要放手活跃农村集市，不要过多限制。

总之，毛泽东和中央领导集体对社会主义建设规律得到了一些新的认识，但由于这些认识还是在肯定“大跃进”和人民公社的前提下及框架内进行的，因此这种探索成果还不巩固。

5. 国民经济出现严重困难局面

三年“大跃进”造成了巨大浪费，大批已建项目和在建项目不能正常生产或使用，特别是成千套小高炉、小转炉、小轧机只得就地报废。而农业生产遭受的破坏最为突出，农民作出的牺牲最为巨大。高估产导致高征购，尤其是1959年粮食征购困难又被误认为是农民“瞒产私分”。一些地方出现了“高压”征购方式，甚至出现了连农民的口粮和种子粮也被征购的情况，造成了农民生产生活的严重困难。

“大跃进”和人民公社化运动是中国共产党在探索中国自己的建设道路过程中的一次严重失误。在较短时期内较快地发展国民经济的良好愿望和实际经济效果之间出现了巨大的反差。客观地讲，在“大跃进”期间，中国工业特别是重工业得到了显著增长，在中央和地方的大量资金投入中，一批重点项目或重大项目开工或建成，先后施工建设的大中型项目有2 200多个，其中大约有1 000个建成；各地上马小型工业项目9万多个；全民所有制工业企业固定资产在三年左右的时间中增加了一倍还多，从1957年的334.6亿元增长到1960年的721.8亿元。但不可否认的是“大跃进”在经济建设上是打了一场“烂仗”，对社会生产力造成了极大破坏。第一，它加剧了国民经济比例关系的严重失调。从1958年到 1960 年三年，中国的积累率分别高达 33.9%、43.8%、39.6%，各种经济关系均十分紧张；工农业比例失调，重工业大大超前并畸形发展，农轻重三大产业比例 1957 年为 43.3∶31.2∶25.5，1958 年为 34.3∶30.5∶35.2，1959 年为 25.1∶31.1∶43.8，1960 年为 21.8∶26.1∶52.1。第二，它造成了国家财政困难和商品市场空前紧张。由于大大超过国力的工业建设和财政支出导致财政赤字增加和国库空虚，人民生活必需的各种商品严重短缺。第三，农业生产遭受极大破坏，不仅严重挫伤了广大人民群众的生产积极性，而且也极大地破坏了农村的社会生产力。特别是高估产和高征购，使农村多年积累起来的经济实力受到严重削弱和打击，加之自然灾害的影响，中国农村粮食生产急剧滑坡，三年间粮食产量分别仅为 4 000 亿斤、3 400 亿斤和 2 870 亿斤，1960 年的产量仅相当于 1951 年的水平。仅以 1960 年与 1957 年相比，主要农产品中粮食减产 26%、棉花减产 35%、油料减产 54%、大牲畜减少 13%。第四，经济困难导致人民生活水平急剧下降，许多地区因严重缺粮而相当普遍地发生浮肿病，不少省份农村非正常死亡人口急剧增加。另外，苏联政府于 1960 年 7 月照会中国，单方面决定召回全部在华的 1 390 名苏联专家，撕毁了中苏两国政府签订的 12 个协议、343 个专家合同和合同补充书，废除了 257 个科学技术合作项目，这使得中国 250 多个企业和事业单位的建设处于停顿或半停顿状态①，加重了中国经济建设的困难。

尽管这一时期经济发展和经济建设出现了严重的困难，但在“一五”计划时期规划建设的许多重要工业项目还是如期建成投产。例如：大冶冶炼厂于 1960 年 4 月建成投产，生产出第一包冰铜、第一炉粗铜；白银有色金属公司露天矿、选矿厂、冶炼厂在这一时期建成投产；湖南株洲硬质合金厂于 1958 年 4 月建成投产，生产的钨、钼、钽、铌等填补了我国合金制品的空白；兰州炼油厂于 1959 年 3 月正式投产，一期设计规模为年加工原油 100 万吨；哈尔滨汽轮机厂于 1958 年投产，设计制造了我国第一台 2.5 万千瓦汽轮机；洛阳第一拖拉机制造厂于 1959 年 11 月建成投产，生产“东方红”牌拖拉机，是我国特大型机械制造企业；华北制药厂于 1958 年 6 月建成投产，开创了我国大规模生产抗生素药品的历史，结束了我国青霉素、链霉素依赖进口的历史。这些建设成就都在那一段经济建设和经济发展史上留下了浓墨重彩的一笔。

---

① 《阎明复回忆录》（二），人民出版社 2015 年版，第 589 页。

本章小结

1. 探索经济建设道路的尝试。“一五”计划的超额完成和三大改造的基本完成，推动中国由新民主主义经济过渡到社会主义经济，中国由此建立起以单一公有制和计划经济为特征的社会主义经济制度和经济体制。这些都使中国共产党加深了对中国国情的认识，积累了经济建设的丰富经验，为探索中国自己的经济建设道路创造了条件。从1956年至1957年，以毛泽东同志为主要代表的中国共产党人开始对适合中国国情的社会主义建设道路进行卓有成效的探索，取得了重大的理论成果。这些成果集中体现在中共八大确定的正确路线、《论十大关系》和《关于正确处理人民内部矛盾的问题》之中。

2.《论十大关系》的发表。毛泽东《论十大关系》是中国共产党人探索中国自己的发展道路的重要标志。1956年4月，毛泽东作了题为《论十大关系》的著名讲话。在《论十大关系》中，他把探索中国自己的社会主义建设道路的任务提到全党面前，并论述了中国经济建设的一系列重要原则。十大关系包括：重工业和轻工业、农业的关系，沿海工业和内地工业的关系，经济建设和国防建设的关系，国家、生产单位和生产者个人的关系，中央和地方的关系，汉族和少数民族的关系，党和非党的关系，革命和反革命的关系，是非关系，中国和外国的关系。他说：“提出这十个问题，都是围绕着一个基本方针，就是要把国内外一切积极因素调动起来，为社会主义事业服务。”毛泽东后来说，1956年的《论十大关系》开始提出我们自己的建设路线。1957年2月，毛泽东在最高国务会议第十一次（扩大）会议上作了题为《如何处理人民内部的矛盾》的讲话，并于1957年6月19日在《人民日报》上公开发表了题为《关于正确处理人民内部矛盾的问题》的文章。

3. 中共八大和党的主要任务的确定。1956年9月中共八大召开，这是在中国基本完成社会主义改造、开始进行社会主义建设的关键时刻召开的重要会议。中共八大确定的正确路线标志着我们对社会主义的认识和对中国自己的社会主义建设道路的探索达到了新的水平。大会明确指出，中国国内的主要矛盾不再是工人阶级和资产阶级的矛盾，已经是人民对于建立先进的工业国的要求同落后的农业国的现实之间的矛盾，已经是人民对于经济文化迅速发展的需要同当前经济文化不能满足人民需要的状况之间的矛盾。大会及时提出，党的工作重心由过渡时期的革命与建设并举，转移到社会主义经济建设上来。大会指出，全党全国人民的主要任务已经由解放生产力变为发展和保护生产力，尽快把中国建设成先进的工业国。

4. 社会主义建设总路线的制定。社会主义建设总路线是：鼓足干劲、力争上游、多快好省地建设社会主义。总路线是 1958 年 5 月中共八大二次会议根据毛泽东的创议通过的，是中国社会主义建设时期的基本路线。总路线是 1958—1978 年中国经济建设的基本指导，反映了党和广大人民群众迫切要求尽快改变中国经济文化落后状况的普遍愿望，是凝聚全体人民共识的建设旗帜。总路线存在的问题是忽视了客观经济规律，夸大了主观意志的作用；导致了“用最高的速度来发展我国的社会生产力”“速度是总路线的灵魂”“快，这是多快好省的中心环节”等错误认识的产生，这些错误认识都带来了比较严重的后果。

5.“大跃进”运动。毛泽东提出在中国社会主义经济建设中，必须反对庸俗的平衡论或均衡论，反对消极的平衡方法。他号召中国人民应该有一个远大的规划，要在几十年内，努力改变中国在经济上和科学文化上的落后状况，迅速达到世界上的先进水平。在他的鼓舞下，各行各业纷纷提出或制定了很高的发展目标和指标，经济生活中过热的情绪急剧升温。1957 年 11 月 13 日，《人民日报》发表了经毛泽东审阅同意的社论《发动全民，讨论四十条纲要，掀起农业生产的新高潮》。社论对反冒进进行了公开的批评，认为我们“有条件也有必要在生产战线上来一个大的跃进”。成都会议接受了毛泽东提出的“生产计划要有两本账”的观点，标志着整个国民经济计划开始被纳入“大跃进”的轨道。中共八大二次会议是一次全面发动“大跃进”的会议。会后，“大跃进”运动在全国范围内从各方面开展起来。

6. 人民公社化运动。毛泽东关于在农村把工农商学兵组成一个大公社，并将其作为中国社会基本单位的思想，大大推动了农村人民公社体制的形成。1958年8月北戴河会议通过的《中共中央关于在农村建立人民公社问题的决议》论述了农村成立人民公社的“必然性”。该决议公布仅一个多月的时间，全国农村就基本上实现了人民公社化。据统计，到1958年底，全国74万多个农业合作社合并组建成26 500多个人民公社，参加农户占农户总数的99%以上；全国平均约28个农业合作社并成一个人民公社，平均近5 000户一个公社。随着人民公社“公有化”程度的提高，“共产风”、浮夸风、强迫命令风、生产瞎指挥风和干部特殊化风“五风”愈刮愈烈。

7. 国民经济出现严重困难。“大跃进”和人民公社化运动是中国共产党在探索中国自己的建设道路过程中的一次严重失误，它对社会生产力造成了极大破坏：一是它加剧了国民经济比例关系的严重失调，各种经济关系均十分紧张，工农业比例失调，重工业畸形发展；二是它造成了国家财政困难和商品市场空前紧张，导致国库空虚，人民生活必需的各种商品严重短缺；三是农业生产遭受极大破坏，三年间粮食产量分别仅为4 000亿斤、3 400亿斤和2 870亿斤，1960年的产量仅相当于1951年的水平；四是经济困难导致人民生活水平急剧下降，不少省份农村非正常死亡人口急剧增加。

关键概念和重要事件

向现代科学进军　　《论十大关系》

中共八大和党的主要任务　　综合平衡

社会主义建设总路线　　冒进与反冒进

“大跃进”运动　　人民公社化运动

思考题

1. 简述《论十大关系》的主要内容和理论价值。

2. 简述中共八大关于党的主要任务的论述。

3. 如何评价中共八大前后对中国发展道路的探索？

4. 怎样评价社会主义建设总路线？为什么一些人错误地认为“速度是总路线的灵魂”？

5. 简述人民公社化运动中农村的经济制度。

6. 简述国民经济“大跃进”的经验与教训。

本章阅读文献

1. 中共中央党史和文献研究院：《中国共产党的一百年》，中共党史出版社 2022 年版。

2. 中共中央党史研究室：《中国共产党历史》第二卷（1949—1978）上册，中共党史出版社 2011 年版。

3.《中华人民共和国简史》编写组编著：《中华人民共和国简史》，人民出版社、当代中国出版社 2021 年版。

4. 当代中国研究所：《中华人民共和国史稿》第二卷，人民出版社、当代中国出版社 2012 年版。

5. 常明明主编：《中国共产党经济思想史（1921—2021）》第二卷，经济科学出版社 2021 年版。

拓展阅读

第五章　国民经济的全面调整及恢复与发展

主要内容

本章主要介绍和分析面对“大跃进”和人民公社化运动对社会生产力造成的极大破坏，毛泽东提出大兴调查研究之风，随后中共中央提出调整国民经济的八字方针，且根据具体实际制定和出台了一系列经济调整政策，开始对国民经济进行全面调整。经过五年的艰苦努力，基本完成了国民经济调整的任务，各项事业都出现了恢复发展的局面，特别是以工业学大庆、农业学大寨为代表的中国人民艰苦奋斗、不怕牺牲的精神在国民经济调整中发挥了重要的作用。从1958年到1965年，中国国民经济和各项事业都取得了一系列重大进展和重要成果。

持续三年之久的“大跃进”，给刚刚完成过渡时期总任务并开始进行社会主义建设的中国造成了巨大的损失。在“左”的思潮推波助澜下，违反科学的盲目冒进和脱离理性的群众运动，不仅没有促进中国国民经济的迅速发展，反而使1956年前后出现的探索中国自己发展道路的努力和国民经济健康发展的势头遭受严重挫折。进入20世纪60年代以后，党中央和毛泽东认真总结“大跃进”和人民公社化运动的历史教训，开始对国民经济进行艰苦的调整。在十分艰难的条件下，经过五年的艰苦努力，中国国民经济才恢复到正常的发展状态。

第一节 “调整、巩固、充实、提高”的方针

面对中国国民经济出现的严重困难，党的领导人和各级领导干部的头脑开始冷静下来。从1960年到1962年初七千人大会前，是国民经济调整的第一个阶段。

一、对国民经济困难认识的不断加深

对国民经济进行调整是一件十分困难的事情，这不仅是由于“大跃进”和人民公社化运动在短时期内对国民经济发展和社会生产力造成了严重破坏，而且还由于许多人在头脑中仍然不愿意承认国民经济发展出现了严重困难，仍保持着进一步“跃进”的思想和情绪。让已经驶入“快车道”的经济真正把速度降下来，不是一件容易办到的事情。在人们的头脑中，1960年还是进行“大跃进”的一年。生产指标越提越高，工业规模越来越大，基本建设项目越来越多，导致大批农村劳动力流入城市，商品粮供应越来越紧张。在此情况下，毛泽东提出要转入主动，改变被动局面，决心降低计划指标。

1960年6月8日至18日，中央政治局扩大会议在上海召开，讨论第二个五年计划后三年（1960—1962年）的补充计划。毛泽东在会上特别谈了计划问题，要求降低计划指标，把质量问题提到第一位。他说：“一九五六年八大一次会议通过的‘二五’计划……最好的部分就是指标打得低的那部分，现在谁说八大犯了右倾机会主义错误呢？”“八大有两条经验，第一，大多数项目，以钢为例，打得很低……以致给我们留了很大余地，留了三年的余地。第二，有些指标打高了，就是棉、油、糖。”他提出，要按照实际可能办事，还要打点回旋余地。他特别谈到这次会议要解决质量第一问题，“报告指标要修改，讲质量、品种、规格，把这个提到第一位，把数量放到第二位”。[①]会议最后一天，毛泽东写了《十年总结》并就三年补充计划又发表了讲话，仍认为国家计委提出的有关计划新方案没有留有余地。

《十年总结》是毛泽东经过较长时间思考之后对新中国十年经验的一个总结。他在谈到“大跃进”中出现的许多问题时表示，主要是“在这一段时间内，思想方法有一些不对头，忘记了实事求是的原则，有一些片面思想（形而上学思想）”，并

① 中共中央党史和文献研究院编：《毛泽东年谱》第七卷，中央文献出版社2023年版，第414、415页。

表示："我本人也有过许多错误。有些是和当事人一同犯了的。"他说：高指标要下决心改，改过来就完全主动了。"主动权是一个极端重要的事情。主动权，就是'高屋建瓴'、'势如破竹'。这件事来自实事求是，来自客观情况对于人们头脑的真实的反映，即人们对于客观外界的辩证法的认识过程。"他特别指出："对于我国的社会主义革命和建设，我们已经有了十年的经验了，已经懂得了不少的东西了。但是我们对于社会主义时期的革命和建设，还有一个很大的盲目性，还有一个很大的未被认识的必然王国。我们还不深刻地认识它。我们要以第二个十年时间去调查它，去研究它，从其中找出它的固有的规律，以便利用这些规律为社会主义的革命和建设服务。"[①] 毛泽东在总结中还提到了价值法则、等价交换、自给生产、交换生产等问题。他已经提出了坚持实事求是思想路线，总结新中国成立以来建设经验教训的问题。

实际上在此之前，在探索中国社会主义建设道路时，毛泽东就多次提倡领导干部要学习一点政治经济学。他带头研读斯大林的《苏联社会主义经济问题》和苏联的《政治经济学教科书》，并组织读书小组。例如，他提出："究竟中国国民经济有计划发展的客观经济法则是什么？是不是就是我们这个总路线这一套？我们总路线这一套是不是完全反映或者相当程度地反映了客观法则？"又如，他提出如何认识社会主义商品生产问题时指出："现在，我们有些人大有要消灭商品生产之势。他们向往共产主义，一提商品生产就发愁，觉得这是资本主义的东西，没有分清社会主义商品生产和资本主义商品生产的区别，不懂得在社会主义条件下利用商品生产的作用的重要性。这是不承认客观法则的表现"，"商品生产，要看它是同什么经济制度相联系，同资本主义制度相联系就是资本主义的商品生产，同社会主义制度相联系就是社会主义的商品生产"。[②] 在国民经济发展遭遇挫折之时，毛泽东和他的读书小组于1959年12月至1960年2月集中研读了《政治经济学教科书》，并表示要下决心搞通社会主义政治经济学这门学问。

只是由于形势的急剧变化，这一历史进程未能顺利进行下去。1960年6月在布加勒斯特召开的罗马尼亚工人党第三次代表大会上，苏共中央第一书记赫鲁晓夫对中国共产党进行了激烈攻击，将中苏两党的意见分歧公开化。7月16日，苏联政府照会中国政府，单方面宣布召回苏联专家。7月25日，苏联政府通知

---

① 《建国以来毛泽东文稿》第十五册，中央文献出版社2023年版，第248—250页。

② 中共中央党史和文献研究院编：《毛泽东年谱》第六卷，中央文献出版社2023年版，第504—506页。

中国政府：自7月28日至9月1日，将全部撤回在华专家1 390人，终止派遣专家900名并撕毁12个协议、343个专家合同和合同补充书，废除257个科学技术合作项目。苏联专家在撤走时带走了所有图纸、计划和资料。与此同时，苏联停止供应中国建设急需的重要设备，大量减少供应成套设备和各种设备中的关键部件，导致一些重大建设项目和科研项目中断，一些处于试验生产阶段的厂矿企业不能按期投产。这对处于经济困难时期的中国经济建设来说无疑是雪上加霜，中苏两党两国的关系也因此急剧恶化。

1960年七八月间，中共中央在北戴河举行工作会议，会议通过了《中共中央关于开展以保粮、保钢为中心的增产节约运动的指示》《中共中央关于全党动手，大办农业，大办粮食的指示》《中共中央关于全党大搞对外贸易收购和出口运动的紧急指示》。这三个指示的主要内容是：提出当前的中心任务是鼓足革命干劲，掀起一个群众性的增产节约运动的高潮，缩短基本建设战线，保证生产，保粮保钢；认真清理劳动力，加强农业生产第一线，保证农业生产；加大对外贸出口物资的收购工作，争取早日还清苏联借给中国的贷款。8月19日，中共中央批准了国家计委党组和国家建委党组提出的《关于缩短基本建设战线保证生产的措施》的报告，指出："必须下决心缩短今年的基本建设战线，集中力量，保证重点，特别是注意保粮、保钢和保国防尖端项目。"[①] 这个报告的主要内容为：一是大幅度压缩基本建设项目，确保重点项目建设，停建缓建一批项目；二是坚决贯彻执行勤俭建国的方针；三是限额以下的建设项目由各地方从严掌握；四是今冬明春（即1960年冬1961年春）水利建设所用劳动力不得超过一千万人；等等。

二、调整国民经济方针的提出及执行

正是由于经济形势日趋严峻，中央才下决心在"二五"计划剩下的两年时间里按照"调整、巩固、充实、提高"的八字方针对国民经济进行调整。

1. 八字方针的提出

要缓解严重的经济困难，寻求治本之策，就必须采取坚决措施把已经很高的经济指标压下来，而且首先要将1961年的计划指标压下来。1960年8月中下旬，

① 中央档案馆、中共中央文献研究室编：《中共中央文件选集（1949年10月—1966年5月）》第三十四册，人民出版社2013年版，第558页。

在国家计委按照中央进一步降低指标的要求编制 1961 年国民经济计划时，李富春提出编制的方针应当以整顿、巩固、提高为主。8 月底，周恩来在听取国家计委汇报时，又提出了“充实”的要求，并将“整顿”改为“调整”。这样就形成了完整的“调整、巩固、充实、提高”的八字方针。周恩来指出：“‘调整’的目的，是为了更好地扩大再生产；‘巩固’，是为了再前进；‘充实’，是为了搞好配套，使生产能力得到充分发挥；‘提高’就更容易懂了。”[①]他还特别强调指出：“执行这八字方针的任务是很紧张的，绝不是轻松的，问题是我们要主动的有秩序的有计划的紧张。”[②]李富春在 1961 年 7 月召开的全国计划会议上进一步阐述八字方针：“调整，主要是调整速度、比例关系、工业布局，调整机构、体制，精工简政；巩固，主要是巩固现有阵地，巩固已经取得的基础，巩固中还包括淘汰；充实，主要充实薄弱环节，填平补齐，但要逐年的补，逐年的填；提高，主要是提高质量、品种、技术、劳动生产率、企业管理水平和职工的觉悟程度。”[③]

1960 年 9 月底，中共中央批转了国家计委党组已经大大压缩了经济增长数字的《关于一九六一年国民经济计划控制数字的报告》，并将八字方针作为调整国民经济的指导方针予以公布。报告的主要内容如下：一是要更好地贯彻执行以农业为基础的方针，全党全民大办农业、大办粮食，各行各业都要尽可能支援农业，争取农业丰收。二是工业发展要注意增加品种，提高质量，填平补齐，抓紧设备维修和产品配套，加强新产品的研究、设计和试制，加快国防新技术的发展。三是基本建设必须以中小为主，分别轻重缓急，进行排队，继续缩短战线，集中力量打歼灭战；非必要的非生产性建设一律停止。四是在全面安排劳动力和人民生活的条件下，安排国家的生产和建设，保证群众过好日子，保证灾区群众休养生息；增产生活消费品和控制社会购买力相结合，保证市场的稳定。五是有重点有计划地发展科学技术力量；各项文教事业必须有控制地发展，着重巩固提高，密切结合生产。

对国民经济采取“急刹车”式的调整，在党内和群众中还有一个接受过程，许多人对于经济困难的认识还很不够。毛泽东等党的领导人反复论述当时我们面

① 中共中央文献研究室编：《周恩来传（1898—1976）》下，中央文献出版社 2008 年版，第 1402 页。

② 中共中央文献研究室编：《周恩来年谱（1949—1976）》中卷，中央文献出版社 1997 年版，第 379 页。

③ 房维中、金冲及主编：《李富春传》，中央文献出版社 2001 年版，第 565—566 页。

临的形势与困难，要求大家要有思想准备。1960年12月24日至1961年1月13日，中共中央召开工作会议，讨论农村整风整社和纠正“五风”问题、1961年国民经济计划问题等。毛泽东在会议期间多次召集有关方面负责人，听取汇报，讨论问题。例如，关于1961年经济工作，他说：“大家对明年要有精神准备，把富日子当穷日子过，当灾年过，这一条很重要。”关于工作安排的顺序，他提出：“第一是吃饭，第二是市场，第三是建设。”①他还说：“现在看来，搞社会主义建设不要那么十分急。十分急了办不成事，越急就越办不成，不如缓一点，波浪式地向前发展。”②

1961年1月14日至18日，中共八届九中全会召开。根据中国经济工作中出现的比例关系严重失调和严重不平衡问题，会议决定从1961年起对整个国民经济实行“调整、巩固、充实、提高”的方针。毛泽东在会上指出：“近几年来我们也做了一些调查研究，但是比较少，对情况不甚了了，对刮‘共产风’情况就不明。中间又夹了一个庐山会议反右，打乱了反‘左’。”“今年不搞两本账，上下只搞一本账，决不要层层加码，总而言之是实事求是，一切从实际出发。坚决实行等价交换，按劳分配，多劳多得，少劳少得。坚决退赔‘共产风’刮来的东西，不许可不退不赔。应该退赔的要彻底退赔，农村里坚决整掉‘五风’。”③会议着重讨论了1961年国民经济计划和贯彻此前中央发出的《紧急指示信》以及农村整风整社问题，听取了李富春作的关于1960年国民经济计划执行情况和1961年国民经济计划主要指标的报告。会后，我国按照八字方针制定和出台了一系列经济调整政策，开始对国民经济进行全面调整。

以《紧急指示信》和中共八届九中全会为标志，党的指导方针发生了重要转变。

1961年3月，毛泽东在广州召开的中央工作会议上再次强调调查研究的重要性。受周恩来的委托，李富春主持了对经济的调整工作。他与有关部门负责人一起“压缩空气”，通过控制需求的办法解决需求与供给之间的严重不平衡问题，首先就是压缩基本建设投资规模。

这一时期相当一批项目停建下马。例如1960年全国施工的大中型项目有1 815个，到1963年压缩到1 017个，从基本建设“上马金、下马银”的投资经

① 中共中央党史和文献研究院编：《毛泽东年谱》第七卷，中央文献出版社2023年版，第512页。
② 中共中央党史和文献研究院编：《毛泽东年谱》第七卷，中央文献出版社2023年版，第523页。
③ 中共中央党史和文献研究院编：《毛泽东年谱》第七卷，中央文献出版社2023年版，第525页。

验来看，真可谓是“伤筋动骨”的调整了；对于在建项目按照轻重缓急安排施工顺序，也按照缩（缩小建设规模）、慢（放慢建设速度）、并（合并相同项目，减少重复建设）、简（厉行节约，适当简化）、结（即将建成项目，结尾建成）、保（重要和急需项目，集中财力物力保证如期投产）等方式进行安排。

1961年1月，中共中央作出《关于调整管理体制的若干暂行规定》，强调经济管理权要集中到中央、中央局、省（市、自治区）委三级，将1958年以来各级下放得不适当的人权、财权、商权、工权一律收回，实行生产和建设全国一盘棋、上下一本账，基本恢复了集中统一的管理体制。① 例如对投资建设方面的调整就是立足于四个转变：一是投资规模由恶性膨胀向同财力、物力相适应转变，工业要退够，基本建设要退够；二是投资的分配和使用由“以钢为纲”向按农、轻、重为序安排转变，压缩重工业投资，调整投资结构和方向；三是基本建设管理权限由放得过多、过散、过下向恢复集中统一转变；四是由否定一切规章制度向重申严格按基本建设程序办事转变，恢复和重建投资管理的规章制度。②

在社会主义经济建设实践和国民经济调整过程中，毛泽东对发展工业和发展农业同时并举的主张进行了理论概括，逐步形成了“以农业为基础、以工业为主导”的经济思想。1962年9月中共八届十中全会明确提出：“当前的迫切任务是：贯彻执行毛泽东提出的以农业为基础、以工业为主导的发展国民经济的总方针，把发展农业放在首要地位，正确处理工业与农业的关系，坚决把工业部门的工作转移到以农业为基础的轨道上来。”③

2. 不断下调过高的经济指标

在1961年5月21日至6月12日召开的中央工作会议上，陈云、李富春提出“要退够站稳，按比例前进”。李富春报告了继续下调钢产量指标到1 000万吨至1 100万吨，指出：“重工业这样下降，是一个惩罚，是因为没有按规律办事。重工业速度发展过快，基本建设拉长了，城市人口增多了，工农矛盾

① 中共中央文献研究室编：《建国以来重要文献选编》第十四册，中央文献出版社1997年版，第102—104页。

② 曾培炎主编：《中国投资建设50年》，中国计划出版社1999年版，第65页。

③ 中共中央党史和文献研究院编：《毛泽东年谱》第八卷，中央文献出版社2023年版，第150—151页。

突出了，所以退也是应该的。”[①] 毛泽东赞同李富春的建议：“退得够，这样好。无非是外国人骂，说中国人不行。过去战争，人家说我们不行，后来不就行了?！现在我们就要老老实实承认没有学会，还要十一年才能搞好，至少要十年。不退，你有什么办法?”[②]刘少奇在会议上作了题为《当前经济困难的原因及其克服的办法》的讲话，提出“工业战线要缩短，农业战线要延长”；并指出在工业、农业战线出现的高指标、高征购问题“是从中央起要负责的”；还说“从全国范围来讲，有些地方，天灾是主要原因，但这恐怕不是大多数；在大多数地方，我们工作中间的缺点错误是主要原因”。[③]

根据中央工作会议精神，国家计委于七八月间召开全国计划会议。李富春提出调整的目的是要“解决工业与农业相适应的问题、生产消费与个人消费相结合的问题、轻重工业和重工业内部的比例关系问题，从各方面提高质量和经济核算的问题”[④]。他的意见成为会议讨论和编制1961年、1962年国民经济计划控制数字的指导性意见，会议提出必须坚决地、认真地贯彻执行“调整、巩固、充实、提高”的方针，并且以调整为中心。调整的内容主要有：一是坚决缩短重工业战线，适当降低重工业发展速度，加强农业和轻工业战线。在人力、物力和财力的分配上，要先安排农业的需要，其次安排轻工业和手工业的需要，然后安排重工业的需要。二是在重工业内部，要逐步加强采掘和采伐工业战线，并且使重工业生产适合支援农业、轻工业和增强国防的需要。三是坚决缩短基本建设战线。原料、材料和劳动力的分配，要严格遵守先维修后生产、先生产后基建的原则。对于基本建设项目，必须逐个审查，严格控制。四是努力提高产品质量，增加产品品种，争取在质量、品种方面实现跃进。努力减少物资消耗，节约开支，降低生产成本，提高劳动生产率，讲究经济效果，增加社会主义积累。五是维修好现有设备，并且采取截长补短、填平补齐的办法，有步骤地加强薄弱环节，使各个行业、各个企业的生产能力逐步成龙配套。六是调整城乡关系。坚决压缩城镇人口，精减职工，支援农业生产，减轻城市对农村的压力。尽可能增加对农村的工业品供应，以换取农副产品供应城市。七是整顿和健全各个部门、各个地区、各

---

① 房维中、金冲及主编：《李富春传》，中央文献出版社2001年版，第562页。

② 房维中、金冲及主编：《李富春传》，中央文献出版社2001年版，第563页。

③ 《刘少奇选集》下卷，人民出版社1985年版，第336、337页。

④ 房维中、金冲及主编：《李富春传》，中央文献出版社2001年版，第565页。

个企业相互之间的经济协作关系。八是整顿企业和事业单位，健全责任制度，建立正常的生产秩序和工作秩序。[①]会议根据上述要求，对之后两年的计划指标再次进行了压缩。

1961 年 8 月 23 日至 9 月 16 日，中共中央在庐山召开工作会议。会议通过了《关于当前工业问题的指示》，明确提出："为了有系统地解决当前工业发展中存在的严重问题，逐步协调工业内部各行业之间、工业和农业之间、城市和农村之间的关系，所有工业部门，在今后七年内，都必须毫不动摇地切实地贯彻执行调整、巩固、充实、提高的方针。在今后三年内，执行这个方针，必须以调整为中心。"[②]明确指出："我们已经丧失了一年多的时机。现在，再不能犹豫了，必须当机立断，该退的就坚决退下来，切实地进行调整工作。如果不下这个决心，仍然坚持那些不切实际的指标，既不能上，又不愿下，那末，我们的工业以至整个国民经济就会陷入更被动、更严重的局面。"[③]

1961 年 10 月，中共中央批转了国家计委党组《关于第二个五年计划后两年补充计划（控制数字）的报告》，报告对国民经济计划指标作出重大调整，体现了"退够站稳"的工作基调。1961 年计划指标由年初确定的指标调整为如下新的指标：基本建设投资由 167 亿元降至 78 亿元，钢指标由 1 900 万吨降至 850 万吨，原煤指标由 4.36 亿吨降至 2.74 亿吨，棉纱指标由 450 万件降至 350 万件，粮食指标由 4 100 亿斤降至 2 700 亿斤。1962 年的计划指标调整为：基本建设投资 42.3 亿元，钢产量 750 万吨，煤产量 2.5 亿吨，粮食产量相比上年增产 8%～10%。

三、大兴调查研究之风

进行调查研究是中国共产党优良的工作方法和工作作风，在发展顺利的时候要进行调查研究，在发展经受挫折的时候更要进行调查研究。

在 1961 年 1 月的中央工作会议上，毛泽东号召全党上下保持清醒头脑，大

① 中央档案馆、中共中央文献研究室编：《中共中央文件选集（1949 年 10 月—1966 年 5 月）》第三十八册，人民出版社 2013 年版，第 144—145 页。

② 中共中央文献研究室编：《建国以来重要文献选编》第十四册，中央文献出版社 1997 年版，第 615 页。

③ 中共中央文献研究室编：《建国以来重要文献选编》第十四册，中央文献出版社 1997 年版，第 617 页。

兴调查研究之风。他在分析这几年工作中出现的问题后提出，干部特别是领导干部要做到情况明、决心大、方法对，“今年搞一个实事求是年”。对于经济发展和经济工作出现的困难，他提出：“今年、明年、后年搞扎实一点，不要图虚名而招实祸。”他对出席会议的干部提出：“我希望同志们回去之后，要搞调查研究，把小事撇开，用一部分时间，带几个助手，去调查研究一两个生产队、一两个公社。在城市要彻底调查一两个工厂、一两个城市人民公社。”“这些年来，我们的同志调查研究工作不做了。要是不做调查研究工作，只凭想像和估计办事，我们的工作就没有基础。所以，请同志们回去后大兴调查研究之风，一切从实际出发，没有把握就不要下决心。”① 他在中共八届九中全会上再次提出：“希望今年这一年，一九六一年成为一个调查年，大兴调查研究之风。调查要在实际中去调查，在实践中间才能认识客观事物。”②

可以说，重新提倡调查研究是 20 世纪 60 年代初期我们党的工作的重要转变和各条战线调整政策制定的思想先导。

毛泽东率先垂范，他直接领导了由陈伯达、胡乔木、田家英率队的三个调查组，分别到广东、湖南、浙江去调查。三个调查组向他提供了许多具体、生动的第一手材料。其他党和国家领导人也深入基层，就工、农、商、文教等领域作了大量调查研究，刘少奇率队深入湖南农村进行调查研究，周恩来率队深入河北基层进行调查研究，朱德率队深入四川等地基层进行调查研究，邓小平和彭真直接领导五个调查组深入北京远近郊农村进行调查研究，陈云率队到上海郊区深入基层进行调查研究等。中央国家机关也组织了多个调查组深入企事业单位、城市农村等进行调查研究，例如国家计委、国家经委等组成了若干调查组深入基层、企业进行调查研究，到鞍山钢铁公司、石景山钢铁厂、华北无线电厂、太原钢铁公司等单位了解实际情况。这次从中央到地方大规模开展的调查研究，是新中国成立以来截至当时最为深入、最大规模、最有成效的调查研究。正是在广泛的调查研究中，大家对中国国民经济存在的严重困难的认识接近了，对调整国民经济的八字方针的认同增加了，从而使党在各条战线的调整工作得以比较顺利地开展。

1961 年 5 月 21 日至 6 月 12 日，中共中央召开工作会议，这是在毛泽东号

① 中共中央党史和文献研究院编：《毛泽东年谱》第七卷，中央文献出版社 2023 年版，第 523—524 页。

② 中共中央党史和文献研究院编：《毛泽东年谱》第七卷，中央文献出版社 2023 年版，第 526 页。

召大兴调查研究之风之后召开的一次中央工作会议。与会者对实际情况已经有了较多的了解，会议的氛围有了明显的改观，大家比较敢于讲真话、说实情了。毛泽东提出："社会主义谁也没有干过，没有先学会社会主义的具体政策而后搞社会主义的。我们搞了十一年社会主义，现在要总结经验。""现在同志们解放思想了，对于社会主义的认识，对于怎样建设社会主义的认识，大为深入了。"①其间，他多次提到"退赔"问题："凡是国家平调集体的或个人的，集体平调集体的或个人的，都要坚决退赔。""教育干部懂得马克思主义不能剥夺劳动者和劳动者组成的集体经济。""一天没有退赔，一天不是马克思主义，一部分没有退赔，一部分不是马克思主义。"②他严肃地提醒道："剥夺农民还能搞什么社会主义？无论哪一个国家的共产党，特别是中国共产党，永远不准剥夺农民。农民占百分之八十，得罪了农民，一事无成，你就休想搞好社会主义。"③1961 年 6 月 8 日，他在谈到对社会主义的认识时说道："违反客观事物的规律，硬去实行，要受惩罚。受了惩罚，就要检讨。现在我们受惩罚，土地、人、牲畜瘦了。'三瘦'不是受惩罚是什么？""现在的'三瘦'，主要是中央和我负责，我负主要责任。"④毛泽东的这些谈话，对调整国民经济起到了积极的推动作用。

第二节 国民经济的艰苦调整

1962 年是全面调整国民经济的决定性阶段。在这一年里，中共中央为了顺利推进调整工作的进行，加大了两个方面的工作力度：一是进一步在党内克服不切实际的急躁冒进情绪，统一对调整国民经济的认识；二是对国民经济实施调整，加大集中统一领导力度。通过采取一系列有力措施，逐步推动八字方针真正落到实处，指引国民经济调整工作进入决定性阶段。

---

① 《毛泽东文集》第八卷，人民出版社 1999 年版，第 276、277 页。

② 中共中央党史和文献研究院编：《毛泽东年谱》第七卷，中央文献出版社 2023 年版，第 589、590 页。

③ 中共中央党史和文献研究院编：《毛泽东年谱》第七卷，中央文献出版社 2023 年版，第 591 页。

④ 中共中央党史和文献研究院编：《毛泽东年谱》第七卷，中央文献出版社 2023 年版，第 597—598 页。

一、经验教训的初步总结

1962 年 1 月 11 日至 2 月 7 日，中共中央在北京召开扩大的中央工作会议，参加会议的有中央、各中央局、各省市自治区党委、地委、县委、重要厂矿党委和军队的负责干部，共 7 000 多人，故称七千人大会。这是中国共产党执政后召开的一次规模空前的总结经验大会，与会各级干部发扬民主、开展批评与自我批评，初步总结了 1958 年“大跃进”以来的经验教训。

毛泽东主持了会议并讲话，刘少奇代表中央作了书面报告和讲话，周恩来、朱德、邓小平、陈云等分别作了讲话。毛泽东在总结教训时说：“至于建设强大的社会主义经济，在中国，五十年不行，会要一百年，或者更多的时间。在你们国家，资本主义的发展，经过了好几百年。十六世纪不算，那还是在中世纪。从十七世纪到现在，已经有三百六十多年。在我国，要建设起强大的社会主义经济，我估计要花一百多年。”①“中国的人口多、底子薄，经济落后，要使生产力很大地发展起来，要赶上和超过世界上最先进的资本主义国家，没有一百多年的时间，我看是不行的。也许只要几十年，例如有些人所设想的五十年，就能做到。果然这样，谢天谢地，岂不甚好。但是我劝同志们宁肯把困难想得多一点，因而把时间设想得长一点。三百几十年建设了强大的资本主义经济，在我国，五十年内外到一百年内外，建设起强大的社会主义经济，那又有什么不好呢？从现在起，五十年内外到一百年内外，是世界上社会制度彻底变化的伟大时代，是一个翻天覆地的时代，是过去任何一个历史时代都不能比拟的。”“要准备着由于盲目性而遭受到许多的失败和挫折，从而取得经验，取得最后的胜利。由这点出发，把时间设想得长一点，是有许多好处的，设想得短了反而有害。”②对于出现的问题，毛泽东说：“凡是中央犯的错误，直接的归我负责，间接的我也有份，因为我是中央主席。”③毛泽东就是希望这次会议真正做到“总结经验、鼓足干劲”。

刘少奇在 1956 年 9 月中共八届一中全会上当选中共中央副主席，在 1959 年 4 月二届全国人大一次会议上当选国家主席。他作为在中央一线负主要责任的领

---

① 这段话是毛泽东在总结教训时提到的 1961 年他同英国陆军元帅蒙哥马利的谈话。参见《毛泽东文集》第八卷，人民出版社 1999 年版，第 301 页。

② 《毛泽东文集》第八卷，人民出版社 1999 年版，第 302 页。

③ 《毛泽东文集》第八卷，人民出版社 1999 年版，第 296 页。

导人，在国民经济调整期间作了大量的调查研究，为国民经济调整工作作出了重要贡献。在这次七千人大会上，他的《在扩大的中央工作会议上的报告》（简称《报告》）的书面报告被发给与会代表研究讨论，他还在大会上作了长篇讲话。会议围绕刘少奇的书面报告展开了热烈的讨论。《报告》共分三个部分：一是目前形势和任务；二是加强民主集中制，加强集中统一；三是党的问题。[①]

《报告》第一部分主要论述了国民经济出现的困难和推进调整工作。一是工农业生产的计划指标过高，基本建设的战线过长，使国民经济各部门的比例关系、消费和积累的比例关系出现了严重不协调的现象。二是在农村人民公社的实际工作中，许多地区在一个时期内混淆集体所有制和全民所有制的界限，对集体所有制的内部关系进行了不适当的、过多过急的变动，违反了按劳分配和等价交换的原则，犯了刮“共产风”和其他平均主义的错误。三是不适当地要在全国范围内建立许多完整的工业体系，权力下放过多，分散主义的倾向有了严重的滋长。四是对农业增产的速度估计过高，对建设事业的发展要求过急，因而使城市人口不适当地大量增加，加重了城市供应和农业生产的困难。他还从 16 个方面系统全面地总结了新中国成立以来，特别是 1958 年以来，中国社会主义经济建设的基本经验教训。刘少奇对中国经济建设经验教训的科学总结，反映出党对社会主义经济建设规律的认识达到了新的水平。

《报告》还提出了 1963—1972 年中国国民经济发展的初步设想，其主要目标如下：一是按照勤俭建国的原则和不高的标准，基本上解决中国人民的吃、穿、用的问题；二是基本上建成一个独立的完整的经济体系，在科学技术方面和工业产品的品种、质量方面实现大跃进，接近现代工业大国的水平。实现了这个十年的初步设想，中国将能够奠定工业现代化、农业现代化、科学技术现代化和国防现代化的巩固基础，使中国的经济建设和国防建设切实地建立在自力更生的基础上。《报告》强调指出，1962 年是对国民经济进行调整工作最关紧要的一年，必须做好十项调整工作：从各方面加强农业战线，力争多生产一些粮食、棉花、油料和其他经济作物；积极地增加轻工业和手工业的生产，保证实现国家计划规定的生产指标；坚决实行“精兵简政”的方针，继续压缩城镇人口、精减职工；继续缩短基本建设战线，绝对不允许再有国家统一计划以外的建设项目；调整工业企业的生产任务，使那些原料、材料消耗少和产品质量高的企业尽可能增

① 《刘少奇选集》下卷，人民出版社 1985 年版，第 349—417 页。

加生产；认真做好商业工作，发展城乡交流，采取各种适当的措施和正确的物价政策，改善市场状况，努力保证大中城市居民的必不可少的生活需要；保证完成国家计划规定的重工业产品的生产指标；所有工业企业都必须切实地改进管理工作，把提高产品质量、增加品种、提高劳动生产率、降低成本当成首要任务；彻底清理物资，由国家统一调剂使用；认真贯彻执行或者试行中央制定的关于农业、工业、手工业、商业、教育、科学研究等各项工作的条例或者规定，整顿生产秩序和工作秩序。

周恩来在 1962 年 2 月 7 日的会议上讲了话。他谈了 1958 年以来计划工作的失误并作了自我批评，分析了国民经济存在的困难和克服困难的办法。他说，这三年中的错误，国务院及其所属各部委负有很大责任。有关国家计划和政策的文件，许多是国务院提请党中央批准的，国务院负有主要责任。他以“四高”“三多”为例加以说明。所谓“四高”是高指标、高估产、高征购、高调出，国务院应负主要责任；“三多”是计划变动多、基建项目多、权力下放过多，国务院也应负很大责任。他最后提出了克服困难的八项措施，即：坚决压缩城镇人口，争取农业首先是粮棉油增产，努力增加工业特别是人民生活用品工业的生产，缩短基本建设战线，全面彻底清理仓库物资，严禁走后门和搞好市场供应，坚决偿还外债并履行外援合同，建立新秩序和新风气。其中最关键的措施是压缩城镇人口，1961 年压缩 1 000 万人，1962 年上半年还要压缩 700 万人。①

虽然这次会议未能从根本指导思想上清理“大跃进”和“反右倾”的错误，但它取得了积极的效果，特别是对待缺点和错误比较实事求是的态度、发扬民主和进行自我批评的精神，给全党以鼓舞，增强了党的凝聚力，这就为国民经济的顺利调整奠定了思想基础。

二、国民经济的初步调整

在七千人大会上，国家计委和财政部提交的 1962 年工农业生产计划和财政预算，虽然作了压缩，但仍有不少缺口。会后，财政部门向中央反映，按照这个计划，当年财政将有 30 亿元赤字，而且 1958—1961 年每年都有很大的财政赤字，如果把这几年财政收入中的水分扣除，赤字还会扩大。这些赤字会导致通货膨胀势头越来越猛。财政部门的分析引起了中央的高度重视。刘少奇于 1962 年

① 吴冷西：《周恩来在四年调整时期的重大贡献》，《党的文献》1998 年第 2 期，第 18—25 页。

2 月 21 日至 23 日主持召开中央政治局常委扩大会议（即西楼会议），对形势作了进一步的分析。这次会议专门讨论 1962 年国家预算和调整任务及措施，认为当前经济困难比七千人大会时所作的估计要严重，必须确定一个恢复时期，对国民经济进行全面且大幅度的调整。刘少奇指出，最困难的时期还没过去，现在处在“非常时期”，如不采取果断措施，国民经济将进一步恶化。

陈云在 23 日的会议上作了重要发言，就如何克服困难提出了系统的意见，指出当前经济困难有五个主要表现，并提出了克服困难的六条措施。陈云的发言得到了中共中央和刘少奇的赞同，刘少奇建议陈云在国务院全体会议上与国务院和各部委负责人再谈谈。2 月 26 日，陈云在国务院扩大会议上作了题为《目前财政经济的情况和克服困难的若干办法》的报告，该报告成为此后经济工作的指导性文件。这个报告是在西楼会议发言的基础上形成的，提出了一些新的观点，增加了一些新的内容。

陈云在这个报告中指出：目前的处境是困难的。对于存在困难这一点，大家的认识是一致的。困难主要表现为：农业近几年有很大减产；基本建设规模超过了国家财力物力的可能性；用多发钞票弥补财政赤字的做法导致了通货膨胀；出现了相当严重的投机倒把现象；城市人民的生活水平下降。针对这些困难，陈云提出了克服困难的六条措施：

第一，把十年经济规划（1963—1972 年）分为恢复阶段和发展阶段两个阶段：前一阶段是恢复阶段，从 1960 年算起大体需要 5 年；后一阶段是发展阶段。恢复阶段要求有更多的集中统一，一切步骤都要稳扎稳打。

第二，“精兵简政”，减少城市人口。这是克服困难的一条根本性措施。要精减的职工不单是来自农村的，还有一部分城市的人。现在减有困难，将来减更困难，还是早减为好，否则没有出路。

第三，采取一切办法制止通货膨胀。办法包括严格管理现金；增产人民生活用品以回笼货币；增加几种高价商品以回笼货币，基本生活资料不涨价就没有大问题；通过经济斗争、业务经营、行政管理三方面对策，坚决同投机倒把活动作斗争。

第四，尽力保证城市人民的最低生活需要。要逐步做到城市每人每月供应三斤大豆；用四百万美元进口尼龙，每年供应几千万双尼龙袜子。

第五，把一切可能的力量用于农业增产。要重新考虑保证经济作物增产的办法。经济作物不恢复，国家就没有商品来保证城乡供应，同农民也不可能有真正的等价交换，工农联盟就不能巩固。应当增加对棉农的奖励粮，多进口一点化肥，要拨出一部分钢铁、木材制造中小农具。

第六，把计划机关的主要注意力从工业、交通方面，转移到农业增产和制止通货膨胀方面来。目前，增加农业生产，解决吃、穿问题，保证市场供应，制止通货膨胀，是第一位的问题。国家计委、国家经委要把这些摆在头等重要的位置。困难时期只是着急，或病急乱投医，不但无益，而且有害。对工作部署要看得很准，典型试验，逐步推广，稳扎稳打。看准了的就要集中统一，全力以赴。①

3月7日至8日，陈云在中央财经小组会议上进一步提出调整意见：一是对国民经济现在可以不搞十年规划，先搞五年计划，主要任务是恢复；二是对1962年年度计划的重工业和基本建设指标进行“伤筋动骨”的调整，有多大余力，搞多少基本建设，重点真正放在农业和市场上；三是坚持综合平衡，就是要按比例发展，搞经济不讲综合平衡寸步难移；等等。周恩来将陈云的建议表述成一副对联：上联“先抓吃穿用”，下联“实现农轻重”，横批“综合平衡”。②

西楼会议后，中共中央决定恢复中央财经小组。刘少奇、周恩来和邓小平于1962年3月16日赴武汉向毛泽东汇报西楼会议的情况和决定。毛泽东同意会议的决定，并且同意陈云担任中央财经小组组长。随后，中共中央任命陈云为组长，李富春、李先念为副组长，成员有周恩来、谭震林、薄一波、罗瑞卿、程子华、谷牧、姚依林、薛暮桥等，由中央财经小组进一步研究经济调整工作并统一管理经济工作，从此开始全面落实调整国民经济的各项措施。其间，陈云因健康原因去南方休养，中央财经小组在周恩来和李富春、李先念两位副组长的主持下，具体领导全国的经济调整工作。

中央财经小组成立后，4月初起草了《中央财经小组关于讨论一九六二年调整计划的报告（草案）》。该报告全面地分析了当时国民经济的基本形势，如实地指出了经济生活中存在的严重困难，提出了克服困难的措施。同时，对1962年国民经济计划作了进一步的调整，把原定的工农业总产值由1 400亿元降至1 300亿元，农业总产值由450亿元降至420亿元，工业总产值由950亿元降至880亿元，原煤、钢、粮食产量分别由2.52亿吨、755万吨、2 986亿～3 014亿

① 《陈云文选》第三卷，人民出版社1995年版，第191—206页。

② 中共中央文献研究室编：《陈云年谱》下卷，中央文献出版社2000年版，第113—115页。

斤降至2.39亿吨、600万吨、2 890亿斤，基本建设规模也由60.7亿元减为46亿元。

5月7日至11日，刘少奇主持召开中央工作会议，讨论并通过了中央财经小组起草的关于1962年调整计划的报告，作出了大刀阔斧调整国民经济的重大部署。周恩来在会上说：在困难面前，就要有“毒蛇噬臂，壮士断腕”的决心，才能把国民经济调整好。报告提出了实行调整工作的具体方针，即：要退够，争取快，准备慢。按照陈云的意见，国民经济就是要做好四个适应：把建设规模调整到同经济的可能性相适应，同工农业生产水平相适应的程度；把工业生产战线调整到同农业提供粮食和原料的可能性相适应，同工业本身提供原料、材料、燃料和动力的可能性相适应的程度；把文教事业的规模和行政管理的机构缩小、精简到同经济水平相适应的程度；把城镇人口减少到同农村提供商品粮食、副食品的可能性相适应的程度。只有这样，才能完全摆脱被动局面。①

这次会议还对大幅度调整经济作出了以下几项重大决策：一是决定进一步大力精减职工和减少城镇人口。在以前精减城镇人口的基础上，1962年再减少城镇人口2 000万人，精减职工1 000万人以上。二是进一步缩小基本建设规模，停建缓建大批基本建设项目。三是降低绝大多数重工业产品指标。四是对现有工厂企业实行“关、停、并、转”。五是从人力财力物力各个方面加强和支援农业战线，加强农村基层的领导力量。可以说，到这次中央工作会议召开，全党终于统一了对经济调整工作的认识，1962年调整工作进入决定性阶段，并成为国民经济摆脱困境的重大转折点。实际上，这个重大转折点是经过巨大努力争取来的，仅从第一项决策的执行来看，1961年至1963年6月，全国共精减职工1 887万人，减少城镇人口2 600万人，还有100余万名干部到基层劳动和工作。周恩来曾说过：这项工程等于一个中等国家搬家。“关这么多厂，拆这么多‘庙’，精简这么多人。这件事情，在中国，没有哪个政权能够这样做，只有我们才有这样做的群众基础。”②

到1962年底，中国国民经济开始出现复苏局面。1962年工业总产值为920亿元，其中，轻工业产值为434亿元，重工业产值为486亿元；轻工业产值在工业总产值中的比重由上年的42.5%提高到47.2%，重工业的比重相应由57.5%

① 中共中央文献研究室编：《建国以来重要文献选编》第十五册，中央文献出版社1997年版，第443—444页。

② 中共中央文献研究室编：《周恩来年谱（1949—1976）》中卷，中央文献出版社1997年版，第476页。

下降到 52.8%。农业产值在农、轻、重总产值中所占比重由上年的 34.5% 提高到 38.8%，轻工业由 27.8% 提高到 28.9%，重工业由 37.7% 下降到 32.3%。1962 年主要工业品产量，钢为 667 万吨，比上年减少 200 多万吨；生铁为 805 万吨，比上年减少 476 万吨；原煤为 2.20 亿吨；原油为 575 万吨；布为 25.3 亿米。原油、农用化肥和化学纤维的生产都有不同程度的增长，工业生产出现转机。[①]

三、国民经济的继续调整

1963 年 9 月 6 日至 27 日召开的中央工作会议确定，从 1963 年起，再用 3 年时间，继续进行“调整、巩固、充实、提高”的工作，作为第二个五年计划（1958—1962 年）到第三个五年计划（1966—1970 年）之间的过渡阶段。在这个阶段中，调整工作主要是工业的各个部门要认真做好提高质量、增加品种、填平补齐、成龙配套的工作，并搞好设备更新和专业化协作；要贯彻以农业为基础、以工业为主导的发展国民经济的总方针。

1. 以重大比例关系为重点继续调整

在继续调整阶段，按照国民经济发展的客观规律和重大比例关系要求，国家对于在“大跃进”中明显表现为薄弱环节的部门给予较大关注和较多支持。例如，在优先发展重工业的进程中，轻工业发展始终受到抑制，这一时期除大力发展支农产业外，轻工业也得到了较快恢复与发展。轻工业产值从 1963 年起逐年增加，按当年价格计算，1963 年为 445 亿元，1964 年为 516 亿元，1965 年达到 723 亿元。国家还对一些行业和部门提出了调整投资的思路和原则，如对工业生产建设提出按照先后次序安排投资，即：先生产、后基建，先采掘、后加工，先维修、后制造，先配套、后主机，先质量品种、后数量，等等。

第一，增加采掘、采伐工业投资。采取的具体措施主要包括：一是努力改变煤炭工业短板局面，加强矿井的开拓、延伸、掘进和巷道维修，提高煤炭产量，到 1965 年底基本还清了 1.4 亿吨开拓欠账。二是加强森林采伐区道路修筑，为森林工业采伐和运输创造有利条件，到 1965 年木材产量达 3 978 万立方米，比 1961 年增长 1 784 万立方米。三是推进采矿业加强掘进、开拓和剥离工程，到 1965 年金属矿山、化工矿山、辅助材料等先后达到采掘（采剥）比例基本正常。

第二，加快燃料、原材料工业建设。采取的具体措施主要包括：一是有计

① 国家统计局编：《中国统计年鉴（1983）》，中国统计出版社 1983 年版，第 20、242—246 页。

划地进行大中型煤矿（井）的建设，保证了原煤产量稳步增长。1963年，全国施工的大中型新煤井有67处，多分布在煤炭产量较少的华东、中南、西北各省。1964—1965年，新开煤井37处，设计生产能力2 078万吨；建成投产矿井65处，设计生产能力1 709万吨。大规模的煤矿建设保证了原煤产量的稳定增长。1965年原煤产量为2.32亿吨，接近1958年的水平。二是有计划地进行有色金属等工程建设，使国民经济急需的有色金属工业迅速恢复和发展。1963年建设的有色金属和黑色金属矿山重点工程有60多个，包括国民经济急需的铁、锰、镁、铜、锡、铅锌等矿种，1965年有色金属工业产量达到历史最高水平；非金属矿山建设步伐也进一步加快，仅1963年建设的硫铁矿包括向山硫化铁选矿厂在内就有14个，还有湖北荆襄磷矿、贵州开阳磷矿，并为许多水泥厂建设了石灰石矿山，大大提高了这些较为稀缺产品的生产能力。三是对石油工业的投资显著增加。1961—1965年对石油工业的投资占工业投资的比重平均达7.44%，大庆油田、胜利油田、大港油田处于开发建设中，到1965年石油产量达1 131万吨。炼油工业的产能也因中国试制成功了催化裂化、延迟焦化、铂重整、尿素脱蜡、催化剂制造等炼油设备而迅速增加，1965年石油加工能力达1 412万吨，是1960年的2.3倍。

第三，对工业企业进行有针对性的调整。采取的具体措施主要包括：一是重点加强薄弱环节，填补缺门，完成配套，维护设备。机械工业把投资集中用于发展化肥设备、精密机床、炼油设备、国防军工配套设备和原子能设备、仪器仪表等缺门短线产品。电力工业集中增加配套，填平补齐200多万千瓦机组设备。另外，重视加强设备维修和生产能力配套，把设备维修和配套列为调整的主要内容之一。二是提高产品质量和增加产品品种。采取保重点企业方针，发挥那些产品质量高、品种多、原材料消耗低的重点企业的能力。加强生产技术指导，有重点地对“小洋群”[①]企业进行技术指导和改造。三是整顿工业企业管理，对企业的技术管理工作提出了严格要求，要求企业的技术工作必须由总工程师负全面责任。企业必须保证各种设备经常处于良好状态，保证产品质量符合标准，充分发挥工人、技术人员、职员革新技术的积极性。此外，鼓励技术发明和技术推广应用。1963年11月3日，国务院同时发布并施行《发明奖励条例》《技术改进奖励条例》。经过上述努力，产品品种有了比较快的增加，产品质量有了显著的提高。

① “小洋群”，指小（小型企业）、洋（现代化生产方法）、群（群众路线）。

2. 积极引进国外技术与设备

早在 1956 年 2 月，毛泽东在进行调查研究和听取汇报时，就深入思考了中国与世界资本主义国家的经济关系。1956 年 2 月 25 日毛泽东在听取重工业部汇报时，十分赞成周恩来关于要派人到资本主义国家学技术的提议，并说不论美国、法国、瑞士、挪威……只要它们要我们的学生，我们就派去。[①] 1956 年 10 月 1 日晚，他在与法国共产党代表团的杜克洛谈话时，专门谈到了与法国建立外交关系问题，并希望从法国引进成套设备，帮助中国设计工厂、供应设备、安装装备并教会中国工人开动机器。[②] 在中共八大的开幕词中，他发出了“必须善于学习”的号召。他说：“我们决不可有傲慢的大国主义的态度，决不应当由于革命的胜利和在建设上有了一些成绩而自高自大。国无论大小，都各有长处和短处。即使我们的工作得到了极其伟大的成绩，也没有任何值得骄傲自大的理由。虚心使人进步，骄傲使人落后，我们应当永远记住这个真理。”[③] 从 20 世纪 60 年代开始，在毛泽东的批准下，中国从日本、西欧引进技术和成套设备，填补了一些行业技术和设备方面的空白。

1961—1963 年，中国从国外引进了 14 个成套设备项目和最新的石油化工技术。1963—1964 年，冶金、精密机械、电子工业等 100 多个项目获批向国外考察、询价和相机签约。1964—1965 年中国从日本、法国等国引进了液压件、电动气动量仪、重型汽车 3 个成套项目以及玻璃电极、微电机等 7 项技术和设备。可以说在这一时期，中国的化肥、化纤、塑料、合成洗涤剂和电子工业等新兴工业都打下了初步基础。[④]

从 1963 年到 1966 年，中国与日本、美国、法国、意大利、联邦德国、奥地利、瑞典、荷兰等国签订了 80 多项工程的合同，用汇 2.8 亿美元。同期，中国还从东欧各国引进成套设备和单项设备，用汇 2 200 万美元。两者合计用汇 3.02 亿美元，其中成套设备 50 多项，用汇 2.8 亿美元。这一时期中国引进国外技术设备有这样几个特点：

---

① 中共中央文献研究室编：《毛泽东传（1949—1976）》上，中央文献出版社 2003 年版，第 476 页。

② 中共中央文献研究室编：《毛泽东传（1949—1976）》上，中央文献出版社 2003 年版，第 543 页。

③《毛泽东文集》第七卷，人民出版社 1999 年版，第 117 页。

④ 曾培炎主编：《中国投资建设 50 年》，中国计划出版社 1999 年版，第 72 页。

第一，在成套设备项目中，中小型居多而大型较少，主要用于现有企业的技术改造和填补缺门。其中规模稍大的有北京维尼纶厂、兰州化学工业公司有机合成厂和太原钢铁公司三个新建、扩建工程，各支付外汇 4 000 万美元左右，共占用汇总额的 39.5%。四川江油特殊合金钢材项目、泸州天然气化工厂和淮南电厂，各支付外汇 1 000 多万美元，共占用汇总额的 15%。其余的项目都是 1 000 万美元以下的中小型项目，占这一时期用汇总额的近一半，主要用于对现有企业的技术改造。

第二，重视引进支农项目和轻工业原料项目。包括从日本引进的维尼纶设备，从英国引进的合成氨项目、聚乙烯成套设备，从意大利引进的两套化肥生产设备和一套石油加工联合装置成套设备，从联邦德国和法国引进的化工生产的成套设备等，都是为了解决吃、穿、用等与人民生活相关的问题。与 20 世纪 50 年代从苏联引进的项目相比，这一时期化学工业项目比重由 6% 上升到 28%，纺织工业项目比重由 1.5% 上升到 11%，能源工业和军工生产项目比重显著下降。

第三，配合国内工业生产建设的巩固、充实和提高，引进国内空白的关键技术，如基础化学工业、合金钢冶炼、特种钢材轧制等中国工业生产技术中明显的薄弱环节。这个时期，中国集中引进了如下技术：合成纤维、乙烯，如维尼纶、腈纶等合成纤维和高压聚乙烯、聚丙烯等塑料的生产技术；以油、气为原料制造合成氨等基础化工技术，如铂重整加氢制苯类产品的联合装置、砂子裂解炉制乙烯、天然气制合成氨，以及重油汽化制合成氨等石油化工技术；氧气顶吹转炉制钢，密闭鼓风炼铝、锌，大型炼钢电炉，20 辊及 800 毫米轧机，以及合金钢炼、轧制等金属冶炼加工技术；新型建筑材料加气混凝土和半导体材料的制造技术，以及 24 吨柴油载重卡车和液压元件的制造技术；等等。

这些项目有些填补了中国工业中的空白，有些明显提高了相应行业的生产技术水平。经过这个时期的技术引进，中国石油化工和其他化学工业的生产能力有了迅速提升，冶金工业的某些关键生产技术有了明显提高，半导体、原子能等工业也取得了较快的发展。

第三节　农业、工业、商业和手工业的调整

调整是一项艰苦的工作。由于涉及“大跃进”、人民公社化运动以来各个领

域的体制与政策探索，所以调整的范围和领域是很广泛的。从 1961 年开始，中共中央制定并颁布了一系列关于农业、工业、商业和手工业的条例或规定等文件，推动并落实各个方面的调整工作。其中重要的文件和措施有《农村人民公社工作条例（草案）》（即“农业六十条”）、《国营工业企业工作条例（草案）》（即“工业七十条”）、《关于改进商业工作的若干规定（试行草案）》（即“商业四十条”）和《关于城乡手工业若干政策问题的规定（试行草案）》（即“手工业三十五条”）等，它们都有效地促进了国民经济的调整与恢复。

一、农村经济体制与政策的调整

由于在“大跃进”和人民公社化运动中，农村经济体制变动剧烈，农业生产力所受冲击最强烈，“五风”危害最严重，因此农业经济领域的危机也最大。面对农村经济和农业生产出现的困难，党中央和毛泽东都深感必须对农村经济体制和农村经济政策进行一些调整，以缓解农村严重的经济困难，大幅度增加农产品产量。因此，农村经济体制与政策的调整也就成为国民经济调整时期的主要内容之一。

1. 以农业为基础，把农业放在首位

中共八届九中全会提出，1961 年要更好地贯彻以农业为基础、把农业放在首位的方针，争取农业丰收，特别是争取粮食丰收。全会提出，加快农业的发展是高速度、按比例发展中国国民经济的中心环节，并提出了全党全民大办农业、大办粮食的要求。全会指出，加快农业的发展，增加农民的收入，减轻农民的负担，既是经济问题，也是政治问题。全会决定各行各业都要支援农业，要贯彻执行党的农村政策，保证劳动力得到合理安排。

中共八届九中全会上党的指导方针的重要转变，表明国民经济建设由“大跃进”转入调整阶段。

这一时期，为了恢复农业生产，主要进行了以下几项调整：第一，调整人民公社的所有制和分配关系，重申以生产大队为基本核算单位的三级所有制是现阶段农村人民公社的根本制度。强调公社对生产大队的生产不得强加干涉，队与队之间要坚持自愿互利和等价交换原则。在收入分配方面，1961 年 6 月，取消了过去实行的部分供给制，明确提出停办公共食堂。第二，坚决实行退赔政策。要求对人民公社化运动以来“平调”社队和社员个人的各种财物和劳力进行认真清理，坚决退赔。第三，减少粮食征购，减轻农民负担。针对农村粮食吃紧的问题，采取少购少销政策。1961 年粮食征购量比 1960 年减少 212 亿斤，同时对农业税率进行适当调整，使全国平均农业税的实际承担率从 1957 年的 11.6% 下降到 10% 以下。第四，提高农副产品的收购价格，规定适当的购销政策。1960 年开始对主要产粮区实行起购加价办法，全国平均加价 5%。1961 年 1 月决定提高农副产品的收购价格，从 1961 年夏收起，全国平均提高的幅度粮食为 20%，油料为 13%，生猪为 26%，家禽和蛋为 37%。部分省市还将烤烟、麻、茶叶等农产品收购价上调了 30% ～ 50%。第五，精减城镇、机关和社队企业人员，充实农业第一线。据统计，到 1962 年春，因精减人员使农业生产第一线的劳动力增加了 2 913 万人，农村劳动力占农村人口总数的比重增大到 39%。由于压缩城市人口，许多家在农村的刚参加工作不久的职工被送回农村。到 1961 年底，全民所有制单位职工总数比上年净减少 873 万人，全国城镇总人口由上年的 13 073 万人减为 12 707 万人，净减少 366 万人。

2.“农业六十条”的颁布

人民公社制度是毛泽东推动农村社会和农村经济走社会主义道路的探索和实践。1958 年人民公社化运动以来，为了引导和推动农村人民公社发展，中共中央先后下发了《中共中央关于在农村建立人民公社问题的决议》（1958 年 8 月通过）、《关于人民公社若干问题的决议》（1958 年 12 月通过）、《关于人民公社的十八个问题》（1959 年 4 月形成）等文件。但是一直没有一个全国性的指导和规范人民公社制度及其运行的章程，这就是毛泽东当时反复考虑的重大课题。

1961 年 3 月，中央工作会议在广州召开，会议通过了毛泽东主持起草的《农村人民公社工作条例（草案）》（即“农业六十条”）。经过一年多的调查研究、征求意见和反复修改，1962 年 9 月召开的中共八届十中全会正式通过了《农村人民公社工作条例修正草案》（即“农业六十条”修正草案）。“农业六十条”是党调整农村生产关系、促进农业生产恢复和发展的一个重要文件，对农村人民公社基本制度、管理办法和工作规程都作了明确的规定，被誉为农村人民公社的一部“宪法”。

“农业六十条”修正草案共有 9 章 60 条，其主要内容为：第一，农村人民公社是政社合一的组织，是我国社会主义社会在农村中的基层单位，又是我国社会主义政权在农村中的基层单位，还是社会主义的互助、互利的集体经济组织，实行各尽所能、按劳分配、多劳多得、不劳动者不得食的原则，避免分配上的平均主义。第二，人民公社以生产队为基本核算单位。人民公社的组织可以是两级，即公社和生产队；也可以是三级，即公社、生产大队和生产队。第三，人民公社规模是一乡一社。有的是小乡一社，有的是大乡一社。各个公社的规模定下来以后，长期不变。第四，生产队实行独立核算，自负盈亏，直接组织生产和收益分配，这种制度至少 30 年不变。第五，人民公社社员家庭副业是社会主义经济的必要补充。在集体经济内部，应当允许和鼓励社员搞家庭副业，增加社员收入，活跃农村市场。第六，国家在征购、派购农副产品时，要兼顾国家、集体和个人利益，征收农业税和统购粮食的数量应该在适当水平上，并在一定时期内稳定下来。第七，人民公社各级组织必须实行民主办社、民主办队、改善经营管理。

例如，第一章明确规定："人民公社的各级组织，都必须执行国家的政策和法令，在国家计划指导下，因地制宜地、合理地管理和组织生产。""人民公社的各级权力机关，是公社社员代表大会、生产大队社员代表大会和生产队社员大会。"从这时起，我国农村基本形成了一直到 1978 年改革开放前长达十几年的"三级所有，队为基础"和"政社合一"的农业生产经营制度。

又如，第四章明确规定："生产队范围内的土地，都归生产队所有。""生产队范围内的劳动力，都由生产队支配。""生产队集体所有的大牲畜、农具，公社和大队都不能抽调。""集体所有的山林、水面和草原，凡是归生产队所有比较有利的，都归生产队所有。""土地、牲畜、农具、山林、水面、草原的所有权和经营权，经过社员大会或者社员代表大会讨论同意，定下来以后，长期不变。""生产队对生产的经营管理和收益的分配，有自主权。在接受国家计划指导和不破坏自然资源的前提下，生产队有权因地制宜、因时制宜地进行种植，决定增产措施。""在保证完成国家规定的农副产品交售任务的前提下，生产队经营所得的产品和现金，在全队范围内进行分配。这些产品和现金的分配和处理，由社员大会讨论决定。"据调查，1962 年全国平均每个公社有生产大队 9.4 个，生产队 74.6 个，农户 1 793 户；平均每个生产大队有生产队 7.9 个，每个生产队有农户 24 户。直到 1978 年改革开放前，除了主要因人口的增加使每个生产队的农户数增加到 30 余户外，农业生产经营规模基本没有发生大的变化。

此外，"农业六十条"修正草案还对社员从事家庭副业进行了规定："人民公社社员的家庭副业，是社会主义经济的必要的补充部分。它附属于集体所有制经济和全民所有制经济，是它们的助手。在积极办好集体经济，不妨碍集体经济的发展，保证集体经济占绝对优势的条件下，人民公社应该允许和鼓励社员利用剩余时间和假日，发展家庭副业，增加社会产品，增加社员收入，活跃农村市场。"

从《紧急指示信》发布开始恢复家庭自留地和副业生产到1961年全国农业工作会议前，农村自留地约占耕地总面积的7%，加上小片开荒面积，两项合计占耕地总面积的8%～9%。

3. “包产到户”的出现及被制止

当面对一些农村粮食严重短缺和少数地区出现饥荒的空前压力时，在一些地方出现了以包产到户为特征的农业生产责任制。

1961年3月，安徽省一些地方率先推行“包产到田”责任制并取得了明显成效，到1961年底全省实行“责任田”（社员以户为单位承包生产队的土地，实行超产全奖、减产全赔）的生产队已占生产队总数的91%。据估计，到1962年7月，全国已有不止20%的农村实行包产到户。包产到户适应了农业生产的特点，调动了农民的生产积极性，提高了农业产量。据1961年10月安徽省36个县的典型调查，实行“责任田”的36个生产队，粮食平均亩产比上年增加38.9%；而另外36个条件大体相同、未实行“责任田”的生产队，平均亩产只比上年增加12%。[①]

这次有一定规模的包产到户从一开始就存在争论。在中央，刘少奇、邓小平、陈云、邓子恢等都表示支持包产到户，而毛泽东虽然在开始时同意安徽试行“责任田”，但并没有要在全国推广之意。毛泽东主持制定的“农业六十条”实际上是否定了包产到户这种尝试的。进一步地，他在1962年8月召开的中央工作会议和9月召开的中共八届十中全会上，一再强调阶级斗争和资本主义复辟的危险性，对包产到户提出严肃批评。会后，包产到户等生产责任制的改革试验在受到日益严厉的批判之后被迫中断。

4. 社会主义教育运动

毛泽东是从阶级斗争的角度看待农村中出现的“包产到户”等问题的。在他的主持下，中共中央制定了《关于目前农村工作中若干问题的决定（草案）》（即“前十条”）和《关于农村社会主义教育运动中一些具体政策的规定（草案）》（即“后十条”）。社会主义教育运动主要是在部分农村和少数城市工矿企业、学校等单位开展的清政治、清经济、清组织、清思想运动（简称“四清”运动）。运动的目的本来是整顿干部作风，解决干群矛盾，防止修正主义，巩固社会主义制度，但是由于对当时我国社会主要矛盾的误判，夸大了城乡阶级斗争的形势，甚

① 《中国农业合作史资料》1986年第1期，第14页。

至认为全国基层有 1/3 的领导权不在我们手中，把农村、城市以及企业、学校中的一些具体问题都当作阶级斗争的表现予以批判，因此打击和伤害了不少基层干部和群众。

1964 年底印发的《农村社会主义教育运动中目前提出的一些问题》则提出，“四清”运动的性质是解决社会主义和资本主义的矛盾，运动的重点是“整党内那些走资本主义道路的当权派”，使阶级斗争扩大化理论进一步发展。

二、工业体制与政策的调整

1961 年 10 月国家计委党组提出的《关于改进计划工作的几项规定》，针对指标过高、战线过长、权力分散、计划多变、综合平衡工作搞得不好等问题提出了改进意见。例如：计划工作要按照国民经济有计划、按比例的客观经济规律办事，加强综合平衡；既要安排生产消费，又要安排生活消费；年度计划必须和长期计划密切结合；对集体所有制经济实行不同于全民所有制经济的间接计划管理；按照需要和可能相结合的原则安排基本建设；实行先生产、后基建的原则；等等。①

1. 对工业管理体制的调整与探索

中国工业管理体制是在国民经济恢复时期和“一五”时期形成的，是一种以集中统一领导和指令性计划为主的经济管理体制。这种经济管理体制在 1958 年进行了较大调整，在充分发挥地方积极性的口号中，中央经济管理权力大量下放到地方，中央集中统一领导权力明显受到削弱。在国民经济调整时期，通过加强集中统一、反对分散主义，又恢复了此前的经济管理体制。在国民经济调整后期，在毛泽东的推动下，扩大地方和企业管理权限再次被提出，又一轮下放中央经济管理权力的尝试开始了。

（1）加强集中统一，反对分散主义。

为了克服严重的经济困难，首先必须克服“大跃进”以来出现的严重的经济分散主义倾向。为此，中共中央决定加强经济工作方面的集中统一领导，逐步改变 1958 年管理权力下放过多过快造成问题的状况，恢复以集中统一领导和指令性计划为主的经济管理体制。这种经济管理体制恢复对调整工作发挥了积极的作用。

---

① 中共中央文献研究室编：《建国以来重要文献选编》第十四册，中央文献出版社 1997 年版，第 744—754 页。

刘少奇对为什么要加强集中统一、反对分散主义进行了系统论述。他在七千人大会上所作的报告中十分明确地提出了加强集中统一、反对分散主义的问题。他指出："分散主义的最突出的表现是目前存在的许多各自为政的'小天地'。""当我们纠正了高指标、'共产风'、瞎指挥等错误以后，这类分散主义就成为我们前进道路上的主要障碍。"他提出："必须改变最近几年权力下放过多、分得过散的现象，把权力集中起来……以便中央从全局出发，统一安排全国的人力、物力、财力，更有效地进行调整工作，更有效地克服当前的困难，更快地争取整个国民经济的根本好转，为下一步的新的发展准备条件。"[①] 他还就中央集权和地方分权关系中的三个基本问题进行了充分论述。这三个问题是：加强中央的集中统一的领导同发挥各地方积极性的关系问题，加强中央的集中统一的领导同各地方因时因地制宜的关系问题，加强中央的集中统一的领导同分级管理的关系问题。

为了加强对经济工作方面的集中统一领导，刘少奇代表党中央提出了10项具体要求。例如，明确提出收回已经下放的企业管理权，"凡是产品在全国范围内统一调度的重点工业企业，由中央直接管理，已经下放给地方的，必须在一九六二年内通盘安排，逐步收回。原来由省、市、自治区管理的重要工业企业，已经下放了的，应该收归省、市、自治区直接管理"[②]。中央各部直接管理的企业大幅增加，中央直属企事业单位在1958年管理权限下放后仅剩1 200个，到1965年增加到10 533个；中央各部直属企业工业总产值占全国工业总产值的比重升至42.2%，其中属于生产资料的部分占55.1%。[③] 又如，明确提出所有基本建设的项目和投资，都必须纳入国家计划，不准有国家计划外的基本建设项目和投资。所有基本建设项目，都必须按照国家规定的程序，逐项地分级地审查、批准；没有经过审查、批准的，一律不准动工。[④] 随后，国务院于1962年5月颁发了《关于编制和审批基本建设设计任务书的规定》《关于加强基本建设计划管理的几项规定》《关于基本建设设计文件编制和审批办法的几项规定》，收回了1958年下放的基本建设项目审批权、投资计划管理权，严格了基本建设程序，加强了基本建设拨款的监督。

---

① 中共中央文献研究室编：《建国以来重要文献选编》第十五册，中央文献出版社1997年版，第41、55—56页。

② 《刘少奇选集》下卷，人民出版社1985年版，第392页。

③ 周太和主编：《当代中国的经济体制改革》，中国社会科学出版社1984年版，第417、418页。

④ 《刘少奇选集》下卷，人民出版社1985年版，第392页。

（2）再次下放中央管理权限，扩大地方和企业管理权。

在毛泽东看来，发挥中央的积极性与发挥地方和企业的积极性都十分必要，不能只注意发挥中央的积极性，还要注意发挥地方和企业的积极性，有两个积极性总比有一个积极性好。对于在国民经济调整时期采取的加强集中统一领导、反对分散主义的办法，他始终认为是克服经济困难的权宜之计，不是中国经济管理体制的基本要求。随着国民经济的恢复和发展，他再次提出要调整和扩大地方与企业的部分管理权限。

1964年8月27日，毛泽东在一份文件上批示："计划工作方法，必须在今明两年内实行改变。如果不变，就只好取消现有计委，另立机构。"① 9月21日至10月19日，全国计划会议召开，会议集中讨论了如何改进计划工作问题，提出了"大权独揽、小权分散""统一领导、分级管理"的原则。1965年11月30日，国务院将国家计委、国家建委、财政部、物资部四个部门拟定的《关于改进基建计划管理的几项规定（草案）》《关于国家统一分配物资留给地方使用的几项规定（草案）》《关于国营工业、交通企业财务管理的几项规定（草案）》颁发给各级政府和企业。这几项规定的出台，实际上是对1964年提出的"统一领导、分级管理"原则的具体贯彻。

在这次中央经济管理权限调整中，地方和企业的管理权限明显扩大。

扩大地方经济管理权主要包括：第一，扩大地方的计划管理权。地方管理的企事业单位的计划指标，由省、市、自治区根据中央精神和当地实际情况统筹安排。地方对计划控制数字有一定的机动性，地方可以先提出安排意见，经过逐级平衡，再纳入国家计划。国家计委要求报送的平衡表大幅减少，1964年度比上一年度减少一半以上；国家计委管理的工业产品由1963年的340种减至1964年的63种。第二，扩大地方的基本建设管理权。地方18个部门的投资继续划归地方统筹安排，中央各部门不再下达建设项目和投资指标。农田水利事业费和地方水利基本建设投资可合并使用，统筹安排。地方小型工业基本建设项目由中央各有关部门与有关地方具体安排，此类项目节约的投资归地方调剂使用。地方用自筹资金进行的基本建设，由省、市、自治区自行安排，其中大型项目应报国家计委审批。第三，扩大地方的物资分配权。地方小型钢铁企业、地方煤矿和森林工业企业生产的产品，在政策范围内提高地方分配比例。用地方外汇进口和分

① 房维中、金冲及主编：《李富春传》，中央文献出版社2001年版，第639页。

成的原料、材料，在地方企业安排生产的产品，由省、市、自治区自行分配。此外，基本折旧费用从财政收入中划出来，全部留给地方和企业支配。临时工的使用人数，在工资总额不突破的前提下，各部门和各地方可以自行安排。

扩大企业经营自主权主要包括：第一，把技术组织措施费、零星固定资产购置费、劳动安全保护措施费中的一部分划给企业，由企业自己掌握使用。第二，企业采取小型技术措施需要的费用，在完成国家的财政任务和成本计划以及不要求增拨材料的条件下，每项措施的费用，大中型企业在 1 000 元以内的，小型企业在 500 元以内的，可以摊入成本。第三，企业购置辅助性生产工具和其他低值易耗品，每种工具和易耗品的购置费，小型企业在 200 元以内的，中型企业在 500 元以内的，大型企业在 800 元以内的，可以摊入成本。超过以上规定数额的，经有关部门批准，可以作为低值易耗品处理。第四，企业修建生产性的零星、小型、简易的建筑物，在不影响完成当年企业成本和财务计划的前提下，并且建筑面积不超过 20 平方米的，所需费用可以摊入成本。第五，将企业的大修理基金和中小修理费用合并。这项费用企业可以临时用作流动资金参加周转，可以用于结合大修工程进行必要的技术改造。第六，提高企业在完成国家计划后提取资金的比例，按企业的工资总额计算，由原来的 3.5% 提高到 5%。

实际上，在中央和地方之间进行的经济管理权限调整，都不是构建充满活力的经济管理体制的根本途径，这一问题在 1978 年改革开放以后才得到较好解决。

2. 对工业政策的调整与探索

工业战线是“大跃进”运动的“重灾区”，工业与其他部门之间的不协调、工业内部的不协调都达到了难以为继的程度，因而调整国民经济的重点就是调整工业领域的比例关系。

（1）《关于当前工业问题的指示》的颁布。

1961 年 9 月 15 日，中共中央发出《关于当前工业问题的指示》（简称《指示》）。针对“大跃进”造成的生产困难和浮夸作风、瞎指挥作风，特别是一些企业中存在的管理工作混乱、责任制度废弛、劳动生产率下降、产品质量降低等问题，《指示》就加强工业领导、调整工业计划、整顿管理体制、改善协作关系和改进企业工作等方面，提出了要求并作了规定。

《指示》的主要内容包括：第一，所有工业部门在此后七年内都必须毫不动摇地切实贯彻执行“调整、巩固、充实、提高”的方针，下最大的决心把工业生产和工业基本建设的指标降下来，降到确实可靠、留有余地的水平。第二，在工业管理中必须坚持实行集中领导、分级管理的原则，改变一段时间内权力下放过多、分得过散的现象，在最近两三年内把工业管理的权力更多集中在中央或省、市、自治区一级。第三，在全面安排的基础上，抓住中心环节，集中力量，解决问题。关、停一批没有原料、材料资源的企业或消耗过多原料、材料、燃料的亏损企业，基本建设要集中力量打歼灭战。第四，努力增产日用品和农业的生产资料，稳定市场。第五，逐步改进物资的分配体制和分配方法。国营工业企业和城市人民公社，在协作中要按照等价交换的原则办事。第六，切实整顿企业的管理工作，从“五定”[①]着手，严格实行责任制和经济核算制，克服无人负责和瞎指挥现象，努力提高劳动生产率，降低成本；并且一切企业必须实行“精工简政”，裁减多余的工人，压缩非生产人员。

《指示》提出存在的问题是比较严重的，措施的针对性是十分明显的。许多工业企业在“大跃进”中都出现了非直接生产人员所占比例过高的问题，例如：全国工业企业的管理人员急剧膨胀，1960年6月底达184万人，比1957年增加了76万人，平均每100名工人中就有管理人员12.6名；全国工业企业中服务人员过多、服务定额低，当时已达177.8万人，平均每100名职工中就有服务人员8.6名。[②]不改变这种状况，就根本谈不上调整国民经济。

（2）“工业七十条”的颁布。

1961年9月16日，中共中央颁布《国营工业企业工作条例（草案）》（即“工业七十条”）。“工业七十条”是在邓小平的直接领导下制定的，由10章70条构成。中共中央在发出的《关于讨论和试行〈国营工业企业工作条例（草案）〉的指示》中指出：这个条例草案的目的，是要对党领导工业企业的经验，特别是最近三年多的经验，系统地加以总结，制定出一个适合我国实际情况的和能够更好地为总路线、“大跃进”服务的管理企业的规章制度。这是针对“大跃进”中企业管理制度受到冲击、企业管理出现混乱现象，经过多次调查研究和反复讨论而制定的中国管理企业的重要规章制度。其主要内容为：第一，国营工业企业既是社会主义全民所有制经济组织，又是独立的生产经营单位。根本任务是全面完成和超额完成国家计划，增加社会产品，扩大社会主义积累。国家对企业实行

① “五定”是指定产品方案和生产规模，定人员和机构，定主要的原料、材料、燃料、动力、工具的消耗定额和供应来源，定固定资产和流动资金，定协作关系。

② 郑谦、庞松主编，罗平汉、赵鹏著：《中华人民共和国通史》第二卷（1956—1966），广东人民出版社2020年版，第440页。

“五定”，企业对国家实行“五保”[①]。第二，加强企业间相互协作关系。凡是需要和能够固定的协作关系，都必须固定下来。固定的协作任务要纳入计划。协作双方签订的经济合同具有法律效力，必须严格执行，不准单方面废除。第三，企业各个方面、各个环节都要实行严格的责任制度。企业实行党委领导下的厂长负责制，并建立以厂长为首的全厂统一的生产行政指挥系统，集中领导企业的生产经营活动。企业党委应把调查研究和做好思想政治工作放在第一位，不应当代替厂长包办行政事务。第四，企业必须加强技术管理工作。企业的技术工作由总工程师负全部责任。企业要把保证和提高产品质量当成首要任务。鼓励工人、技术人员、职员进行技术革新和发明创造。第五，企业实行全面的经济核算和财务管理制度，勤俭节约，讲究经济效果。企业要经常教育全体职工，爱护国家财产，同贪污、浪费、盗窃国家财产和一切违反国家财政制度的行为作斗争。第六，企业职工的劳动报酬要贯彻按劳分配的原则，反对搞平均主义，从各单位的实际情况和有利于提高劳动生产率出发，可实行计时工资或计件工资。加强劳动管理，严格执行考勤制度。第七，企业职工代表大会制是吸收广大职工群众参加企业管理和监督行政的重要制度。企业各级职工代表大会和职工大会，要讨论和解决企业管理工作中的重要问题及职工群众最关心的问题，它们有权对企业的任何领导人员提出批评，有权向上级建议处分、撤换某些严重失职、作风恶劣的领导人员。第八，每个企业在行政上只能由一个主管机关管理，不能多头领导。

“工业七十条”是按照毛泽东的提议制定的，是进行工业企业整顿的重要政策依据，对于推动国民经济特别是国营工业企业恢复与发展发挥了重要作用。

（3）“鞍钢宪法”的推广。

鞍山钢铁公司（简称“鞍钢”）是中国历史最悠久的大型钢铁企业之一。鞍钢于 1948 年 2 月回到人民手中之后开始了蓬勃发展的进程。鞍钢于 1949 年 7 月 9 日举行盛大开工典礼，中共中央、中央军委送来了“为工业中国而斗争”的贺幛。1952—1957 年，鞍钢生产的生铁、钢、钢材分别由 83.1 万吨、78.87 万吨和 47 万吨增至 336.1 万吨、291.07 万吨、192.39 万吨。“大跃进”对鞍钢的正常生产造成了一定的破坏，但鞍钢也是最早走出经济困难的大型国营工业企业。

作为中国大型现代化企业之一，鞍钢也不断探索适合中国国情、具有中国特

① “五保”是指保证产品的品种、质量、数量，保证不超过工资总额，保证完成成本计划并力求降低成本，保证完成上缴利润，保证主要设备的使用期限。

色的企业管理制度。1960 年 3 月，毛泽东在中共中央批转《鞍山市委关于工业战线上的技术革新和技术革命运动开展情况的报告》的批示中，充分肯定了鞍钢总结出的一套经验，并将其称为“鞍钢宪法”。“鞍钢宪法”也是对 20 世纪 50 年代中国学习和借鉴苏联的企业管理制度和管理经验的创新和超越，当时苏联的企业管理制度是以马格尼托哥尔斯克冶金联合工厂经验为代表的“一长制”管理方法，被中国企业称为“马钢宪法”。鞍钢的经验主要是：坚持政治挂帅；加强党的领导；大搞群众运动；实行“两参一改三结合”（即工人参加管理、干部参加劳动，改革不合理的规章制度，工人群众、技术人员和领导干部三结合）；大搞技术革新和技术革命。鞍钢的这五条经验被视为当时中国社会主义企业的基本原则，得到广泛宣传和推广，产生了十分广泛的影响。“鞍钢宪法”后来被吸收到 1961 年中共中央颁布的“工业七十条”中，成为中国特色企业管理制度的重要内容。

“鞍钢宪法”提出坚持政治挂帅，最重要的就是要坚持以毛泽东思想为引领，不断进行思想革命，彻底破除迷信，解放思想。这主要是要解决当时中国工业管理和企业管理中存在的“洋迷信”问题，即对学习和借鉴的苏联的一套管理经验和管理模式不敢突破，缺少敢想敢干的精神。提出实行“两参一改三结合”，主要是要解决企业中干部、工人、技术人员在管理过程中的关系问题，特别是工人参加管理有利于培养工人的主人翁意识，推动企业民主管理。提出大搞技术革新和技术革命，就是要放手发动群众开展技术革新和技术革命，探索出一条中国式的工业企业发展道路。① “鞍钢宪法”体现了中国共产党在国营企业管理中全心全意依靠工人阶级管理企业和进行社会主义建设的思想，这极大地激发了工人阶级的主人翁精神和克服国民经济困难的信心。

三、商业和手工业政策的调整

对国民经济的调整还包括对商业和手工业的调整。在“大跃进”和人民公社化运动中，商业和手工业都受到了较大冲击，出现了严重的混乱和困难，给人民生活造成了很大不便。为此，中共中央同时发布了《关于改进商业工作的若干规定（试行草案）》（即“商业四十条”）和《关于城乡手工业若干政策问题的规定（试行草案）》（即“手工业三十五条”），旨在调整商业和手工业。

---

① 刘海燕主编：《中国企业史·典型企业卷》上，企业管理出版社 2002 年版，第 18—19 页。

1. 制定“商业四十条”，调整商业经济关系

“大跃进”时期，全国商业系统和商业体制所受到的严重冲击主要表现为以下四个方面：一是国营商业系统发生变化，撤销了全国性专业公司，按地方行政区划成立专业局（处），实行政企合一；下放管理权限；将国家在农村的商业基层机构和人员全部下放给公社。二是对合作社商业和个体商业实行“升级”“过渡”，将其变成全民所有制企业或集体所有制企业。三是对各种不同经济成分的商业网点实行合并，1958—1960年间，社会零售商业（包括饮食业、服务业）网点减少142万余个，占原有网点总数的73%，人员减少194万，占原有总人数的34%。四是完全关闭自由市场。此外，在商业政策方面，则开展了“大购大销”运动，即实行“生产什么，收购什么，生产多少，收购多少”，导致许多商品质次价高和大量积压报废，造成商业资金的巨大浪费。

针对中国商业领域出现的问题，中共中央于1961年6月19日发布了《关于改进商业工作的若干规定（试行草案）》（即“商业四十条”）。“商业四十条”总结了新中国成立以来，特别是“大跃进”以来商业工作的经验教训，明确规定了商业工作的基本方针，提出了改进商业工作的许多具体政策和措施。其主要内容为：第一，农业同工业、全民所有制经济同集体所有制经济之间，必须坚持等价交换的原则。第二，根据各种农产品对国计民生的重要性，分别采取统购、定购和议购的方法，并通过合同形式确定双方的责任。第三，确定分期分批地适当提高若干农产品的收购价格，供应给农业的工业品不准随便提价。第四，从中央到县都要建立和健全物价委员会，加强物价管理工作。第五，国营商业、供销合作社商业、农村集市贸易，是中国现阶段商品流通的三条渠道，恢复农村供销合作社、合作商店、合作小组，同时有领导地开放农村集市贸易，允许在集市上出售完成国家合同任务后的多余物资。第六，对于农副产品和手工业品恢复物资交流会、庙会、合作货栈、信托货栈、骡马大店等传统商品流通形式，纠正地区之间封锁、管理过严过死的做法。第七，改进国营商业工作，把商业行政部门同商业企业分开，恢复必要的专业公司。第八，国营商业的批发企业相互之间、批发企业和零售企业之间、国营商业和供销合作社之间实行选购商品的制度，零售商店有权在一定范围内选择批发单位进货或直接从工厂进货。第九，在城市建立消费者代表会议制度，作为群众监督商业的一种形式。第十，改善商业企业的经营管理，建立和健全各种责任制度，商店营业时间应方便群众，限量供应商品的进出账目要定期向群众公布，依靠群众监督来堵塞“开后门”的漏洞。

1962 年 9 月 27 日，中共八届十中全会通过了《关于商业工作问题的决定》（简称《决定》）。《决定》提出："现阶段我国商品流通有三个渠道：国营商业，合作社商业，集市贸易。""国营商业是全民所有制经济，是商业的主体和领导力量……为着有效地领导和组织国内统一的市场，国营商业，按照行业系统，按照需要，分别地建立和健全各种商业的专业公司。""合作社商业是社会主义集体所有制经济，是国营商业的有力助手……供销合作社应当在国营商业的领导下，积极地为生产服务，为人民生活服务，为出口贸易服务，做好城乡间、地区间的物资交流工作，做好对农村集市贸易的领导工作。""集市贸易是国营商业和合作社商业的必要补充。当然，集市贸易有它的两重性：一方面，它有促进农副业生产发展、活跃农村经济的积极作用；另一方面，又有冲击计划市场、滋长投机倒把的消极作用。针对着集市贸易这种两重性，我们的政策，就是要利用它的积极作用，限制它的消极作用。"①《决定》还对农副产品收购、工商关系、统一的国内市场、稳定物价、改善经营管理、整顿和充实商业队伍，以及加强商业人员的思想政治工作等，作了论述和总结。

2. 制定"手工业三十五条"，调整手工业关系

在社会主义三大改造中，手工业基本上都被纳入了手工业合作社。在"大跃进"中，许多地方加速对手工业合作社进行所有制改造，大批手工业合作社这种集体所有制经济被纳入向全民所有制经济转变的改造。这种所有制变化，并没有为手工业的发展带来积极的促进作用，反而严重阻碍了手工业的发展和人民生活水平的提高。

1961 年 6 月 19 日，中共中央发布了《关于城乡手工业若干政策问题的规定（试行草案）》（即"手工业三十五条"）。"手工业三十五条"对整顿经济、促进工农业生产的发展、活跃城乡人民经济生活起了重要作用。

"手工业三十五条"的主要内容是：明确规定中国的手工业在整个社会主义阶段应该有三种所有制——全民所有制、集体所有制、社会主义经济领导下的个体所有制。在这三种所有制中，集体所有制是主要的。全民所有制只能是部分的，过多过早地过渡到全民所有制，于生产反而不利。社会主义经济领导下的个体手工业是社会主义经济的必要补充和助手。手工业生产合作社是手工业的主要

① 中共中央文献研究室编：《建国以来重要文献选编》第十五册，中央文献出版社 1997 年版，第 588、589—590、591 页。

组织形式。原来的手工业生产合作社，已经转为国营工业和公社工业的，凡是不利于发展生产，不便利群众的，必须坚决采取适当步骤，对手工业的所有制进行必要的合理的调整，改为手工业生产合作社或合作小组，过去被无偿调用的手工业生产合作社的资产和社员股金必须坚决退赔。不论采取哪种组织形式，手工业生产合作社原则上都要实行入社自愿、退社自由、经济民主、自负盈亏，反对不讲经济核算的“吃大锅饭”的做法，反对依赖国家包下来的“铁饭碗”思想。手工业生产合作社内部必须实行按劳分配原则，坚持民主办社、勤俭办社的方针。

第四节　国民经济的恢复与发展

国家通过对国民经济的艰苦调整，特别是 1963—1965 年对国民经济的继续调整，在一定程度上扭转了“大跃进”以来中国国民经济在“赶超”目标引导下的高速增长趋势，在一定程度上制止了“大跃进”造成的中国工农业生产的混乱局面，国民经济开始恢复与发展。

一、国民经济的积极变化

经过全党全国人民的艰苦努力和不懈奋斗，到 1965 年对国民经济的调整取得了显著成就，工农业生产达到或超过了历史最好时期，人民群众的生活水平得到了较大改善。1964 年 12 月，周恩来在三届全国人大一次会议上的《政府工作报告》中指出：“我国的国民经济，经过一九五八年到一九六〇年的大发展，从一九六一年起，进入了一个调整时期。”“现在，调整国民经济的任务已经基本完成，工农业生产已经全面高涨，整个国民经济已经全面好转，并且将要进入一个新的发展时期。”

1.“四个现代化”战略目标的提出

中国共产党是中国现代化事业的坚强领导者。早在新中国成立初期，党中央和毛泽东就提出了中国要实现现代化的思想。从那时起，从实现“四个现代化”到实现中国的现代化，再到实现中国式现代化，成为几十年来广大人民群众的强烈愿望。

周恩来在 1954 年一届全国人大一次会议上的《政府工作报告》中提出“建设起强大的现代化的工业、现代化的农业、现代化的交通运输业和现代化的国防”①。1957年3月12日，毛泽东在中国共产党全国宣传工作会议上的讲话中将其表述为“我们一定会建设一个具有现代工业、现代农业和现代科学文化的社会主义国家”②。1959年12月19日，他提出：“建设社会主义，原来要求是工业现代化、农业现代化、科学文化现代化，现在要加上国防现代化。”③

在20世纪60年代初期调整国民经济的过程中，中国共产党仍然在思考着中国长期经济社会发展的目标。毛泽东在1963年夏天提出：“把一九六三年到一九六五年这三年作为一个过渡阶段，仍然以调整、巩固、充实、提高的八字方针为这一时期国民经济计划的方针。三年过渡之后，搞一个十五年的设想，就是基本上搞一个初步的独立的国民经济体系，或者说工业体系；然后再有十五年左右，建成一个具有现代化农业、现代化工业、现代化国防和现代化科学技术的社会主义强国。”④

1963年8月，在中共中央《关于工业发展问题》起草委员会会议上，周恩来提出：“经过一九六三至一九六五年三年过渡和一九六六至一九七五年十年规划，基本建立一个独立的国民经济体系。国民经济体系不仅包括工业，而且包括农业、商业、科学技术、文化教育、国防各个方面。工业国的提法不完全，提建立独立的国民经济体系比只提建立独立的工业体系更完整。苏联就是光提工业化，把农业丢了。”⑤

在国民经济调整时期，全国人民对实现“四个现代化”、建设社会主义强国仍怀着坚定的信念和热切的期盼。1964年12月，周恩来在三届全国人大一次会议上的《政府工作报告》中提出：“今后发展国民经济的主要任务，总的说来，就是要在不太长的历史时期内，把我国建设成为一个具有现代农业、现代工业、现代国防和现代科学技术的社会主义强国，赶上和超过世界先进水平。为了实现这个伟大的历史任务，从第三个五年计划开始，我国的国民经济发展，可以按两步来考虑：第一步，建立一个独立的比较完整的工业体系和国民经济体系；第二步，全面实现农业、工业、国防和科学技术的现代化，使我国经济走在世界的前

---

① 《周恩来选集》下卷，人民出版社1984年版，第132页。

② 《建国以来毛泽东文稿》第十一册，中央文献出版社2023年版，第320页。

③ 中共中央党史和文献研究院编：《毛泽东年谱》第七卷，中央文献出版社2023年版，第270页。

④ 中共中央文献研究室编：《毛泽东传（1949—1976）》下，中央文献出版社2003年版，第1358页。

⑤ 中共中央文献研究室编：《建国以来重要文献选编》第十六册，中央文献出版社1997年版，第614页。

列。”具体而言，“第三个五年计划时期，是实现上述第一步任务的一个关键时期。这个时期的工作做好了，再经过大约两个五年计划的时间，就可以有把握地使我国建立起一个独立的比较完整的工业体系和国民经济体系”。[①]可见，在严重困难面前，中共中央仍然提出努力把中国逐步建设成为一个具有现代农业、现代工业、现代国防和现代科学技术的社会主义强国，领导人民开展全面的大规模的社会主义建设。“四个现代化”的宏伟奋斗目标一经提出，就始终成为鼓舞全体中国人民的强大精神力量。

2. 试办托拉斯

特别值得提出的是在20世纪60年代初，毛泽东、刘少奇、周恩来和邓小平已开始考虑借鉴西方工业发达国家管理企业的方法，即组织托拉斯。毛泽东说，我们的工业建设可以走托拉斯的道路，托拉斯是工业发达国家找到的比较进步的组织管理形式。

他们设想在中国工交企业中试办托拉斯，以经济方法管理经济。1963年国民经济开始好转，中央决定对工业管理体制进行改革，逐步减少行政管理办法，增加经济管理办法，在工交企业中组织托拉斯。国家经委于1963年夏组织工作组到国营工业企业比较集中的辽宁省沈阳市进行调研，调研的结果更增强了国家试办托拉斯的决心。当时沈阳市463户国营工业企业中，中央直属企业102户，省属企业54户，其余为市属企业。各企业分别隶属于中央17个部（委）的38个局、省的18个厅和市的20个局或公司，管理企业的机构纵横交错、关系复杂。各级主管部门在管理企业时都从自己的角度出发，有自身的利益。在这种情况下，企业只能走“大而全”“小而全”的道路，造成资源和设备的严重浪费和闲置。这种企业管理体制和模式严重束缚了企业的正常发展。

同年10月，刘少奇在听取薄一波汇报工业情况时指出：我们现行的办法是用行政的手段去管理经济，即由各级行政机关行使管理经济的权力。这就造成经济管理上或是“统”得过死，或是分散主义，造成经济工作中的官僚主义。他再次提出要按行业组织专业公司，减少行政干预。他说：“要组织国内的统一市场，就要组织统一的生产。”而这种统一的生产“由行政机关管，不如由公司管”，即用托拉斯这种经济组织代替行政组织来管理经济，并把各部、省以前所属的行政机构厅、局改为企业组织，这样就可以“进一步接近生产，接近企业”。[②]

① 《周恩来选集》下卷，人民出版社1984年版，第439页。

② 《刘少奇论新中国经济建设》，中央文献出版社1993年版，第526—528页。

1964年1月7日，毛泽东、刘少奇在听取工业领导人汇报全国工业交通工作会议情况时，表示要改善工业管理，试办托拉斯。6月，周恩来召集讨论试办托拉斯问题的座谈会，对于起草有关文件，提出了原则性意见。他提出试办托拉斯，一是要处理好组织托拉斯过程中全国性的托拉斯及其分公司同所在地区和地方的关系；二是在托拉斯成立以后，要注意搞好同外部的协作关系、同地方的协作关系，包括产销方面的协作，不能什么都自己搞；三是要搞清楚托拉斯的发展前途；四是托拉斯要按照经济的办法来办，按照经济规律的要求来管理。

7月，国家经委党组草拟了《关于试办工业、交通托拉斯的意见的报告（草稿）》。8月，中共中央、国务院批转了这个报告，批准在全国试办12个托拉斯。其中：全国性托拉斯9个，即烟草公司，医药工业公司，地质机械、仪器公司，盐业公司，汽车工业公司，橡胶工业公司，拖拉机、内燃机配件公司，纺织机械公司，制铝工业公司；地区性托拉斯3个，即华东煤炭工业公司、京津唐电力公司、长江航运公司。报告指出，用托拉斯的组织形式来管理工业、交通企业，是我国工业管理上的一项重大改革。这12个托拉斯在组建之后，即着手改组生产组织，改革管理制度，建立适合社会化大生产和专业化分工协作的经营管理方式，促进了设备的利用和生产技术水平的提高。

在试办托拉斯的过程中，它与现有体制的矛盾也日益突出，主要表现在三个方面：一是全国或跨地区性的托拉斯与地方的矛盾；二是托拉斯内部统一经营与所属企业分级管理的矛盾；三是托拉斯同原有经济管理体制的矛盾。在中国试办托拉斯是经济管理体制改革的重要探索，收到了良好的效果。然而，正当中央决定进一步试办托拉斯，并以此为契机，逐步改变中央经济管理权力过分集中而束缚生产力发展的经济体制时，“文化大革命”开始了，试办托拉斯这一探索也就终结了。

3. 工业学大庆、农业学大寨

在国民经济调整时期，各条战线都涌现出了不少先进典型，它们为克服严重经济困难、争取工农业生产好转作出了重要的贡献。在这些典型中，最为突出的就是20世纪60年代中国经济战线的两面旗帜——大庆和大寨。它们作为工业战线和农业战线艰苦奋斗的典范，受到了毛泽东的高度重视。他号召工业学大庆、农业学大寨。

（1）工业学大庆。

大庆油田位于黑龙江省松嫩平原，是中国完全依靠自己的力量，在技术、设备和生活条件都很差的条件下，用很短的时间建成的世界特大油田之一。旧中国从1907年开始找油算起，到1949年，只建成了甘肃老君庙（玉门）、新疆独山子、陕西延长三个小油田和四川圣灯山、石油沟两个气田，加上辽宁两个页岩油厂，年产原油只有12万吨，国内消费的石油主要靠从国外进口。新中国成立后，国家仍在努力寻找油田。截至1957年，共建成了新疆克拉玛依、甘肃玉门、青海冷湖三个石油工业基地，全国原油产量提高到145.7万吨，比1949年增加了11倍多，但仍满足不了国内需要。

1959年大庆油田的发现极大地鼓舞了中国人民。为了用最快的速度在大庆地区探明更大的油田面积和更多的新油田，为了在已探明的储量内打出一批生产试验井，石油部党组于1960年2月在给中共中央的报告中提出，在大庆地区“集中石油系统一切可以集中的力量，用打歼灭战的办法，来一个声势浩大的大会战”。2月20日，中共中央批准了上述报告，决定集中力量在大庆地区进行石油勘探和开发大会战。中共中央还决定从当年的退伍军人中动员3万人参加大会战。3月，国务院召开了有关部门和东北协作区参加的会议，部署支援会战工作。石油部陆续从甘肃、新疆、青海、四川等石油管理局和37个石油厂矿、院校，抽调了几十支优秀的钻井队、几千名科技人员和上万名职工参加大会战。

大庆油田是中国石油战线一面光辉的旗帜，在国民经济调整时期其石油产量以平均每年23.5%的速度递增，1961—1965年其年产量占全国石油产量的比重都超过50%，最高达73.7%。1966年大庆油田已可生产石油上千万吨。在十分困难的条件下和十分艰苦的环境中，大庆油田坚持自力更生、艰苦奋斗，创造出一个又一个奇迹，涌现出一大批“铁人”王进喜式的中国工人阶级的先进代表。大庆油田的经验为：开展强有力的政治工作，特别是“两论”[①]起家的经验；弘扬独立自主、自力更生、艰苦创业的精神；依靠群众和实行以“岗位责任制”为中心的企业管理制度；建设“工农结合，城乡结合，有利生产，方便生活”的社会主义新矿区；加强党对企业的绝对领导，建设一套革命化的领导班子和一支素质良好、技术过硬、吃苦耐劳、具有“三老”“四严”“四个一样”[②]作风的职工

① “两论”即《实践论》《矛盾论》。

② “三老”是指对待事业，要当老实人、说老实话、办老实事。“四严”是指对待工作，要有严格的要求、严密的组织、严肃的态度、严明的纪律。“四个一样”是指白天和黑天干工作一个样，坏天气和好天气干工作一个样，领导不在场和领导在场干工作一个样，没人检查和有人检查干工作一个样。

队伍。

正是由于大庆油田的巨大贡献，1963年12月，周恩来在二届全国人大四次会议上庄严宣布：“我国需要的石油，现在可以基本自给了。”[①] 毛泽东高度评价了大庆先进典型，号召工业学大庆，极大地鼓舞了中国人民自力更生、奋发图强的精神，有力地促进了国民经济的调整工作。大庆精神就是爱国、创业、求实、奉献的精神。今天的人们不应忘记大庆人在最艰苦时期的奋斗精神。

（2）农业学大寨。

在中国改革开放前农业战线上持续最久、影响最大的运动，就是农业学大寨运动。大寨是山西省昔阳县的一个穷山村，全村75户有800亩耕地，分散在“七沟八梁一面坡”，好年景亩产也只有140多斤。1953年建立了初级农业生产合作社，同年秋制定了10年造地规划。全村干部、群众团结一心，自力更生，艰苦奋斗，提前实现了规划，粮食亩产由1952年的237斤逐步提高到1962年的774斤，提前实现了中共中央1956年制定的《一九五六年到一九六七年全国农业发展纲要（草案）》规定的目标。1963年大寨遭受严重洪灾，在村党支部带领下，大寨人振奋精神，提出了“三不要”（即不要国家的救济粮、救济款、救济物资）、“三不少”（即原计划的国家征购粮、集体储备粮、社员口粮都不减少）。这一年除了少量完全被冲垮的梯田绝收外，粮食亩产仍然高达700多斤。大寨的事迹经媒体报道后，引起了热烈的反响。

1964年5月2日中共中央印发的《第三个五年（一九六六——一九七〇）农业发展计划的初步设想》，将大寨的经验概括为：“大寨的道路，就是在党的领导下，充分调动群众积极性，依靠集体力量，自力更生地和因地制宜地进行农田基本建设、实行精耕细作、发展农业生产的道路。”“大寨的精神，就是苦干实干，勤俭创业，奋发图强，自力更生的革命精神；就是从实际出发，重视科学试验，扎扎实实地一个一个地解决问题，实事求是的科学精神；就是识大体、顾全局，把方便让给别人，把困难留给自己，热爱国家、热爱集体、热爱社员的共产主义精神。”1964年5月中旬，毛泽东在听取国家计委领导小组汇报关于第三个五年计划的初步设想时提出，要自力更生，要像大寨那样。6月，毛泽东在中央工作会议上又提出，农业主要靠大寨精神，自力更生。大寨是新中国成立后，中国农

① 中共中央文献研究室编：《周恩来传（1898—1976）》下，中央文献出版社2008年版，第1487—1488页。

村坚持自力更生、艰苦奋斗、战天斗地改变落后局面的榜样，是20世纪60年代农业战线上树立的自力更生、奋发图强的典型。

1964年12月，周恩来在三届全国人大一次会议的《政府工作报告》中正式提出学大寨，他说："山西省昔阳县大寨公社的大寨大队，是一个依靠人民公社集体力量，自力更生地进行农业建设、发展农业生产的先进典型。"他把大寨的基本经验概括为："政治挂帅、思想领先的原则，自力更生、艰苦奋斗的精神，爱国家爱集体的共产主义风格。"大寨经验极大地鼓舞了中国人民自力更生、奋发图强的精神，有力地促进了国民经济的调整工作。

4. 西藏地区民主改革的完成

从1951年西藏和平解放到1956年西藏自治区筹备委员会建立，西藏经济社会取得了明显的发展。根据西藏的实际，中共中央原计划在1962年以前不在西藏进行民主改革。但是，西藏上层反动集团在外国势力支持下于1959年3月发起了武装叛乱。叛乱被平定以后，西藏的形势发生了很大变化，在藏族人民及上层爱国人士的强烈要求下，中央政府批准了西藏自治区筹委会关于开展民主改革的要求。

民主改革前的西藏社会制度是政教合一、僧侣和贵族联合专政的封建农奴制度。在西藏农村中，约占人口5%的农奴主占有几乎全部的土地和农奴、奴隶；而占人口90%以上的农奴没有土地所有权，人身依附于农奴主，劳动收入的一半甚至70%以上被农奴主剥削而去；占人口5%左右的奴隶，人身完全被农奴主占有。西藏的农奴主是三大领主，即官家（封建地方政府）、寺院上层僧侣和贵族，他们共同构成政教合一的农奴主统治集团。

1959年3月22日，中共中央发出《关于在西藏平息叛乱中实行民主改革的若干政策问题的指示（草案）》（简称《指示（草案）》）。《指示（草案）》指出，在这次平息叛乱的战斗中，必须同时坚决地放手发动群众，实行民主改革，以便彻底解放藏族人民群众，引导西藏地区走上社会主义的道路。《指示（草案）》还提出了边平叛边改革、先平叛先改革、后平叛后改革、未平叛地区暂时缓改的方针。中央明确指出，民主改革要把自下而上的充分发动群众同自上而下的协商结合起来，对没有叛乱的农奴主生产资料实行赎买政策，依靠劳动人民，团结一切可能团结的力量，有步骤、有区别地消灭封建农奴制度；改革中要充分尊重藏族人民的宗教信仰和风俗习惯，继承和发扬藏族的优秀文化。6月28日至7月17日，西藏自治区筹委会召开第二次全体会议，会议通过了《关于进行民主改革的决议》。

西藏的民主改革采取了分步走的办法进行。第一步是进行“三反双减”（反叛乱、反乌拉[①]、反奴役，减租、减息）；第二步是分配土地。1959 年 9 月，西藏自治区筹委会第三次全体会议通过了《关于西藏地区土地制度改革的实施办法》，同月，西藏工委制定了《关于划分西藏农村阶级的方案》和《关于执行赎买政策的具体办法》，指导西藏地区的民主改革。与此同时，牧区民主改革的方针和政策也被制定出来。

在西藏，寺院占有西藏 1/3 以上的土地和大量牧场、牲畜，将农奴 3/4 以上的劳动时间和 50% 以上的收获物攫为己有。对于寺院的民主改革内容是：进行“三反三算”（反叛乱、反封建剥削、反封建特权，算政治迫害账、算阶级压迫账、算经济剥削账）。通过“三反三算”，没收了叛乱寺院的全部生产资料，废除了全部寺院的封建特权和封建剥削制度（派乌拉、放高利贷、剥削农奴和奴隶）；成立了由贫苦僧尼和爱国守法的宗教界中上层人士参加的寺院民主管理委员会；执行宗教信仰自由政策；寺院可以开展正当的商业、运输业和手工业活动。

西藏的民主改革用了两年左右的时间就基本完成。到 1960 年底，在有 87 万人口的农业区，已有 85 万人口所在的地区完成了民主改革。到 1961 年 5 月，绝大多数牧区已经完成了“三反两利”（反叛乱、反乌拉、反奴役，实行牧工、牧主两利）运动。到 1961 年 1 月，全区 2 676 座寺院中已有 2 379 座寺院完成了“三反三算”运动。西藏的民主改革促进了生产的发展。1960 年西藏的粮食总产量达到 20.6 万吨，比 1959 年增长 12.6%；牧畜存栏头数达到 1 050 多万头（只），比 1959 年增长 10%。[②]

毛泽东、周恩来提出，西藏民主改革后，农牧民的个体经济要稳定一个时期。1961 年 4 月 21 日，中共中央发出《关于西藏工作方针的指示》（又被称为“稳定发展”方针）。该指示提出：今后西藏工作必须采取“稳定发展”的方针，从 1961 年算起，五年内不搞社会主义改造，不搞合作社（连试点也不搞），更不搞人民公社，集中力量把民主改革搞彻底，让劳动人民的个体所有制稳定下来，让农（牧）民的经济得到发展，让翻了身的农奴群众确实尝到民主改革给他们带来的好处。1961 年 2 月，西藏工委制定了《关于农村中若干具体政策的规定（草

① 藏语，指无偿劳役。

② 丹增、张向明主编：《当代中国的西藏》上，当代中国出版社 1991 年版，第 296 页。

稿）》，后经修改并报中央批准后发布；6月，西藏工委又制定了《关于牧区当前若干具体政策的规定（草案）》，根据中央意见修改并与自治区筹委会负责人协商通过后正式下达。与此同时，西藏工委还制定了关于整顿巩固农业生产互助组和停止试办农牧业生产合作社的方案，稳定了农牧民个体所有制和牧主所有制。

上述一系列政策的出台，比较全面地体现了中央"稳定发展"的方针并使之具体化。这些政策符合西藏的实际和人民群众的愿望，因而得到了西藏广大干部群众的拥护，调动了各方面的积极性，推动了经济的发展。

二、"三五"计划制定与三线建设战略布局

"三五"计划本应是1963年至1967年的国民经济计划，由于"大跃进"造成的经济困难和前后五年之久的国民经济调整，"三五"计划就成为1966年至1970年的国民经济计划了。

1."三五"计划中心任务的调整

1963年初，由李富春、李先念等8人组成中央计划领导小组研究编制长远国民经济计划和"三五"计划，该领导小组提出了"三五"计划时期集中力量解决人民的吃穿用问题的意见。中共中央书记处同意了这个意见。据此，1964年4月底，国家计委提出了《第三个五年计划（1966—1970）的初步设想（汇报提纲）》，规定"三五"计划的基本任务是："第一、大力发展农业，基本上解决人民的吃穿用问题；第二、适当加强国防建设，努力突破尖端技术；第三、与支援农业和加强国防相适应，加强基础工业，继续提高产品质量，增加产品品种，增加产量，使我国国民经济建设进一步建立在自力更生的基础上。相应地发展交通运输业、商业、文化、教育、科学研究事业，使国民经济有重点、按比例地向前发展。"①这个计划将农业投资提高到总投资额的20%，大大高于前两个五年计划时期7.1%和11.3%的实际占比。

对于"三五"计划如何安排，毛泽东从国防建设和战略布局的角度有更深层的考虑。1964年5月，他在听取国家计委汇报"三五"计划初步设想时提出，一是要从实际出发，二是要留有余地。他对于把基础工业放在最后考虑、砍掉一些项目表示出不安。他说："酒泉和攀枝花钢铁厂还是要搞，不搞我总是不放心，打起仗来怎么办？"他指出基础工业、交通运输同各方面还不相适应，"没有坐

① 中共中央文献研究室编：《建国以来重要文献选编》第十八册，中央文献出版社1998年版，第448页。

稳，没有站稳，是要跌跤子的”。他形象地提出：“两个拳头——农业，国防工业，一个屁股——基础工业，要摆好。要把基础工业适当搞上去，其他方面不能太多，要相适应。”①在国民经济遇到困难的时候，人们比较多地愿意提遵循农轻重顺序和比例发展规律；在国民经济顺利发展的时候，人们却比较多地愿意提遵循重轻农顺序和优先发展原则。在“三五”计划编制过程中，这个要求再次表现出来。

毛泽东对国防建设的重视与当时中国所处的国际环境有直接关系。尤其是在20世纪六七十年代美、苏两个超级大国推行霸权主义政策，使国际冷战局势处于最紧张最严峻的时期，中国社会主义建设的国际环境更加不安定和不安全。美、苏两个超级大国对中国社会主义建设也心存警戒，总是试图干预中国内政，对中国构成了严重的军事威胁。在中国南面，从20世纪60年代初开始，美国发动对越南的侵略战争并逐步升级，中国无私援助越南人民的抵抗斗争，美国则加紧对中国的封锁。在中国北面，中苏两党在许多问题上的争论日益尖锐导致两国关系日益紧张，苏联向邻近中国边境地区派驻的军队由10个师近20万人增加到54个师近百万人，并将战略导弹直指中国。在中国西南面，中印关系由于印度在中国边境的不断挑衅而日趋紧张，1962年发生了中印边境军事冲突。在祖国大陆的东南面，台湾国民党当局在美国支持下叫嚣“反攻大陆”，并多次派遣飞机、军舰和武装特务进行窜扰。

要应对这种局面，没有强大的国防是很危险的。1964年4月解放军总参谋部作战部的一份报告，使毛泽东的这种担心更为强烈。这份报告认为，在国家经济建设如何防备敌人突然袭击方面，我们存在的问题是很多的，有些情况还相当严重。主要表现为：一是工业过于集中。14个100万人口以上的大城市就集中了约60%的主要民用机械工业、50%的化学工业和52%的国防工业。二是大城市人口多，大部分都在沿海地区，易遭空袭，如何防空尚无有效措施。三是主要铁路枢纽、桥梁和港口码头多在大中城市及其附近，易遭轰炸破坏，缺乏应对措施。战争初期，交通可能陷于瘫痪。四是所有水库紧急泄水能力都很小。不少水库位于主要交通线和重要城市附近。一旦遭到破坏，洪水将冲击北京、天津等重要城市，造成严重损失。报告建议国务院组织一个专案小组，采取积极措施予以

① 中共中央文献研究室编：《建国以来重要文献选编》第十八册，中央文献出版社1998年版，第559、560页。

解决。[①]

这就使毛泽东和其他中央领导人下决心改变原定“三五”计划时期国民经济建设的部署，把抓战备作为“三五”计划的中心任务。毛泽东决定成立一个专门负责制定计划的新班子，由时任石油工业部部长的余秋里等人组成，称为“小计委”，专门研究战略问题，组织进行“三五”计划的编制。不久之后余秋里开始主持国家计委的工作。1965 年 6 月，毛泽东在听取余秋里汇报时指示说：五年基本建设投资控制在 800 亿元到 900 亿元，建设项目不要搞那么多。农轻重次序要颠倒一下，吃穿用每年略有增加就好。

1966 年 3 月，毛泽东在给刘少奇关于农业机械化问题的复信中提出：“第一是备战，人民和军队总得先有饭吃有衣穿，才能打仗，否则虽有枪炮，无所用之。第二是备荒，遇了荒年，地方无粮棉油等储蓄，仰赖外省接济，总不是长久之计。一遇战争，困难更大。而局部地区的荒年，无论哪一个省内常常是不可避免的。几个省合起来来看，就更加不可避免。第三是国家积累不可太多，要为一部分人民至今口粮还不够吃、衣被甚少着想；再则要为全体人民分散储备以为备战备荒之用着想；三则更加要为地方积累资金用之于扩大再生产着想。”[②]随着国际形势的日趋严峻，经济工作中备战的问题被摆到党的重要议事日程上来，“备战、备荒、为人民”上升到国家战略的高度。

2. 把国防工业放在第一位

1965 年 9 月，国家计委向中共中央和毛泽东报送了《关于第三个五年计划安排情况的汇报提纲（草稿）》（简称《汇报提纲（草稿）》），提出：“三五”计划必须立足于战争，从准备大打、早打出发，积极备战，把国防建设放在第一位，加快三线建设，逐步改变工业布局。在具体安排上，设想“三五”计划期间基本建设投资总额为 850 亿元，计划施工的大中型项目共 2 000 个左右；预期到 1970 年的各项指标是：粮食产量 4 400 亿～ 4 800 亿斤，钢产量 1 600 万吨，原煤产量 2.8 亿～ 2.9 亿吨，发电量 1 100 亿度，原油产量 1 850 万吨，工农业总产值 2 700 亿～ 2 750 亿元，平均每年递增 9%，农业总产值平均每年递增 5% ～ 6%，工业总产值平均每年递增 11%。

---

① 中共中央文献研究室编：《建国以来重要文献选编》第十九册，中央文献出版社 1998 年版，第 130—132 页。

② 《毛泽东军事文集》第六卷，军事科学出版社、中央文献出版社 1993 年版，第 405 页。

这彻底改变了1964年4月底所提出的计划安排。《汇报提纲（草稿）》已经将基本建设投资安排的顺序由农、轻、重转变为重、农、轻。从部门投资计划安排来看，重工业、国防工业、交通运输共计划安排投资628亿元，占投资总额的74%；农业计划安排投资120亿元，由原计划占投资总额的20%下降为14%；轻工业计划安排投资37.5亿元，占投资总额的4.4%。从地区投资计划安排来看，三线建设总投资为360亿元，占42%。原来未安排进“三五”计划的重大项目如攀枝花、酒泉钢铁基地和成昆铁路等，都已经成为“三五”计划重点项目，并要求在1970年以前基本建成。原计划1972年建成的国防工业体系提前到1970年建成。而原定的4.5亿亩稳产高产农田目标则被留置到“四五”计划中考虑。这个计划所定的指标是比较低的，反映了“留有余地”的考虑，还体现了毛泽东不要把人民搞得太紧张了的考虑，尽可能地照顾人民生活的需要。

1965年9月至10月召开的中央工作会议讨论通过了该汇报提纲。由于“文化大革命”的发生，该汇报提纲未能形成正式发展国民经济的“三五”计划，也未能被批准实施。“三五”期间中国国民经济发展主要是靠很不完备的年度计划来支撑的，不过这些年度计划所依据的方针和原则都是该汇报提纲确定的方针和原则。

实际上，在毛泽东的督促下，许多国防建设和三线建设项目从1964年底就已动工建设并取得了显著的进展。国防建设和三线建设充分发挥了“全国一盘棋”和“集中力量办大事”的优势，实际建设速度比计划安排速度要快很多。1966年4月，国家计委在向中央汇报时指出：一年多的实践证明，原设想的第三个五年计划有可能提前两年实现。就建设来说，大小三线的许多重大项目可以提前一年或两年建成。其中，攀枝花铁矿，酒泉镜铁山铁矿，贵州六枝、盘县、水城三大煤矿区，刘家峡水电站，成昆铁路，四川天然气等重点项目，1968年可以提前两年基本建成或达到原计划生产水平。就生产来说，1970年的主要生产指标大部分在1968年可以完成，有些1967年就可以完成。其中，钢、棉纱、石油、棉花1967年就可以达到或超过1970年的计划指标；煤炭、发电量、有色金属、机床、化肥、粮食等1968年可以完成1970年的计划指标。国家计委肯定地指出：“从现在的情况看，用三年的时间完成原定五年计划的主要指标，是完全可能的。”① 面对这种乐观的经济建设形势，国家计委向中央提出修改“三五”

① 国家计委：《关于修改第三个五年计划草案的设想汇报提纲》，1966年4月17日。

计划草案的补充设想：大幅度提高钢铁、煤炭、有色金属、电力、石油、铁路的生产建设指标，把农业机械化搞上去，努力增加集体经济的积累来源。同样由于“文化大革命”的发生，这个大规模进行国民经济建设的计划设想被打断了。

3. 三线建设战略布局

为什么要搞三线①建设？毛泽东在1965年4月听取贺龙、罗瑞卿、杨成武汇报备战计划时说：战争仍有发生和不发生两种可能性，但我们必须做到有备无患。“世界上的事情总是那样，你准备不好，敌人就来了；准备好了，敌人反而不敢来。”“现在蒋介石是想保住老本钱，什么反攻大陆都是假的。”“不仅蒋介石是机会主义，美国也是机会主义，它才不那么冒险哩！第一次、第二次世界大战，它都是等人家打得差不多了才出兵。当然，我们要准备他们冒险。”②用备战来遏制冒险战争的爆发是毛泽东的重要思想和国际战略。

三线建设就是为打仗作准备。早在1963年9月上旬，毛泽东在修改中央书记处起草的《关于工业发展问题（初稿）》时，写了很长一段话，反映出了他当时思考的一个重大的战略问题：“我国从十九世纪四十年代起，到二十世纪四十年代中期，共计一百零五年时间，全世界几乎一切大中小帝国主义国家都侵略过我国，都打过我们，除了最后一次，即抗日战争，由于国内外各种原因以日本帝国主义投降告终以外，没有一次战争不是以我国失败、签订丧权辱国条约而告终。其原因：一是社会制度腐败，二是经济技术落后。现在，我国社会制度变了，第一个原因基本解决了；但还没有彻底解决，社会还存在着阶级斗争。第二个原因也已开始有了一些改变，但要彻底改变，至少还需要几十年时间。如果不在今后几十年内，争取彻底改变我国经济和技术远远落后于帝国主义国家的状态，挨打是不可避免的。当然，帝国主义现在是处在衰落时代，我国，社会主义阵营，全世界被压迫人民和被压迫民族的革命斗争，都是处于上升的时代，世界性的战争有可能避免。这里存在着战争可以避免和战争不可避免这样两种可能性。但是我们应当以有可能挨打为出发点来部署我们的工作，力求在一个不太长

① 三线包括四川，贵州，云南，陕西，甘肃，青海，宁夏，河南、湖北、湖南三省的西部，广东的北部，广西的西北部，山西的西部，共涉及13个省、自治区，其中西南（云南、贵州、四川）和西北（陕西、甘肃、宁夏、青海）俗称大三线；一线是指东北及沿海各省市，二线是指一线与三线之间的中间地区；一、二线地区各自的腹地俗称小三线。

② 中共中央文献研究室编：《毛泽东传（1949—1976）》下，中央文献出版社2003年版，第1391—1392页。

久的时间内改变我国社会经济、技术方面的落后状态，否则我们就要犯错误。”[①]可见，在国民经济遭遇较大困难、正在进行艰苦调整的时期，毛泽东也没有停止从中国长期生存与发展、从中国实现现代化的角度进行战略考虑。正是由于对战争的危险的认识不断加深，毛泽东从1964年开始多次提出加强第三线建设。这一年5月27日，他主持中央政治局常委会议，专门研究三线建设问题，提出我们工作中存在两个“注意不够”，即对第三线建设注意不够，对基础工业注意不够。1965年6月，毛泽东在听取“三五”计划和三线建设汇报时，提出国民经济建设规模不宜太大，要留有余地在老百姓那里，对老百姓不能搞得太紧。他提出：“第一是老百姓，不能丧失民心；第二是打仗；第三是灾荒。计划要考虑这三个因素。脱离老百姓毫无出路，搞那么多就会脱离老百姓。”[②]周恩来后来将毛泽东提出的这三条概括为“备战、备荒、为人民”，这成为中国20世纪六七十年代国民经济计划工作乃至社会主义建设工作一直遵循的指导方针。[③]

在中共中央和毛泽东原来的设想中，“三五”计划是以“解决吃穿用，加强基础工业，兼顾国防和突破尖端技术”为指导思想的，毛泽东曾概括说：农业是一个拳头，国防工业是一个拳头，“要使拳头有劲，屁股就要坐稳”，屁股就是指基础工业。但是，三线建设战略提出之后，首先需要调整的就是把“三五”计划由“吃穿用”计划转变为备战计划。因此，“三五”计划实质是一个以国防建设为中心的备战计划，要从准备应付帝国主义早打、大打出发，把国防放在第一位，抢时间把三线建设成为具有一定规模的战略大后方。

1964年10月，国务院批准下达了1965年国民经济计划并指出：计划的指导思想是争取时间，大力建设战略后方基地，防备外敌发动侵略战争。中共中央经过研究后确定，大三线建设初始阶段重点是打基础，大部分投资集中以建设铁路、冶金和国防工业为主，尤其是要以成昆、湘黔等铁路线路建设，攀枝花、酒泉钢铁基地建设，重庆工业基地建设为主。为使三线建设能尽快形成生产能力，国家对一、二线经济建设采取“停”（停建一切新开工项目）、“缩”（压缩在建项目）、“搬”（部分企事业单位全部搬到三线）、“分”（部分企事业单位分出一块或

① 《毛泽东文集》第八卷，人民出版社1999年版，第340—341页。

② 中共中央文献研究室编：《毛泽东传（1949—1976）》下，中央文献出版社2003年版，第1363页。

③ 中共中央文献研究室编：《毛泽东传（1949—1976）》下，中央文献出版社2003年版，第1363页。

两块迁往三线)、“帮”(从技术力量和设备方面对口帮助三线企业建设)等项措施。

1965 年 4 月，新组建国家建委。其最重要的一项工作就是抓好西南、西北战略基地和一、二线后方基地的建设及其他重点建设项目。在这一年八九月间召开了全国搬迁工作会议，确定搬迁工作立足于战争，对项目实行大分散、小集中原则，国防尖端项目按“靠山、分散、隐蔽”的原则建设，有的还要进洞(即“山、散、洞”原则)。“会议确定‘三五’期间，从沿海向大三线迁建 500 个工业生产项目，主要是军工企业和与之配套的金属材料、机电产品、高能燃料、橡胶制品，以及三线地区短缺的民用工业品生产企业，还有一批为国防尖端服务的科研设计单位。”①随后，大规模的搬迁和建设工作陆续展开，特别是三线建设中的机械工业主要依靠从沿海拆迁来建设，“仅 1965 年就完成第一批拆迁项目 49 个，用老基地支援新基地、老厂支援新厂、老工人带新工人的办法，过好建筑安装关、设备调试关和生产技术关”。“在建设大三线中，机械工业从沿海搬去工厂、设计、科研单位共 241 个，内迁职工 6 万余人，设备 1.8 万多台，建成了 200 多个生产项目。可以说是我国工业生产力的一次大转移。”②

随着全国大三线建设的进行，一、二线各省也开始建设自己的战略后方。1964 年 10 月，广东省委向中共中央和中南局提交了《关于国防工业和三线备战工作的请示报告》，毛泽东肯定了报告中提出的一、二线各省建立自己的三线的做法，认为“无非是增加一批建设费，全国大约需十五亿左右，分两三年支付，可以解决一个长远的战略性的大问题。现在不为，后悔无及”。周恩来、罗瑞卿等组织有关部门进行了讨论，并向中央和毛泽东作了报告。报告提出一、二线的建设和备战工作大体包括以下七项内容：一是建设一批地方军工厂，包括枪支、子弹、地雷、手榴弹和炸药等轻武器的制造厂；二是为了配合各地方军工厂的建设和保证战时的供应，要从大城市搬迁一些必要的配套工厂到省、区自己后方，并且在后方相应地建设一些小煤矿、小电站和必要的修配工厂；三是搞好现有的公路、桥梁、渡口和通讯线路，新建或者改建一些运输、通讯设施和边境上的江河护岸工程；四是修建一批储备粮食、原盐、汽油等战略物资的仓库；五是加强一、二两线后方地区的农业建设，特别是山区建设；六是迁建或者新建一些

① 《谷牧回忆录》，中央文献出版社 2009 年版，第 213 页。

② 《谷牧回忆录》，中央文献出版社 2009 年版，第 216 页。

必需的医院和学校；七是建设省委和军区领导机关的防护工程。1964 年 11 月，中央下发了《关于加强一、二线的后方建设和战备工作的指示》，要求一、二线抓紧进行小三线建设。这就掀起了进行小三线建设的高潮。

1965 年 9 月国家计委向中共中央和毛泽东报送的《关于第三个五年计划安排情况的汇报提纲（草稿）》强调指出："三五"计划期间，必须集中国家的人力、物力、财力，把三线的国防工业、原料、材料、燃料、动力、机械、化学工业以及交通运输系统逐步建立起来，使三线成为一个初具规模的战略大后方。毛泽东提出的关于"三五"计划的方针任务，即"备战、备荒、为人民"的思想，成为 20 世纪六七十年代我国国民经济发展遵循的重要指导方针。

三、国民经济在调整中恢复与发展

到 1965 年底，五年的国民经济调整任务全面完成。全国工业固定资产和主要产品产量都有较大增长，工农业总产值超过了 1957 年，主要工农业产品产量都达到或超过了 1957 年；农、轻、重比例关系发生了明显变化，农业的基本建设和技术改造大规模地展开，各个经济部门在新的基础上得到了比较协调的发展；中国基础工业和新兴产业都得到了很大发展，取得了明显的经济成就，尤其是科学技术取得了突出成果，1964 年中国成功地爆炸了第一颗原子弹；不少经济技术指标创新中国成立以来最好水平，国民经济重新走上了正常发展轨道。中国后来赖以进行现代化建设的物质技术基础，很大一部分是这一时期建立起来的。1957—1965 年国民经济发展情况见表 5-1。

表 5-1　1957—1965 年国民经济发展情况

年份	社会总产值（亿元）	社会总产值指数	国民收入（亿元）	国民收入指数	农业总产值（亿元）	农业总产值指数	工业总产值（亿元）	工业总产值指数	全国零售物价总指数
1957	1 606	170.9	908	153.0	537	124.8	704	228.6	121.3
1958	2 138	226.7	1 118	186.7	566	127.8	1 083	353.8	121.6
1959	2 548	267.4	1 222	202.1	497	110.4	1 483	481.8	122.7
1960	2 679	280.0	1 220	199.2	457	96.4	1 637	535.7	126.5
1961	1 978	186.2	996	140.0	559	94.1	1 062	330.7	147.0

续表

年份	社会总产值（亿元）	社会总产值指数	国民收入（亿元）	国民收入指数	农业总产值（亿元）	农业总产值指数	工业总产值（亿元）	工业总产值指数	全国零售物价总指数
1962	1 800	167.6	924	130.9	584	99.9	920	275.9	152.6
1963	1 956	184.7	1 000	144.9	642	111.6	993	299.4	143.6
1964	2 268	217.0	1 166	168.8	720	126.7	1 164	358.2	138.3
1965	2 695	258.2	1 387	197.5	833	137.1	1 402	452.6	134.6

注：本表产值和国民收入按当年价格计算；指数按可比价格计算（1952 年指数为 100）。

资料来源：国家统计局编：《中国统计年鉴（1983）》，中国统计出版社 1983 年版，第 13、14、16、17、22、23、455 页。

1. 国民经济在波动中增长

中国国民经济在“大跃进”和国民经济调整时期的基本特点有以下几个：

第一，在“大跃进”和国民经济调整时期，国民经济出现了巨大的波动，但在这种波动中还是有所增长。在探索中国自己的经济建设道路的过程中，中国出现了“大跃进”这样严重的偏差和失误，给经济建设和人民生活造成了严重损失。但这仅是在探索发展道路的过程中的损失，中国国民经济还是在波动中继续前进。特别是全面压缩基本建设投资规模，为减少财政支出、缓解财政紧张创造了条件。1961—1965 年基建拨款占财政支出总额的比重为 28.1%，不仅低于三年“大跃进”时期的 54.8%，而且低于“一五”时期的 37.6%。“大跃进”时期财政赤字累计高达 169.4 亿元，国民经济调整时期财政赤字明显减少，并且做到了略有盈余。

第二，在“大跃进”和国民经济调整时期，中国社会总产值和国民收入有明显提高。按当年价格计算，1965 年社会总产值达 2 695 亿元，国民收入达 1 387 亿元；工农业总产值达 2 235 亿元，其中农业总产值 833 亿元，工业总产值 1 402 亿元。1958—1965 年国民经济各部门基建投资达 1 627.98 亿元，有 936 个大中型项目建成投产（这一期间三次产业的基本建设投资情况见表 5-2）。中国建设一个独立的比较完整的工业体系和国民经济体系的步伐没有后退，尤其是现代化建设的物质技术基础有所增强，国民经济各部门开始协调发展，工农业产品产量超过 1957 年的水平，新兴工业部门、新产品、新品种不断涌现，还成功研制出了原子弹。

表 5-2　1958—1965 年三次产业的基本建设投资情况

年份	投资额（亿元）			比重（%）		
	第一产业	第二产业	第三产业	第一产业	第二产业	第三产业
1958	26.18	180.35	62.47	9.7	67.0	22.3
1959	32.84	219.22	97.66	9.4	62.7	27.9
1960	45.06	239.67	103.96	11.6	61.7	26.7
1961	16.96	78.88	31.58	13.3	61.9	24.8
1962	14.37	40.73	16.16	20.2	57.2	22.7
1963	22.56	50.86	24.74	23.0	51.8	25.2
1964	26.82	76.10	41.20	18.6	52.8	28.6
1965	24.92	93.81	60.88	13.9	52.2	33.9
“一五”时期	41.55	286.16	260.76	7.1	48.6	44.3
“二五”时期	135.41	758.85	311.83	11.2	62.9	25.9
1963—1965	74.30	220.77	126.82	17.6	52.3	30.1

资料来源：国家统计局固定资产投资统计司编：《1950—1985 中国固定资产投资统计资料》，中国统计出版社 1987 年版，第 96 页。

第三，工业整体生产能力和技术水平提高。与 1957 年相比，1965 年全国全民所有制工业企业固定资产原值增长了 2 倍，达到 1 040 亿元。主要工业品产量增长明显，其中钢产量 1 223 万吨，增长 1.29 倍；原煤产量 2.32 亿吨，增长 77.1%；发电量 676 亿度，增长 2.5 倍；原油产量 1 131 万吨，增长 6.75 倍；天然气产量 11 亿立方米，增长 14.71 倍；水泥产量 1 634 万吨，增长 1.38 倍。中国工业的机械装备水平进一步提高，全国工业企业机床和锻压设备拥有量分别增长 1.4 倍和 1.1 倍，一些机械工业产品已接近或达到世界先进水平。

第四，基础工业和重点企业发展明显，特别是影响中国工业化的发展瓶颈显著缓解，新建和扩建了一批重要企业。例如，钢铁工业项目在国民经济调整时期不是“一刀切”式地都下马，而是根据不同条件“该关掉的关掉，该保留的保留，该发展的发展”，有一批小型钢铁厂成长为中型钢铁厂。[①] 与 1957 年相比，1965 年全民所有制企业固定资产按原值计算增长了 1.76 倍；建设了十大钢厂（包括武汉钢铁公司、包头钢铁公司的建成，攀枝花钢铁厂的筹建，鞍山钢铁

① 《袁宝华回忆录》，中国人民大学出版社 2018 年版，第 170 页。

公司的扩建等）和若干重要有色金属冶炼厂、煤炭企业、发电厂等。

2. 工业结构和地区结构改善

中国工业结构和地区结构在“大跃进”和国民经济调整时期有了较明显的改善。

第一，由于工业特别是基础工业是这一时期发展的重点，因而建立起了一定规模的独立的比较完整的工业体系和国民经济体系，工业提供的生产资料和生活资料开始普及，能源工业、冶金工业、机械工业等的生产能力和技术水平大幅度提高。例如：煤炭、电力、石油供应局面明显改善；钢和钢材品种增多，可以生产建设需要的高温合金钢、精密合金钢、高纯金属、有色稀有金属；形成了冶金、采矿、电站、石化等工业设备制造及飞机、汽车、工程机械制造等基本行业。与此同时，与农业生产紧密相关的化肥、农药、农机制造及修理等支农工业部门的投资占比，由“大跃进”时期的 4.86% 增至国民经济调整时期的 7.86%；与人民生活紧密相关的食品、纺织、造纸等工业部门的投资占比，由“大跃进”时期的 9.5% 增至国民经济调整时期的 12%。

第二，整体工业特别是装备工业从无到有，自给率明显提升。到 1964 年，主要机械设备自给率达 90% 以上；电子工业、原子能工业、航天工业从无到有、从小到大；到 1965 年已经能够生产雷达、广播电视发射设备、电视中心设备、无线电通信设备、原子射线仪、各种气象仪、水声设备、电话交换机、电子计算机、电视机等。

第三，沿海和内地的工业都得到进一步加强和发展，原有沿海地区的工业基地得到加强，内地和边疆地区的现代工业有了较大发展。在全国基建投资中，中、西部地区投资所占比重不断上升，“一五”时期为 46.8%，“二五”时期提高至 56%，1963—1965 年升至 58.3%。尤其是 1964 年提出三线建设战略之后，中、西部更是成为投资重点地区，内地工业产值在全国工业产值中的比重由 1957 年的 32.1% 提高到 1965 年的 35%。

3. 交通运输业取得了长足的进步

中国交通运输业在“大跃进”和国民经济调整时期取得了长足的进步。第一，1958—1965 年全国新增铁路营运里程 9 698 公里，有 12 条干线建成或部分建成。与 1957 年相比，1965 年铁路货运量增加 50.67%，客运量增加 31.93%。第二，建成或部分建成多条铁路干线。包兰线（包头至兰州）、兰青线（兰州至青海西宁）、兰新线（兰州至新疆乌鲁木齐）的建成通车使西北地区连成了一个有效的铁路网。与此同时，川黔铁路（四川重庆至贵州贵阳）建成通车，成昆铁路（成都至昆明）、贵昆铁路（贵阳至昆明）、湘黔铁路（湖南株洲至贵州贵阳）等开工建设，西南地区也将连成一个有效的铁路网。第三，公路、水运、航空事业都取得了较大发展。全国大部分县、镇通了汽车。沿海港口恢复发展，1958—1965年新增34个万吨级泊位。远洋航运开辟了东南亚、欧洲、非洲三条航线。

4. 农业基本建设增强

中国农业基本建设在“大跃进”和国民经济调整时期得到了增强。第一，大型水利设施建设明显改善，仅大中型水利建设施工项目就达290多个，其中建成150多个。困扰中国农业经济发展的淮河、黄河、海河流域都得到了重点治理，水患受到遏制。第二，全国灌溉面积大幅度增加，特别是随着水利设施建设的加快，农田灌溉面积及其占比显著提升，在全部耕地中灌溉面积占比从1957年的24.4%上升为1965年的32%。第三，农业机械化和化学肥料使用程度提高。机耕面积占比从2.4%上升至15%，机灌面积占比从4.4%上升至24.5%，每亩耕地用电量由0.1度上升至2.4度。此外，植树造林、推广良种、改良土壤、控制水土流失、建立气象预报等也取得了很大进展。

作为我国农业生产重要组成部分的农垦事业也得到了恢复与发展。1966年与1956年相比，国营农场由730个增加到1 940个，耕地面积由1 274万亩增加到4 784万亩，职工人数由37.8万人增加到283.9万人，工农业总产值由4.26亿元增加到39亿元，粮食总产量由13.1亿斤增加到80.9亿斤，上交粮食由5.1亿斤增加到28.2亿斤，橡胶种植面积由109.04万亩增加到250.11万亩，干胶总产量由333吨增加到23 234吨。[①] 例如，1958年全国有10万名解放军官兵复员转业到生产建设领域，其中有7万多名进军北大荒，参加这里的大规模开发。北大荒的耕地面积从1956年的457万亩猛增至1966年的1 370万亩，北大荒变成了北大仓，成为国家重要的商品粮生产基地。又如，新疆军垦农场的发展同样十分迅速，在生产建设兵团的带动下，这里发生了巨大的变化：在一个只有几户人家和一个大车店的石河子建立起了一座新城，在塔里木盆地建立起了阿拉尔等新城，生产建设兵团将植树造林与水渠、道路、条田、居民点建设统筹在一起，使

① 张林池主编：《当代中国的农垦事业》，中国社会科学出版社1986年版，第18页。

大片戈壁变成了绿洲。再如，橡胶作为重要的战略物资一直受到美国等西方国家的封锁禁运，我国以国营农场为主力在广东、云南等地开展橡胶种植，建立起了我国重要的橡胶生产基地，到1966年仅海南岛、湛江、汕头和广西、福建等地的橡胶种植面积就达199万亩，干胶年总产量达2.18万吨，云南省种植橡胶32万亩、橡胶树832万株。这一时期，国营农场遍布全国，有力地支持了国民经济恢复和国家经济建设。

5. 人民生活和健康水平得到保障

在国民经济调整时期，党和国家面临着十分紧迫的国民经济调整任务和十分重大的保障人民生活水平责任。为了将有限的资源配置到与人民生活紧密相关的行业，基本建设固定资产投资由1960年的389亿元锐减到1965年的180亿元，同期农业在工农业总产值中所占比重则由21.8%提高到37.3%，1965年主要农产品产量大都恢复到或超过1957年的水平，全国零售物价总指数从1961年的147降到1965年的134.6。人民群众的健康水平也得到了较好的保障。到20世纪60年代初，天花在我国已告灭绝，比其在世界范围内灭绝早了10余年；到60年代中期，结核病的患病率从新中国成立初期的4%下降到1.5%左右，死亡率从2.5‰下降到0.4‰；防治血吸虫病取得突出成就；脊髓灰质炎、麻疹、乙脑、白喉、破伤风、百日咳等传染病的发病率明显下降。

中共十一届六中全会通过的《中国共产党中央委员会关于建国以来党的若干历史问题的决议》指出："我们现在赖以进行现代化建设的物质技术基础，很大一部分是这个期间建设起来的；全国经济文化建设等方面的骨干力量和他们的工作经验，大部分也是在这个期间培养和积累起来的。这是这个期间党的工作的主导方面。"①

本章小结

1. 调整国民经济的八字方针的提出。面对中国国民经济出现的严重困难，毛泽东号召全党上下保持清醒头脑，大兴调查研究之风。经过

① 中共中央文献研究室编：《改革开放三十年重要文献选编》上，中央文献出版社2008年版，第192页。

大量调查研究，中央提出了“调整、巩固、充实、提高”的国民经济调整八字方针。周恩来指出：“‘调整’的目的，是为了更好地扩大再生产；‘巩固’，是为了再前进；‘充实’，是为了搞好配套，使生产能力得到充分发挥；‘提高’就更容易懂了。”1961年1月中共八届九中全会决定对国民经济按“调整、巩固、充实、提高”的八字方针进行调整，这标志着“大跃进”的一系列政策终止。1962年初中共中央召开的七千人大会和西楼会议继续落实调整的方针。陈云在国务院扩大会议上作了题为《目前财政经济的情况和克服困难的若干办法》的报告，提出了克服困难的六条措施。这个报告得到了中央的赞同，成为此后经济工作的指导性文件。

2. 对国民经济的艰苦调整。从1961年开始，中共中央通过制定“农业六十条”“工业七十条”“商业四十条”“手工业三十五条”等，指导全国各地对农业、工业、商业和手工业的调整。1962年初，中共中央决定恢复中央财经小组，陈云任组长，开始全面落实调整国民经济的各项措施。1963年9月中央工作会议确定，从1963年起，再用3年时间，继续进行“调整、巩固、充实、提高”的工作，作为第二个五年计划到第三个五年计划之间的过渡阶段。这个阶段的调整，重点从大规模缩减、大幅度后退转向加强薄弱部门和薄弱环节，贯彻以农业为基础、以工业为主导的发展国民经济的总方针。到1965年底，五年的国民经济调整任务全面完成，主要工农业产品产量都达到或超过了1957年，农、轻、重比例关系发生了明显变化。

3. 经济管理体制改革的探索。20世纪60年代初，毛泽东、刘少奇、周恩来和邓小平已开始考虑借鉴西方工业发达国家管理企业的方法，即组织托拉斯。毛泽东说，我们的工业建设可以走托拉斯的道路，托拉斯是工业发达国家找到的比较进步的组织管理形式。他们设想在中国工交企业中试办托拉斯，以经济方法管理经济。从1964年开始先后共试办了12个托拉斯，其中：全国性托拉斯9个，即烟草公司，医药工业公司，地质机械、仪器公司，盐业公司，汽车工业公司，橡胶工业公司，拖拉机、内燃机配件公司，纺织机械公司，制铝工业公司；地区性托拉斯3个，即华东煤炭工业公司、京津唐电力公司、长江航运公司。这是经济管理体制改革的重要探索，收到了良好效果。

4. 工业学大庆、农业学大寨。严重的经济困难并没有使中国共产党和中国人民丧失建设现代化国家的信心，20 世纪 60 年代中国经济战线出现了两面旗帜——大庆和大寨，它们分别是工业战线和农业战线艰苦奋斗的典范。大庆油田是中国石油战线一面光辉的旗帜。在十分困难的条件下和十分艰苦的环境中，大庆油田坚持自力更生、艰苦奋斗，创造出一个又一个奇迹，涌现出一大批“铁人”王进喜式的中国工人阶级的先进代表。大庆油田的经验为：开展强有力的政治工作，特别是“两论”起家的经验；弘扬独立自主、自力更生、艰苦创业的精神；依靠群众和实行以“岗位责任制”为中心的企业管理制度；建设“工农结合，城乡结合，有利生产，方便生活”的社会主义新矿区；加强党对企业的绝对领导，建设一套革命化的领导班子和一支素质良好、技术过硬、吃苦耐劳、具有“三老”“四严”“四个一样”作风的职工队伍。在中国改革开放前农业战线上持续最久、影响最大的运动，就是农业学大寨运动。在这场持续了十多年的学习运动中，大寨人那种不畏困难、改造大自然的精神传遍全国。大寨是新中国成立后，中国农村坚持自力更生、艰苦奋斗、战天斗地改变落后局面的榜样，是 20 世纪 60 年代农业战线上树立的自力更生、奋发图强的典型。周恩来把大寨的基本经验概括为：“政治挂帅、思想领先的原则，自力更生、艰苦奋斗的精神，爱国家爱集体的共产主义风格。”毛泽东高度评价了大庆和大寨这两个先进典型，号召工业学大庆、农业学大寨。

5. 经济建设的成就。1958—1965 年是中国国民经济在曲折中发展的时期。在这一时期，中国在探索经济建设道路方面取得了积极成就，但在经济发展中也出现了严重失误。这一时期中国经济建设取得的进展和成就，主要体现在以下五个方面：（1）国民经济在波动中增长，社会总产值和国民收入有明显提高，主要工业品产量增长明显，新建和扩建了一批重要企业；（2）工业结构和地区结构改善，工业提供的生产资料和生活资料开始普及，1964 年主要机械设备自给率达 90% 以上，内地和边疆地区的现代工业有了较大发展；（3）交通运输业取得了长足的进步，1958—1965 年全国新增铁路营运里程 9 698 公里，西北地区已经连成一个有效的铁路网，西南地区也将连成一个有效的铁路网，公路、水运、航空事业都取得了较大发展，全国大部分县、镇通了汽车；（4）农业基本建设增强，建成150多个大中型水利设施，在全部耕地中灌溉面积占比从1957年的24.4%上升为1965年的32%，农业机械化和化学肥料使用程度均明显提升；（5）人民生活和健康水平得到保障，1965年主要农产品产量大都恢复到或超过1957年的水平，到20世纪60年代初，天花在我国已告灭绝，到60年代中期，结核病的患病率和死亡率与新中国成立初期相比都大幅下降。

关键概念和重要事件

“调整、巩固、充实、提高”的方针
七千人大会
西楼会议
“农业六十条”
“工业七十条”
“鞍钢宪法”
“四个现代化”
试办托拉斯

思考题

1. 简述党的领导人对“大跃进”经验教训的思考和总结。
2. 简述贯彻落实八字方针的主要政策措施。
3. 试析“农业六十条”的主要内容和影响。
4. 试析“四个现代化”提出的时代背景和深远影响。
5. 发展国民经济的“三五”计划把国防工业放在首位是基于什么样的思考？

本章阅读文献

1. 中共中央党史和文献研究院:《中国共产党的一百年》，中共党史出版社 2022 年版。

2. 中共中央党史研究室:《中国共产党历史》第二卷（1949—1978）下册，中共党史出版社 2011 年版。

3.《中华人民共和国简史》编写组编著:《中华人民共和国简史》，人民出版社、当代中国出版社 2021 年版。

4. 当代中国研究所:《中华人民共和国史稿》第二卷，人民出版社、当代中国出版社 2012 年版。

拓展阅读

第六章　“文化大革命”时期经济的曲折发展

主要内容

本章主要介绍和分析1966—1976年“文化大革命”时期的国民经济。“文化大革命”使党、国家、人民遭受了新中国成立以来最严重的挫折和损失。在“以阶级斗争为纲”和“无产阶级专政下继续革命”错误理论的指导下，国民经济发展遭受了严重的破坏。九一三事件后，周恩来在毛泽东的支持下对国民经济进行了积极的调整，并取得了明显的成效。1975年1月，周恩来在四届全国人大一次会议上所作的《政府工作报告》中重提了“两步走”蓝图和“四个现代化”奋斗目标，反映了广大人民群众的心声，增强了中国人民实现“四个现代化”的信心。1975年邓小平临危受命，针对经济严重困难和混乱局面，主持了对国民经济的全面整顿，取得了显著成效。由于“四人帮”的诋毁，已经初见成效的整顿工作戛然而止。广大共产党员和干部群众的坚决抵制，在一定程度上减少了内乱造成的损失。

1966—1976年发生的“文化大革命”，严重背离了中共八大确定的正确路线，导致中国出现了持续十年之久的内乱。毛泽东对当时我国阶级形势以及党和国家政治状况作出完全错误的估计，发动和领导了“文化大革命”，林彪、江青两个反革命集团利用毛泽东的错误，进行了大量祸国殃民的罪恶活动，酿成十年内乱，使党、国家、人民遭受了新中国成立以来最严重的挫折和损失。只是在全党和广大工人、农民、解放军指战员等的抵制和斗争下，在全国人民辛勤投身于社会主义建设事业的情况下，“文化大革命”对我国社会主义经济建设的破坏受到一定程度的限制。

第一节 国民经济受到严重冲击

1965 年，调整国民经济的任务全面完成，在全党全国人民满怀希望准备开始执行第三个五年计划，为实现周恩来在三届全国人大一次会议上提出的“四个现代化”而奋斗的时刻，一场“文化大革命”已经“山雨欲来风满楼”。

毛泽东发动“文化大革命”的出发点，是防止资本主义复辟、维护党的纯洁性和寻求中国自己的建设社会主义的道路。他在探索中努力追求实现一种完美的社会主义理想，例如他在 1966 年 5 月 7 日的一封批示信中勾画了他所向往的理想社会的蓝图，要求全国各行各业都要办成亦工亦农、亦文亦武、又批判资产阶级的大学校，这种带有空想色彩的以平均主义为特征的社会主义构想，事实上是行不通的。他对在中央一线负责国民经济调整工作的领导人几年来的做法并不都认同，加上对党内可能出现“赫鲁晓夫”式人物的担心，加剧了他对当时中国发展形势严峻性的忧虑。1965 年 8 月 3 日，毛泽东与外宾谈话时说：“中国也有两种前途，一种是坚决走马列主义的道路，社会主义的道路，一种是走修正主义的道路。我们有要走修正主义道路的社会阶层，问题看我们如何处理。我们采取了一些措施，避免走修正主义道路，但谁也不能担保几十年后会走什么道路。”[①]在他看来，阶级斗争在党内的反映，就是形成了一个“走资本主义道路的当权派”。

一、国民经济受到冲击

本来 1966 年中国经济形势已经开始好转，人们期待着刚刚走出困境的中国经济向着进一步恢复发展的方向前进。但是，“文化大革命”的发动使刚刚恢复的国民经济又出现了剧烈波动。1966 年 5 月 16 日，中央政治局扩大会议通过了《中国共产党中央委员会通知》(简称“五一六通知”)。“五一六通知”是按照毛泽东的指示要求起草的，反映了毛泽东对中国当时政治形势的基本判断。“五一六通知”对当时我国的阶级斗争形势作出了严重错误估计，认为在中央和中央各部门，各省、市、自治区，都有一批“资产阶级代表人物”。“五一六通知”要求全党“高举无产阶级文化革命的大旗，彻底揭露那批反党反社会主义的所谓‘学术权威’的资产阶级反动立场，彻底批判学术界、教育界、新闻界、文艺界、出版界的资产阶级反动思想，夺取在这些文化领域中的领导权。而要做到

① 中共中央党史和文献研究院编：《毛泽东年谱》第八卷，中央文献出版社 2023 年版，第 517 页。

这一点，必须同时批判混进党里、政府里、军队里和文化领域的各界里的资产阶级代表人物”，认为这些人物“是一批反革命的修正主义分子”，“他们现正睡在我们的身旁”。“五一六通知”是发动“文化大革命”的纲领性文件。

1966年8月1日至12日，中共八届十一中全会在北京举行。7日，毛泽东撰写的《炮打司令部（我的一张大字报）》在会上印发。他严厉指责在一线工作的中央领导和工作组，开始了对刘少奇、邓小平的批判。8日，全会通过主要由中央文化革命小组（简称中央文革小组）起草、经毛泽东审定的《中国共产党中央委员会关于无产阶级文化大革命的决定》（简称“十六条”）。“十六条”指出：“这次运动的重点，是整党内那些走资本主义道路的当权派。”全会对中央领导机构进行了较大改组，实际上取消了原来以刘少奇、邓小平等为代表的中央一线领导。1966年5月中央政治局扩大会议和8月中共八届十一中全会的召开，标志着“文化大革命”的全面发动。

在“文化大革命”前三年中，工农业生产出现了巨大波动，给国民经济造成了严重后果。

1. 国民经济遭受重挫

1966年下半年国民经济开始遭受重挫。第一，全国各地红卫兵免费“大串连”，造成各主要城市住宿紧张、粮食供应紧张、交通运输紧张和各级财政紧张，社会秩序受到严重干扰。从1966年8月18日毛泽东在天安门接见红卫兵以后，以红卫兵为主的“大串连”席卷全国，交通运输秩序混乱，到这年底，铁路运输积压待运的物资估计达1 000万吨。第二，全国工农业生产受到直接冲击，正常的生产秩序和工作秩序被打乱，各级党政机关的主要负责人基本上都被批判和被打倒。一些厂矿企业组成各种名目的造反组织，甚至是跨行业、跨地区的造反组织，揪斗各级干部，扰乱劳动纪律。1966年11月初，上海一些工厂的造反派代表筹建“上海工人革命造反总司令部”，煽动、裹挟一部分人以到北京“告状”为名，冲入上海北站强行登车，在上海附近的安亭站被阻留后卧轨阻拦火车，导致沪宁线交通中断30多个小时，造成了极坏的影响。第三，1966年底全国各级生产指挥系统都受到冲击，在“怀疑一切”“炮打一切”的极左思潮的鼓动下，经济指挥系统陷入瘫痪或半瘫痪状态。周恩来等人希望通过“抓革命、促生产”来制止造反派的过激行为，被攻击为“用生产压革命”。1966年，我国新增固定资产比上年减少20亿元，固定资产交付使用率由上年的93.6%降至70.4%，大中型项目建成投产率由上年的22.9%降至18.1%。第四，国民经济调整时期形成的许多行之有效的国民经济管理制度，包括“工业七十条”“商业四十条”“科学十四条”等以及生产责任制、质量检查和安全操作规程、党委领导下的厂长负责制、按劳分配原则等，被当作“修正主义”的“管、卡、压”和“资产阶级”的东西，遭到严厉批判和彻底废除。

1966年12月，中央政治局扩大会议通过了反映中央文革小组极左观点的《关于抓革命、促生产的十条规定（草案）》（简称“工业十条”）和《关于农村无产阶级文化大革命的指示（草案）》（简称“农业十条”），标志着中国工农业生产领域开始进行“文化大革命”。

2.“夺权”运动使国民经济瘫痪半瘫痪

1967年1月，上海发生了打倒上海市委、市人民委员会机构的“一月夺权”事件，由张春桥、姚文元、王洪文操纵的造反派组织夺取了上海市党政领导权。毛泽东肯定并支持“一月夺权”，他错误地认为：“这是一个阶级推翻另一个阶级，这是一场大革命。”“从党内一小撮走资本主义道路当权派手里夺权，是在无产阶级专政条件下，一个阶级推翻一个阶级的革命，即无产阶级消灭资产阶级的革命。”[①]在发动群众自下而上夺权这种错误做法和错误理论的推动下，全国范围的“全面夺权”开始了，党政部门、企事业单位、大专院校、基层农村等都被卷入这场“夺权”运动。各级党政机关相继陷入瘫痪半瘫痪状态，公检法等司法机关已无法正常履行其职能，军队各部门和各级指挥机关也被卷入运动之中，大批工矿企业陷入停产半停产境地。一些地方出现了严重的派性武斗和“打、砸、抢、抄、抓”，这种“天下大乱”造成了严重的破坏和损失。例如，1967年5月底，京广、津浦、陇海、浙赣四条铁路干线均处于半瘫痪状态。到7月初，全国铁路几乎都无法正常运行，这对全国铁路物流的影响十分明显，严重影响了许多城市和许多地区的煤炭、电力供应，不少地方煤炭、电力告急。

各地出现的“夺权”运动愈演愈烈，社会出现了难以控制的局面。毛泽东要求军队参与各地方的“文化大革命”，实行“三支两军”（即支左、支农、支工、军管、军训）。这样做一方面是为了支持造反派（即“左派”）夺权，另一方面也是为了对动乱局面有所约束。在这一年的上半年，全国各地的群众组织分裂为几大派，派系之间武斗流血事件频繁发生，出现“全面内战”局面。严重混乱的

① 中共中央党史和文献研究院编：《毛泽东年谱》第九卷，中央文献出版社2023年版，第30、34页。

局势使毛泽东下决心改变原来支持群众造反夺权的方针，采取了一系列控制局势的强制性措施。他呼吁各派群众组织要实现大联合，要抓革命、促生产、促工作、促战备，还下令对中央文革小组成员王力、关锋、戚本禹等人实行隔离审查。

根据毛泽东的指示，中共中央多次发出解散跨行业、跨系统的群众组织，严禁武斗、抢夺枪支、破坏国家财产的通令和布告，并出动军队强制执行。1967 年 6 月 6 日，中央发出的通令（简称“六六通令”）要求“纠正最近出现的打、砸、抢、抄、抓的歪风”。1968 年 7 月 3 日和 24 日，中央接连发出两份布告（简称“七三布告”和“七二四布告”），以严厉的措辞要求立即停止武斗，保证运输畅通，无条件交回抢去的物资和武器装备，依法惩处反革命分子。直到 1968 年 8 月，工人、解放军宣传队进驻各基层单位，9 月全国（除台湾省外）29 个省、市、自治区相继成立革命委员会，全面动乱的局面才得以缓和。

3. 农村经济发展出现波折

在 1967 年上海“一月夺权”的影响下，广大农村的党组织和公社政权受到严重冲击。上自国务院负责农业的各部门，下至公社、大队和农场，以及各级农业科研机构、大专院校，都出现了“夺权”运动，大批干部群众、科技人员遭到无端批判和迫害，农业生产陷入无人管理状态。1967 年下半年，许多农村地区发生了严重武斗和抢夺财物现象。1968 年农业总产值比上年下降 2.45%，粮食减产 4%，糖料减产 18.1%，继“大跃进”后农村经济又一次经历了波折。

第一，农村人民公社“三级所有，队为基础”体制受到冲击，各地出现了强行推动的“穷过渡”。1967 年山西省昔阳县普遍学习大寨经验，以大队为核算单位，并将其作为“农业学大寨”的重要内容向全国推广，部分地区刮起了社并队的“穷过渡”风。据对 11 个省、市、自治区的统计，1970 年以大队为核算单位的占比由 1962 年的 5% 上升到 14%。这种追求“一大二公”的做法，既损害了广大农村的农业生产力，也挫伤了广大社员群众的积极性。

第二，普遍开展的批判“工分挂帅”“物质刺激”运动，严重破坏了农村实行的按劳分配制度和政策。1967 年 9 月和 1968 年 1 月，农业部召开全国学习大寨劳动管理经验现场会并发布了《全国学大寨劳动管理经验现场会议纪要》，提出彻底批判“工分挂帅”“物质刺激”，推广大寨按“政治思想”评工分，按“工分不悬殊”原则缩小社员之间因劳力、劳动态度、技术、贡献不同而形成的工分差距的经验。这导致山西、上海、天津、山东等地 70% 以上的生产队，广东、广西、河北、陕西、黑龙江等地半数以上的生产队采纳了这种管理经验，被广大社员讥讽为“大概工”，造成平均主义泛滥，“出工不出力，出力不出活”现象普遍发生。

第三，多地在开展批判资本主义复辟运动的过程中，取消了农村自留地。一些地区提出“多一分自留地就多一分私心”“自留地种得好就是私心重”的批判口号，解决“三自留”（自留地、自留时间、自留人）和“三争”（自留地和集体地争季节、肥料、劳力）的问题，大砍农民自留地，有些地区甚至取消了社员的全部自留地，并将其收归集体所有。这种做法侵害了广大社员的利益，给他们从事家庭农副业和种植少量经济作物造成了极大不便。

第四，限制和取消农村集市贸易。服务广大农民生产的少量农副产品交易的集市均被指为“资本主义自由市场”，导致大批农村集市贸易被取消，从事交易者被批判、货物被没收。按牌价计算，农村集市贸易农副产品成交额占农民出售农副产品总值的比重，由 1962 年的 21.4% 下降到 1976 年的 10.8%。辽宁省还在哈尔套镇搞了一个“社会主义大集”经验，树立了一个集体交换、发扬“共产主义风格”的虚假典型。

第五，限制甚至取缔农村社员家庭副业。一些地区采取命令手段，强行规定社员饲养家禽、家畜只数，甚至有“鸡头不许超过人头”的荒诞提法。例如，广东省东莞县黄山大队有 1 300 多人，集体养了 1 600 多只鹅，这些鹅被杀得只剩 400 多只；有的地区采取没收家庭副业财产的做法，称之为“割资本主义尾巴”，“堵不住资本主义的路，就迈不出社会主义的步”等；1962 年江苏省奖售农副产品有 250 种之多，到 1970 年仅剩 4 种。① 据统计，全国以农村社员交售为主的鲜蛋收购量，由 1966 年的 53.9 万吨降至 1968 年的 38.1 万吨；农村副业产值在农业总产值中的比重，由 1966 年的 6.1% 降至 1971 年的 2.7%。② 家庭副业的严重萎缩，不仅影响了社员的生活，而且使城市居民生活和出口贸易都受到了严重影响。

4. 经济计划形同虚设

中国的计划经济体制决定了国民经济需要按照年度计划和长期计划的安排来运行。但是，“文化大革命”使年度计划和长期计划都无法发挥应有的作用，

---

① 武力主编：《中华人民共和国经济史》增订版上卷，中国时代经济出版社 2010 年版，第 567 页。

② 郑有贵：《“文化大革命”时期农业生产波动及其动因探析》，《中共党史研究》1998 年第 3 期，第 71—77 页。

1968 年竟成为没有年度经济计划的一年。1968 年下半年形势稍有稳定，周恩来即于年底指示国家计委抓紧编制 1969 年度国民经济计划，1969 年工农业生产有所好转，但计划执行结果仍未达到 1966 年的规模和水平。

1966—1968 年中国经济出现剧烈波动，正常的工交生产受到严重冲击：第一，部分企业停工停产，生产设备遭到破坏。许多工交企业被迫停工停产，全国最大的一批钢铁企业处于半停产状态。例如，1967 年 11 月全国 32 座大型高炉已有 14 座停产，4 套大型初轧机已有 2 套停开，29 套主要成品轧机已有 14 套停开；1967 年底煤炭工业部直属矿务局日产水平仅相当于正常水平的 50%。许多生产设备遭到破坏，给此后的生产恢复带来了严重困难。第二，国民经济主要指标持续下降。1967 年工农业总产值完成 2 104.5 亿元，与 1966 年相比下降 9.6%；钢产量下降 32.8%，原煤产量下降 18.3%，棉纱产量下降 13.6%，铁路货运量下降 21.6%；国家预算内基建投资完成率为 64.5%，固定资产交付使用率降至 50.6%，劳动生产率下降 19.2%，财政收入只完成计划的 68.8%，赤字达 22.5 亿元。第三，国家陷入新的经济困难之中。由于交通运输和煤炭生产问题导致钢铁、电力企业无法正常运转，生产量不断下降，因此国民经济整体出现问题。人民群众正常的生活秩序也被打乱，对“文化大革命”的不满情绪在酝酿和积累。

二、经济理论与经济政策受到批判

在“文化大革命”中，经济理论战线和经济工作中极左思潮盛行，许多在社会主义建设中行之有效的政策和措施都被扣上走资本主义道路的帽子而受到批判。

这种批判在 1967 年夏季迎来高潮。6 月 5 日，《解放日报》发表题为《发展社会主义，还是复辟资本主义？——评“工业七十条”》的长篇文章，把“工业七十条”指责为“瓦解社会主义经济、复辟资本主义的黑纲领”，并罗列罪名，横加指责，例如：规定企业是经济组织，根本任务是生产，是抹杀阶级斗争，鼓吹生产第一；规定党委领导下的厂长负责制和总工程师对技术工作总负责，是取消党的领导，推行资产阶级专政；强调按劳分配，是钞票挂帅；强调经济核算、增加盈利，是利润挂帅；要求建立严格的规章制度，是大搞“资产阶级”的“管、卡、压”；提倡学习外国先进经验，是崇洋媚外；等等。

8 月 23 日，《文汇报》《解放日报》《支部生活》联合发表题为《两条根本对立的经济建设路线》的文章，全面否定了新中国成立以来的经济建设基本方针。该文旨在批判刘少奇主持中央一线工作时的正确主张和探索，指责他反对政治挂帅和群众运动，说他提倡“按经济办法管理经济”是“让资本主义的价值规律支配一切”，说他1949年在天津的讲话和1958年批评群众运动“一轰而起”是“一长制”“专家路线”的“资产阶级专政”等。11月23日，《人民日报》、《红旗》杂志、《解放军报》发表题为《中国农村两条道路的斗争》的长篇文章，不点名地指责刘少奇是“富农经济的狂热鼓吹者”“扼杀农业合作化的头号走资派”，“三自一包”是复辟资本主义的黑风等。

“文化大革命”否定新中国成立以来党在探索社会主义建设道路上的理论成果，否定党在社会主义建设过程中的正确实践，造成了严重的思想混乱和理论混乱。例如，在广大农村社队，把“农业六十条”中规定的公社社员耕种少量自留地、经营少量家庭副业和出售少量家庭农副产品，都当作“资本主义自发倾向”加以批判；把一些公社社员到农贸市场上出售留给自己的剩余农副产品，都当作“搞自发”或“投机倒把”加以批判；一些地方通过开展大批判来促进上交自留地运动，一些地方通过批判“工分挂帅”取消按劳计工办法。在广大厂矿企业中，通过批判“物质刺激”取消了艰苦工种（如高空、高温、井下作业等）工人的劳保待遇；通过批判所谓“修正主义”的“管、卡、压”取消了企业正常的管理制度；通过大搞大批判等思想教育取消了附加工资、夜班补贴等合理补助。这些错误做法给国民经济的恢复与发展造成了难以克服的巨大困难。

三、“批林批孔”运动对国民经济的干扰

在“文化大革命”中，林彪、江青两个反革命集团运用他们掌握的权力，不断干扰和破坏国民经济发展。林彪事件发生后，“四人帮”利用“批林批孔”运动对国民经济造成了严重的干扰和破坏。

1971年9月13日凌晨，林彪等人在政变阴谋败露后，强行乘飞机叛逃，在蒙古温都尔汗附近机毁人亡。对于林彪反革命集团的实质，周恩来坚决认为是极左思潮，并通过批判极左思潮来整顿国民经济。但是，张春桥、姚文元等却不同意周恩来的意见和做法。1972年10月，江青、姚文元对《人民日报》发表了一组批判极左路线和无政府主义的文章十分不满，实际上这是根据周恩来多次强调要批判极左思潮的指示精神编发的。姚文元说：“当前要警惕的是右倾思潮抬头”，“不能说什么都是无政府主义，不要批到群众头上，不要混淆两类矛盾”。

江青更是指责这组文章“就是要在全国转移斗争大方向”。11月底，张春桥在一份文件上批道：“当前的主要问题是否仍然是极左思潮？批林是否就是批极左和无政府主义？”在他们的鼓动下，毛泽东在12月对林彪路线的实质作出了判断：“是极右。修正主义，分裂，阴谋诡计，叛党叛国。”①

1973年8月24日至28日，中共十大召开。这次大会是在九一三事件之后召开的大会，批准了开除林彪及其集团主要成员的党籍。大会政治报告肯定了“九大的政治路线和组织路线都是正确的”，号召全党“坚持无产阶级专政下的继续革命”，坚持“无产阶级文化大革命”，还把“天下大乱，达到天下大治。过七八年又来一次”认定为“客观规律”，并预言“党内两条路线斗争将长期存在，还会出现十次、二十次、三十次”，特别是认为林彪集团是形“左”实右，把批判其“极右实质”作为首要任务。可见，中共十大不仅没有纠正“左”的错误，反而使“左”倾思潮再次泛滥。大会选举产生了新的中央领导集体，江青等“四人帮”分子登上了中国政治最高舞台。

1974年初，毛泽东发动“批林批孔”运动。其目的不仅是想从思想根源上把对林彪集团的批判引向深入，而且是要借宣传所谓历史上的法家主张变革、儒家反对变革，来维护“文化大革命”。江青等人则借“批林批孔”运动把攻击的矛头对准了周恩来等老干部。一是以批判孔子的“克己复礼”“兴灭国，继绝世，举逸民”为名，含沙射影地攻击周恩来等人安排一批老干部重新工作、恢复“文化大革命”前某些正确的政策措施、发展经济等做法；二是大肆吹捧吕后等历史上的女政治家，借机为江青抬轿子、造声势；三是到处树立“反潮流”的典型，制造事端，破坏稳定。

受政治形势影响，经济战线也出现了反复，刚刚恢复的正常生产秩序再次受到冲击。一些地方出现了“不做吨位的奴隶”“不做定额的奴隶”“不做制度的奴隶”“不为错误路线生产”等错误口号，工业生产和企业管理混乱局面再次出现。1974年2月1日，《人民日报》刊登了上海港务局第五装卸区工人的大字报《要当码头的主人 不做吨位的奴隶》。编者按说：大字报“抓住了当前企业管理中的要害问题，具有普遍的现实意义”，认为“党委不抓大事，文化大革命中已被批判了的东西也有可能重新出现，社会主义企业仍然有可能走到修正主义上去！”

① 中共中央文献研究室编：《周恩来年谱（1949—1976）》下卷，中央文献出版社1997年版，第559、565、567页。

当月，江青以美国康宁公司将蜗牛外形的玻璃工艺品作为礼物赠送给中国彩色显像管生产线赴美考察团为由，指责这是美国在“侮辱我们，说我们爬行”，认为引进彩色显像管是“屈辱于帝国主义的压力”，是“崇洋媚外”，制造了一场荒诞不经的“蜗牛事件”。6月，王洪文诬蔑中国向国外购买船只是“迷信外国资产阶级的‘假洋鬼子’”，是“修正主义路线”。10月，江青又借上海江南造船厂建造的万吨级远洋货轮“风庆”号试航成功一事，指责“有少数崇洋媚外、买办资产阶级思想的人专了我们的政”。正是这类干扰和阻挠，严重影响了国民经济的发展。1974年国民经济再次陷入下滑的泥潭。

第二节 以三线建设为重点的大规模工业建设

中共中央和毛泽东关于建设三线的战略决策及指导思想、奋斗目标和总体布局，集中体现在1965年开始的对“三五”计划的调整和对“四五”“五五”计划的安排上。三线建设是20世纪六七十年代围绕增强中国国防工业防御能力和抗打击能力而进行的大规模工业建设，是对中国经济发展结构和工业地区布局进行的重大战略调整，是在当时国内国际环境中处理发展与安全问题的重大战略举措。实际上，大三线建设一直持续到20世纪80年代。

一、三线建设大规模展开

三线建设是中华人民共和国成立后对中国现代工业布局和现代工业结构的又一次大调整：一是加强中国工业地区结构调整，即将工业交通运输的地区布局重点由东部和中部地区转移到西部地区；二是进行中国产业结构调整，即将产业发展重点由农业和农用工业转移到国防工业和重工业上来。在三线建设过程中，在西部地区先后建立起了一大批重点企业和重要工业基地，建设了一批各具特色的新型工业城市。中国的工业布局和产业布局长期以来都存在一个问题，即现代工业主要集中在东南沿海地区，内地很少有现代工业。三线建设就是试图主要从国防工业、重工业等领域进行一些调整，主要是指西南地区和西北地区的国防工业、重工业建设。

三线建设的重点在四川，攀枝花又是重中之重。三线建设规划了酒泉和攀枝花两个钢铁基地，1964年5月，毛泽东提出：“酒泉和攀枝花钢铁厂还是要搞，不搞我总是不放心，打起仗来怎么办？”[①]他提出要加快成昆、内昆、湘黔、滇黔、川黔铁路的建设。1965年1月，他提出：“三线建设要抓紧，就是同帝国主义争时间，同修正主义争时间。”“三线建设，我们把钢铁、国防、机械、化工、石油基地和铁路都搞起来了，那时打起来就不怕了。”[②]

三线建设的大规模展开是在20世纪60年代中期以后。在“文化大革命”中，三线建设受到很大冲击，许多项目处于停顿和半停顿状态。1969年以后，随着国内形势趋于稳定，三线建设重新大规模、高速度地展开。

1970年二三月间召开的全国计划会议拟定的《1970年国民经济计划和第四个五年国民经济计划纲要（草案）》（简称《“四五”纲要（草案）》）继续提出，“四五”计划是一个备战计划，重点集中力量建设三线，改善工业布局，将三线建设成一个工业部门比较齐全、工农业协调发展的强大的战略后方；规定1970年计划一半以上用于三线建设。在三线建设重点安排上，一是交通运输建设，重点进行10条铁路干线建设；二是煤炭基地建设，重点安排贵州六盘水和陕西渭北煤炭基地建设；三是电力建设，重点安排刘家峡、龙羊峡、葛洲坝等水电站建设；四是其他重点建设，主要部署石油、钢铁、机械、化工等领域建设。

1975年10月，国家计委在《发展国民经济十年规划要点》中指出，第五个五年计划期间要继续建设三线，主要是充实和加强，而不是新铺摊子。同时要进一步发挥一、二线的作用。1975年底到1976年1月召开的全国计划会议仍强调指出，要十分重视继续搞好三线建设，充分发挥已经建设起来的生产能力，把三线建设成硬三线。

社会主义制度“集中力量办大事”“全国一盘棋”的优势在三线建设中得到了充分体现。在十分险恶的国际环境中确保我国经济建设和经济发展顺利进行，确保经济建设与国防建设顺利进行，就必须集中力量破解经济社会发展和国防建设遇到的严重困难和发展瓶颈，坚持以重大项目和重大工程带动整个国民经济的快速发展。在经济建设、科学技术、国防建设等领域，我国充分发挥政府的组织协同功能和作用，发挥社会主义制度集中力量办大事的制度优势，通过国家集中组织和安排人、财、物等资源，联合攻关以解决“卡脖子”问题。

---

① 中共中央党史和文献研究院编：《毛泽东年谱》第八卷，中央文献出版社2023年版，第348—349页。

② 中共中央党史和文献研究院编：《毛泽东年谱》第八卷，中央文献出版社2023年版，第473页。

二、三线建设主要项目

从1964年开始直到1980年，三线建设共有13个省、自治区参与其中，历经三个五年计划；投入建设资金2 052亿元，建成大中型骨干企业和科研单位近2 000个，约占全国的1/3；初步改变了内地基础工业薄弱、交通落后、资源开发水平低下的状况；初步建立起具有相当规模、门类齐全、科研与生产相结合的战略大后方现代工业交通体系；带动内地经济发展并形成内地新兴工业城市30个左右；形成固定资产原值1 400亿元。

三线建设建立了一批生产基地和一批尖端科研实验基地，包括：布点在重庆的常规兵器工业基地，1975年生产能力占全国的一半；布点在川、贵、陕的电子工业基地，生产门类齐全、元器件与整机配套、军民用兼有；布点在川、陕的核战略武器科研生产基地，从事铀矿开采提取、元件制造以及核动力、核武器研制；布点在贵、陕、川、鄂的航空工业基地，1975年生产能力占全国的2/3；布点在川、陕、贵、鄂、湘的航天工业基地，共包括96个项目，从事战略导弹、战术导弹、火箭动力系统研制生产，设有卫星地面测控中心、西昌卫星发射中心；布点在川、鄂、桂、云、赣的船舶工业基地，从事造船以及船用设备、水中兵器生产。

三线建设建成的全民所有制企业数量和大中型骨干企业数量均占全国机械工业的1/3，形成的生产能力占全国的1/3。机械工业企业有四川德阳第二重型机器厂、洛阳矿山机械厂、湖北第二汽车制造厂、四川汽车制造厂等；钢铁工业和有色金属工业企业有四川西南铝加工厂、甘肃金川镍矿、甘肃白银铜矿、四川攀枝花钢铁厂、四川江油长城钢厂、贵州水城钢铁厂、陕西略阳钢铁厂、河南舞阳钢厂等；纺织工业企业有新乡粘胶纤维厂、安阳化学纤维厂、平顶山锦纶帘子布厂、兰州化学纤维厂、四川维尼纶厂、湖北化纤厂、武汉合成纤维厂等。

三线建设是党中央和毛泽东对当时国际形势和环境的应对之策。为了推动三线建设顺利进行，国务院成立了三线建设专案小组，由李富春任组长，罗瑞卿、薄一波任副组长；设立了西南、西北三线建设指挥部，总指挥分别是李井泉、刘澜涛。可以说从中央到西南、西北地区，建立了强有力的三线建设指挥系统。例如，按照周恩来的要求，西南三线建设委员会就是由国家建委、地质、铁交邮、煤油化、水电、冶金、一机、八机、国防工业、物资、铁道兵等各选派一位副部长级或司局级干部参加，以增强它的决策协调和调度能力。三线建设得到了全国人民的支持，建设者中有从国家机关抽调的上千名领导干部，有从科研单位选调的上万名科技人员，有从沿海内迁的数万名职工，有从老工业基地和老企业调来包建的十几万名工程、管理和生产骨干，有成建制调来的数十万人的建筑安装队伍，有解放军的铁道兵、工程兵指战员，还有上百万名民兵和民工，总数超过 400 万人。谷牧回忆道：对于三线建设，毛泽东下了决心后，“党中央和国务院作出了迅速加强三线建设的决策：在人力、物力、财力上首先保证三线建设的需要；新建项目都摆在内地，抓紧勘察设计工作，千方百计抢时间；沿海能搬的项目都搬迁，两年内不能见效的续建项目一律缩小建设规模；对沿海增加建设投资的要求一律‘顶住’，等等”。他还说：“建设大三线这项我国社会主义经济建设中的重大决策，当时是在对战争爆发的可能性、必然性和紧迫性作了严重估计的基础上作出的，因而在具体安排上具有强烈的临战态势。”①

随着三线建设的大规模展开，各地按照“集中力量打歼灭战”的方针，在数以百千计的施工现场，进行了艰苦卓绝的大会战。谷牧在回忆中谈道：“随着三线建设的展开，国营施工队伍实行战略大转移，有近 100 万人从沿海调到内地，从城市调到山区。当时仅四川省就集中了 60 多万人的国营建筑施工队伍。广大建筑职工，对响应毛主席建设大三线的号召，表现了很高的积极性和很强的组织性，行动迅速，很快到达指定区位，在生活条件艰苦、施工环境很差的情况下，展开了艰辛的作业，情景十分感人。”②为了更好地解决大三线建设队伍的长期稳定问题，在谷牧的建议下，组建了中国人民解放军基建工程兵，实行“劳武结合，能工能战，以工为主”。中国人民解放军基建工程兵人数最多时有 32 个支队、156 个大队，共 49 万人，在冶金、煤炭、水电、交通、石化等行业中，承担了繁重艰巨的施工任务。

三、三线建设的成就与存在的问题

三线建设的大规模展开得到了全国人民的极大关注，从中央到地方，从沿海到内地，无论哪个方面都以高度的热情给予大力支持。建设资金不足，财政及时拨款；物资供应紧张，优先予以保证；施工力量需要量大，从各地各方调集，形成了全国支援三线、共同建设三线的良好局面。

---

① 《谷牧回忆录》，中央文献出版社 2009 年版，第 210 页。
② 《谷牧回忆录》，中央文献出版社 2009 年版，第 217 页。

1. 三线建设的成就

（1）建设并形成中国战略后方。

在中央确立大三线建设战略之后，首要的任务就是调整国防科技工业的布局。国防科技工业是国民经济的重要组成部分，是国家科技水平和经济实力的集中表现。国防科技工业因其技术和资金均较密集，综合配套性很强，因而其发展必须有能源、原材料、机械、化学、轻工业等许多行业的配合，还应有交通运输作保障。因此，调整国防科技工业布局就成为这一时期调整整个工业布局的中心；扩大国防工业生产能力，增强国防实力，就成为三线建设的重要内容。按照党中央和毛泽东的设想，这一时期几乎所有新建工业项目和国防项目都安排在三线建设。例如，1970 年二三月间召开的全国计划会议拟定当年计划和《“四五”纲要（草案）》时，强调要集中力量建设三线。

三线建设规模之大、时间之长、动员之广、行动之快，在新中国建设史上是空前的。第一，三线建设规模大。国家从 1964 年至 1980 年在三线地区累计投资 2 052 亿元，形成固定资产原值 1 400 亿元，建成全民所有制企事业单位 2.9 万个，拥有职工 1 600 万人，均占全国的 1/3。其中，建成大中型骨干企业和科研单位近 2 000 个，仅大型骨干企业就有 600 多个。第二，三线建设行动快。由于采取了“边勘察、边设计、边施工”的方针，所以三线建设的投资规模和建设速度都是空前的，特别是 1969—1971 年出现了投资和建设高潮。第三，三线建设国防项目多。国防工业始终占据绝对优势和主导地位，在三线建设累计投资中，国防工业占 21.5%，能源工业占 17.2%，冶金工业占 10.8%，机械工业占 10.0%，交通运输业占 7.7%，化学工业占 6.2%，电子工业占 2.0%。

三线建设促进了中国国防工业的显著发展，增强了中国的国防实力和经济实力，支持了中国在国际舞台上坚决反对帝国主义和霸权主义的斗争，同时带动了中国西南地区和西北地区的发展。在三线地区涌现出了几十个新兴工业城市，包括攀枝花、六盘水、绵阳、十堰、西昌等；生长出了一批科研机构和大专院校，促进了当地文化科技事业的发展；出现了项目带动城市、城市带动周边的开发和建设模式，医疗卫生事业等都得到了很大发展，当地人民的生活质量和健康水平也得到了很大提高。

（2）建设并初步形成西南交通网络。

在三线建设中，交通运输网络建设始终是重要的基础性建设工程。经过三线建设者的艰苦奋斗，在三线地区基本上形成了以各大中心城市为枢纽，以纵横其间的京广、焦柳、襄渝、湘黔、川黔、贵昆、成昆、成渝、宝成等铁路干线和长江、汉江、岷江、嘉陵江、沱江、乌江等内河航运干、支流为骨架，铁路、公路、水路、航空运输相结合，沟通区内外的综合交通运输网。这就为西部地区的经济社会发展提供了比较坚实的基础设施条件，为西部经济社会发展奠定了重要的物质基础。

三线建设期间，我国建成了 10 条铁路干线，包括川黔铁路（四川重庆至贵州贵阳）、贵昆铁路（贵阳至昆明）、成昆铁路（成都至昆明）、湘黔铁路（湖南株洲至贵州贵阳）、襄渝铁路（襄樊至重庆）、阳安铁路（阳平关至安康）、太焦铁路（太原至焦作）、焦枝铁路（焦作至枝城）、枝柳铁路（枝城至柳州）、青藏铁路一期（青海西宁至格尔木）。加上支线和专线，新增铁路 8 046 公里，三线地区拥有的铁路占全国铁路的比重从 1964 年的 19.2% 增至 34.7%。

三线建设中铁路建设先行是十分必要的。1969 年 10 月，国务院业务组成立支援铁路建设领导小组，担任副组长的袁宝华回忆道：铁路建设“把西南三省和全国连成一体，为三线建设、为扩大西南生产建设规模奠定了基础，同时也有力地促进了豫西、鄂西、湘西、桂北‘老、少、边、穷’地区工农业生产的发展。铁路建设到哪里，哪里的经济就活跃起来”。“如果说 20 世纪 50 年代建成宝成、成渝铁路，是新中国第一次铁路建设高潮；这一时期则是新中国成立后第二次铁路建设高潮。”①

其中，成昆线于 1970 年末建成，集中反映了三线建设的困难程度。这条铁路线需要翻越崇山峻岭，70% 的地段地势险恶、地质结构复杂，干线还要跨越大渡河、金沙江等，施工建设难度之大为中国筑路史所罕见。该铁路线全长 1 093.8 公里，仅桥梁就有 991 座、总长 92.7 公里，修凿的隧道和明洞有 427 座、总长 341 公里，其中沙马拉达隧道长达 6 379 米，桥梁、隧道占线路总长度的 39.4%。襄渝线于 1978 年 6 月建成，全长 895.3 公里，其中桥梁、隧道占线路总长度的 44%，沿线有丰富的煤炭资源。阳安线于 1976 年 9 月建成，全长 353.8 公里，桥梁、隧道占线路总长度的 25.3%，沿线陆续建成许多轻重工业企业。湘黔线于 1974 年 11 月全线贯通，全长 820.6 公里，对云、贵两省煤炭、磷矿石外运意义重大。贵昆线于 1966 年 3 月建成，全长 644 公里，桥梁、隧道 488 座，占线路总长度的 16%。焦枝、枝柳两线分别于 1970 年 7 月和 1978 年 12 月建成，全长 1 617.1 公里。

---

① 《袁宝华回忆录》，中国人民大学出版社 2018 年版，第 213、215 页。

（3）建成一批现代工业生产基地。

三线建设期间，国家在西部布局了一批现代工业生产基地，拓展了我国现代工业腹地。在煤炭工业方面，国家重点安排了贵州六盘水和陕西渭北煤炭基地建设；同时新建和扩建四川渡口、宁夏石嘴山、河南平顶山、山西云冈和高阳等一批大中型煤矿；新增原煤生产能力 8 000 万吨，原煤生产占全国的比重增至 29%。在电力工业方面，国家重点安排了四川龚嘴和映秀湾、甘肃刘家峡、青海龙羊峡、湖北葛洲坝等水电站建设，同时新建和扩建四川豆坝、云南小龙潭、陕西秦岭等火电站以及相应的输变电设施，新增电力装机容量 1 000 万千瓦。在石油工业方面，主要是加强油、气资源勘探，重点开发湖北江汉油田、河南南阳油田和陕甘宁地区长庆油田，新增原油产量约 800 万吨、天然气产量 60 亿立方米。在钢铁工业方面，重点安排新建四川攀枝花钢铁基地，扩建重庆、昆明、武汉钢铁公司和重庆、贵阳、西宁特殊钢厂等，新增生铁生产能力近 1 000 万吨、钢约 800 万吨、钢材约 700 万吨。在有色金属工业方面，重点安排建设贵州、郑州、兰州和青铜峡铝工业基地，甘肃白银和云南东川铜冶炼厂，甘肃金川镍工业基地，湖南铅、锌、锑、钨冶炼厂等，新增氧化铝生产能力 52 万吨、电解镍 1 万吨、铅锌 3 万吨、电解铜 6.3 万吨、电解铝 13.58 万吨、钼 236 万吨、铝材 3.92 万吨、铅材 2.5 万吨、铜材 1.1 万吨。在机械工业方面，重点安排新建湖北第二汽车制造厂、四川和陕西重型汽车制造厂；在成都、重庆、昆明、宝鸡、汉中、天水、西宁等地新建和扩建精密机床厂，在重庆、贵阳等地新建仪表厂、轴承厂和磨料、模具厂；同时，在各省区新建和扩建一批农机厂和机床电器、配件、基础件等配套工厂；仅国营企业形成生产能力就占全国的 1/3。在化学工业方面，在四川、贵州、云南、湖北建设大中型磷矿和磷化工厂，在青海建设钾肥厂；同时，对三线地区的基本化工原料、医药和农药生产项目也作了相应的安排；新增化肥生产能力近 900 万吨、合成氨约 450 万吨、硫酸约 180 万吨、烧碱近 30 万吨。在轻纺工业方面，重点安排了新建重庆、云南、湖南的维尼纶厂；新建和扩建一批造纸、制糖、钟表、轻纺机械工厂。①

以上这些建设项目安排，要重点解决地区交通问题，着力加强能源、原材料等基础工业，展开国防科技工业的纵深布局，并相应安排与之配套协作的机械工业和化学工业，且兼顾农机、化肥、农药等项目安排，力图使三线工业能够建立

① 曾培炎主编：《中国投资建设 50 年》，中国计划出版社 1999 年版，第 84—89 页。

在农业稳步发展的基础之上。在工业建设项目的总体布局上，注意靠近资源和原材料产地，大体沿铁路两侧和江河两岸布点，并注意把开发资源与扩大加工工业、军事工业和民用工业、生产与科研、中央工业和地方工业结合起来。全国约 1 500 个大型企业中布局在三线地区的占到 40% 以上，三线地区主要工业品生产能力占全国的 30% 以上。例如，南昌飞机厂 1968 年成批生产自主研制的强-5 型飞机，该飞机是我国第一种强击机；四川汽车制造厂 1966 年 6 月生产出第一辆“红岩”牌汽车；1965 年建立的西南合成制药厂主要生产磺胺类、抗生素、维生素等 8 大类 20 多种医药原料及部分制剂产品。

2. 三线建设存在的问题

由于当时的特殊环境，三线建设也存在一些问题，如过分突出战备因素，忽视经济规律，计划差、规模大、投资多、要求急，对国民经济的冲击不小。特别是建设规模过大，战线拉得过长，超过了国家和人民的经济承受能力；工业布局和产业结构比较分散，超过了实际需要，造成产能过剩；一些项目匆匆上马，缺乏周密论证，导致个别项目地质条件、资源条件不具备；整体建设互不配套，综合效益比较低下，部分项目中途下马或长期无法投产；职工生活环境偏僻，职工队伍不稳，部分项目缺乏必要生活条件保障；遗留问题很多；等等。

谷牧对三线建设有一个十分中肯客观的评价：三线建设“总计国家投入了 1 200 亿元的资金，在陕、甘、宁、青、云、贵、川七省区和豫、鄂、湘三省西部进行的以国防工业为中心的大规模建设，由于上得急，铺的摊子大，后又加上受到‘文革’动乱的严重干扰，还有林彪强调‘山、散、洞’的影响，确有不少损失浪费。但是，它毕竟在三线地区建成了门类比较齐全的工业项目，逐步形成一批新的工业基地。包括以电工器材、棉纺为主体的陕西关中工业区，以有色金属、石油化工、大型水电站为主体的甘肃兰州工业区，以重型机械、电子为主体的四川成渝工业区，以攀钢为主体的攀西工业区，以六盘水煤矿为代表的西南、西北几个大能源基地。成昆等五条铁路干线的建成通车，使西南交通闭塞的状况为之一变。同时形成了以交通、能源、基础工业为依托，各具特色的几个国防工业大基地。所有这些都显著改善了我国生产力布局，促进了三线各省、区经济的发展，为我国工业化发展和今天的西部大开发打下了扎实的基础。并且这么大规模的建设，特别是其中攀钢等大工程，全是由我国专家、工程技术人员和工人群众自行勘察、规划、设计，自行施工、安装、试车来完成，唱响了一曲自力更生的胜利凯歌，其意义是很大的。参加三线建设的广大职工、工程技术人员、管理干部和领导干部，是立了大功的”[①]。可以说，三线建设是中国经济建设史上的空前壮举。

第三节 重申“四个现代化”奋斗目标

中国共产党是中国现代化事业的坚强领导者。中国经济发展要有长远的奋斗目标，并持之以恒地向着这个目标阶段性迈进，这是中国共产党和毛泽东领导经济工作的根本方法。

1974 年全国形势出现明显波动，国民经济又一次下滑。毛泽东作出了“安定团结”和“把国民经济搞上去”的指示，周恩来在《政府工作报告》中重提“四个现代化”和“两步走”设想，这些都为邓小平在 1975 年主持的全面整顿创造了重要条件。

一、重申实现“四个现代化”

1975 年 1 月，中共十届二中全会举行。根据毛泽东的提议，全会选举邓小平为中央政治局常委、中共中央副主席，实际上奠定了邓小平在四届全国人大一次会议以后主持党和国家工作的地位。会议期间，毛泽东再次强调：“还是安定团结为好。”

1 月 13 日，四届全国人大一次会议在北京召开。周恩来抱病代表国务院作了《政府工作报告》，重新明确了1964年12月三届全国人大一次会议提出的“两步走”蓝图：“第一步，用十五年时间，即在一九八〇年以前，建成一个独立的比较完整的工业体系和国民经济体系；第二步，在本世纪内，全面实现农业、工业、国防和科学技术的现代化，使我国国民经济走在世界的前列。”他的报告赢得了出席大会代表长时间的掌声，反映了全国人民的心声。

实现“四个现代化”宏伟目标是党和人民的强烈愿望。1971 年 8 月底，周恩来在起草四届全国人大一次会议《政府工作报告》提纲时，写下了“农业、工业、国防和科技的现代化”的目标，并在“四五”计划的设想中提出：“要求一个适应战备的合理布局”，“一个稳固的农业基础”，“一个比较强大的工业”，

---

① 《谷牧回忆录》，中央文献出版社 2009 年版，第 220 页。

“一个比较发达的交通网”，“一个城乡交通、内外交流的商业网”和“一个比较先进的科学技术和科学理论”。[①] 1974年周恩来因病已不能亲自主持起草《政府工作报告》，邓小平继续贯彻了这一主题，对起草小组明确指出：“整个文章最后归结到团结起来，为实现现代化而奋斗，要落到这个上头。”“四个现代化”目标的重申，标志着人民纠正“文化大革命”错误的斗争取得了一个具有转折意义的胜利。这一目标使人民群众举起了一面以经济建设为号召与“文化大革命”动乱作斗争的旗帜。在这个意义上，可以说：“四届人大是从乱到治的一个转折”[②]。

四届全国人大一次会议是在“文化大革命”的特定环境下召开的，又遭遇到以江青为首的“四人帮”的严重干扰，许多严重错误不可能被纠正。但是，以邓小平等为代表的党和国家一批老干部的复出和担当重任，大大增强了纠正“文化大革命”错误的领导力量。

二、对国民经济进行全面整顿

“把国民经济搞上去”是毛泽东的指示。1974年底1975年初，毛泽东在思考中央领导层的工作安排时，提出由邓小平担任中共中央副主席、国务院第一副总理、中央军委副主席兼中国人民解放军总参谋长，主持中央工作。邓小平排除“四人帮”的干扰破坏，坚决着手对国民经济进行整顿。全面整顿构成了1975年中国最大的亮点。

1. 整顿铁路秩序

全面整顿首先是整顿铁路秩序，铁路是国民经济的命脉，也是当时问题最为严重的部门。1974年全国货运量比上年减少4 321万吨，而行车事故反而增加15%，重大事故增加48%。徐州、南京、郑州等铁路局被造反分子、野心分子把持，他们猖獗地煽动动乱，京广、湘桂两条干线一度全部瘫痪。1974年底到1975年2月，徐州铁路枢纽发生堵塞、武斗，京沪、陇海干线面临堵死危险。运输长期陷于堵塞，严重影响了工业生产。大庆、克拉玛依等油田被迫关井减产，南方数省的氮肥减产1/3，华东电网因缺煤减少发电量1/3，江苏、湖南等

---

① 中共中央文献研究室编：《周恩来年谱（1949—1976）》下卷，中央文献出版社1997年版，第477—478页。

② 中共中央文献研究室、中央电视台编著：《大型电视文献纪录片〈邓小平〉》，中央文献出版社1997年版，第105页。

省有 40% 以上工厂停产、减产。[①]

1975 年一二月间，邓小平听取万里汇报铁路运输情况。他提出整顿国民经济要从整顿铁路秩序抓起，铁路的特点是“高大半”（高度集中、经济大动脉、半军事化管理）。当时铁路的混乱局面也是最为严重的，抓住整顿铁路秩序这个关键，有利于推动对国民经济的全面整顿。他要求万里用最快的速度、最坚决的措施，迅速扭转形势、改变面貌，并要求铁道部代中央起草一份关于解决铁路问题的文件。[②]

2月25日至3月8日，中共省、市、自治区委员会主管工业的书记会议召开，着重解决铁路运输问题。邓小平在会上作了题为《全党讲大局，把国民经济搞上去》的讲话。他特别强调实现“四个现代化”的“两步走”设想“就是大局”，“全党全国都要为实现这个伟大目标而奋斗”。“只敢抓革命，不敢抓生产，说什么‘抓革命保险，抓生产危险’。这是大错特错的。”“怎样才能把国民经济搞上去？分析的结果，当前的薄弱环节是铁路。铁路运输的问题不解决，生产部署统统打乱，整个计划都会落空。所以中央下决心要解决这个问题，今天就要发出《中共中央关于加强铁路工作的决定》。”邓小平强调：解决铁路问题的办法，还是要加强集中统一；必须建立必要的规章制度，增强组织性纪律性；反对派性，闹派性已经严重地妨害我们的大局，是大是大非问题。尤其是对于那些“利用派性混水摸鱼，破坏社会主义秩序，破坏国家经济建设，在混乱中搞投机倒把，升官发财”的人，“不处理不行”。邓小平提出：“要从大局出发，解决问题不能拖。”他特别提出：“徐州那个闹事的头头‘本事’可大啦，实际上是他在那个地方专政。对这种人不及时处理，等到哪一年呀？”[③]

这种鲜明的态度和果断的作风极大地鼓舞了铁路工作战线的广大干部群众，铁道部在万里的领导下，调整了若干铁路单位的领导班子，抓了一批帮派和派性头目，恢复了一批规章制度。4 月，全国铁路堵塞严重的枢纽局、站问题得到解决，全国20个铁路局除南昌局外都超额完成运输任务，煤炭日装车量58个月来、卸车量 57 个月来第一次完成计划。整顿铁路秩序和《中共中央关于加强铁路工

① 李际祥、李轩、郭安智主编：《当代中国的铁道事业》上，中国社会科学出版社 1990 年版，第 74 页。

② 中共中央文献研究室编：《邓小平年谱（1975—1997）》上，中央文献出版社 2004 年版，第 12 页。

③ 《邓小平文选》第二卷，人民出版社 1994 年版，第 4—5、6、7 页。

作的决定》（即1975年9号文件）带动了各行各业的整顿，推动了全国工交生产，打破了国民经济停滞不前的局面。

2. 整顿钢铁生产秩序

钢铁工业是又一个“老大难”的行业，“文化大革命”期间事故频发。例如，武汉钢铁公司发生了一天跑两次钢水的恶性事件。1974年全国钢产量比上年减少410万吨。

按照邓小平的建议，1975年5月8日至29日召开钢铁工业座谈会。邓小平于5月29日作了题为《当前钢铁工业必须解决的几个问题》的讲话。他明确提出了整顿钢铁工业的四条措施：一是必须建立一个坚强的领导班子。要使领导班子一不软、二不懒、三不散，要找一些不怕打倒的人进领导班子。指挥部不强，作战就没有力量。二是必须坚决同派性作斗争。中共中央关于加强铁路工作的决定下达后，对各行各业都有很大的影响和推动。对坚持闹派性的人，该调的就调，该批的就批，该斗的就斗。要发动群众同他斗，寸步不让，而且要有一个声势，不能冷冷清清。三是必须认真落实政策。要给群众落实政策，把群众的积极性调动起来，特别要注意发挥有经验的干部、老工人、技术骨干、老劳模的积极性。四是必须建立必要的规章制度。要发动群众把必要的规章制度建立、健全起来。执行规章制度宁可要求严一些，不严就建立不起来。①

钢铁工业座谈会之后，中共中央在6月4日发出的《关于努力完成今年钢铁生产计划的批示》（即1975年13号文件）指出：如果说过去钢铁上不去是受了煤炭、运输的影响，那么现在外部条件已大为改观，再拿这些作理由，就更加说不过去了。各省、市、自治区党委必须加强对钢铁工业的领导。钢铁工业进行了全面整顿，重点是鞍山钢铁公司、武汉钢铁公司、太原钢铁公司等大钢铁公司，以此带动全国。6月，全国钢铁企业开始逐步恢复正常的生产秩序，全国钢的平均日产量超过了全年计划的平均日产水平。②

3. 整顿工业生产秩序

在整顿铁路秩序、整顿钢铁生产秩序之后，邓小平组织召开计划工作务虚会，开始推进整个经济工作的整顿，并组织起草了《关于加快工业发展的若干问题》（即“工业二十条”），同时开始为编制第五个五年计划和十年长远规划做准

① 《邓小平文选》第二卷，人民出版社1994年版，第8—11页。

② 中共中央党史研究室：《中国共产党历史》第二卷（1949—1978）下册，中共党史出版社2011年版，第925页。

备。计划工作务虚会从1975年6月16日一直开到8月11日。计划工作务虚会分为两个阶段：第一阶段主要讨论如何加快经济发展问题；第二阶段则分为理论、体制、钢铁、工业和企业管理、基本建设、机械工业规划、改进计划工作、轻工农林商业等八个小组进行专题研究，后又增加文教、科技两个小组。国务院听取了各小组的结果汇报。

针对当时经济生活中存在的乱和散的问题，计划工作务虚会提出必须狠抓整顿，强调集中。在计划体制上，提出要实行自下而上、上下结合、块块为主、条块结合的办法，国家计划既不能层层加码，也不能随便减少；在企业管理体制上，提出跨省份的铁路、邮电、电网、长江航运、民航、输油管和远洋航运、重要的科研设计单位、专业施工队伍以及大油田等少数关键企业、关键建设项目，要由中央各部委为主管理，其余的由地方管理，但不能层层下放；在物资管理体制上，物资部门管通用物资，专业部门管专业物资，设备成套走向以地区成套为主；在财政体制上，推行收支挂钩、总额分成的办法，大中型企业的折旧基金中央集中20%～30%。此外，还提出要整顿软、懒、散班子，对职工要严格训练、严格要求，建立岗位责任制等各项生产管理制度并严格执行。务虚会还就如何发展钢铁工业、调整机械工业、缩短基本建设战线、安排好轻工市场、发展科学技术等问题提出了一些意见。可见，务虚会释放出了强烈的全面整顿工业生产秩序的信号。

在这种氛围中通过的“工业二十条”，是一个针对“文化大革命”混乱局面提出的解决问题的系统办法，提出了关于发展工业的一系列重大方针政策问题。例如，一是不能把搞好生产当作“唯生产力论”和“业务挂帅”来批判，学习理论必须促进安定团结，促进生产发展；二是要调整“勇敢分子”当权的领导班子，要把坏人篡夺的权力夺回来；三是要划清造反派、反潮流分子同先进分子的界限，提出继续在职工中划分造反派和保守派是错误的；四是要建立以岗位责任制为中心的生产管理制度，建立强有力的独立工作的生产指挥系统；五是必须虚心学习外国的一切先进东西，有计划有重点地引进国外先进技术；六是坚持实行不劳动者不得食，各尽所能，按劳分配的社会主义原则，搞平均主义不利于调动群众的社会主义积极性；七是所有干部、工人、科技人员都要走又红又专的道路；八是必须加强纪律性，对违反纪律的行为要批评教育，严重的要给予处分。①

① 房维中主编：《中华人民共和国经济大事记（1949—1980年）》，中国社会科学出版社1984年版，第547、551页。

与“工业二十条”相配合，各部门也着手起草具体的管理条例，工业生产秩序向好趋势越来越明显。

三、全面整顿取得显著成效

对国民经济领域和工业生产领域的整顿，是 1975 年全面整顿的重要组成部分。按照邓小平的指示，工交系统的冶金、煤炭、石油、化肥、电力、机械、森林工业、水产、建材、纺织、交通、铁道、邮电等 13 个部门，确定了需要调整领导班子的 379 个单位，到 7 月底，铁道、煤炭、冶金三个重点部门已调整了 133 个单位，占工交系统已调整数的 54%。8 月 3 日，邓小平在国防工业重点企业会议上作了重要讲话，提出国防工业企业整顿问题，这实际上标志着工业战线全面整顿的铺开。整顿推动了工交系统经济形势明显好转，而且一个月比一个月更好。原油、原煤、化肥、发电、铁路货运等行业在五六月间都创造了每月产量的历史最高水平。①

其他领域的整顿也在迅速推进。例如，1975 年 1 月 25 日、7 月 14 日邓小平在参加军队工作会议时，提出了军队要整顿的问题，指出军队存在肿、散、骄、奢、惰问题。7 月 4 日，邓小平在对中央读书班第四期学员的讲话中，提出要加强党的领导，整顿党的作风。9 月 26 日，邓小平在听取中国科学院负责人汇报《关于科技工作的几个问题（汇报提纲）》（后修改为《科学院工作汇报提纲》）时说：“如果我们的科学研究工作不走在前面，就要拖整个国家建设的后腿。”“我们有个危机，可能发生在教育部门，把整个现代化水平拖住了。”这实际上提出各方面都要整顿。他指出：“当前，各方面都存在一个整顿的问题。农业要整顿，工业要整顿，文艺政策要调整，调整其实也是整顿。要通过整顿，解决农村的问题，解决工厂的问题，解决科学技术方面的问题，解决各方面的问题。”“现在问题相当多，要解决，没有一股劲不行。要敢字当头，横下一条心。”② 到 1975 年 9 月底，整顿在军队、工交、科技、国防领域已经见效，在文艺、农业领域也拉开了序幕，教育、财贸及党的整顿工作正在准备之中。

5 月 29 日，邓小平在钢铁工业座谈会上提出：毛主席最近关于理论问题、安定团结和把国民经济搞上去的指示，就是我们今后一个时期各项工作的纲。

① 武力主编：《中华人民共和国经济史》增订版上卷，中国时代经济出版社 2010 年版，第 591 页。
② 《邓小平文选》第二卷，人民出版社 1994 年版，第 32、34、35 页。

7月4日，他再次强调，“三条指示”是“纲”。在他的指导下，国家计委起草了《关于加快工业发展的若干问题》；中国科学院起草了《科学院工作汇报提纲》；国务院政治研究室撰写了《论全党全国各项工作的总纲》(简称《论总纲》)。这三个重要文件集中反映并阐述了邓小平关于整顿的思想，后来在“批邓、反击右倾翻案风”运动中被“四人帮”诬蔑为“三株大毒草”加以批判。三个文件虽由于形势发生逆转而未能发出，但在此后的批判过程中却受到了广大群众的欢迎，客观上为以后纠正“文化大革命”的错误作了舆论准备。

全面整顿取得的成效是十分明显的。到1975年底，工农业总产值达4 467亿元，按可比价格计算，比上年增长11.9%。其中，工业总产值比上年增长15.5%；虽然部分地区遭受特大洪水，但农业总产值仍增长3.1%。这一年是“四五”计划的最后一年，正是由于1975年整顿带来的变化，“四五”计划中的多数指标才基本上得以完成。对照调整后的《第四个五年国民经济计划纲要(修正草案)》，工农业总产值完成计划的101.7%。其中，工业总产值完成100.6%。列入计划的41种主要工业产品有20种完成和超额完成计划，7种接近完成计划，14种没有完成计划。农业总产值完成计划的104.5%。四种主要农产品中，粮食完成103.5%，生猪、水产品达到指标，棉花在1973年提前完成“四五”计划指标，1975年因灾完成95.2%。①

第四节　艰苦努力下经济建设的成就

在“文化大革命”中，正是由于广大干部和人民群众对极左错误的抵制和对生产活动的投入，才使“文化大革命”对国民经济的破坏受到一定程度的限制。虽然社会秩序十分混乱，但是工农业生产活动和经济建设并没有中断；国民经济发展虽然受到严重干扰，遭受巨大损失，但仍取得了明显进展。

1965—1976年，按当年价格计算，工农业总产值从2 235亿元增至4 536亿元，翻了一番；工业总产值从1 402亿元增至3 158亿元，增长125.2%；农业总产值从833亿元增至1 378亿元，增长65.4%；国营企业固定资产从1 446亿元增至3 728亿元，增长157.8%，其中国营工业企业固定资产从961亿元增至

① 中共中央党史研究室：《中国共产党历史》第二卷(1949—1978)下册，中共党史出版社2011年版，第941—942页。

2 495 亿元，增长 159.6%。主要工业产品产量明显增加，钢产量从 1 223 万吨增至 2 046 万吨，增长 67.3%；能源产量从 18 824 万吨标煤增至 50 340 万吨标煤，增长 167.4%。1966—1976 年国内生产总值增长情况见表 6-1。

表 6-1　1966—1976 年国内生产总值增长情况

年份	国内生产总值（亿元）	人均国内生产总值（元）	国内生产总值指数（上年 =100）	人均国内生产总值指数（上年 =100）
1966	1 888.7	257	108.9	106.2
1967	1 794.2	238	95.0	92.6
1968	1 744.1	225	97.2	94.5
1969	1 962.2	247	112.5	109.8
1970	2 279.7	279	116.2	113.0
1971	2 456.9	292	107.8	104.7
1972	2 552.4	296	103.9	101.4
1973	2 756.2	313	108.0	105.7
1974	2 827.7	314	102.6	100.3
1975	3 039.5	332	107.5	105.7
1976	2 988.6	321	98.3	96.7

一、“四五”计划的实施和《十年规划纲要（草案）》的拟定

在“三五”（1966—1970 年）和“四五”（1971—1975 年）计划期间，全国累计完成基建投资 2 595 亿元，全部建成投产的大中型项目有 1 485 个，新增固定资产 1 576 亿元。10 年中，工农业总产值平均每年增长 8.7%，其中农业总产值增长 4%，工业总产值增长 10.4%。其中，“四五”计划时期取得的成绩更为突出。

1. 以备战为中心的《“四五”纲要（草案）》

计划是经济发展的基本依据，第四个五年计划是 1971—1975 年的国民经济计划。“四五”计划与“三五”计划在编制上有相似之处，都是在“备战”思想指导下编制的计划。“四五”计划是在“三五”计划后期出现的基建投资过多、比例关系紧张的基础上开始编制的。“三五”计划后期暴露的问题没有得到应有的重视和调整，反而在编制“四五”计划时希望有更大的发展，因而追求高速度、高指标的盲目性很大。特别是在林彪所谓“用打仗的观点观察一切，检查一切，落实一切”的口号影响下，一些不切实际的高指标被提出。

（1）《“四五”纲要（草案）》的主要内容。

1970年二三月间召开的全国计划会议拟定了《“四五”纲要（草案）》，并专题座谈了军工、农业、交通、工业、基本建设、财政、物资、经济体制、劳动工资、工改兵和统计等问题。从1970年到1971年，国民经济建设出现了长达两年的“过热”现象。1970年8月至9月，在江西庐山召开的中共九届二中全会批准了《“四五”纲要（草案）》。1971年3月，中共中央将《“四五”纲要（草案）》的主要计划指标下发。

《“四五”纲要（草案）》的总要求就是要狠抓备战，集中力量建设战备后方，建立不同水平、各有特点、各自为战、大力协同的经济协作区，初步建成我国独立的、比较完整的工业体系和国民经济体系。其提出的“四五”计划时期的主要任务是：

第一，1975年生产3 500万吨至4 000万吨钢，生产能力达到4 000万吨以上。到1975年，东北、华北、华东、中原和西南经济协作区钢的生产能力都将达到600万吨以上，各省、自治区都要有一批中小钢铁企业，许多地、县也将建立起自己的小矿山、小铁矿、小钢厂，形成大中小结合、星罗棋布的钢铁工业布局。1970年5月至6月召开的全国重点钢铁企业座谈会要求：1975年钢产量达到4 000万吨，生产能力达到5 000万吨。其他重要工业指标是：原煤产量4亿吨至4.3亿吨，铁路货运量9亿吨至10亿吨。五年合计基建投资达到1 200亿元至1 300亿元。

第二，到1975年，大三线地区将建成一个部门比较齐全、各有特点、工业和农业协调发展的强大的战略后方。内地的工业建设要大分散、小集中，不搞大城市，工厂布局要“靠山、分散、隐蔽”，特殊、重要工厂的关键设备和车间，有的要“进洞”。对基建项目区分轻重缓急进行排队，狠抓投产项目，急需、容易的项目先上；狠抓有关布局和备战的骨干项目；狠抓薄弱环节和配套项目；重点安排一批与发展规划相衔接的建设工程。周恩来提出“四个第一”：军工第一、三线第一、配套第一、质量第一。林彪等人则借战备之机大搞“大军工”，企图把更多机构纳入军队体系之中，巩固他们的权力与势力。

第三，根据经济发展和备战需要，将全国划分为西南、西北、中原、华南、华东、华北、东北、山东、闽赣、新疆10个经济协作区。每个协作区都要有计划有步骤地建设冶金、国防、机械、燃料动力、化学等工业，同时建设比较强大的农业、轻工业和比较发达的交通运输业，山东、闽赣、新疆地区要建立小而全的经济体系。然而，实际工作中一些部门由于忽视经济协作关系，提出了不切实际的发展指标，例如对轻工业提出的许多发展指标，根本没有实现的基础。1970 年，轻工业部召开的全国轻工业厅局长会议，根据建立小而全的经济体系，提出“三个突破”，即 1975 年达到生产塑料 100 万吨，生产合成洗涤剂 60 万吨，生产合成脂肪酸 60 万吨；实现“产量翻番”，即 1975 年达到纸 350 万吨，盐 1 800 万吨，糖 350 万吨，灯泡 12 亿只，轻机 40 万吨，“三大件”[①] 增长 1～5 倍；取得“两个实现”，即一般产品实现省、区自给，主要轻工业产品实现逐步敞开供应。结果全部落空。[②]

第四，农业要以粮为纲，全面发展，粮食不足的省、自治区要尽快做到粮食、油料自给有余，尽快扭转南粮北调状况。到 1975 年，粮食产量要达到 6 000 亿斤至 6 500 亿斤，棉花产量要达到 6 500 万担至 7 000 万担。要求 1975 年按照全国农业人口平均每人一亩稳产高产农田，耕作机械化程度达到 40% ～ 50%。

第五，大力发展地方“五小”工业[③]。各省、市、自治区都要建立自己的小钢铁厂、小机械厂、小化肥厂、小煤矿、小水泥厂等，形成为农业服务的地方工业体系。力争在一两年内，把每个县的农机修造厂都建设起来，在三五年内做到每个公社和有条件的大队都有修配站。

第六，加快石油、天然气和电力工业发展，积极改变燃料构成。到 1975 年，石油、天然气、水电在中国燃料动力结构中所占比重，由 1969 年的 17% 上升到 31% ～ 38%，煤炭比重由 83% 降为 62% ～ 69%。江南各省、自治区要力争 1972 年做到煤炭自给，扭转北煤南运状况。这个本来已经很高的指标又被层层加码。1970 年 4 月，全国煤炭工业会议提出，大干三年，扭转北煤南运，实现江南 9 省煤炭基本自给，力争 1975 年煤炭产量超过美国、苏联，跃居世界第一；电力部门提出 1975 年发电能力超过英国和联邦德国；轻工部门也提出主要轻工业产品在五年中实现翻一番。

（2）急于求成的《“四五”纲要（草案）》。

《“四五”纲要（草案）》是一个急于求成的五年计划，实施过程中不可避免

① “三大件”即手表、自行车、缝纫机。

② 轻工业部政策研究室编：《新中国轻工业三十年（1949—1979 年）》上册，轻工业出版社 1981 年版，第 14 页。

③ “五小”工业主要指地、县两级办的小钢铁、小机械、小化肥、小煤窑、小水泥五种工业，通常是对地方国营工业的简称。

地出现了许多问题，其主要表现是：

第一，采取“大会战”方式寻求快速发展。为了在现有物质条件下达到这些目标，又一次采取了“大会战”方式。1971 年常年参加会战的民工最多时达到 1 000 万人。湖北省 1969 年冬季至 1970 年春季抽调的农村劳力占全省的 40%，1970 年冬至 1971 年春仍占 55%。[①] 江西省 1969 年至 1971 年掀起了“第二次工业革命”大会战，为实现生产 1 万辆汽车和 10 万台拖拉机的高指标，在工业布局上大拆大迁，共布点 15 个汽车主机厂、306 个配件厂、152 个拖拉机总装厂。仅南昌市就拆掉了 60 万平方米厂房和不少生产线，造成企业搬迁后长期不能生产的严重问题。同时，在一年多的时间里，全省上马 114 个“一步炼钢法”高炉，均未成功。[②]

第二，导致基本建设规模急剧扩大。1969 年包括工业在内的基建投资额为 186 亿元，1970 年猛增到 295 亿元，增长幅度高达 58.6%。1971 年又增加 26 亿元，达到 321 亿元的高水平。各地纷纷将一些重点基建项目盲目上马。这种投资过热的后果是严重的，直接导致国民经济出现了“三个突破”问题，即：到 1971 年、1972 年职工人数均突破 5 000 万人，工资支出均突破 300 亿元，粮食销量均突破 800 亿斤。1970 年和 1971 年原计划增加职工 306 万人，实际增加了 983 万人，超出计划两倍以上。1971 年全国工资总额按计划应控制在 296 亿元内，实际达到 302 亿元，1972 年实际达到 340 亿元。1971 年粮食销量计划为 794 亿斤，实际达到 855 亿斤，1972 年实际达到 917 亿斤。

第三，国民经济主要比例关系出现严重失调，主要是积累率过高，农轻重比例更加不合理。积累额在国民收入中的比例逐年上升，1969 年为 23.2%，1970 年为 32.9%，1971 年为 34.1%。而对农业的投资则越来越少，1971 年仅占总投资额的 10%，还有一部分被地方基本建设挪用。工业投资却达 65.2%，工农业的投资悬殊程度超过了 1958 年“大跃进”时期。在工业投资中，轻工业投资仅占 5.8%，是新中国成立以来除 1963 年外最低的。这种依靠高投资实现高积累，以保证工业增长高速度的做法，影响了人民生活水平的提高，导致职工生活水平出现下降趋势，给以后的经济建设造成了严重的欠账。

第四，投资效益明显降低。如此大规模的基本建设，投资效益降低是可想而知的。1971 年计划建成投产 356 个项目，实际仅建成 115 个；39 种主要产品的

---

① 武力主编：《中华人民共和国经济史》增订版上卷，中国时代经济出版社 2010 年版，第 547 页。

② 傅雨田主编：《当代中国的江西》，当代中国出版社 1991 年版，第 78—83 页。

新增生产能力中有36种未完成计划。1972年计划投产大中型项目260个，实际完成120个；计划投产单项工程700多个，实际仅完成370多个；41种产品的新增生产能力中有39种未完成计划。[①] 由于未经严格培训的新就业劳动者素质较低，劳动生产率下降，1971年比1970年降低0.8%，1972年又比1971年降低5.4%。

2.“四五”计划的完成情况

“三五”计划时期虽然经历了1966—1968年严重动乱的冲击，但自1969年全国形势相对稳定后，工农业生产结束了连续两年下降的局面，出现了一次新的经济建设高潮。“三五”计划建设得到迅速恢复，到1970年工农业生产取得大幅度增长，工农业总产值实际比1965年增长58.1%，其中工业总产值增长73.7%，农业总产值增长21.4%。相继建成贵昆铁路、成昆铁路等，建设了丹江口、葛洲坝、乌江等大中型水电站。国防和科技战线成果显著，成功进行了导弹发射核武器试验，爆炸了第一颗氢弹，成功进行了地下核试验，启用了第一套全自动长途电话设备，发射了第一颗人造地球卫星“东方红一号”。

“四五”计划期间，施工的大中型建设项目有2 579个，全部建成投产的有700多个，并取得了一批科学技术成果。其中重要的建设项目如下：一是工业交通方面。湘黔铁路通车，中国第一条电气化铁路宝成铁路工程完成，大港油田和任丘油田投入建设和生产，当时全国最大的水力发电站刘家峡水电站于1975年2月建成投产。二是科学技术方面。科学实验卫星的成功发射和返回，洲际火箭的首次发射成功，强优势的籼型杂交水稻的实验成功和在南方13省的推广，都是在中国经济建设史和科技发展史上具有重要意义的成就。

“四五”计划是在继续“文化大革命”的历史环境下进行的，其制定的指标和“三五”计划相比，一开始就起点过高，在执行中又不断受到“左”的思潮干扰和破坏，特别是1974年开展的“批林批孔”运动，对工业交通冲击很大。因此，“四五”计划能够在这种背景下基本完成是很不容易的。

“四五”计划时期虽然国民经济发展几经周折，但经过各方面的整顿，社会主义建设在一些重要领域仍然取得了一定进展，有助于推动建立独立的比较完整的工业体系和国民经济体系。1975年工农业总产值比1970年实际增长43.5%（见表6-2）。实施“四三方案”，从国外大规模引进成套设备和单机，一批重点

① 武力主编：《中华人民共和国经济史》增订版上卷，中国时代经济出版社2010年版，第547页。

表 6-2　第四个五年计划主要经济指标完成情况

项目	计算单位	1970 年实际数据	第四个五年计划					
			1975 年				1975 年实际比 1973 年“四五”指标增长（%）	1975 年实际比 1970 年实际增长（%）
			1970 年拟定的“四五”指标	1973 年调整的“四五”指标	1975 年年度计划指标	1975 年实际完成		
工农业总产值								
工农业总产值	亿元	3 138	4 900	4 430	4 410～4 460	4 467（4 504）	（1.7）	（43.5）
工业总产值	亿元	2 080	4 000	3 200	3 150～3 200	3 124（3 219）	（0.6）	（54.8）
农业总产值	亿元	1 058	900	1 230	1 260	1 343（1 285）	（4.5）	（21.5）
主要农业产品产量								
粮食	亿斤	4 799	6 000	5 500	5 600	5 690	3.5	18.6
棉花	万担	4 554	6 000	5 000	5 200	4 762	−4.8	4.6
猪	亿头	2	3～3.5	2.7	—	2.8	3.7	40.0
水产品	万吨	318	500	440	455	441	0.2	38.7
主要工业产品产量								
钢	万吨	1 779	3 500～4 000	3 000	2 600	2 390	−20.3	34.3
生铁	万吨	1 706	3 500～4 000	3 000	2 700	2 449	−18.4	43.6
铁矿石	万吨	6 422	14 000～16 000	11 000	10 000	9 693	−11.9	50.9

续表

项目	计算单位	1970 年实际数据	第四个五年计划					
			1975 年				1975 年实际比 1973 年“四五”指标增长（%）	1975 年实际比 1970 年实际增长（%）
			1970 年拟定的“四五”指标	1973 年调整的“四五”指标	1975 年年度计划指标	1975 年实际完成		
十种有色金属	万吨	71.23	154	—	—	81.14	—	13.9
原煤	亿吨	3.54	4.2～4.5	4.4	4.3	4.82	9.5	36.2
原油	万吨	3 065	7 000	7 000	7 500	7 706	10.1	151.4
天然气	亿立方米	28.7	150	90	75	88.5	−1.7	208.4
发电量	亿度	1 159	2 000～2 200	1 900	1 830～1 900	1 958	3.1	68.9
木材	万立方米	3 782	4 000～4 600	4 400	4 400	4 703	6.9	24.4
水泥	万吨	2 575	4 000	4 000	4 020	4 626	15.7	79.7
化肥	万吨	—	3 200～3 500	3 000	2 800～3 000	—	—	—
农药	万吨	32.1	45	45	45.3	42.2	−6.2	31.5
七大类医药	万吨	2.15	4	3	2.8～3	2.73	−9.0	27 .0
冶金设备	万吨	7.25	15	12	8.1～9.1	8.21	−31.6	13.2
发电设备	万千瓦	291.8	450～500	550	400～450	496.5	−9.7	70.2
机床	万台	13.89	15	12	9～10	17.49	45.8	25.9
汽车	万辆	8.72	25	15	12.65～13.25	13.98	−6.8	60.3
拖拉机	万台	3.19	6.5～7.5	6.5	6.75～7.05	7.84	20.6	145.8
手扶拖拉机	万台	5.14	15	14	14.3	20.94	49.6	307.4

续表

项目	计算单位	1970 年实际数据	第四个五年计划					
			1975 年				1975 年实际比 1973 年“四五”指标增长（%）	1975 年实际比 1970 年实际增长（%）
			1970 年拟定的“四五”指标	1973 年调整的“四五”指标	1975 年年度计划指标	1975 年实际完成		
内燃机	万马力	733	1 300	1 700	1 850～1 900	2 348	38.1	220.3
机车	台	573	900	680	580	526	−22.6	−8.2
货车	辆	13 800	23 000	23 000	17 500	15 700	−31.7	13.8
化学纤维	万吨	10.09	35～40	20	17	15.48	−22.6	53.4
棉纱	万件	1 131	1 300	1 200	1 150～1 200	1 161.8	−3.2	2.7
棉布	亿米	91.5	100	93	91～95	94	1.1	2.7
糖	万吨	135	200～250	210～230	200	174	−17.1～−24.3	28.9
原盐	万吨	1 109	1 400	1 300～1 400	1 350	1 481	5.8～13.9	33.5
自行车	万辆	368.8	600～650	600	610	623.2	3.9	69.0
缝纫机	万架	235.2	360～450	360	370	356.7	−0.9	51.7
手表	万只	347.6	650～750	650	775	782.2	20.3	125 .0
铁路货运量	亿吨	6.8	9～10	9	8.5	8.9	−1.1	30.9
基本建设投资	亿元	五年合计 976	五年合计 1 400	五年合计 1 350～1 400	300	五年合计 1 763.95	26.0～30.7	80.7

注：括弧内的数字为按可比价格（1970 年不变价格）计算所得。

资料来源：武力主编：《中华人民共和国经济史》增订版上卷，中国时代经济出版社 2010 年版，第 595—598 页。

工程开始施工建设。国防和科技战线取得不少突破，第一艘核潜艇建成并完成试航。

3.《十年规划纲要（草案）》的拟定

1974年8月7日，国家计委发出关于拟定十年规划的通知。为了实现四届全国人大一次会议重申的20世纪发展国民经济分两步走的设想，1975年3月初，国家计委发出关于拟定十年规划的补充通知，随后组织有关部门进行了调查和讨论，并向国务院作了汇报。10月，邓小平先后主持国务院会议和中央政治局会议，对国家计委拟定的《关于十年规划几个问题的汇报要点》进行了讨论。根据毛泽东的意见，11月召开的全国计划会议和12月召开的国务院会议、中央政治局会议又对该文件进行了修改和补充，形成了《一九七六年到一九八五年发展国民经济十年规划纲要（草案）》（简称《十年规划纲要（草案）》）。《十年规划纲要（草案）》的前五年规划即是“五五”计划。

《十年规划纲要（草案）》指出，1976年到1985年的十年，是实现现代化宏伟蓝图的关键十年。这十年中的主要目标包括：要在1980年以前，建成中国独立的比较完整的工业体系和国民经济体系；到1985年，进一步完善全国的经济体系，基本完成国民经济的技术改造，实现笨重体力劳动机械化。基本建成六个不同水平，各有特点，各自为战，大力协同，农、轻、重比较协调发展的大区经济体系。在农业方面，要以粮为纲，全面发展，建立比较稳固的农业基础；在工业方面，要以钢为纲，建立比较强大的工业基础；要发展轻工业和石油化工；要大力加强国防工业和国防科研，准备打仗；要充实和加强三线战略后方基地，进一步发挥一、二线的作用。

《十年规划纲要（草案）》提出的具体指标是：到1985年工农业总产值达到8 800亿～8 900亿元，比1975年翻一番，平均每年递增7.1%～7.2%，其中工业为8%，农业为4.2%～4.7%。《十年规划纲要（草案）》对“五五”计划提出的要求是：建立起比较稳固的农业基础，粮食产量比1975年增长16%～25%，棉花产量增长18%～24%；建立起比较丰富多彩、适应国内市场和外贸需要的轻工业，棉纱产量比1975年增长26%；建立起比较发达的重工业，钢产量比1975年增长58%，煤炭产量增长30%，石油产量增长95%，发电量增长60%。在整个“五五”计划期间，工农业总产值平均每年增长7.5%～8.1%。①

① 武力主编：《中华人民共和国经济史》增订版上卷，中国时代经济出版社2010年版，第589页。

1975 年 11 月展开的“反击右倾翻案风”运动，使得讨论《十年规划纲要（草案）》的全国计划会议受到严重干扰，《十年规划纲要（草案）》和“五五”计划未能正式下达，直到“文化大革命”结束后，才经修改后在 1978 年 2 月至 3 月召开的五届全国人大一次会议上通过。

二、工农业生产在困难中发展

“文化大革命”严重干扰了国民经济的发展，造成了巨大的经济损失。与此同时，还应该看到，这十年间国民经济仍然有所发展。1983 年国家统计局编辑出版的《中国统计年鉴（1983）》，第一次公布了“文化大革命”时期的年度经济数字。根据这些数字，就 1967—1976 年十年总体来说，社会总产值平均年增长 6.8%；工农业总产值平均年增长 7.1%，其中工业为 8.5%，农业为 3.3%；工农业总产值指数（以 1952 年为 100）与上年相比，除 1967 年、1968 年外，其余各年均为正增长。国民收入平均年增长 4.9%，其中工业为 7.2%，农业为 2.5%。表 6-3 给出了 1965—1976 年各年工农业总产值。

表 6-3 1965—1976 年各年工农业总产值 单位：亿元

年份	工农业总产值	农业总产值	工业总产值		
			合计	轻工业总产值	重工业总产值
1965	2 235	833	1 402	723	679
1966	2 534	910	1 624	796	828
1967	2 306	924	1 382	733	649
1968	2 213	928	1 285	690	595
1969	2 613	948	1 665	837	828
1970	3 138	1 058	2 080	960	1 120
1971	3 482	1 107	2 375	1 020	1 355
1972	3 640	1 123	2 517	1 079	1 438
1973	3 967	1 226	2 741	1 189	1 552
1974	4 007	1 277	2 730	1 213	1 517
1975	4 467	1 343	3 124	1 376	1 748
1976	4 536	1 378	3 158	1 395	1 763

注：本表按当年价格计算。

资料来源：国家统计局编：《中国统计年鉴（1983）》，中国统计出版社 1983 年版，第 16 页。

第一，在工业领域，到1976年，全国主要工业产品年产量与1966年相比的增长情况是：钢2 046万吨，增长33.6%；原煤4.83亿吨，增长91.7%；原油8 716万吨，增长499%；发电量2 031亿度，增长146%；水泥4 670万吨，增长131.8%；机床15.7万台，增长186%；汽车13.52万辆，增长141.9%。全国工业总产值指数（以1952年为100）1976年为1 232.2，与1966年相比，增长125%。

第二，在农业领域，1976年粮食产量为5 726亿斤，比1965年增加1 836亿斤。在人口迅速增长的情况下，人均粮食产量由544斤增加到610斤，增长12.1%。全国农业总产值指数（以1952年为100）1976年为207.1，比1966年增长39%。[①] 农垦事业也是在困难中曲折发展。“文化大革命”初期，原有的农垦管理体系和管理机构被打乱，不少农垦企业和国营农场下放到地方，整个农垦系统由盈利变为亏损。虽然农垦系统困难重重，但是在“文化大革命”期间，共开垦荒地1 967万亩，新增耕地1 354万亩；1976年与1967年相比，工农业总产值由25.7亿元增加至59.2亿元，粮豆总产量由82.5亿斤增加至120.5亿斤，上交商品粮豆由28.2亿斤增加至37亿斤，橡胶干胶产量由2.5万吨增加至7.5万吨，牛奶产量由3.7亿斤增加至5亿斤，肉类产量由1.6亿斤增加至3.1亿斤。[②]

第三，在科学技术与国防工业领域，这一时期科学技术方面取得了一大批具有重要意义的成果：1966年5月9日成功地进行了第一次含有热核材料的核试验，10月27日成功地进行了第一次发射导弹核武器试验。1967年6月17日成功地爆炸了第一颗氢弹，距第一颗原子弹爆炸只有两年八个月，速度是世界拥有核国家中最快的。1969年9月23日成功地进行了第一次地下核试验。1970年4月24日成功地发射了第一颗人造地球卫星。1971年3月3日又发射了一颗科学实验卫星，第一次成功地回收了各种实验数据。1971年9月第一艘核潜艇建成并试航成功。1975年11月29日，发射的人造地球卫星正常运行后返回地面，中国成为继美国、苏联后第三个能回收卫星的国家。1975年，由中国农科院和湖南省农科院袁隆平等人共同协作育成的一代籼型杂交水稻种通过鉴定，推广后比一般水稻良种增产20%左右，在世界上大大推动了“绿色革命”浪潮，为世界粮食增产作出了重大贡献。

---

① 以上数字据国家统计局所编《中国统计年鉴（1983）》（中国统计出版社1983年版）各表计算而得。

② 张林池主编：《当代中国的农垦事业》，中国社会科学出版社1986年版，第69页。

所有这些成就，都是“文化大革命”时期周恩来、邓小平等领导人和广大人民群众排除“文化大革命”的严重干扰，坚持生产和工作所取得的。如果没有“文化大革命”，我们将取得更大的成就。

三、“四三方案”及其实施

20 世纪 70 年代我国国际战略的最大特色就是与包括美国在内的西方资本主义国家的外交关系和经贸关系的缓和，这为中国争取到了良好的发展环境和发展空间，为此后的改革开放营造了较好的国际环境。在新中国经济建设过程中，以“四三方案”为标志的第二次大引进的实施，缓解了中国人民生活必需品不足的压力，提升了中国工业生产技术水平。

1. 与资本主义打交道和三个世界划分的战略思想

20 世纪 60 年代初期，毛泽东曾设想扩大同资本主义国家的经济交往，引进先进技术设备。他甚至提出：在一定时候，可以让日本人来中国办工厂、开矿，向他们学技术。[①] 但是，由于国际形势的持续紧张及“文化大革命”的发动，这个设想一直未能实施。到 70 年代，国际形势和世界格局发生了明显的变化。毛泽东为了应对苏联军事威胁不断加大的局面，作出了关键的抉择，即打开与以美国为首的西方国家的交往大门，为中国发展争取更多的和平与稳定因素。

1971 年，一场“小球转动大球”的“乒乓外交”成功实现。7 月，美国总统特使基辛格秘密访华并发表公告。1972 年 2 月，尼克松总统访华，毛泽东对他说：“中美关系正常化是一把钥匙。这个问题解决了，其他的问题就迎刃而解了。”[②] 2 月 28 日，中美《联合公报》在上海发表。中美关系的缓和也使中国与西方国家的关系显著改善，中国与英国、荷兰的外交关系升格为大使级外交关系，中国与希腊、联邦德国、澳大利亚等国建交，中日邦交正常化。这一年中国与 18 个国家建立外交关系或实现外交机构升格，是 1949—1972 年间建交国家最多的一年。[③] 国际形势的缓和以及与西方国家关系的改善，为中国引进国外先

---

① 中共中央党史研究室：《中国共产党历史》第二卷（1949—1978）下册，中共党史出版社 2011 年版，第 862 页。

② 中共中央文献研究室编：《毛泽东传（1949—1976）》下，中央文献出版社 2003 年版，第 1640 页。

③ 中共中央文献研究室编：《毛泽东传（1949—1976）》下，中央文献出版社 2003 年版，第 1641 页。

进技术和装备提供了可能。20 世纪 70 年代初，根据毛泽东的建议，中国又开始从西方引进成套设备和技术。

三个世界划分的战略思想是毛泽东在科学客观地分析了那个时代的本质和特征之后提出的重要思想，正是在这一思想的指导下，形成了中国对外经贸的基本战略和对外经贸政策重点。1974 年 2 月，他在会见赞比亚总统卡翁达和阿尔及利亚革命委员会主席布迈丁时，系统阐述了他的三个世界划分的战略思想。他在与卡翁达谈话时指出："我看美国、苏联是第一世界。美国、苏联原子弹多，也比较富。第二世界，欧洲、日本、澳大利亚、加拿大，原子弹没有那么多，也没有那么富，但是比第三世界要富。咱们是第三世界，第三世界人口很多。亚洲除了日本，都是第三世界。整个非洲都是第三世界。拉丁美洲也是第三世界。"①他在与布迈丁谈话时说："中国属于第三世界。因为政治、经济，各方面，中国不能跟富国、大国比，只能跟一些比较穷的国家在一起。"②

1974 年 4 月，邓小平在联合国大会第六届特别会议上的发言中全面系统地阐述了毛泽东的三个世界划分的战略思想。邓小平认为：从国际关系的变化看，现在的世界实际上存在着互相联系又互相矛盾着的三个方面、三个世界。美国、苏联是第一世界。亚非拉发展中国家和其他地区的发展中国家，是第三世界。处于这两者之间的发达国家是第二世界。美国和苏联两个超级大国，妄图称霸世界。它们用不同的方式都想把亚非拉的发展中国家置于它们各自的控制之下，同时还要欺负那些实力不如它们的发达国家。发达国家都在不同程度上受着这个或那个超级大国的控制、威胁或欺负，其中有些国家在所谓"大家庭"的幌子下，实际上被超级大国置于附庸的地位。这些国家都在不同程度上具有摆脱超级大国的奴役或控制、维护国家独立和主权完整的要求。广大的发展中国家，长期遭受殖民主义、帝国主义的压迫和剥削。它们取得了政治上的独立，但都还面临着肃清殖民主义残余势力、发展民族经济、巩固民族独立的历史任务。这些国家地域辽阔，人口众多，资源丰富。这些国家受的压迫最深，反对压迫、谋求解放和发展的要求最为强烈。它们在争取民族解放和国家独立的斗争中，显示了无比巨大的威力，不断地取得了辉煌的胜利。它们是推动世界历史车轮前进的革命动力，

① 中共中央文献研究室编：《毛泽东传（1949—1976）》下，中央文献出版社 2003 年版，第 1688 页。

② 中共中央文献研究室编：《毛泽东传（1949—1976）》下，中央文献出版社 2003 年版，第 1688 页。

是反对殖民主义、帝国主义特别是超级大国的主要力量。①

2. “四三方案”的主要内容

“四三方案”是指国家计委1973年1月向国务院报送的《关于增加设备进口、扩大经济交流的请示报告》及其中提出的引进国外先进设备的方案。

关起大门搞建设在中国实行社会主义市场经济时期行不通，在实行计划经济时期也行不通。新中国成立后，长期被以美国为首的西方国家包围封锁，后来中苏交恶，中国发展对外贸易和对外经济关系的大门几乎被关上了。虽然早在20世纪50年代，毛泽东就曾设想与西方资本主义国家做生意，但这种设想要变成现实却困难重重。

正当中国设想与西方资本主义国家做生意的时候，西方主要资本主义国家力量对比发生了很大变化，其中美国陷入深深的经济滞胀泥潭之中，西欧、日本经济实力显著增强。1948年美国工业生产量、外贸出口额、黄金储备三项指标在资本主义世界所占比重分别为53.4%、32.4%（1947年的数据）、74.5%，而到1973年则分别降为36.6%、14.3%、7.9%。1973年，欧洲共同体上述三项指标占比分别为24.6%、42.3%、37.6%，日本占比分别为9.2%、7.6%、6.7%。这种变化也使西方主要资本主义国家迫切希望与中国建立经济贸易关系。

中共九大召开以后，周恩来着手纠正外贸领域的极左思潮。1970年3月17日，他批评说：“你们提对进口的东西要‘一批、二用、三改’，这不对。买就是要用，不用，你进口干什么？要改成‘一用、二批、三改’，如果进口是为了批，那有多少东西要进口啊！”② 10月12日，他严厉批评在外贸工作中搞极左宣传的做法：“商人就是商人，贸易就是贸易，资本家怎么能把我们的‘精神’拿去变物质呢?！”③他还指出：“现在让这些人钻进来做买卖，他们赚了钱，但我们国家强起来了，得到了好处。”④ 1971年12月26日，他在谈到进口国外先进技术产品时指出：不能认为凡是资本主义国家的东西都不好，它们也是劳动人民创造

① 《中华人民共和国代表团团长邓小平在联大特别会议上的发言》，《人民日报》1974年4月11日。

② 中共中央文献研究室编：《周恩来年谱（1949—1976）》下卷，中央文献出版社1997年版，第355页。

③ 中共中央文献研究室编：《周恩来年谱（1949—1976）》下卷，中央文献出版社1997年版，第400页。

④ 武力主编：《中华人民共和国经济史》增订版上卷，中国时代经济出版社2010年版，第579页。

的；不要以为我们什么都能搞，要批判地学习外国的东西。①

“四三方案”是“文化大革命”期间中国最重要的引进成套设备项目的计划，主要引进国是美国、联邦德国、法国、日本、荷兰、瑞士、意大利等西方国家。九一三事件后，周恩来抓住时机积极推行毛泽东要求打开对外经济工作局面的决策。1972年1月，根据周恩来的指示，李先念听取了余秋里召集国家计委及有关部委负责人研究后的汇报，决定抓住西方资本主义国家在经济危机中急于出口的有利时机，针对国内需要，进口成套化纤、化肥技术设备。1月22日，李先念、华国锋、余秋里向周恩来报送国家计委《关于进口成套化纤、化肥技术设备的报告》，建议引进中国急需的化纤新技术成套设备4套、化肥设备2套，以及部分关键设备和材料，约需4亿美元。②经2月5日周恩来批示呈报，2月6日，毛泽东立即圈阅批准了这个报告。③

随后，对外引进交流规模进一步扩大。5月5日，冶金部建议从国外进口一米七大型钢板轧机，这是国内钢铁工业长期以来急需的设备，“文化大革命”的冲击使试制工作停止，而江青集团又借口“自力更生”拒绝进口，严重影响了钢铁工业的发展。这时，国家计委根据李先念的批示，正式提出了《关于进口一米七连续式轧板机问题的报告》。8月21日，周恩来、毛泽东先后予以批准。11月7日，国家计委再次提出《关于进口成套化工设备的请示报告》，建议进口价值6亿美元的23套化工设备。11月30日，周恩来批准了这个报告。

1973年3月22日，国务院原则上批准了国家计委于1973年1月向国务院报送的《关于增加设备进口、扩大经济交流的请示报告》。报告讲道：“资本主义世界经济危机进一步加深，急于找产品市场，找资金出路。积极利用这一大好时机，扩大对外经济交流，不仅有利于配合国际政治斗争，而且有利于加速国内经济建设。”④这次大规模引进技术设施成套项目共计26套，其中包括武汉钢铁公司一米七轧机和南京钢铁公司氯化球团各1套，4套化学纤维成套设备，3套石化成套设备（其中包括年产30万吨乙烯的大石化设备1套），13套年产30万吨合成氨的大化肥成套设备，1套烷基苯成套项目，3套大型电站成套项目

---

① 中共中央文献研究室编：《周恩来年谱（1949—1976）》下卷，中央文献出版社1997年版，第501—502页。

② 《建国以来李先念文稿》第三册，中央文献出版社2011年版，第158—159页。

③ 中共中央党史和文献研究院编：《毛泽东年谱》第九卷，中央文献出版社2023年版，第427页。

④ 《李先念传》编写组编：《李先念传（1949—1992）》下，中央文献出版社2009年版，第767—768页。

等。[①] 余秋里后来回忆说：1972 年根据“四三方案”，计划用 43 亿美元在三五年内引进一批国外的先进技术设备。“这个方案，国家计委于 1973 年 1 月 2 日正式上报国务院，很快即由李先念副总理和周总理审查同意，并报毛主席批准了。这是新中国成立以来第二次大规模引进（第一次大规模引进是‘一五’计划期间的 156 项），也是打破多年来西方国家对我国的封锁、禁运局面，发展我国同资本主义国家的贸易和经济技术合作的重大突破。”[②]

“四三方案”此后又增加了一些项目，计划总金额达到 51.4 亿美元，到 1977 年底实际对外签约成交 39.6 亿美元。结合国产设备，共兴建了 26 个大型工业项目，到 1979 年底，完成基建投资约 240 亿元。

3.“四三方案”的主要引进项目

“四三方案”的主要引进项目包括：化学纤维成套设备 4 套，分别是上海石油化工总厂、天津石油化纤厂、辽阳石油化纤总厂、四川维尼纶厂；石化成套设备 3 套，分别是北京石油化工总厂、吉林化学工业公司、北京化工二厂；大化肥成套设备 13 套，分别是沧州化肥厂、辽河化肥厂、大庆化肥厂、湖北化肥厂、洞庭氮肥厂、泸州天然气化工厂、赤水河天然气化工厂、云南天然气化工厂、栖霞山化肥厂、安庆化肥厂、广州化肥厂、齐鲁第二化肥厂、四川化工厂；烷基苯成套项目 1 套，即南京烷基苯厂；大型电站成套项目 3 套，分别是天津北大港电厂、唐山陡河电厂、赤峰元宝山电厂；钢铁成套项目 2 套，分别是武汉钢铁公司一米七轧机工程、南京钢铁公司氯化球团工程；机械化综合采煤机组 43 套。此外，还包括当时处于国际先进水平的透平压缩机、燃气轮机、工业汽轮机等单个项目。到 1982 年，26 个大型工业项目全部建成投产，其中投资额在 10 亿元以上的有武汉钢铁公司一米七轧机工程、天津石油化纤厂、上海石油化工总厂一期工程、辽阳石油化纤总厂等。

从技术方面看，“四三方案”的主要引进项目基本上体现了 20 世纪 60 年代以来国际上技术革新的主要发展方向，如大力发展石油化工和合成材料、设备的大型化和自动化以及使用计算机对生产进行动态控制等，从而使有关行业在原料路线和生产领域、生产单系列能力和效率，以及生产、质量管理与控制体系的精确度等方面都发生了结构性与技术性的变化。同时，引进项目的投产对上下游的相关行业、生产配套企业以及设计、施工、科研、设备制造等工作起到了一定的

① 《李先念传》编写组编：《李先念传（1949—1992）》下，中央文献出版社 2009 年版，第 769 页。
② 安建设编：《周恩来的最后岁月（1966—1976）》，中央文献出版社 2002 年版，第 111 页。

技术推动作用，对同类产品生产企业也起到了一定的示范效应。

“四三方案”提出了在引进技术设备项目时必须遵循的六条原则：一是坚持独立自主、自力更生的方针，“要集中力量，切切实实地解决国民经济中几个关键问题”。二是学习与独创相结合。对引进技术，只能“一学、二用、三改、四创”，即在消化、吸收后，再创新、改革。[①] 三是有出有进，进出平衡。四是新旧结合，节约外汇。引进项目尽量建在老厂，利用原有的公用工程及生活设施，减少投资。五是当前与长远兼顾。六是进口设备大部分放在沿海，小部分放在内地。“这6条原则成为中国第二次大规模引进成套技术设备的指导方针。”[②]

在“文化大革命”时期，实施“四三方案”取得了积极的成效。它有效地缓解了中国国民经济中吃、穿、用等方面的发展困境；它增加了中国对西方资本主义发达国家经济技术发展水平的了解；它拓展了中国与西方资本主义发达国家的经济技术交流与合作；它为中国对外经济技术交流与合作和现代化企业管理造就了一支优秀的队伍。参加了“四三方案”起草工作的陈锦华，在谈到这次引进工作时十分感慨。他说：“这次成套技术设备的引进，对解决我国国民经济中的突出问题，加快现代化建设进程，促进相关产业加快发展，缩短与世界先进水平的差距，以至对后来的对外开放和参与经济全球化合作与竞争，起到了承前启后、率先示范的作用。”[③]

“四三方案”是中国引进西方国家先进技术装备的一次有益尝试，为我国70年代中期完成初期工业化奠定了一定基础。中国与西方发达国家不断增多的经济技术合作，不仅极大地改变了中国工业基础相对落后的局面，积极促进了中国国民经济的发展，而且还使长期受到封锁的中国进一步了解了中国与国际先进水平存在的差距，这些都为中共十一届三中全会之后的改革开放和社会主义现代化建设新时期的成功探索准备了条件。

四、国际经济合作和国际援助

打破美苏两个超级大国对中国的封锁，争取和扩大中国在国际舞台上的发言

① 中共中央文献研究室编：《周恩来年谱（1949—1976）》下卷，中央文献出版社1997年版，第511页。

② 陈锦华：《国事忆述》，中共党史出版社2005年版，第15页。

③ 陈锦华：《回顾新中国第二次大规模成套技术设备的引进》，《中共党史资料》2004年第2期，第25页。

权和话语权，是20世纪六七十年代中国国际经济合作和国际援助的主要内容。三个世界划分的战略思想是中国当时外交政策的基石，也是中国开展国际援助的指导原则。这一时期，中国根据自己的经济力量向一些社会主义国家和广大亚非拉国家提供力所能及的帮助。

中国对越南、阿尔巴尼亚等社会主义国家的援助是那个时期最主要的援外工作内容之一。截至1972年，在同中国建交的85个国家中，有49个国家向中国提出援助要求，对外援助总金额超过400亿元人民币，其中对越南、阿尔巴尼亚、朝鲜的援助占80%。越南占第一位，阿尔巴尼亚占第二位。①

在此期间，中国还克服国内经济发展困难，始终坚持援助广大亚非拉国家经济建设与经济发展，坦赞铁路是那个年代中国援助非洲的典范工程。1967年，在毛泽东的关怀下，中国同坦桑尼亚、赞比亚签订了《关于修建坦桑尼亚—赞比亚铁路协定》，中国同意提供无息的、不附加任何条件的贷款，并派专家对这条铁路进行修建、管理、维护及培训技术人员。坦赞铁路是一条贯通东非和中南非的交通干线，也是东非交通的大动脉，东起坦桑尼亚的达累斯萨拉姆，西到赞比亚的卡皮里姆波希，全长1 860.5公里。铁路于1970年10月动工，中国设计施工人员克服了设计技术复杂、施工异常困难的挑战，5万多名铁路建设者奋战约6年，终于在1976年5月完成全线工程收尾和设备安装配套等工作，为中国与坦赞两国的友谊树立了不朽的丰碑。与此同时，还有中方贷款承担的援坦项目100多个、援赞项目28个，包括公路、纺织厂、服装厂、农具厂、农场、玉米加工厂、糖厂、烟厂、皮革皮鞋厂、体育场、医院、电台等。②

从1971年至1978年的8年间，中国政府除继续向原来的30个受援国提供援助外，又增加了对赤道几内亚、伊拉克、埃塞俄比亚等36个国家的经济技术援助，受援国达到66个。从1971年至1978年，中国共帮助37个国家建成470个项目，超过前16年（1955—1970年）建成项目的总和；成套项目援助支出比前16年的总和增加109%。在此期间，中国对外经济援助的支出为前21年（1950—1970年）对外经济援助支出总和的159%。③

---

① 《李先念传》编写组编：《李先念传（1949—1992）》下，中央文献出版社2009年版，第931页。

② 《李先念传》编写组编：《李先念传（1949—1992）》下，中央文献出版社2009年版，第935、937页。

③ 石林主编：《当代中国的对外经济合作》，中国社会科学出版社1989年版，第60—61页。

正是在毛泽东“中间地带”和三个世界划分的战略思想的指导下，中国的外交战略取得了重大进展和丰硕成果。1971 年 10 月 25 日，第二十六届联合国大会以 76 票赞成、35 票反对、17 票弃权的压倒性多数，通过了阿尔及利亚等国提出的“恢复中华人民共和国在联合国组织中的合法权利”的“决议草案”。毛泽东在讨论中国派代表团参加联合国大会时谈道：“我们在联合国的方针是团结大多数，孤立极少数。团结是有原则的团结，原则就是我们对国际问题的基本立场：维护各国的独立和主权，维护国际和平，促进人类进步。二十三个提案国是我们的患难之交，要同他们讲团结。同其他投票赞成我们的五十三个国家也要团结。对投弃权票的十七个国家要正确对待。在美国那样大的压力下，他们不支持美国，用弃权的办法对我们表示同情，也应当感谢他们。投反对票的三十五个国家不是铁板一块，也要做工作。”①

1976 年中国共产党和新中国的领导人周恩来、朱德和毛泽东相继逝世，全党全国人民陷入空前的悲痛之中，中国的前途命运令无数中国人民担忧。这一年 7 月 28 日河北省唐山市发生里氏 7.8 级地震，造成 242 769 人死亡、164 851 人重伤；8 月 16 日和 23 日四川松潘、平武之间相继发生里氏 7.2 级地震，波及若干地区。自然灾害给人民生命财产造成了巨大的损失，抗震救灾任务空前艰巨。这一年“批邓、反击右倾翻案风”运动甚嚣尘上，导致全国主要工业品没有按计划完成指标，新建大中型项目比上年少了一半。由于企业管理混乱、亏损严重，这一年成为新中国成立 20 多年来投资效益最差的年份之一。

这一年 10 月 6 日，中共中央一举粉碎了王洪文、张春桥、江青、姚文元“四人帮”，打碎了他们篡党夺权的图谋，结束了“文化大革命”，挽救了党、挽救了国家、挽救了中国的社会主义事业。

“文化大革命”是“左”倾错误指导思想在党中央占主导地位持续时间最长的时期，对我们党、国家和民族造成的危害是全面而严重的，在政治、思想、文化、经济、党的建设等方面都产生了灾难性的后果。正如《中共中央关于党的百年奋斗重大成就和历史经验的决议》所指出的：“毛泽东同志在关于社会主义社会阶级斗争的理论和实践上的错误发展得越来越严重，党中央未能及时纠正这些错误。毛泽东同志对当时我国阶级形势以及党和国家政治状况作出完全错误的估计，发动和领导了‘文化大革命’，林彪、江青两个反革命集团利用毛泽东同志

① 《亲历与见闻：黄华回忆录》，世界知识出版社 2007 年版，第 182 页。

的错误，进行了大量祸国殃民的罪恶活动，酿成十年内乱，使党、国家、人民遭到新中国成立以来最严重的挫折和损失，教训极其惨痛。”[①]

本章小结

1. 1966—1976年的“文化大革命”严重背离了马克思主义和中共八大确定的正确路线，错误估计了当时中国国内政治形势，夸大了修正主义和资本主义复辟的危险性，导致中国出现了持续十年之久的内乱。特别是毛泽东晚年未能坚持中共八大确定的正确路线和正确估计，提出“以阶级斗争为纲”和“无产阶级专政下继续革命”的错误理论，这就使他对中国实行的许多正确的经济理论、经济体制和经济政策的认识和评价出现了严重的偏差。加之林彪、江青两个反革命集团乘机兴风作浪、大肆破坏，中国出现了极为严重的思想混乱和经济动荡。

2. 三线建设是指从1964年开始持续到第五个五年计划时期（1976—1980年）的围绕调整国民经济布局不合理状态和增强国防工业防御能力而进行的一次大规模的工业建设。三线建设对中国工业结构进行了大规模调整：一是地区结构调整，即将工业交通运输的地区布局重点从东部和中部地区转移到西部地区；二是产业结构调整，即将产业发展重点由农业和农用工业转移到国防工业和重工业上来。三线建设的核心是重工业建设和国防工业建设。

3. 重提“两步走”蓝图和“四个现代化”。1975年四届全国人大一次会议举行，周恩来作《政府工作报告》，重新明确了“两步走”蓝图：“第一步，用十五年时间，即在一九八〇年以前，建成一个独立的比较完整的工业体系和国民经济体系；第二步，在本世纪内，全面实现农业、工业、国防和科学技术的现代化，使我国国民经济走在世界的前列。”重提“两步走”蓝图和“四个现代化”充分反映了中国人民的心声。

---

① 《中共中央关于党的百年奋斗重大成就和历史经验的决议》，人民出版社2021年版，第13—14页。

4. 邓小平与1975年国民经济全面整顿。在毛泽东和周恩来的支持下，邓小平积极贯彻毛泽东关于“安定团结”和“把国民经济搞上去”的指示，开始主持对国民经济的全面整顿。他主持了整顿铁路秩序、整顿钢铁生产秩序、整顿工业生产秩序等经济领域的工作，并将整顿推向各个领域。他相继主持召开了中共省、市、自治区委员会主管工业的书记会议，钢铁工业座谈会，以及计划工作务虚会等以整顿为内容的重要会议，主持起草了《中共中央关于加强铁路工作的决定》《关于加快工业发展的若干问题》等重要文件。

5.“四三方案”是“文化大革命”期间中国最重要的引进成套设备项目的计划，主要引进国是美国、联邦德国、法国、日本、荷兰、瑞士、意大利等西方国家。1973年1月，国家计委向国务院建议在3～5年内引进价值43亿美元的成套设备，此后又增加了一些项目，计划总金额达到51.4亿美元。结合国产设备，共兴建了26个大型工业项目，总投资约为240亿元。主要引进项目包括：化学纤维成套设备4套；石化成套设备3套；大化肥成套设备13套；烷基苯成套项目1套；大型电站成套项目3套；钢铁成套项目2套；机械化综合采煤机组43套。1982年26个大型工业项目全部建成投产，成为20世纪80年代中国经济发展的重要物质基础。

6. 艰苦努力下经济建设的成就。“文化大革命”期间，尽管林彪、江青集团的破坏给国民经济造成了难以估量的损失，但是在全国人民的辛勤劳动和周恩来、邓小平等中央领导同志的不懈努力下，中国国民经济仍然在困难中前进。1965—1976年，按当年价格计算，工农业总产值从2 235亿元增至4 536亿元，翻了一番；工业总产值从1 402亿元增至3 158亿元，增长125.2%；农业总产值从833亿元增至1 378亿元，增长65.4%；国营企业固定资产从1 446亿元增至3 728亿元，增长157.8%，其中国营工业企业固定资产从961亿元增至2 495亿元，增长159.6%。主要工业产品产量明显增加，钢产量从1 223万吨增至2 046万吨，增长67.3%；能源产量从18 824万吨标煤增至50 340万吨标煤，增长167.4%。中国经济建设若干重大项目取得重大进展，包括焦枝铁路、湘黔铁路建成通车，攀枝花钢铁基地基本建成，湖北第二汽车制造厂建设取得明显进展，刘家峡水电站建成投产。

关键概念和重要事件

“文化大革命”	三线建设
“两步走”蓝图	把国民经济搞上去
全面整顿	“四三方案”

思考题

1. 简述“文化大革命”对国民经济的破坏。
2. 简述三线建设对中国经济发展和经济布局的影响。
3. 简述周恩来在四届全国人大一次会议上重申实现“四个现代化”的意义。
4. 简述1975年邓小平主持的全面整顿的主要内容和历史意义。
5. 简述“四三方案”对中国经济发展的重要意义。

本章阅读文献

1.《习近平谈治国理政》第四卷，外文出版社2022年版。
2.《中共中央关于党的百年奋斗重大成就和历史经验的决议》，人民出版社2021年版。
3.《中国共产党两个关于若干历史问题的决议》，人民出版社2021年版。
4. 中共中央党史和文献研究院:《中国共产党的一百年》，中共党史出版社 2022 年版。

5. 中共中央党史研究室：《中国共产党历史》第二卷（1949—1978）下册，中共党史出版社 2011 年版。

6.《中华人民共和国简史》编写组编著：《中华人民共和国简史》，人民出版社、当代中国出版社 2021 年版。

7. 当代中国研究所：《中华人民共和国史稿》第三卷，人民出版社、当代中国出版社 2012 年版。

拓展阅读

第七章　实现具有深远意义的伟大转折*

主要内容

本章主要介绍和分析 1977—1978 年“徘徊中前进”的两年中国经济发展的进程。1976 年 10 月“文化大革命”结束后，“中国向何处去”又成为摆在中国人民面前的头等重要的问题。以邓小平同志为主要代表的中国共产党人又一次开始了把马克思主义基本原理同中国具体实际相结合的理论探索和实践创新，来自实践一线的农村经济体制改革探索、城市经济体制改革探索和对外开放探索，都取得了显著成效。在邓小平指导下，1978 年 12 月召开的中共十一届三中全会重新确立了解放思想、实事求是的思想路线，开始从根本上纠正指导思想上的“左”倾错误，确定把全党工作着重点转移到社会主义现代化建设上来，作出了实行改革开放的重大决策，实现了新中国成立以来党和国家历史上具有深远意义的伟大转折。

经过二十几年的艰苦奋斗，中国人民在建设社会主义国家进程中取得了伟大的成就，建立起了一个独立的比较完整的工业体系和国民经济体系，从而建立起了坚实的社会主义经济基础和物质基础。但是，1958 年开始的“大跃进”和人民公社化运动以及后来的“文化大革命”，使我国社会主义建设遭遇曲折，盲目冒进和极左思潮严重干扰了社会主义建设。“中国向何处去”又成为摆在中国人民面前的头等重要的问题。找到一条符合中国国情的社会主义建设道路，解放和发展社会生产力，使人民摆脱贫困、尽快富裕起来，成为中国共产党面临的主要任务。

---

* 为了保持叙事的连贯性和完整性，本章提及了少量 1978 年以后的历史事件。

第一节　解放思想与拨乱反正

粉碎“四人帮”以后，中共中央领导全国人民开展了揭批“四人帮”运动并取得了很大成效。中国共产党党内的政治生活初步得到恢复，国家体制和社会秩序开始走上正常轨道。1977年8月12日至18日，中共十一大召开。大会总结了同“四人帮”的斗争，宣告历时10年的“文化大革命”结束，重申在20世纪内把我国建设成为社会主义现代化强国的根本任务。但这次大会仍然肯定“文化大革命”的错误理论和实践，因而没有从根本上着手纠正“文化大革命”的错误。1978年2月26日至3月5日，五届全国人大一次会议举行，华国锋作了题为《团结起来，为建设社会主义的现代化强国而奋斗》的政府工作报告。可见，“文化大革命”结束后，当时中央主要领导人考虑最多的就是实现“四个现代化”。但是，对“左”的错误思想和“四人帮”造成的破坏认识还很不够，揭批“四人帮”运动的指导思想仍然停留在“抓纲治国”的口号上，抓“纲”就是抓阶级斗争。这说明，当时中央主要领导人尚未从根本上冲破长期“左”的错误思想的束缚。在党和国家面临何去何从的重大历史关头，中国人民正期待新的突破。

一、邓小平大力推动思想解放

“文化大革命”结束后，中国社会主义建设应该开创一个什么样的新局面？这是中国共产党面临的新的考验和选择。本来粉碎“四人帮”是一件大快人心的事，但是当时中央主要领导人并没有对“文化大革命”及其错误理论进行深刻的认识和分析，也没有能够给党和国家带来思想、政治、经济等方面实质性的转变，人民群众积压已久的对未来的美好期待也并没有马上实现。1977年2月7日，《人民日报》、《红旗》杂志和《解放军报》发表社论《学好文件抓住纲》，提出了“两个凡是”的方针：凡是毛主席作出的决策，我们都坚决维护；凡是毛主席的指示，我们都始终不渝地遵循。显然，“两个凡是”在理论上违背了马克思主义基本原理，在实践上为新形势下坚持真理、修正错误设置了障碍。

如果按照“两个凡是”的观点，就不能否定毛泽东发动的“批邓、反击右倾翻案风”运动，就不能允许邓小平出来工作，“文化大革命”造成的一大批冤假错案就得不到平反，在“文化大革命”期间被错误打倒的一大批老干部也就不能恢复工作。因此，“两个凡是”成了拨乱反正的重要阻力。邓小平从一开始就不赞成“两个凡是”。针对粉碎“四人帮”之后中国共产党的思想路线，他已经有了成熟的想法和建议。早在1977年4月10日，尚未恢复领导职务的邓小平给党中央写信，针对“两个凡是”的错误观点，指出“我们必须世世代代地用准确的完整的毛泽东思想来指导我们全党、全军和全国人民，把党和社会主义的事业，把国际共产主义运动的事业，胜利地推向前进”。5月24日，邓小平在谈话中进一步说：“‘两个凡是’不行。按照‘两个凡是’，就说不通为我平反的问题，也说不通肯定一九七六年广大群众在天安门广场的活动‘合乎情理’的问题。”“这是个重要的理论问题，是个是否坚持历史唯物主义的问题。”“毛泽东思想是个思想体系。我们要高举旗帜，就是要学习和运用这个思想体系。”①叶剑英、陈云、聂荣臻、徐向前等老一辈革命家也反复强调发扬实事求是的优良传统，抵制“两个凡是”的推行。

1977年7月，中共十届三中全会通过了《关于恢复邓小平同志职务的决议》。邓小平在全会的讲话中再次提出：“我说要用准确的完整的毛泽东思想作指导的意思是，要对毛泽东思想有一个完整的准确的认识，要善于学习、掌握和运用毛泽东思想的体系来指导我们各项工作。只有这样，才不至于割裂、歪曲毛泽东思想，损害毛泽东思想。”②“毛泽东同志倡导的作风，群众路线和实事求是这两条是最根本的东西。”③

1977年8月12日至18日，中共十一大在北京召开。这是在结束“文化大革命”之后召开的一次党的全国代表大会，全党和全国人民对这次会议抱着巨大的期待。华国锋代表中共中央作了政治报告，报告宣告“文化大革命”已经结束，提出在20世纪内把我国建设成为伟大的社会主义的现代化强国是新时期党的根本任务。但是，大会政治报告在许多重大问题上却采取了模棱两可的提法。例如，一方面要求集中力量“把国民经济搞上去”，另一方面又继续强调“把无产阶级专政下的继续革命进行到底”。邓小平在8月18日闭幕大会的致辞中，从五个方面专门谈了恢复和发扬我们党的优良传统和作风问题，指出：“我们一定要恢复和发扬毛主席为我们党树立的群众路线的优良传统和作风，真正相信和依靠群众，细心倾听群众呼声，关心群众疾苦，一刻也不脱离群众。我们一定要恢

---

① 中共中央文献研究室编：《邓小平年谱（1975—1997）》上，中央文献出版社2004年版，第157、159、160页。

② 《邓小平文选》第二卷，人民出版社1994年版，第42页。

③ 《邓小平文选》第二卷，人民出版社1994年版，第45页。

复和发扬毛主席为我们党树立的实事求是的优良传统和作风，做老实人，说老实话，办老实事，这是一个共产党员的起码标准。我们一定要恢复和发扬毛主席为我们党树立的批评和自我批评的优良传统和作风，在党内和整个人民内部，认真实行‘知无不言，言无不尽’，‘言者无罪，闻者足戒’的原则，实行团结——批评——团结的方针。我们一定要恢复和发扬毛主席为我们党树立的谦虚谨慎、戒骄戒躁、艰苦奋斗的优良传统和作风，全心全意地为中国人民和世界人民服务。我们一定要恢复和发扬毛主席为我们党树立的民主集中制的优良传统和作风，在全党、全军、全国努力造成一个又有集中又有民主，又有纪律又有自由，又有统一意志，又有个人心情舒畅、生动活泼，那样一种政治局面。”[①]邓小平的致辞对于开创崭新的历史局面具有重要的启发意义。

复出后的邓小平没有计较个人得失，他深刻思考着世界经济发展的趋势和世界科技革命的动向，思考着中国如何找到一条符合自己国情的实现现代化的道路。他主动要求分管科学和教育工作，立即着手狠抓科学和教育等各项事业的整顿与发展，大胆纠正“文化大革命”的错误做法，赢得了全党和全国人民的信任。例如，他在 1977 年 8 月主持召开科学和教育工作座谈会，提议恢复高等学校招生考试制度，1977 年有 570 万、1978 年有 610 万青年获得了参加高校招生考试的机会，在全社会掀起了发奋学习的持久热潮。又如，他在 1978 年 3 月召开的全国科学大会上，提出科学技术是生产力、科学技术队伍是工人阶级的一部分，纠正了在这两个问题上多年的错误。再如，他十分关注战后资本主义的发展，反复强调研究资本主义国家的重要性。在他的推动下，各个领域的拨乱反正工作取得了积极成绩，开始对一些重大历史问题进行复查；为绝大多数右派分子摘掉了帽子，对错划者予以改正，恢复待遇；为多年来能遵守法令、老实劳动、不做坏事的地主、富农分子以及反革命分子、坏分子摘掉帽子，给予其农村人民公社社员待遇；等等。

他还利用各种场合对僵化思想和极左错误进行批判。1977 年 12 月 26 日，他在会见外宾时说：“林彪和‘四人帮’反对马克思主义，他们不讲生产，谁讲发展生产就说谁是修正主义，那马克思写《资本论》是干什么的？马克思讲，共产主义是按需分配，要有物质基础。怎样才能体现列宁讲的社会主义的优越性，

---

① 中共中央文献研究室编：《邓小平思想年谱（1975—1997）》，中央文献出版社 1998 年版，第 34—35 页。

什么叫优越性？不劳动、不读书叫优越性吗？人民生活水平不是改善而是后退叫优越性吗？如果这叫社会主义优越性，这样的社会主义我们也可以不要。”1978年2月1日，他在听取中共四川省委汇报工作时说：“我在广东听说，有些地方养三只鸭子就是社会主义，养五只鸭子就是资本主义，怪得很！农民一点回旋余地没有，怎么能行？农村政策、城市政策，中央要清理，各地也要清理一下，自己范围内能解决的，先解决一些。总要给地方一些机动。”[①]这为真理标准问题讨论的蓬勃开展提供了理论和思想上的支持。

二、开展真理标准问题大讨论

对于“文化大革命”后中国的发展道路，邓小平心中是十分清楚的，尤其是他主持下的1975年的全面整顿，已经展现出了许多令人鼓舞的新思路新做法新希望。他提出中国要赶上世界先进水平，要从科学和教育着手；提出中国的教育和教材要吸收世界先进的东西，洋为中用；提出要研究资本主义国家服务行业发展问题，解决我们面临的就业问题；提出要研究资本主义国家的社会结构，开辟新的社会领域；等等。

邓小平同全国人民一样，希望从中共十一大开始，真正把中国共产党的优良传统和作风恢复起来，真正把马克思主义的思想路线、政治路线和组织路线恢复起来。面对当时盛行的思想僵化和“左”的错误，要真正打破这种僵局，首先必须解放思想，关键是要冲破“两个凡是”的条条框框。在邓小平的支持下，胡耀邦为冲破“两个凡是”、推动真理标准问题大讨论作出了重要贡献。早在1977年，在主持中共中央党校工作期间，他就组织了一批“笔杆子”，以《理论动态》为阵地，以极大的勇气向“两个凡是”发起挑战。这些文章不断被《光明日报》《解放军报》转载，产生了广泛影响。1977年12月10日，中共中央任命胡耀邦为中央组织部部长。他在到任后立即成立了“老干部接谈组”，开展平反工作。一时间每天到中央组织部上访者多达数百人，每个月从全国各地寄往中央组织部的信件多达数麻袋。一股平反冤假错案、解决历史遗留问题的新风拂面而来，拨乱反正的行动逐步瓦解了人们对“两个凡是”的认同。

---

① 中共中央文献研究室编：《邓小平思想年谱（1975—1997）》，中央文献出版社1998年版，第51、54页。

真正大张旗鼓吹响思想解放号角的事件发生在1978年。1978年5月11日，《光明日报》在头版位置刊登了题为《实践是检验真理的唯一标准》的重磅文章，这篇文章也凝结着胡耀邦和《理论动态》工作人员的大量心血。5月12日，《人民日报》《解放军报》《解放日报》和上海、江苏、福建、河南四家省报迅速转载，接着各地报纸相继转载。文章提出：检验真理的标准只能是社会实践，任何理论都要不断接受实践的检验。坚持实践是检验真理的唯一标准，就是坚持马克思主义、辩证唯物主义。"马克思主义的理论宝库并不是一堆僵死不变的教条"，不能"躺在马列主义毛泽东思想的现成条文上"，更不能"拿现成的公式去限制、宰割、裁剪无限丰富"的"革命实践"。文章还尖锐地指出当时仍然存在着"圣经上载了的才是对的"这种错误倾向，号召人们敢于冲破禁区。这篇文章及其所阐述的观点引发了一场全国范围的关于真理标准问题的大讨论，胡耀邦组织中共中央党校理论工作者对该文及其引起的反应进行了讨论，鼓励大家勇敢地为真理而斗争。

邓小平很快表态支持这篇"实践检验"文章。6月2日，他在全军政治工作会议上讲话时指出，马列主义、毛泽东思想的基本原则，我们任何时候都不能违背；但是，一定要实事求是、从实际出发、理论和实践相结合，总结过去的经验，分析新的历史条件，提出新的问题、新的任务、新的方针。①7月22日，他同胡耀邦谈话，称赞《实践是检验真理的唯一标准》这篇文章是马克思主义的好文章，争论不可避免，争得好，根源就是"两个凡是"。②邓小平的讲话和谈话是对《实践是检验真理的唯一标准》一文观点的强有力支持。

到1978年下半年，真理标准问题讨论进入高潮。自然科学界、社会科学界分别召开了全国性的理论与实践关系问题讨论会，充分肯定了《实践是检验真理的唯一标准》一文的观点。讨论很快越出了理论界的范围，与拨乱反正的现实需要联系起来。全国各省、自治区、直辖市和中央的一些部门，以及各大军区、各军兵种及军委直属单位的主要负责人相继发表讲话或文章，公开表明支持实践是检验真理的唯一标准的立场。这场理论问题的讨论，已经演变成要不要解放思想、要不要否定"文化大革命"、如何真正高举毛泽东思想旗帜的政治大问题。正如邓小平在这一年9月视察东北地区时所说：怎么样高举

① 《邓小平文选》第二卷，人民出版社1994年版，第114、118页。

② 中共中央文献研究室编：《邓小平思想年谱（1975—1997）》，中央文献出版社1998年版，第72—73页。

毛泽东思想旗帜，是个大问题。现在党内外、国内外很多人都赞成高举毛泽东思想旗帜。“两个凡是”是“形式主义的高举，是假的高举”。他说：“毛泽东思想的基本点就是实事求是，就是把马列主义的普遍原理同中国革命的具体实践相结合。”毛泽东思想的精髓就是“实事求是”四个大字。①

真理标准问题大讨论为冲破“两个凡是”的严重束缚，重新确立马克思主义的思想路线、政治路线和组织路线奠定了理论基础，成为实现党和国家历史性伟大转折的思想先导。

三、开展按劳分配讨论

全国经济理论界对“四人帮”散布的谬论早已深恶痛绝，在粉碎“四人帮”后不久就开始了经济理论领域的拨乱反正工作，理论突破的关键就是澄清长期被批判的按劳分配原则。本来，按劳分配是社会主义的分配原则，但是在长期的“左”的思潮影响下，特别是在“四人帮”的干扰破坏下，按劳分配被作为“资产阶级法权”受到批判。在实际经济生活中，不允许提经济利益和物质利益，到处推行平均主义“大锅饭”，侵害劳动群众的切身利益和要求。不破除“四人帮”在按劳分配问题上散布的各种错误言论，就无法走出“文化大革命”在经济领域造成的思想混乱。

1977 年 8 月 9 日，《人民日报》发表了《驳姚文元按劳分配产生资产阶级的谬论》一文，这是当时国务院政治研究室人员撰写的经济理论界拨乱反正的重要文章。邓小平对按劳分配讨论十分关注，并给予了大力支持。他建议深化按劳分配研究，有力批驳“四人帮”在经济领域散布的一系列谬论。1978 年 5 月 5 日，《人民日报》以特约评论员名义发表了国务院政治研究室人员撰写的《贯彻执行按劳分配的社会主义原则》一文，这是一篇具有深远影响的论文。该文严肃批驳了“四人帮”在经济领域的一系列错误观点，对按劳分配原则作了比较系统的论述。文章鲜明地提出，按劳分配是社会主义原则，绝不是产生资本主义和资产阶级的经济基础和条件。奖金、计件工资同计时工资一样，都是实现按劳分配原则的行之有效的报酬形式。中国当前的问题不是按劳分配原则实行得“过头”了，而是按劳分配原则还没有得到应有的充分实现。我们应该采取正确的政策和工作方法，坚决地有效地贯彻按劳分配原则，促进生产力的发展。

---

① 《邓小平文选》第二卷，人民出版社 1994 年版，第 126、128 页。

1977年4月，北京召开了第一次按劳分配讨论会，6月、10月至11月又分别举办了第二次、第三次按劳分配讨论会，参加人员由第一次的100余人，相继增加到400余人、800余人，从而在经济理论界掀起了一轮思想解放的高潮。到1978年10月至11月又举行了第四次按劳分配讨论会，会议分为四个专题进行，即按劳分配规律问题、按劳分配原则和物质利益原则的关系问题、劳动报酬的形式问题、农村按劳分配及其形式问题，对分配原则、分配形式、分配政策、分配制度等进行了深入探讨。① 邓小平十分关注按劳分配讨论，1977年9月6日在会见外宾时说："过去'四人帮'不提倡搞生产，认为搞生产就是'唯生产力论'，就是'不革命'，就是'走资本主义道路'。他们反对按劳分配原则。所谓按劳分配，就是多劳多得，少劳少得，不劳不得。现在，我们要恢复按劳分配的原则。" ②

关于按劳分配问题的讨论推动了经济理论的活跃，有关价值规律、社会主义商品生产等经济理论问题的讨论也逐步开展起来。1978年5月22日，国务院财贸小组理论组在《人民日报》上发表了题为《驳斥"四人帮"诋毁社会主义商品生产的反动谬论》的文章。文章针对"四人帮"把社会主义商品生产等同于资本主义商品生产、诬蔑社会主义商品生产是产生资本主义的经济基础的错误观点，指出社会主义商品生产与资本主义商品生产存在着本质区别，社会主义商品生产不会产生资本主义，社会主义国家可以利用商品经济的基本规律即价值规律为社会主义服务。这篇文章从理论上扫除了发展社会主义商品生产的障碍。

1978年10月6日，《人民日报》刊发了胡乔木题为《按照经济规律办事，加快实现四个现代化》的文章，呼吁实现现代化就必须按照经济规律办事，不能按照长官意志办事。这篇重要的经济理论文章在国内外产生了积极的影响，在经济理论研究领域吹响了改革开放的号角。这一年，《人民日报》1月16日发表的《"四人帮"批判"唯生产力论"就是攻击历史唯物论》、2月27日发表的《坚持按劳分配的社会主义原则》、9月12日发表的《马克思主义者怎样看待物质利益》，《哲学研究》1978年第1期和第2期合刊发表的《生产力是最革命的因素》等文章，都为经济理论和经济研究领域的拨乱反正作出了积极贡献。

---

① 彭森、陈立等：《中国经济体制改革重大事件》上，中国人民大学出版社2008年版，第31—32页。

② 中共中央文献研究室编：《邓小平思想年谱（1975—1997）》，中央文献出版社1998年版，第38—39页。

第二节　在恢复中前进的经济建设

"文化大革命"的结束为我国经济发展创造了条件。特别是在中共中央重申实现农业、工业、国防、科学技术现代化和把中国建设成为社会主义现代化强国的推动下，全国人民以极大的政治热情和生产积极性投入各项建设工作，使国民经济停滞、倒退的局势迅速扭转，工农业生产得到较快恢复。

一、恢复和发展国民经济的措施

1977年至1978年两年间，中共中央、国务院在各经济部门密集召开了一系列工作会议，揭批"四人帮"破坏中国经济工作的罪行，加强国家宏观经济管理和企业管理，整顿各个经济部门的生产秩序，取得了明显的成效。

1. 揭批"四人帮"的"十个要不要"

对于当时的经济工作和经济部门来说，肃清"四人帮"在经济领域散布的极左思潮和错误观念是当务之急。1977年3月，全国计划会议在北京召开，中共中央批转了《关于一九七七年国民经济计划几个问题的汇报提纲》并发出通知，要求各级党委深入发动群众，抓好深揭狠批"四人帮"的斗争，大鼓革命干劲，调动一切积极因素，开展社会主义劳动竞赛，努力增产节约，掀起抓革命、促生产的新高潮，完成和超额完成1977年国民经济计划。

这次会议基于经济领域存在的思想混乱，提出了"十个要不要"：要不要坚持党的基本路线？强调要分清界限，不能颠倒敌我关系。要不要党的领导？驳斥"四人帮"所谓"踢开党委闹革命"谬论。要不要全心全意依靠工人阶级？强调要把资产阶级派性搞臭，加强工人阶级的团结。要不要搞生产？强调企业要以生产为主，各项工作都要为生产服务。要不要规章制度？强调要制定和执行必要的规章制度，理直气壮地抓管理。要不要社会主义积累？强调为国家提供积累是每个企业必须完成的重要任务。要不要实行各尽所能、按劳分配的原则？强调要反对平均主义，克服干多干少、干好干坏、干和不干一个样的现象。要不要无产阶级自己的专家？强调要努力造就一支又红又专的宏大的技术干部队伍。要不要引进新技术？强调要有计划有重点地引进国外先进技术，以增强中国自力更生的能力。要不要坚持计划经济？强调要加强国民经济计划，实行统一计划，分级管理。在今天看来，"十个要不要"的时代局限性是明显的，但是"十个要不要"对于当时肃清"四人帮"的破坏和极左思潮的影响还是发挥了重要的作用。

2. 颁发“工业三十条”

针对“四人帮”的干扰破坏在经济领域造成的严重后果，党中央及全党对于要大抓经济建设、加快发展生产力等，认识是一致的。1977年2月，国务院召开全国铁路工作会议。中共中央发出通知并转发《全国铁路工作会议纪要》。《全国铁路工作会议纪要》明确指出：1975年9号文件是正确的。为把国民经济搞上去，铁路要走在前面。铁路运输当时已经成为国民经济中一个突出的薄弱环节。号召必须全党动手，党政军民一起努力，千方百计把铁路运输迅速搞上去，把“四人帮”干扰破坏造成的损失夺回来。《全国铁路工作会议纪要》要求：铁路要大治，当时的中心任务是必须把揭批“四人帮”的斗争搞好搞彻底；要全面贯彻“鞍钢宪法”，深入开展工业学大庆的群众运动，把铁路办成大庆式企业；要放手发动群众，抓革命，促生产，深入开展社会主义劳动竞赛，完成和超额完成1977年运输生产计划；要大力整顿铁路治安秩序，切实保障铁路运输的安全正点、畅通无阻；要进一步加强党对铁路工作的领导，处理好中央和地方的关系，在中央统一领导下，发挥两个积极性。会议召开后不久，铁路运输整顿工作成效就显现出来了。到1977年4月，全国铁路平均日装车数提前超过55 000车，平均日卸车数和煤炭运量也都超过历史最高水平。[①]到1978年，铁路货运量和总货运量分别达到11亿吨和24.9亿吨的历史最高水平，铁路平均日装车数为62 234车，比1976年增长28.2%。[②]

对铁路运输的整顿具有先导性和引领性。此后，国务院和各经济部门相继召开了全国基本建设会议、全国冶金工作会议、全国农田基本建设会议等，各行各业同样也开始出现可喜的变化。

1977年四五月间，全国工业学大庆会议先后在大庆、北京召开，与会代表达七千人。会议明确提出：要加快工业发展必须狠抓企业整顿，当年首先要把关系国民经济全局的重点企业领导班子整顿好；要以大庆为榜样，学习解放军的经验，抓好企业管理；要广泛开展劳动竞赛，掀起增产节约高潮，使各项技术指标在最短时间内达到本企业的历史最好水平，在两三年内达到本行业国内先进水平。会议提出，学不学大庆是走不走自己工业发展道路的问题；要按照大庆式企业的六条标准，在“五五”计划期间把全国1/3的企业建成大庆式企业。

---

① 房维中主编：《中华人民共和国经济大事记（1949—1980年）》，中国社会科学出版社1984年版，第576—578页。

② 国家统计局编：《中国统计年鉴（1983）》，中国统计出版社1983年版，第306、312页。

随着对“四人帮”及极左思潮的揭批不断深入，国民经济开始出现明显的恢复与发展态势。1978 年 4 月，中共中央颁发《关于加快工业发展若干问题的决定（草案）》（即“工业三十条”），要求全国各工业管理机关、各工业交通企业试行。其主要内容包括：一是对整顿企业提出了明确的要求和具体的标准。规定了建设企业领导班子的具体要求，确立了企业整顿的标准。二是对工业企业的任务、基本制度、工作方法等作出了明确规定。包括企业的性质、地位和作用，企业的领导制度，党委领导下的厂长分工负责制，总工程师和总会计师的责任制，党委领导下的职工代表大会或职工大会制等。三是对如何搞好工业管理、加快工业发展速度提出了一系列方针政策。要按照专业化协作原则改组工业，由组织专业公司到组织联合公司；从上到下建立起强有力的各级工业指挥系统，有秩序地组织生产和建设活动；等等。这个文件是在 1961 年“工业七十条”和 1975 年“工业二十条”基础上修订提出的，表明中国在经济管理和企业管理方面，开始恢复此前行之有效的路径和方法。至此，“文化大革命”时期遭到破坏的各项经济制度基本得到恢复和落实。

3. 提高城乡居民生活待遇的措施

在这一时期，国家还采取了一系列推动国民经济形势不断好转的政策措施，特别是提高城镇职工工资和待遇的政策、提高农产品价格的政策都得到了人民群众的欢迎，调动了广大工人、农民的工作热情和劳动积极性。

（1）提高城镇职工的工资和生活福利待遇。

1977 年 8 月 10 日，国务院发出《关于调整部分职工工资的通知》，重点是工作多年、工资偏低的职工。这是继 1971 年调整了约占职工总数 30% 的职工的工资之后，又一次更大规模地调整职工工资，约占职工总数 60% 的职工的工资都有了不同程度的提高。1978 年 2 月 21 日，国务院决定法定节假日加班的工人可享受两倍于日工资标准的工资收入。5 月 7 日，国务院发出通知，决定在企业推行奖励制度和计件工资制度。这些都是从职工收入角度进行的积极调整。

由于“文化大革命”时期对人民生活“欠账”过多，许多地方群众生活还很困难。据此，中央要求各地方党政机关和干部都要关心人民的福利生活，各地粮食和副食品不能自给的，要作出切实规划，在几年内做到自给。1978 年 10 月 11 日，邓小平在中国工会九大上集中论述了提高工人福利的问题。他提出：“工会要努力保障工人的福利。”“工会组织要督促和帮助企业行政和地方行政在可能的范围内，努力改善工人的劳动条件、居住条件、饮食条件和卫生条件，同时要在工人中间积极开展各种形式的互助活动。”①

（2）提高农产品价格和减税免税。

农村与城镇相比，贫困问题更为严重。当时约有2.5亿农村人口没有解决温饱问题。造成农村人口贫困问题的因素是多方面的，既有在农村政策上的平均主义“大锅饭”和极左思潮影响下的政策偏差因素，也有长期以来在国家工业化战略之下实际存在的工农业产品价格“剪刀差”因素。农产品价格过低带来的直接后果是增产不增收，甚至是越增产越困难，这就严重压抑了广大农民群众的生产积极性。

1978年2月，适当提高农产品价格成为当年《政府工作报告》中的一项重要政策，报告还要求执行一系列受到农民欢迎的政策，例如：发展多种经营和集体副业，农副产品的收购和奖售办法，允许经营少量自留地和家庭副业，发展正当的集市贸易等。报告要求做到正常年景下90%的农民收入逐年有所增加。7月，国家明确提出要在工农业产品的交换中逐步缩小“剪刀差”，贯彻执行等价交换的原则，合理调整工农业产品的比价，逐步降低向农村提供的各种生产资料的价格，合理提高农副产品的收购价格。②在这一年12月，中共十一届三中全会通过了《中共中央关于加快农业发展若干问题的决定（草案）》。该决定规定，粮食统购价从1979年夏粮上市起提高20%，超购部分再加价50%，全国粮食征购指标在今后一个较长时期内稳定在1971—1975年的基础上，并且从1979年起减少统购50亿斤。该决定还规定国家对社队企业实行低税或免税政策，大力发展社队企业，发展小城镇建设。

经过近两年的不懈努力和积极整顿，1977年和1978年的经济形势有了明显的好转。

第一，工业生产出现强劲增长。1977年工业总产值（按1970年不变价格计算）达到3 728.3亿元，比上年增长14.3%，1978年更达4 230.8亿元，比上年增长13.5%。1978年，80种主要产品产量有65种完成和超额完成了计划。其中钢产量达到3 178万吨、煤炭产量增加到6.18亿吨、原油产量达到1.04亿吨、发电量达到2 566亿度、货运量达到24.9亿吨，分别比1976年增长55.3%、28%、19.4%、26.3%、23.4%。在轻工业中，布产量为110.3亿米、化纤产量为28.5万

① 《邓小平文选》第二卷，人民出版社1994年版，第137、138页。

② 余秋里：《为促进国民经济的高速度发展而奋斗——在全国财贸学大庆学大寨会议上的报告（要点）（一九七八年七月二日）》，《人民日报》1978年7月3日。

吨，分别比 1976 年增长 24.8% 和 94.8%。基本建设总投资，1978 年达到 500.99 亿元，比 1976 年增长 33.1%。[①] 在数量增加的同时，效益也有提高。工业部门物质消耗占总产值的比重，由 1976 年的 66.3% 下降到 1978 年的 64.9%；社会劳动生产率，1976 年比上年下降 4.5%，1978 年则比上年增长 10.5%。[②]

第二，农业生产在波动中增长。虽然自然灾害导致 1977 年粮食产量比上年下降 1.3%，但 1978 年粮食产量达到 6 095.3 亿斤，比 1976 年增长 6.4%。此外，1978 年棉花产量达到 4 334 万担、油料产量达到 10 435.8 万担，分别比 1976 年增长 5.5% 和 30.2%。粮食产量和油料产量都创下了新中国成立以来的最高水平。1978 年农业总产值（按 1970 年不变价格计算）达到 1 459 亿元，比 1976 年增长 10.8%。[③]

第三，人民生活水平有了一定提高。全民所有制企业职工平均工资由 1976 年的 605 元增加到 1978 年的 644 元；全国居民平均消费水平由 1976 年的 161 元增加到 1978 年的 175 元，是 1961 年以来增长幅度最大的。[④]

上述情况说明，“文化大革命”结束以后的两年，中国国民经济各个方面都有了明显的恢复和发展。

二、经济建设中急于求成的倾向

1977 年 3 月，全国计划会议提出我国经济发展已经暴露出来一些问题，集中反映为重大经济比例关系出现失调：一是农业和轻工业不适应生产建设和改善人民生活的需要；二是工业的突出薄弱环节是燃料、动力和原料、材料；三是已经铺开的基本建设规模超过了当时财力、物力的可能。但是，在高涨的经济建设热潮中，这些问题并没有被真正重视起来，更没有采取有效措施加以解决。

1. 提出高速度发展的指标和目标

粉碎“四人帮”以后，全国上上下下都怀有加快工农业发展速度，把“四人帮”耽误的时间夺回来的热情。1977 年 4 月 19 日，《人民日报》发表了题为《抓纲治国推动国民经济新跃进》的社论，社论提出“一个新的跃进形势正在形成”，要求赶超“三个水平”，即“首先达到和超过本单位历史最高水平；再赶超全国

① 根据国家统计局所编《中国统计年鉴（1983）》（中国统计出版社 1983 年版）的数据计算而得。
② 国家统计局编：《中国统计年鉴（1991）》，中国统计出版社 1991 年版，第 61、63 页。
③ 国家统计局编：《中国统计年鉴（1983）》，中国统计出版社 1983 年版，第 149、158、159 页。
④ 国家统计局编：《中国统计年鉴（1991）》，中国统计出版社 1991 年版，第 130、270 页。

同行业的最高水平；进而赶超世界先进水平”。10月26日，《人民日报》发表评论员文章《速度问题是一个政治问题》，要求“用革命加拼命的精神，争时间，抢速度，大大加快我国国民经济发展的步伐”。1978年元旦社论把这个建设速度问题上升得更高，提出“建设的速度问题，不是一个单纯的经济问题，而是一个尖锐的政治问题”，“我们不能满足已有的成绩，一定要有一个高速度。这是社会主义历史阶段无产阶级战胜资产阶级、社会主义战胜资本主义的需要”。

1977年11月，国家计委向中共中央提交了《关于经济计划的汇报要点》（简称《汇报要点》）。11月24日至12月11日召开的全国计划会议讨论了《汇报要点》。1978年2月，中共中央批准了《汇报要点》，与《一九七八年国民经济计划主要指标》一起下达，要求各地各部门贯彻执行。国家计委《汇报要点》所确立的生产建设指标和奋斗目标，超越了现实可能性，脱离了中国的国情，执行起来难度很大。《汇报要点》提出：到20世纪末使中国的主要工业产品产量分别接近、赶上和超过最发达的资本主义国家，各项经济技术指标分别接近、赶上和超过世界先进水平。今后23年在经济上要分三个阶段，打几个大战役。

第一阶段，在“五五”计划后三年，重点是打好农业和燃料、动力、原材料工业这两个战役，为“六五”计划作准备。要使农业每年以4%～5%、工业每年以10%以上的速度大步前进。在这个规划设想中，“五五”和“六五”时期的不少指标已经比1975年拟定的《十年规划纲要（草案）》又提高了不少。

第二阶段，在“六五”期间，各项生产建设事业都要有较大的展开，提高到一个新水平。到1985年，钢产量要达到6 000万吨，原油产量要达到2.5亿吨，粮食产量要达到8 000亿斤。为了实现生产上的高指标，相应地拟定基本建设的大计划，提出在工业方面新建和续建120个大项目，其中主要有30个大电站、8个大型煤炭基地、10个大油气田、10个大钢铁基地、9个大有色金属基地、10个大化纤厂、10个大石油化工厂、十几个大化肥厂，新建续建6条铁路干线，改造9条旧干线，重点建成秦皇岛、连云港、上海、天津、黄埔等5个港口。

第三阶段，在2000年以前全面实现“四个现代化”，使中国国民经济走在世界的前列。到那个时候，粮食产量要达到13 000亿斤到15 000亿斤，钢产量要达到13 000万吨到15 000万吨；中国将成为世界上第一个农业高产国家，许多省份的工业水平将赶上和超过欧洲的某些工业发达国家。

实际上，这一时期不仅国家计委等负责中长期经济发展的管理部门追求不切实际的高指标，而且许多工业部门也制定了脱离实际的高指标。煤炭工业部在

1977 年 10 月向中央政治局汇报时提出，“要拿下前所未有的高速度”，1987 年煤炭产量要突破 10 亿吨，赶上美国。11 月，冶金工业部在汇报中提出，到 1985 年钢产量要达到 6 000 万吨，力争 7 000 万吨，到 20 世纪末要建成二十几个鞍钢。1978 年召开的全国农业机械化会议提出，1980 年基本上实现农业机械化是“毛泽东主席向全党和全国人民发出的伟大号召”，要全党动员，决战三年，使 1980 年全国农业机械化水平达到 70% 左右；同 1977 年相比，1980 年大中型拖拉机拥有量增长 70%，手扶拖拉机拥有量增长 36%，排灌动力机械拥有量增长 32%，化肥年产量增长 58%。[①]

在这种情绪下，五届全国人大一次会议通过了体现高指标的《一九七六年到一九八五年发展国民经济十年规划纲要》。在华国锋所作的《政府工作报告》中，对高指标的期望也表达得很充分：“实现了十年规划，我国经济技术水平将发生巨大变化，物质基础会雄厚得多，就有把握再经过三个五年计划的努力，使我国国民经济走在世界前列。”“十年规划和二十三年设想提出的任务是宏伟的，也是完全能够做到的。”在他看来，实现这些目标的主要途径就是学大庆、学大寨：“大庆原油产量在十七年间平均每年增长百分之二十八，大寨去年平均每人生产粮食两千多斤，如果我们所有企业、社队都能向他们看齐，我国国民经济将会出现一个多么令人欢欣鼓舞的景象啊！”

2. 片面追求高投资和扩大引进规模

如何才能实现高指标的跃进计划？一个有效的途径就是继续提高积累率，扩大基本建设投资规模。1976 年积累率已经高达 30.9% 了，1977 年又提高到 32.3%，1978 年更是猛增至 36.5%，这一年的积累率是新中国成立以来仅次于 1959 年、1960 年的第三高之年。1976 年基本建设投资为 376.44 亿元，1977 年提高到 382.37 亿元，1978 年竟高达 500.99 亿元，比上年增长 31%；1978 年农、轻、重在基建投资中的比例是 10.6∶5.8∶48.7，而在社会总产值中的比例却是 22.9∶25.6∶33.8。施工中的大中型项目，1977 年为 1 433 个，1978 年达到 1 723 个，当年建成投产率又从 1977 年的 8.4% 下降到 5.8%。[②]

面对这种盲目乐观和大干快上的情况，邓小平在 1978 年 2 月 9 日讨论政府工作报告时提出：还是说稳当一点好。我们的总产值达到美国的水平，按人口平

① 《当代中国的计划工作》办公室编：《中华人民共和国国民经济和社会发展计划大事辑要（1949—1985）》，红旗出版社 1987 年版，第 384—388 页。

② 国家统计局编：《中国统计年鉴（1983）》，中国统计出版社 1983 年版，第 25、323、354 页。

均也比美国差得多。

要实现如此高速度的发展，还有一个途径，那就是扩大外国资金和设备的引进规模。1978 年 6 月 30 日，在中央政治局听取访问欧洲代表团的汇报时，华国锋提出：原来认为到世纪末的 22 年很快就过去了，一考察，日本搞现代化只有 13 年，联邦德国、丹麦也是十几年。今年我们起步是 3 000 万吨钢，日本起步时只有 2 200 万吨钢。我们可以赶上去。现在法国已经提出二十几亿美元供我们使用，实际上还可以更多，50 亿美元也可以，联邦德国提出 200 亿美元，日本更积极。要想快一点，谈判时间过长不行，要早点把项目定下来，把大单子开出来，然后一批一批地去搞。

在新的“跃进”氛围下，1978 年共签订了 78 亿美元的合同，包括上海宝山钢铁总厂等 22 个大型引进项目，都要用现汇支付①；3 月确定了 1978 年至 1985 年八年的引进规模由原定的 65 亿美元增加到 180 亿美元，9 月提出的十年内引进总规模已提高到 800 亿美元②。这些都大大超过了中国的承受能力和消化能力。

三、经济比例关系出现新的失调及调整方针

争取国民经济快速发展是人民群众的愿望，但是上述新的“跃进”则加剧了经济比例关系的失调，许多“文化大革命”时期遗留下来的问题不仅没有得到解决，反而在这一时期进一步加剧了。

1. 经济比例关系失调

一是积累率过高，积累与消费的比例严重失调。1970 年以来积累率一直保持在 30% 以上，1978 年提高到 36.5%。这种高积累既超出国力可能，又影响人民生活。二是农、轻、重比例严重失调。农业发展缓慢，农副产品缺乏，仅 1978 年就进口粮食 139.1 亿斤、棉花 1 901 万担、动植物油 5.8 亿斤，农业严重制约国民经济发展；轻工业发展困难，市场上消费品供应紧张，市场商品可供量与购买力差额在 1978 年高达 100 多亿元。三是基本建设规模过大。1977 年列入计划的 38 种产品的新增生产能力有 22 种没有完成计划；1978 年在建大中型项目 1 723 个，比上年增加 290 个，当年建设项目投产率只有 5.8%。四是经济效益低。到 1978 年底全国约有 1/3 的企业生产秩序不正常，国营工业企业每百元

① 王秀华：《“六五方案”的出台、实施与调整》，《中共党史资料》2004 年第 4 期，第 38—42 页。

② 中共中央党史研究室：《中国共产党历史》第二卷（1949—1978）下册，中共党史出版社 2011 年版，第 1002 页。

工业产值提供的利润比历史最高水平低了1/3，流通环节多、渠道少、周转慢，许多物资积压严重，基本建设周期长、浪费大。所以，这样的新的“跃进”势必难以为继。

2.“调整、改革、整顿、提高”八字方针的提出

在发展经济时，陈云反复提醒要保持清醒的头脑。他在1979年初李先念送请审阅《国务院关于下达一九七九、一九八〇两年经济计划的安排（草案）》的信上批示：“我认为不要留缺口，宁可降低指标。宁可减建某些项目。”随后他又在一份材料上批示指出：“有物资缺口的不是真正可靠的计划”。[①]3月，李先念也强调要保持预算、外汇、市场、信贷“四大平衡”。[②]陈云、李先念致信党中央，建议在国务院下设财政经济委员会，作为研究制定财经工作方针政策和决定财经工作大事的决策机构，并提出了如下六条意见：前进的步子要稳，避免反复和出现大的“马鞍形”；国民经济能做到按比例发展就是最快的速度；现在国民经济没有综合平衡，比例失调情况严重；要有两三年的调整时期；钢的指标必须可靠；借外债必须充分考虑还本付息的支付能力。[③]邓小平也指出：“现在国内外都担心我们借外债的偿还能力问题，这个问题不能不考虑。因此，我们对经济建设的方针、规划要进行一些调整，先搞那些容易搞、见效快、能赚钱、创外汇多的，宁肯减少一些钢铁厂和一些大项目”[④]。在1979年3月21日至23日召开的中央政治局会议上，邓小平提出当时的中心任务是调整。会议同意国家计委提出的用三年时间调整国民经济的方案。会后，国务院财政经济委员会成立，陈云、李先念分别担任正、副主任，姚依林为秘书长。

针对在新的“跃进”中出现的经济比例失调问题，1979年4月5日至28日，中央工作会议集中讨论了经济问题，正式确定对国民经济按照“调整、改革、整顿、提高”八字方针进行调整，坚决纠正前两年经济工作中的失误，认真清理长期存在的“左”倾错误影响。会议提出经济建设必须适合中国国情，符合经济规律和自然规律；必须量力而行，循序渐进，经过论证，讲求实效，使生产的发展同人民生活的改善密切结合；必须在坚持独立自主、自力更生的基础上，积极开

---

① 中共中央文献研究室编：《陈云年谱》下卷，中央文献出版社2000年版，第233页。

② 《李先念传》编写组编：《李先念传（1949—1992）》下，中央文献出版社2009年版，第1087页。

③ 中共中央文献研究室编：《陈云年谱》下卷，中央文献出版社2000年版，第240页。

④ 中共中央文献研究室编：《邓小平年谱（1975—1997）》上，中央文献出版社2004年版，第466页。

展对外经济合作和技术交流。

邓小平提出："在经济比例失调的条件下，下决心进行必要的正确的调整，是我们的经济走向正常的、稳定的发展的前提。"[①]李先念针对经济调整工作作了报告。他指出："这次我们及时提出调整国民经济，既是为了在经济战线上巩固前两年多所取得的巨大成果，也是为了给今后的发展创造更好的条件，为我们在实行全党全国工作重点的转移之后创造一个更加良好的新开端。"他回顾了新中国建设的历史，强调"历史的经验告诉我们，凡是国民经济各方面的综合平衡搞得比较好，计划留有余地，不搞脱离实际的高指标，比例关系比较协调，在生产组织上不搞瞎指挥的时候，发展就快；否则，发展就慢，甚至下降倒退"。他提出这次贯彻落实八字方针是"边调整边前进，在调整中改革，在调整中整顿，在调整中提高。这完全是一个积极的方针，不是消极的方针；是鼓劲的方针，不是泄气的方针"。[②]国民经济调整得到了人民群众的普遍支持和拥护。

第三节　经济体制改革的初步探索

"文化大革命"结束后，在恢复我们党和国家既往成功的经济管理制度、经济政策和做法的同时，一场更深层次的对原有农村经济体制和城市经济体制的突破性探索也开始了。最初的改革探索所涉及的领域，还是个别的和局部的，并没有对全国的经济体制改革与调整产生巨大影响。但是，这种改革探索的"星星之火"代表着时代发展的方向和人民群众的心声，在中共十一届三中全会之后就迅速在全国范围内形成"燎原之势"，成为中国波澜壮阔改革开放历史进程的前奏曲。

一、农村经济体制改革探索

"文化大革命"结束后，中国经济发展面临的困难是多方面的，其中广大农村中的经济发展问题更为突出。农村经济体制改革就是在这种困难的背景下开始探索的。

① 《邓小平文选》第二卷，人民出版社 1994 年版，第 161 页。

② 中共中央文献研究室编：《三中全会以来重要文献选编》上，人民出版社 1982 年版，第 119、121 页。

1. 农村经济发展面临的困境与徘徊

在“文化大革命”中，由于政治动乱和极左思潮泛滥，不但未能很好地纠正人民公社化运动以来的错误，反而将国民经济调整时期有关农村的调整方针当作修正主义加以批判。许多地方大刮农村所有制“升级”“过渡”风，大批“三自一包”（即自留地、自由市场、自负盈亏和包产到户），把自留地指责为“资本主义的复辟地”，把“包产到户”指责为“刮单干风”，强迫农民搞“三献一并”（献自留地、宅边地、自有果树，并队“升级”）；借批判资本主义复辟之由，把农民从事家庭副业如编织、采集、饲养等斥为“资本主义的尾巴”，统统砍掉；平均主义盛行，生产上“大呼隆”“磨洋工”现象普遍，取消并关闭农贸市场，搞“赶社会主义大集”。1976 年农民年人均分配只有 62.8 元，其中现金部分仅占 23.7%，即每人 14.9 元。全国相当一部分农民尚未解决温饱问题，生活非常困难。

“文化大革命”结束后，中国农村经济发展究竟应该实行什么样的政策、走什么样的道路，都需要给予理论和实践上的回答。显然，当时对这些问题还没有找到合适的答案，实践中仍然沿着“农业学大寨”的思想和路径在走。在此期间于 1976 年 12 月召开的第二次全国农业学大寨会议、于 1977 年 10 月至 11 月召开的普及大寨县工作座谈会以及于 1978 年 1 月召开的第三次全国农业机械化会议，继续推行“左”的路线，提出了一系列无法实现的高指标。例如，提出掀起农业学大寨、普及大寨县的新高潮，到 1980 年全国有 1/3 的县建成大寨县，各省、市、自治区都实现粮、棉、油、猪“上纲要”、超计划，基本上实现全国农业机械化，使农、林、牧、副、渔主要作业的机械化水平达到 70% 以上；认为“农业生产新跃进的形势正在到来”，提出到 1980 年全国粮食产量要达到 7 000 亿斤，棉花产量要达到 6 000 万～ 6 750 万担的高指标，到 20 世纪末主要农产品的单位面积产量要达到或者超过世界先进水平；在肯定“三级所有，队为基础”制度的同时，强调实现基本核算单位由生产队向大队过渡是大趋势，并确定 1977 年冬和 1978 年春在全国选择 10% 左右的大队实行大队核算；继续强调在农村进行“基本路线”教育，并把它作为农村的一项长期的任务；等等。

农村经济政策中的这种“左”的错误思潮，到了中共十一届三中全会才有所改变。全会认为：“总的看来，我国农业近二十年来的发展速度不快，它同人民的需要和四个现代化的需要之间存在着极其尖锐的矛盾。”农村中“政社合一”的人民公社体制使经营管理、生产调度过于集中，平均主义“大锅饭”不利于调动农民群众的积极性，国家对农业的巨大投入都被这种低效益的经济体制所抵消，到1978年全国尚有2.5亿人口没有解决温饱问题。“我国农业问题的这种严重性、紧迫性，必须引起全党同志的充分注意。”

中共十一届三中全会肯定了中央工作会议提出的关于提高农产品收购价格等一系列促进农业发展的政策措施，同意将《中共中央关于加快农业发展若干问题的决定（草案）》和《农村人民公社工作条例（试行草案）》下发讨论和试行。这两个文件中虽然还有“左”的思想遗留，例如，写进了“不许包产到户”等内容，但是文件总的精神是解放思想，搞活经济。全会提出了当时发展农业生产的一系列政策措施和经济措施。其中最重要的是：人民公社、生产大队和生产队的所有权和自主权必须受到国家法律的切实保护；不允许无偿调用和占有生产队的劳力、资金、产品和物资；公社各级经济组织必须认真执行按劳分配的社会主义原则，按照劳动的数量和质量计算报酬，克服平均主义；社员自留地、家庭副业和集市贸易是社会主义经济的必要补充部分，任何人不得乱加干涉；人民公社要坚决实行“三级所有，队为基础”的制度，稳定不变；人民公社各级组织都要坚决实行民主管理、干部选举、账目公开。①全会指出，为了保证整个国民经济的迅速发展，“必须首先调动我国几亿农民的社会主义积极性，必须在经济上充分关心他们的物质利益，在政治上切实保障他们的民主权利”②。这就在指导思想上支持了刚刚兴起的农村经济体制改革，启动了中国农村经济体制改革的进程。

2. 安徽省农村改革的探索

中国农村改革看起来似乎是很偶然发生的，但是其中却具有很深刻的历史必然性。安徽省是最早开始进行家庭联产承包责任制探索的地方，这与该省农村经济面临的严峻形势分不开。安徽省作为农业大省，却长期解决不了吃饭问题，由于“左”的严重错误，农村人民群众生活十分困难。万里在1977年到安徽省担任省委第一书记时，“全省28万多个生产队，只有10%的生产队能维持温饱；67%的队人均年收入低于60元，40元以下的约占20%”。大约90%的生产队处于生产靠贷款、吃粮靠返销、生活靠救济状态，其中10%的生产队在饥饿线上挣扎。他给自己提出的要求是：要拿出百分之八十的时间和精力，来研究和解决

① 中共中央文献研究室编：《三中全会以来重要文献选编》上，人民出版社1982年版，第8页。
② 中共中央文献研究室编：《三中全会以来重要文献选编》上，人民出版社1982年版，第7页。

农村问题。全国农村千篇一律地开展“农业学大寨”运动，不仅没有缓解农业生产和农民生活的困难，反而加重了农民的困难。“所谓‘学大寨’实际就是推广‘大批促大干’，取消自留地，不准搞家庭副业，推行‘大寨式’的‘大概工’。最糟糕的是强调算政治账，不必算经济账。”他尖锐指出：“只学一个典型，只念大寨‘一本经’，这本身就不科学，就不实事求是。何况这时学大寨，并不是学它如何搞农业生产，搞山区建设，而主要是学它如何把阶级斗争的弦绷紧，如何‘大批促大干’。”① 不探索一条新的发展道路，中国农业、农村和农民就没有出路。

1977 年 11 月，安徽省委《关于当前农村经济政策几个问题的规定》（即“安徽六条”）下发。“安徽六条”的主要内容是：允许生产队根据农活特点建立不同的生产责任制，尊重生产队的自主权；减轻生产队和社员的负担；落实按劳分配政策；粮食分配要兼顾国家、集体和个人利益；允许和鼓励社员经营自留地、家庭副业；开放集市贸易。这个看似很简单的文件却受到了农民群众的热烈欢迎。1978 年夏秋之际，安徽省遭遇特大干旱，全省受灾农田有 6 000 多万亩。安徽省委决定借地度荒，搞好秋种，激发了农民对包产到户的积极性。

1978 年，凤阳县小岗生产队 18 户农民在一张契约上按下一个个鲜红的指印。契约上说：“我们分田到户，每户户主签字盖章，如以后能干，每户保证完成每户的全年上交和公粮，不在（再）向国家伸手要钱要粮。如不成，我们干部作（坐）牢杀头也干（甘）心，大家社员也保证把我们的小孩养活到十八岁。”小岗村“包干到户”一年大变样，一举夺得了全省生产冠军，全年粮食产量由原来的年均 1 万多公斤增至 66 185 公斤，还收获了 17 600 公斤油料，养了 135 头猪。这个合作化以来从未向国家交过一斤粮食的“三靠队”（即生产靠贷款，吃粮靠返销，生活靠救济），1979 年卖给国家 12 497 公斤粮食，超过政府计划 7 倍，卖给国家 12 466 公斤油料，超过国家规定任务的 80 倍，归还了 800 元贷款。② 农民自己总结道：“大包干，大包干，直来直去不拐弯；交了国家的，留够集体的，剩下都是自己的。”1978 年安徽实行包产到户的生产队达 1 200 个，第二年发展到 38 000 个，约占全省生产队总数的 10%。③

① 欧阳淞、高永中主编：《改革开放口述史》，中国人民大学出版社 2018 年版，第 14、13、12 页。

② 彭森、陈立等：《中国经济体制改革重大事件》上，中国人民大学出版社 2008 年版，第 41 页。

③ 陈锡文、赵阳、罗丹：《中国农村改革 30 年回顾与展望》，人民出版社 2008 年版，第 50 页。

3. 四川省农村改革的探索

四川也是最早开始改革探索的地方。邓小平在1978年春天出访途经成都时，将“安徽六条”推荐给了四川省委，并说在农村政策方面，他们的思想要解放一些。实际上在此之前的1977年底，四川省广汉县就推行了包产到组。1978年2月，四川省委制定了《关于目前农村经济政策几个主要问题的规定》（即“四川十二条”）。“四川十二条”的主要内容是：健全劳动组织，严格生产责任制；尊重生产队的自主权；生产队可以组织作业组，实行定额管理；建立“定领导、定劳力、定任务、定质量、定工分”的五定生产责任制；强调搞好评工计分，坚持按劳分配原则，反对平均主义；在分配上，除了遇到特大自然灾害，务必做到90%的社员收入比上年有所增加，10%的社员不减少收入；在粮食分配上，要保两头、压中间，人均口粮不到180公斤的队，不提储备粮；减轻生产队和社员的负担；允许和鼓励社员经营少量的自留地和家庭副业，其产品在完成国家派购任务后，可拿到市场上出售；等等。

四川省农村推行各种形式的责任制，并没有出现像安徽省那样的较大反复和意见冲突，因而广大农村在执行过程中创造了不少好的经验和做法。例如，广汉县金鱼公社率先实行“分组作业，定产定工，超产奖励”的责任制。“四川十二条”肯定了四川不少地方已经实行的“定额到组、评工到人”的办法。[①] 邓小平后来谈起农村改革初期的情况时说：“有两个省带头，一个是四川省，那是我的家乡；一个是安徽省，那时候是万里同志主持。我们就是根据这两个省积累的经验，制定了关于改革的方针政策。”[②] 同期，在贵州、甘肃、内蒙古、河南等地也开始了各种形式的包产到户探索。

从农村改革的背景和条件来看，安徽省和四川省当时存在着很大的不同。安徽省的农村改革是安徽省委和农民群众在遭遇特大自然灾害的背景下，为求生存而奋力闯出的一条发展活路。四川省号称“天府之国”，四川省委和农民群众探索农村改革则更多的是考虑通过这种改革能够走上发展之路。无论是哪一种改革背景和条件，都是“摸着石头过河”的经典案例。万里后来说：有中国特色的社会主义怎么搞？就是需要“摸着石头过河”，“石头是什么？就是实践，就是群众，就是要到实践中去摸群众的意愿、群众的要求，摸清历史的脉搏、历史的趋

① 彭森、陈立等：《中国经济体制改革重大事件》上，中国人民大学出版社2008年版，第27页。
② 《邓小平文选》第三卷，人民出版社1993年版，第238页。

势。这是我们的传家宝，但长期的‘左’倾错误使我们把它弄丢了”。[①]

从安徽省和四川省相继开始的农村改革探索，终于为中国农村经济体制改革寻找到了一个突破口并探索出了一条新路子，那就是家庭联产承包责任制。

二、城市经济体制改革试点起步

几乎与农村经济体制改革同时，中国城市经济体制改革也在一些地区开始了积极的探索。包括四川省等在内的一些工业省市的国营企业实行了各种形式的责任制，逐步突破原有高度集中的计划经济体制。

1. 原有计划经济体制对企业发展的限制

在原有计划经济体制中，中国国营企业面临的困难和问题并不比农村小，国营企业不仅被计划经济体制紧紧“捆绑”，而且还承担着沉重的社会负担。袁宝华在谈到长期困扰企业发展的问题时提出了以下几点：一是企业“办社会”，企业不仅是经济组织，还是社会组织，出现了“政府办企业，企业办社会”的怪象，“三个人的饭五个人吃”，企业吃国家的“大锅饭”，职工吃企业的“大锅饭”，企业背上了沉重的社会包袱。二是来自各方面的摊派众多，各方面都可以向企业摊派，企业是“唐僧肉”，都想吃一口。三是企业找政府办事难，“拜不完的庙，磕不完的头”，南方某国营企业要上个项目，申报过程共盖了745个公章。行政部门“门难进、脸难看、事难办”。计划经济条件下管理层次繁多、职能交叉多，政出多门、相互内耗。不改变这样的管理体制则企业无法生存。[②]

2. 企业改革试点

走在城市经济改革前列的是四川省。1978年，这里与安徽省一样，也静悄悄地发生着变革。

1978年10月，也就是在中共十一届三中全会召开之前，四川省委就已经在6户企业中进行扩大企业自主权的改革试点，这一改革试点的目的就是探索改革国营企业经营管理体制、增强企业活力的办法。当时，省委决定在宁江机床厂、重庆钢铁公司、成都无缝钢管厂、四川化工厂、新都县氮肥厂和南充丝绸厂6户国营工业企业中进行扩大企业自主权试点。扩权的主要内容是：逐户核定利润指标，规定当年的增产增收目标，允许在年终计划完成后提留少量利润，作为企业

---

① 欧阳淞、高永中主编：《改革开放口述史》，中国人民大学出版社2018年版，第24页。

② 《袁宝华回忆录》，中国人民大学出版社2018年版，第380—381页。

发展基金并允许给职工发放少额奖金。当年第四季度，这些试点企业就超额完成计划，显示出这一改革措施深受国营企业干部职工的欢迎和增强企业活力的巨大潜力。四川的企业扩权试点得到了党中央和邓小平的支持和认可。

经过三个月的试验探索和经验总结，1979年1月底，四川省发布了《关于地方工业扩大企业权力、加快生产建设步伐的试点意见》。该意见制定了企业扩权的14项政策措施，把试点的工业企业由6户扩大到100户，同时在40户国营商业企业中也进行了扩大经营管理自主权的试点。这一轮改革的主要内容有：一是在计划管理上，允许企业在国家计划之外，根据市场需要自行制定补充计划，对于国家计划中不适合市场需要的品种规格也可以修改。二是在物资管理上，除少数关系国计民生的产品、短线产品和炸药等危险产品仍由国家统购统配外，大部分生产资料可以进入市场，企业与企业之间可以不经过物资部门直接订立供货合同，也可以通过在市场上采购来满足自己的需要，还可以自销一部分产品。三是在国家与企业的利润分配方面，在保证国家利益的前提下，企业可以根据经营的好坏分享一定的利润，并可用于企业的挖潜、革新改造、集体福利和职工奖金。四是在劳动人事管理上，企业有权选择中层干部、招工择优录取和辞退职工。

这些扩权措施虽然改革力度并不大，但是在当时却产生了意想不到的效果。四川省84户试点工业企业1979年的总产值、利润和上缴利润分别比1978年增长了14.7%、33%和24.2%。可见，改革激发了企业的活力，改革试点之一宁江机床厂于1979年6月25日在《人民日报》上登载生产资料广告，这也是新中国成立以来《人民日报》刊登的第一个商业广告。

实践充分证明，四川省的企业改革试点是成功的。继四川省进行扩大企业自主权改革试点之后，其他省份也相继开始进行相关试点工作。

袁宝华后来在回忆这一时期扩大企业自主权的改革时说："扩大企业自主权虽然只是初步的，让利也是有限的，但已显示了它的政策威力，给企业带来了许多具有重要意义的变化。"这些变化包括：企业开始形成具有内在动力的经济单位，把国家、企业、职工三者利益统一起来，把企业的经济责任、经济效果和经济利益结合起来；企业开始重视发挥市场调节的作用，普遍增强了经营观念、市场观念、服务观念和竞争观念；企业开始有了一些生产发展资金，可以用于挖、革、改，做到花钱少、收效快，有利于加快企业发展和技术改造；企业领导人员、管理人员和技术人员得到了自主经营的锻炼，涌现出一批有才干的经营管理者；企业在发展生产的基础上逐步改善职工生活，1979 年企业发放的奖金约相当于职工两个半月的标准工资，体现了按劳分配原则，调动了广大职工的积极性。①

三、对外开放决策的提出及执行

关起大门搞经济建设不可能取得更大的发展。林彪、江青两个反革命集团都批判和排斥与世界各国的经济交往，特别是与资本主义国家的经济交往。“文化大革命”结束之后，打开中国长期封闭的大门，加强与世界各国的经济文化交流成为时代的要求。谷牧后来在评价邓小平在其中发挥的历史作用时说：“小平同志把马克思主义的基本原理、我国处于社会主义初级阶段的基本实际以及和平发展成为当今世界主流的国际政治经济基本格局这三者结合起来，经过深思熟虑，推动党中央郑重确立和成功实施了对外开放这项基本国策，解决了社会主义必须实行对外开放和如何实行对外开放的一系列重大问题。”②

1. 改革开放前期的考察与出访

20 世纪 70 年代中后期，在世界新科技革命的推动下，美国和西欧发达国家以及中国周边一些国家抓住机遇迅速发展，其国民经济和综合国力得到了快速提升。中国同世界各发达国家间的经济发展差距不是缩小了，而是拉大了。

为了借鉴国外经济建设与发展的经验，加快中国社会主义现代化建设，党中央、国务院先后派出多个代表团到西方发达国家考察。在这些代表团中，以谷牧为团长的政府经济代表团最引人注目，代表团于 1978 年 5 月 2 日至 6 月 6 日访问了西欧五国（法国、瑞士、比利时、丹麦、联邦德国）。访问中大家感触最深的是中国与当时西欧发达国家在科学技术和经济建设方面的差距，他们在联邦德国看到一家年产 5 000 万吨褐煤的露天煤矿只用 2 000 名工人，而中国生产相同数量的煤则需要 16 万名工人，两国生产率相差 79 倍；在法国看到马赛钢铁厂年产 350 万吨钢，职工只有 7 000 人，中国武钢年产 230 万吨钢，却需要 6.7 万名工人，两国生产率相差 13.6 倍；法国戴高乐机场十分繁忙，一分钟起落一架飞机，一小时起落 60 架，而北京首都国际机场半小时起落一架，一小时起落两架。

---

① 《袁宝华回忆录》，中国人民大学出版社 2018 年版，第 377 页。

② 欧阳淞、高永中主编：《改革开放口述史》，中国人民大学出版社 2018 年版，第 70 页。

欧洲经济的自动化、现代化、高效率，早已不是苏联列昂节夫《政治经济学》中所说的资本主义概念了。此时的西方国家，资本普遍过剩，正忙着寻找新的出路。中国政府经济代表团的到来，让这些国家大喜过望。联邦德国巴伐利亚州州长在宴会上对中国政府经济代表团讲：听说你们资金困难，我们愿意提供支持，50 亿美元怎么样？用不着谈判，现在握握手就算定了！

谷牧后来回忆说，他们这个代表团“是新中国成立以后，首次向发达资本主义国家派出的国家级政府经济代表团”。临行前邓小平专门听取了出访汇报，指示要“广泛接触，详细调查，深入研究些问题”。这次西欧之行给考察团成员留下了极其深刻的印象，代表团回国后，中央政治局专门听取了谷牧的汇报，汇报内容主要有三点：“（1）第二次世界大战后，西欧发达国家的经济确有很大发展，尤其是科技日新月异，我们已经落后很多，它们在社会化大生产的组织管理方面也有很多值得借鉴的经验；（2）它们的资金、商品、技术要找市场，都看好与中国发展关系；（3）国际经济运作中有许多通行的办法，包括补偿贸易、生产合作、吸收外国投资等，我们可以研究采用。”之后，谷牧专门向邓小平作了汇报。邓小平认为：第一，引进这件事要做；第二，下决心向国外借点钱搞建设；第三，要抓紧时间。①

国务院各部委组织的代表团也纷纷出国考察。时任国家计委、国家经委主要领导的袁宝华在此期间也先后率领经济代表团考察了英国、法国、日本、美国、联邦德国、澳大利亚等资本主义发达国家的经济，每次考察回国，国务院领导都要听取他们的汇报。他后来回忆这些考察活动时说：一是研究和借鉴西方国家长期以来不断调整和建立起来的一套监督、管理企业的办法；二是研究和借鉴西方国家多年来不断进行资源优化配置、资产重新组合的经验；三是研究和借鉴西方国家维护其制度的生存、保持社会稳定的方法和存在的问题，特别是“高福利”带来的问题；四是研究和借鉴西方企业职工参与管理的经验；五是研究和借鉴西方国家在发展高新技术和推行科学管理方面的先进经验。②

与此同时，国务院及各部委也有不少考察团深入港澳地区，探讨港澳经济快速发展的因素。例如，国家计委副主任段云率团考察后，于 1978 年 5 月底向中央提交了《港澳经济考察报告》并向中央政治局作了汇报。该考察报告提出：广

---

① 欧阳淞、高永中主编：《改革开放口述史》，中国人民大学出版社 2018 年版，第 60—61 页。
② 《袁宝华回忆录》，中国人民大学出版社 2018 年版，第 358—359 页。

东省宝安县、珠海县具有明显紧邻港澳的地域优势，设想经过三五年的努力，把两县“建设成为具有相当水平的工农业结合的生产基地和对外加工基地，建设成为吸收港澳游客的游览区，使其成为新型的边防城市”，建议在这里“有必要实行某些特殊管理办法”。[①] 这是较早提出的在广东毗邻港澳地区设立特区的建议。据当时国务院港澳办公室统计，仅1978年1月至11月底，经香港出国考察和抵港考察的人员就有529批共3 213人。

2. 改革开放决策的提出

“文化大革命”结束后，邓小平开始思考中国的对外开放问题。他利用各种场合倡导学习和借鉴国外先进的科学技术和优秀成果。1977年5月12日，他在与中国科学院负责人的谈话中就提出：中国在清朝时搞闭关自守，“四人帮”也是搞闭关自守。科学研究方面的先进东西是人类劳动的成果，为什么不接受？接受这些东西有什么可耻的？整个国家赶超世界先进水平，科学研究是先行官。9月6日，邓小平在会见外宾时指出：对外贸易是随着我们经济发展而发展的。我们历来提倡自力更生，但并不是像“四人帮”解释的那样，什么东西都要自己搞，连世界上先进的东西都不接受。为什么不接受世界上先进的东西？这是人类共同的成果。9月14日，他在会见外宾时又进一步阐述道：“‘四人帮’说，宁要没有文化的社会主义，不要有文化的资本主义。社会主义制度的优越性表现在它的文化、科学技术水平应该比资本主义发展得更快、更先进，这才称得起社会主义，称得起先进的社会制度。”“四人帮”歪曲了自力更生，“他们把引进世界上一些先进成果都谴责为‘洋奴哲学’，这是最蠢的。一切先进成果都是全人类共同努力的结果，就是资产阶级也懂得这个起码的常识，世界上先进的东西它都引进”。“自力更生，要先靠自己的努力，靠自己的资源，但决不能排除世界上一切先进的成果。”[②] 9月25日，他在会见外宾时更进一步指出：“我们实现四个现代化，是要使用世界上的一切先进技术。搞现代化，理所当然不是拿落后的技术作出发点，而是用世界的先进成果作出发点。”[③] 四天之后的9月29日，他在会见英籍作家韩素音时还提到“我们还要吸收世界先进的

---

① 武力主编：《中华人民共和国经济史》增订版上卷，中国时代经济出版社2010年版，第639—640页。

② 中共中央文献研究室编：《邓小平思想年谱（1975—1997）》，中央文献出版社1998年版，第40页。

③ 中共中央文献研究室编：《邓小平思想年谱（1975—1997）》，中央文献出版社1998年版，第43页。

工业管理方法”[①]。正是在邓小平的大力推动下，中国对外开放的大门逐步打开了。中共十一届三中全会前，邓小平根据国际形势的变化和国内建设的需要，已经下定决心作出了对外开放的战略抉择。

正是在邓小平等中央领导同志的推动下，党中央、国务院认真研究了对外开放等重大问题。1978年7月6日至9月9日，国务院务虚会召开。会议由中共中央副主席兼国务院副总理李先念主持，采取边工作边开会的方式。国务院召开这次务虚会的主要目的是，总结新中国成立以来经济建设的经验教训，研究国外经济建设的成功经验，讨论如何加快中国社会主义现代化建设。务虚会重点讨论了引进问题，特别是如何加强技术引进、采取灵活方式利用国外资金等问题，并就如何正确运用价值规律、改革经济体制、坚持按劳分配等问题进行了深入探讨。与会人员思想解放、畅所欲言，讨论触及了经济领域一系列敏感问题，诸如如何尊重经济规律、如何改革工资制度、如何扩大进出口、如何保护生态环境等。务虚会上的许多发言都有一个鲜明的特点，即以西方发达国家的发展水平为参照，在比较借鉴的基础上，总结中国经济建设的经验教训，规划中国未来经济发展的道路。许多与会者提出了包括吸引外资到中国开办合资企业、聘请外国专家来华工作、开发旅游业等在内的建议，尤其是在中国经济改革的思路上要有新的突破。李先念在会议总结中指出：过去20多年中，我们已经不止一次地改革经济体制，但是往往着眼于行政权力的转移，往往在放了收、收了放的老套路中循环，因而改革的结果也往往不符合经济发展的最大利益。现在要进行的改革，一定要坚决摆脱行政方式的老框框，放手发挥经济手段和经济组织的作用，一定要改变手工业式、小农经济式甚至封建衙门式的管理方法，坚决实行专业化，发展合同制，贯彻按劳分配原则，按经济规律办事，努力用现代化的管理方法来管理现代化的经济。[②]

1978年10月，邓小平在接见外宾时说：“中国在历史上对世界有过贡献，但是长期停滞，发展很慢。现在是我们向世界先进国家学习的时候了。”“我们过去有一段时间，向先进国家学习先进的科学技术被叫作‘崇洋媚外’。现在大家明白了，这是一种蠢话。我们派了不少人出去看看，使更多的人知道世界是什么面貌。关起门来，固步自封，夜郎自大，是发达不起来的。”“要实现四个

① 中共中央文献研究室编：《邓小平思想年谱（1975—1997）》，中央文献出版社1998年版，第44页。

② 彭森、陈立等：《中国经济体制改革重大事件》上，中国人民大学出版社2008年版，第14页。

现代化，就要善于学习，大量取得国际上的帮助。要引进国际上的先进技术、先进装备，作为我们发展的起点。”他还明确指出：“我们引进先进技术，是为了发展生产力，提高人民生活水平，是有利于我们的社会主义国家和社会主义制度。”①

1978年9月5日至10月22日召开的全国计划会议更加明确地提出了中国经济战线必须实行三个转变：一是从上到下把主要注意力转到生产斗争和技术革命上来；二是从那种不计经济效果、不讲工作效率的官僚主义的管理制度和管理方法，转到按照经济规律办事的科学管理的轨道上来；三是从那种不同资本主义国家进行经济技术交流的闭关自守或半闭关自守状态，转到积极引进国外先进技术、利用国外资金、大胆进入国际市场的开放政策上来。②三个转变的思想最终被写进了中共十一届三中全会讨论并原则通过的《一九七九、一九八〇两年经济计划的安排（草案）》中。

3. 探索发展外向型经济

在新的历史时期，邓小平深刻分析了当时的国际国内环境，作出了社会主义中国可以在与西方资本主义国家和平共存的环境中向其学习的科学判断和战略决策。他认为中国应该勇敢面对世界发展变化的局面，大胆实行改革开放并主动打开国门，要争取在和平与合作的环境中向西方资本主义国家学习。

1978年7月15日，国务院颁布《开展对外加工装备业务试行办法》，要求大力发展加工装备和补偿贸易。根据上海、广东、广西、北京、天津、山东、浙江等地的不完全统计，到当年年底，已经与外商签订加工装备和补偿贸易的贸易合同698项。③

中共十一届三中全会作出了实行改革开放的历史性决策。全会肯定了中央工作会议及其之前关于改革开放政策的酝酿，提出了改革开放的任务。

（1）批准支持招商局建立工业加工区。

招商局的前身是1872年清政府创办的近代官督商办企业——轮船招商局。它开创了中国近代民族航运业的先河，曾经经营大西洋、太平洋航运，并投资许多近代重要企业。1978年袁庚奉调香港担任招商局常务副董事长，他经过两个

---

① 《邓小平文选》第二卷，人民出版社1994年版，第132、133页。

② 房维中主编：《中华人民共和国经济大事记（1949—1980年）》，中国社会科学出版社1984年版，第605—606页。

③ 李正华：《中国改革开放的酝酿与起步》，当代中国出版社2002年版，第272页。

月的调查思考后，起草了《关于充分利用香港招商局问题的请示》。这个请示于10月9日送上去，10月12日中央领导同志就圈阅同意，并批示“立足港澳，依靠国内，面向海外，多种经营，工商结合，买卖结合”。他还提出在沿海建立出口加工基地的设想，实现面向海外，冲破束缚，独立核算，自负盈亏，来料加工，跨国经营，适应国际市场特点，走出门去做买卖。1979年1月，广东省、交通部联合向国务院报送了《关于我驻香港招商局在广东宝安建立工业区的报告》，具体提出了建立工业区的设想。该报告提出：“这样既能利用国内较廉价的土地和劳动力，又便于利用国外的资金、先进技术和原材料，把两者现有的有利条件充分利用并结合起来，对实现我国交通航运现代化和促进宝安边防城市工业建设，以及对广东省的建设都将起到积极作用。”① 中央很快就批复了这个建议，给了广东省和招商局前所未有的大力支持。

招商局把一个只有海水没有淡水、长野草不长稻草的地方，建设成为享誉海内外的蛇口工业区，创立了“蛇口模式”。这里最早形成了“拓荒牛”精神，提出了“时间就是金钱，效率就是生命”的口号。②

（2）批准在广东、福建建立经济特区。

最早实行对外开放试点的是广东、福建两省，习仲勋发挥了重要作用，任仲夷、项南和袁庚等人都站在了对外开放的最前沿。

习仲勋在1978年底和1979年4月两次中央工作会议上，都向中央提出了允许广东对外开放先走一步的请求。他在1979年4月8日的中央工作会议中南组发言说，现在中央权力过于集中，地方感到办事难、没有权、很难办；提出广东邻近港澳，华侨众多，应充分利用这个有利条件，积极开展对外经济技术交流；希望中央给点权，让广东先走一步，放手干，并提出广东要求创办贸易合作区。对于以上提议，邓小平表示大力支持：“广东、福建实行特殊政策，利用华侨资金、技术，包括设厂，这样搞不会变成资本主义。因为我们赚的钱不会装到华国锋同志和我们这些人的口袋里，我们是全民所有制。如果广东、福建两省八千万人先富起来，没有什么坏处。”③

---

① 陈东林、邢茹玉：《三中全会前后中央设立经济特区决策的形成》，《北京党史》2008年第3期，第27—30页。

② 彭森、陈立等：《中国经济体制改革重大事件》上，中国人民大学出版社2008年版，第48—52页。

③ 中共中央文献研究室编：《邓小平年谱（1975—1997）》上，中央文献出版社2004年版，第506页。

1979年6月，广东、福建两省分别向中央报送了《关于发挥广东优越条件，扩大对外贸易，加快经济发展的报告》和《关于利用侨资、外资，发展对外贸易，加速福建社会主义建设的请示报告》。7月15日，中共中央、国务院批转广东省委和福建省委《关于对外经济活动实行特殊政策和灵活措施的两个报告》，确定在深圳、珠海、汕头、厦门设置“出口特区”。对广东省提出的在深圳、珠海以及汕头兴办出口加工区的意见，邓小平表示赞同，并说：“还是叫特区好，陕甘宁开始就叫特区嘛！”“中央没有钱，可以给些政策，你们自己去搞，杀出一条血路来。”

4.“22项工程”

“文化大革命”结束后，国家计委根据中央领导同志的要求，结合中国经济发展的现实需要，确立了引进国外先进成套设备的计划，这就是被誉为新中国第三次大引进的项目。这些项目在按照新的“八字方针”进行调整时基本上都保留了下来，在这一时期陆续在建。

1978年签约的引进大型成套设备，即后来统称为“22项工程”的大工程包括：上海宝山钢铁总厂，大庆石油化工厂、齐鲁石油化工厂各1套30万吨乙烯生产装置，南京2套30万吨乙烯生产装置，吉林化学工业公司1套11万吨乙烯关键设备（1972年“四三方案”中推迟的项目），浙江镇海炼油厂、新疆乌鲁木齐炼油厂、宁夏银川化工厂各1套30万吨合成氨和52万吨尿素项目，以煤炭为原料的山西化肥厂30万吨合成氨装置，100套综合采煤机组，德兴铜矿基地，贵州铝厂，上海石油化工总厂化纤二期工程，仪征化纤厂，平顶山帘子线厂，山东合成革厂，兰州合成革厂，云南三聚磷酸钠工程，霍林河煤矿，开滦煤矿，陕西咸阳彩色电视显像管厂。[①] 这22项大工程生产能力总规模是：炼铁650万吨，炼钢670万吨，轧钢650万吨，铜矿采选日处理能力13万吨，电解铝8万吨，合成橡胶8万吨，塑料88.5万吨，乙烯120万吨，甲醇、乙醇、丁辛醇等有机化工原料近50万吨，烧碱40万吨，合成氨120万吨，尼龙66浸胶帘子布1.3万吨，合成纤维71万吨，三聚磷酸钠7万吨，彩色显像管96万支，入洗原煤1 200万吨，100套综合采煤机组采煤能力200万吨。这22个引进项目全部用汇约需130亿美元，按当时汇率计算约需人民币390亿元，加上国内配套资金200多亿元，总投资600多亿元，远远超出了当时国力所能承受的范围，对当时的国

---

① 陈锦华：《国事忆述》，中共党史出版社2005年版，第97页。

民经济还是造成了很大的冲击。[①]

现在来看这 22 项大工程，除 1 项因建设条件不具备撤销外，其余一些项目因受到中国当时财力物力限制而适当延缓或推迟，但均陆续建成投产。在这个过程中，党和国家付出了巨大努力。一方面，根据我国实际情况调整引进项目的建设规模与进度，尽力使引进项目建设与国力相适应；另一方面，克服困难，集中国家财力确保引进项目的实施并尽早发挥作用。这次引进的技术和成套设备在当时属于世界先进水平，许多企业后来都成为中国大型骨干企业，有力地加快了中国工业现代化步伐，使中国基础产业上了一个新台阶。

第四节　中共十一届三中全会的召开和具有深远意义的伟大转折

邓小平等老一辈革命家旗帜鲜明地反对“两个凡是”的错误观点，支持开展真理标准问题大讨论，推动了全国各个领域各个方面的拨乱反正。1978 年 12 月召开的中共十一届三中全会，重新确立了解放思想、实事求是的思想路线，果断结束“以阶级斗争为纲”，实现党和国家工作中心战略转移，开启了改革开放和社会主义现代化建设新时期，实现了新中国成立以来党的历史上具有深远意义的伟大转折。

一、中央工作会议的召开

1978 年下半年先后召开的中央工作会议和中共十一届三中全会，是两个思想不断解放、内容紧密相连的重要会议。中央工作会议于 1978 年 11 月 10 日至 12 月 15 日召开，这次会议发挥了关键性的承上启下作用：一是对全国范围进行的真理标准问题大讨论等作了总结，并将讨论成果升华为政治上和理论上的定论；二是为中共十一届三中全会作了政治上理论上组织上的准备。

中央工作会议原定主题是讨论经济工作。根据邓小平的提议，会议首先讨论关系全局的问题，即从 1979 年 1 月起把全党工作着重点转移到社会主义现代化建设上来。会议开始后，陈云、谭震林等提出要解决好当时困扰人们思想

① 曾培炎主编：《中国投资建设 50 年》，中国计划出版社 1999 年版，第 91—92 页。

和实践的思想问题和历史遗留问题，由此引发了与会代表对包括“文化大革命”、历史上的冤假错案等许多问题的讨论。中央工作会议成为一次党内思想解放的会议。

会议期间，中共中央为1976年天安门事件平反，使支持真理标准问题大讨论的与会代表受到了极大鼓舞。华国锋就“两个凡是”问题作了检讨。邓小平在中央工作会议闭幕会上作了题为《解放思想，实事求是，团结一致向前看》的重要讲话，这篇讲话提出了实现历史转折和进行现代化建设所面临的最重大、最关键的问题，为即将召开的中共十一届三中全会明确了指导思想，指明了党在今后的主要任务和前进方向。江泽民评价说：“这篇讲话，是在‘文化大革命’结束以后，中国面临向何处去的重大历史关头，冲破‘两个凡是’的禁锢，开辟新时期新道路、开创建设有中国特色社会主义新理论的宣言书。”①

这篇讲话的核心内容，一是充分肯定了关于实践是检验真理的唯一标准问题的讨论，并希望各级党委推动解放思想、开动脑筋。他指出：“一个党，一个国家，一个民族，如果一切从本本出发，思想僵化，迷信盛行，那它就不能前进，它的生机就停止了，就要亡党亡国。”“实事求是，是无产阶级世界观的基础，是马克思主义的思想基础。过去我们搞革命所取得的一切胜利，是靠实事求是；现在我们要实现四个现代化，同样要靠实事求是。”二是深刻论述了民主集中制，特别是发扬经济民主的问题。他指出：“现在我国的经济管理体制权力过于集中，应该有计划地大胆下放，否则不利于充分发挥国家、地方、企业和劳动者个人四个方面的积极性，也不利于实行现代化的经济管理和提高劳动生产率。应该让地方和企业、生产队有更多的经营管理的自主权。”“要切实保障工人农民个人的民主权利，包括民主选举、民主管理和民主监督。”三是指出这次会议“解决了一些过去遗留下来的问题，分清了一些人的功过，纠正了一批重大的冤案、错案、假案。这是解放思想的需要，也是安定团结的需要。目的正是为了向前看，正是为了顺利实现全党工作重心的转变”。四是提出：“各方面的新情况都要研究，各方面的新问题都要解决，尤其要注意研究和解决管理方法、管理制度、经济政策这三方面的问题。”要解决经济管理工作中机构臃肿、层次重叠、手续繁杂、效率极低、政治空谈淹没一切的问题，学会用经济方法管理经

① 《江泽民文选》第二卷，人民出版社2006年版，第9—10页。

济。在管理制度上要特别注意加强责任制，解决名曰集体负责、实际无人负责问题，为此要采取扩大管理人员的权限，善于选用人才、量才授予职责，严格考核、赏罚分明等措施。在经济政策上“要允许一部分地区、一部分企业、一部分工人农民，由于辛勤努力成绩大而收入先多一些，生活先好起来”。这样“就会使整个国民经济不断地波浪式地向前发展，使全国各族人民都能比较快地富裕起来”。①

二、中共十一届三中全会的召开

正是在中央工作会议作了充分思想和理论准备的基础上，1978 年 12 月 18 日至 22 日中共十一届三中全会顺利举行。会议原则通过了关于农业、农村问题的两个文件和 1979 年、1980 年国民经济计划安排，通过了《中国共产党第十一届中央委员会第三次全体会议公报》，把改革开放的信息传遍中国大地。②

第一，全会肯定了对“两个凡是”方针和思想僵化现象的批评，高度评价了关于实践是检验真理的唯一标准问题的讨论。全会认为，关于实践是检验真理的唯一标准问题的讨论，对促进全党同志和全国人民解放思想，端正思想路线，具有深远的历史意义。因此，重新确立了解放思想、实事求是的思想路线，实现了党在思想路线上的拨乱反正。

第二，全会果断结束了“以阶级斗争为纲”，决定从 1979 年起全党工作着重点应该转移到社会主义现代化建设上来。全会指出社会主义社会的阶级斗争，“应该按照严格区别和正确处理两类不同性质的矛盾的方针去解决，按照宪法和法律规定的程序去解决，决不允许混淆两类不同性质矛盾的界限，决不允许损害社会主义现代化建设所需要的安定团结的政治局面”。党在这一时期对于工作中心转移问题的认识，比以往任何时期都要深刻得多、坚定得多，不仅把工作中心转移看成是形势发展的需要，是实现“四个现代化”的需要，而且认为其还是社会主义事业的需要，是关系党和国家命运的战略决策，是全国人民的根本利益。这就为果断结束“以阶级斗争为纲”，顺利实现党和国家工作中心战略转移，实现政治路线的拨乱反正奠定了基础。

第三，全会提出了新时期改革开放的任务，指出：“实现四个现代化，要求

---

① 《邓小平文选》第二卷，人民出版社 1994 年版，第 143—152 页。

② 《中国共产党第十一届中央委员会第三次全体会议公报》，《人民日报》1978 年 12 月 24 日。

大幅度地提高生产力，也就必然要求多方面地改变同生产力发展不适应的生产关系和上层建筑，改变一切不适应的管理方式、活动方式和思想方式，因而是一场广泛、深刻的革命。”因此，要“根据新的历史条件和实践经验，采取一系列新的重大的经济措施，对经济管理体制和经营管理方法着手认真的改革，在自力更生的基础上积极发展同世界各国平等互利的经济合作，努力采用世界先进技术和先进设备，并大力加强实现现代化所必需的科学和教育工作”。①中国经济建设必将重新高速度地、稳定地向前发展，这是毫无疑义的。这就使改革开放正式成为社会主义现代化建设的总方针。

第四，全会指出：现在中国经济管理体制的一个严重缺点是权力过于集中，应有领导地大胆下放，让地方和工农业企业在国家统一计划的指导下有更多的经营管理自主权；应着手大力精简各级经济行政机构，把大部分职权转交给企业性的专业公司或联合公司；应坚决实行按经济规律办事，重视价值规律的作用，注意把思想政治工作和经济手段结合起来；应在党的一元化领导之下，认真解决党政企不分、以党代政、以政代企的现象，实行分级分工分人负责。充分发挥中央部门、地方、企业和劳动者个人四个方面的主动性、积极性、创造性，使社会主义经济的各个部门各个环节普遍地蓬蓬勃勃地发展起来。这就使中国以企业为核心的经济体制改革顺利开展起来。

此外，中共十一届三中全会还研究了其他问题，包括：“文化大革命”中发生的一些重大政治事件，以及“文化大革命”前遗留下来的某些历史问题；关于提高农产品收购价格等一系列促进农业发展的政策措施；关于对国民经济进行调整，纠正比例失调状况的意见；关于保障人民民主，加强社会主义法制的问题；关于加强党的建设的问题。全会还提出要历史地、科学地认识毛泽东的伟大功绩，完整地、准确地掌握毛泽东思想的科学体系，为坚持和发展毛泽东思想指明了方向。

中共十一届三中全会在中国经济发展进程中具有伟大历史意义。1985 年 9 月，邓小平在党的全国代表会议上指出：“多少年来我们吃了一个大亏，社会主义改造基本完成了，还是‘以阶级斗争为纲’，忽视发展生产力。‘文化大革命’更走到了极端。十一届三中全会以来，全党把工作重点转移到社会主义现代化建

① 中共中央文献研究室编：《改革开放三十年重要文献选编》上，中央文献出版社 2008 年版，第 15、16 页。

设上来，在坚持四项基本原则的基础上，集中力量发展社会生产力。这是最根本的拨乱反正。”①

中共十一届三中全会以后，党本着实事求是的态度开始有步骤地妥善处理和平反冤假错案，包括：对反右派斗争严重扩大化中划定的右派分子进行甄别改正，到1980年6月共改正被错划为右派的人数超过54万，为他们恢复了政治名誉，并对他们的生活和工作重新作了安排；为刘少奇平反昭雪，完全推翻了强加给他的种种罪名，恢复了他应有的名誉，使受到刘少奇冤案牵连的近3万人得以平反昭雪。到1982年底，全国大规模平反冤假错案工作基本结束，共纠正了300多万名干部的冤假错案，恢复了47万多名共产党员的党籍。这对于开辟改革开放和社会主义现代化建设新局面起到了无法估量的巨大作用。

同时积极调整社会经济关系，引导人们团结一致向前看。主要包括：一是从1979年1月起，开始摘掉地主、富农分子的帽子，给予他们人民公社社员待遇，将其子女成分也一律定为社员；从1979年1月起，为国民党起义、投诚人员落实政策，随后宽大释放了在押的原国民党县团以下党、政、军、特人员；从1979年11月起，开始把小商、小贩、小手工业者及其他劳动者从原工商业者中区别出来，到1981年，原86万工商业者中的70万人恢复了劳动者身份，接着又肯定原工商业者已经成为社会主义社会中的劳动者，其成分一律改为干部或工人。二是从1979年4月起，落实党的民族政策，给被错定为“地方民族主义分子”者摘帽；恢复爱国宗教组织的活动，各地寺观教堂陆续修复和开放；纠正侨务问题上“左”的错误，恢复设置侨务机构，保护和褒扬侨胞爱国爱乡的热情。三是从1981年起进一步落实知识分子政策，按照国家干部对待，尽可能改善他们的工作条件和生活条件。从1979年11月21日开始施行《中华人民共和国自然科学奖励条例》；从1979年12月10日起，国务院先后颁发工程技术、农业、编辑、外语、经济、会计等专业技术干部评定职称的暂行规定；1980年第五届全国人大常委会第十三次会议通过了《中华人民共和国学位条例》。尊重知识、尊重人才蔚然成风。四是恢复各民主党派、全国工商联和各人民团体及其活动，鼓励它们发展新会员，增添新血液，履行参政议政职能。②

---

① 《邓小平文选》第三卷，人民出版社1993年版，第141页。

② 中共中央党史和文献研究院：《中国共产党的一百年》，中共党史出版社2022年版，第645—648页。

三、具有深远意义的伟大转折

在新的历史时期，中国共产党的基本路线应该怎样表述？这是邓小平等党的领导人最为关心的重大问题。在理论和实践探索的基础上，以经济建设为中心，坚持四项基本原则、坚持改革开放的“一个中心、两个基本点”的基本路线已经形成。

以经济建设为中心，就是要使党和国家的工作中心转移到社会主义现代化建设上来。1978 年 9 月，邓小平就指出：“我们是社会主义国家，社会主义制度优越性的根本表现，就是能够允许社会生产力以旧社会所没有的速度迅速发展，使人民不断增长的物质文化生活需要能够逐步得到满足。按照历史唯物主义的观点来讲，正确的政治领导的成果，归根结底要表现在社会生产力的发展上，人民物质文化生活的改善上。如果在一个很长的历史时期内，社会主义国家生产力发展的速度比资本主义国家慢，还谈什么优越性？”①

社会主义制度在中国的建立、巩固和发展，是中国近现代史上发生的最伟大、最深刻的变革。为了确保中国沿着社会主义方向顺利、健康地发展，必须始终坚持四项基本原则，这是全国人民根本利益的必然要求。改革开放已经是一项深入人心的伟大事业，没有改革开放，就不可能有中国的现代化。改革开放就是解放和发展社会生产力。改革是社会主义制度的自我完善，是推动社会前进的内在动力。这条路线在中共十三大上被确立为中国共产党在社会主义初级阶段的基本路线，并被表述为：领导和团结全国各族人民，以经济建设为中心，坚持四项基本原则，坚持改革开放，自力更生，艰苦创业，为把我国建设成为富强、民主、文明的社会主义现代化国家而奋斗。

邓小平不断思考中国经济发展的目标问题，特别是建立“小康社会”问题。1979 年 10 月，他在中共省、市、自治区委员会第一书记座谈会上说：“我们开了大口，本世纪末实现四个现代化。后来改了个口，叫中国式的现代化，就是把标准放低一点。”②“现在我们力量不行。现在我们的国民生产总值人均大概不到三百美元，要提高两三倍不容易。”③“四个现代化这个目标，讲空话是达不到

---

① 《邓小平文选》第二卷，人民出版社 1994 年版，第 128 页。
② 《邓小平文选》第二卷，人民出版社 1994 年版，第 194 页。
③ 《邓小平文选》第二卷，人民出版社 1994 年版，第 195 页。

的。”[①] 1979年12月，他在会见日本首相大平正芳，回答大平正芳关于中国现代化蓝图的询问时说道：“我们要实现的四个现代化，是中国式的四个现代化。我们的四个现代化的概念，不是像你们那样的现代化的概念，而是‘小康之家’。到本世纪末，中国的四个现代化即使达到了某种目标，我们的国民生产总值人均水平也还是很低的。要达到第三世界中比较富裕一点的国家的水平，比如国民生产总值人均一千美元，也还得付出很大的努力。就算达到那样的水平，同西方来比，也还是落后的。所以，我只能说，中国到那时也还是一个小康的状态。”[②] 从那时起，建设小康社会就成为中国人民的奋斗目标。

可喜的是，以邓小平同志为主要代表的中国共产党人，团结带领全党全国各族人民，深刻总结新中国成立以来正反两方面经验，围绕什么是社会主义、怎样建设社会主义这一根本问题，借鉴世界社会主义历史经验，创立了邓小平理论，解放思想，实事求是，作出把党和国家工作中心转移到经济建设上来、实行改革开放的历史性决策，深刻揭示社会主义本质，确立社会主义初级阶段基本路线，明确提出走自己的路、建设中国特色社会主义，科学回答了建设中国特色社会主义的一系列基本问题，制定了到21世纪中叶分三步走、基本实现社会主义现代化的发展战略，成功开创了中国特色社会主义。[③]

本章小结

1. 中国广大农村的经济体制改革探索、城市经济体制改革探索和对外开放探索是对原有计划经济体制的突破，都取得了显著的成效。旨在不断增强市场机制及其作用的改革探索，拓展了中国人民的发展视野和改革空间。1978年7月至9月间召开的国务院务虚会，提出和讨论了经济体制改革问题。9月至10月间召开的全国计划会议提出了三个转变：一是把主要注意力转到生产斗争和技术革命上来；二是把管理制度和管理方法转到按照经济规律办事的科学管理的轨道上来；三是从

① 《邓小平文选》第二卷，人民出版社1994年版，第195页。

② 《邓小平文选》第二卷，人民出版社1994年版，第237页。

③ 《中共中央关于党的百年奋斗重大成就和历史经验的决议》，人民出版社2021年版，第15—16页。

闭关自守或半闭关自守状态转到积极引进国外先进技术、利用国外资金、大胆进入国际市场的开放政策上来。一场席卷全国、涉及各个领域的经济体制改革和对外开放呼之欲出。这一时期也成为新中国成立以来又一次深刻思考中国社会主义发展道路问题的时期。

2. 打开国门学习国外先进科学技术知识和经济管理经验开始被高度重视起来。1978 年 2 月中共中央批准了国家计委向其提交的《关于经济计划的汇报要点》，国家计委在《汇报要点》中提出要有计划地组织干部到国外考察。据统计，1978 年 1 月至 11 月底经香港出国考察和抵港考察的人员达到 529 批，共 3 213 人，这是改革开放前值得关注的事件。其中由谷牧带队的赴西欧五国考察团回国后，就引进技术、扩大外贸出口、利用外资等问题提出了建议，为中共十一届三中全会确立改革开放政策作了准备。

3. 中共十一届三中全会在中国改革开放历史上具有深远的意义。邓小平于 1978 年 12 月 13 日在中共十一届三中全会之前的中央工作会议闭幕会上，作了题为《解放思想，实事求是，团结一致向前看》的重要讲话，为中共十一届三中全会确定了基调。这篇讲话，是在“文化大革命”结束以后，中国面临向何处去的重大历史关头，冲破“两个凡是”的禁锢，开辟新时期新道路、开创建设有中国特色社会主义新理论的宣言书。中共十一届三中全会高度评价了关于实践是检验真理的唯一标准问题的讨论，重新确立了解放思想、实事求是的思想路线，实现了党在思想路线上的拨乱反正；全会郑重决定从 1979 年起全党工作着重点应该转移到社会主义现代化建设上来，停止使用“以阶级斗争为纲”的错误提法，顺利实现党和国家工作中心战略转移；全会提出调动一切积极因素为“四个现代化”努力等。

关键概念和重要事件

实践是检验真理的唯一标准　　按劳分配讨论

“安徽六条”
中央工作会议
“一个中心、两个基本点”
改革开放
中共十一届三中全会

思考题

1. 简述真理标准问题大讨论对经济领域拨乱反正的意义。

2. 简述 1977 年和 1978 年按劳分配讨论的思想解放意义。

3. 简述中共十一届三中全会对开启中国改革开放历史进程的意义。

4. 简述中共十一届三中全会决定把党和国家的工作中心转移到社会主义现代化建设上来的意义。

本章阅读文献

1.《习近平谈治国理政》第四卷，外文出版社 2022 年版。

2. 习近平：《论中国共产党历史》，中央文献出版社 2021 年版。

3.《中共中央关于党的百年奋斗重大成就和历史经验的决议》，人民出版社 2021 年版。

4. 中共中央党史和文献研究院：《中国共产党的一百年》，中共党史出版社 2022 年版。

5. 中共中央党史研究室：《中国共产党历史》第二卷（1949—1978）下册，中共党史出版社 2011 年版。

6.《中华人民共和国简史》编写组编著：《中华人民共和国简史》，人民出版社、当代中国出版社 2021 年版。

7.《改革开放简史》编写组编著：《改革开放简史》，人民出版社、中国社会科学出版社 2021 年版。

8. 当代中国研究所:《中华人民共和国史稿》第四卷,人民出版社、当代中国出版社 2012 年版。

拓展阅读

结　语

在社会主义革命和建设时期，中华人民共和国的经济建设和经济发展是中国共产党领导和推进国家现代化、实现民族复兴的伟大进程中的重要组成部分。从经济建设和经济发展维度来看，中国在这一时期开始了大规模的经济建设，建立起了一个独立的比较完整的工业体系和国民经济体系，为社会主义现代化和中华民族伟大复兴奠定了根本制度基础和坚实物质基础。

一、经济建设和经济发展的主要成就及评价

1. 经济建设和经济发展的主要成就

（1）中华人民共和国成立后，中国开始由新民主主义经济走向社会主义经济，建立了社会主义制度，实现了一次伟大飞跃。

中华人民共和国成立“彻底结束了旧中国半殖民地半封建社会的历史，彻底结束了极少数剥削者统治广大劳动人民的历史，彻底结束了旧中国一盘散沙的局面，彻底废除了列强强加给中国的不平等条约和帝国主义在中国的一切特权，实现了中国从几千年封建专制政治向人民民主的伟大飞跃，也极大改变了世界政治格局，鼓舞了全世界被压迫民族和被压迫人民争取解放的斗争”①。如何在这个人口众多、经济落后、基础薄弱的国家进行社会主义建设？这是中国共产党面临的新课题。在旧中国，国家垄断资本主义经济垄断了有限的现代工业、交通运输业和 80% 以上的固定资产投资，农村中约占人口 10% 的地主、富农占有 80% 以上的土地，广大人民群众处于绝对贫困的状况之中。正是在社会主义革命和建设时期的近 30 年间，中国共产党团结带领中国人民，独立自主、自立自强，创造了社会主义革命和建设的伟大成就。通过社会主义革命，消灭了封建剥削压迫制

① 《中共中央关于党的百年奋斗重大成就和历史经验的决议》，人民出版社 2021 年版，第 8 页。

度，确立了社会主义基本制度，推进了社会主义建设。中国人民在中国共产党的领导下，面对百业凋敝、民不聊生的严重困难，在三年多的时间内迅速医治战争创伤、恢复国民经济，创造了第二次世界大战后主要国家迅速医治战争创伤、短期内恢复国民经济的成功案例。在此基础上，中国共产党不失时机地提出了过渡时期总路线，创造性地完成了由新民主主义革命向社会主义革命的转变，使占世界 1/4 人口的中国进入了社会主义社会，成功实现了中国历史上最深刻最伟大的社会变革。社会主义制度是一个全新的社会制度，是中国人民通过历史比较作出的选择。在社会主义制度下，人民是国家的主人，劳动群众在经济上不受剥削，在政治上不受压迫。这一时期相继通过的三部宪法即 1954 年《宪法》、1975 年《宪法》和 1978 年《宪法》一脉相承地宣示：中华人民共和国是工人阶级领导的以工农联盟为基础的无产阶级专政的社会主义国家，中国共产党是全中国人民的领导核心，工人阶级经过自己的先锋队中国共产党实现对国家的领导，中华人民共和国的一切权力属于人民。正像毛泽东 1956 年 12 月在一次谈话中所说："韩愈有一篇文章叫《送穷文》，我们要写送穷文。中国要几十年才能将穷鬼送走。"[①]走社会主义道路，建立社会主义制度，就是中国共产党所写的一篇精彩的"送穷文"。可以毫不夸张地说，正是中国新民主主义革命的胜利和社会主义基本制度的确立，为当代中国一切发展进步奠定了根本政治前提和制度基础。

（2）中国社会主义经济制度和经济关系的建立，开辟了中国经济发展的崭新道路，由此中国开始了马克思列宁主义基本原理同中国具体实际的"第二次结合"。

旧中国没有为新中国的经济建设和经济发展留下坚实的物质基础，到 1949 年整个经济体系基本上处于瘫痪半瘫痪状态，我国的工业体系尚未形成，工业整体上处于手工业作业状态，农业也主要处于手工耕作和靠天吃饭的水平，推动实现国家工业化的任务十分艰巨。新中国成立后，以毛泽东同志为主要代表的中国共产党人对适合中国国情的社会主义革命和建设道路进行了艰辛探索。社会主义制度建立以后，毛泽东在深入总结苏联经济发展的经验教训的基础上，把马克思列宁主义基本原理同中国具体实际相结合，探索并提出了中国进行社会主义建设的一些正确的理论观点，确定并提出了实现"四个现代化"的宏伟目标，制定了把中国建设成为一个强大的社会主义现代化国家的战略。正是在中国共产党领导下，中国人民坚定地走上了社会主义道路，亿万人民群众发扬"一不怕苦、二不

---

① 中共中央党史和文献研究院编：《毛泽东年谱》第六卷，中央文献出版社 2023 年版，第 47 页。

怕死”的大无畏革命精神，积极投身于社会主义建设的高潮之中。社会主义全民所有制经济即国营经济是国民经济的领导力量，与社会主义劳动群众集体所有制经济一道，取得了快速发展，成为推动和支撑这一时期我国国民经济发展的根本力量。社会主义公有制不仅捍卫和维护了人民群众在经济上的民主权利，而且也极大地解放和发展了社会生产力。在短短不到30年时间里，中国经济社会面貌就发生了深刻的变化，建立起了独立的比较完整的工业体系和国民经济体系，满足了中国人民生产生活的基本需求，特别是在外部严重封锁的背景下在科学技术、经济建设和国防事业等领域取得了一系列突破，独立研制出包括“两弹一星”等在内的尖端科技，使社会主义中国成为世界上有重要影响的大国。

（3）中国社会主义建设道路经历了艰辛曲折的探索，社会主义建设目标是在伟大探索和不断试错的过程中实现的。

新民主主义革命的伟大胜利结束了旧中国半殖民地半封建社会的历史，开启了为实现国家繁荣富强、人民共同富裕的基本任务而奋斗的崭新征程，为中国社会主义革命和建设时期经济发展道路的探索与形成创造了坚实的政治前提和环境。但是，在中国这样一个经济基础薄弱的人口大国建立社会主义制度并发展社会主义经济，是一项前无古人的伟大事业，既无历史经验可以借鉴，也无国外成功案例可以参考，只能依靠中国人民自己的智慧和力量在实践中艰辛探索。从根本上说，中国社会主义经济制度是从中国具体实际出发建立起来的，中国社会主义经济建设是从中国国情出发不断推进的。在中国共产党和中国人民探索社会主义革命和建设道路的过程中，出现过高歌猛进和成功发展时期，也出现过巨大曲折和严重错误时期。中国共产党和党的领导人在此期间积累了许多重要经验，例如在1956年至1965年间，毛泽东提出的“第二次结合”和《论十大关系》《关于正确处理人民内部矛盾的问题》中的一些理论观点；刘少奇提出的许多生产资料可以作为商品进行流通和社会主义社会要有两种劳动制度、两种教育制度的观点；周恩来提出的我国知识分子绝大部分已经是劳动人民的知识分子，科学技术在我国现代化建设中具有关键性作用等观点；陈云提出的计划指标必须切合实际，建设规模必须同国力相适应，人民生活和国家建设必须兼顾，制定计划必须做好物资、财政、信贷平衡等观点；邓小平提出的关于整顿工业企业，改善和加强企业管理，实行职工代表大会制等观点；朱德提出的要注意发展手工业和农业多种经营的观点；邓子恢等提出的农业中要实行生产责任制的观点；等等。这些为此后中国社会主义建设提供了重要指导及借鉴意义。从中华人民共和国经济发展的长期进程来看，社会主义中国就是在中国共产党和中国人民不断总结历史经验与教训的过程中发展壮大起来的。

2. 正确评价改革开放前后两个历史时期

中国社会主义建设经历了改革开放前后两个历史时期，也就是社会主义革命和建设时期与改革开放和社会主义现代化建设新时期。

深入研究中国社会主义革命和建设时期经济发展道路，必须正确处理好两个历史时期的关系。对此，习近平明确提出“两个不能否定”的论断，指出：“我们党领导人民进行社会主义建设，有改革开放前和改革开放后两个历史时期，这是两个相互联系又有重大区别的时期，但本质上都是我们党领导人民进行社会主义建设的实践探索。中国特色社会主义是在改革开放历史新时期开创的，但也是在新中国已经建立起社会主义基本制度并进行了二十多年建设的基础上开创的。”① 为此，他提出要把握三个方面：一是如果没有 1978 年我们党果断决定实行改革开放，并坚定不移推进改革开放，坚定不移把握改革开放的正确方向，社会主义中国就不可能有今天这样的大好局面，就可能面临严重危机，就可能遇到像苏联、东欧国家那样的亡党亡国危机。同时，如果没有 1949 年建立新中国并进行社会主义革命和建设，积累了重要的思想、物质、制度条件，积累了正反两方面经验，改革开放也很难顺利推进。二是虽然这两个历史时期在进行社会主义建设的思想指导、方针政策、实际工作上有很大差别，但两者决不是彼此割裂的，更不是根本对立的。我们党在社会主义建设实践中提出了许多正确主张，当时没有真正落实，改革开放后得到了真正贯彻，将来也还是要坚持和发展的。三是对改革开放前的历史时期要正确评价，不能用改革开放后的历史时期否定改革开放前的历史时期，也不能用改革开放前的历史时期否定改革开放后的历史时期。改革开放前的社会主义实践探索为改革开放后的社会主义实践探索积累了条件，改革开放后的社会主义实践探索是对前一个时期的坚持、改革、发展。

二、经济建设和经济发展的基本经验

这一时期中国社会主义经济建设和经济发展取得了显著成就，以工业特别是重工业的快速发展为特征，以国家工业化建设水平的整体提升、独立的比较完整

---

① 习近平：《论中国共产党历史》，中央文献出版社 2021 年版，第 3 页。

的工业体系和国民经济体系的建立为突出标志，迅速改变了中国工业化水平落后和国民经济滞后发展的状况。

1. 坚持中国共产党领导

1949 年，中国共产党接手的是一穷二白的半殖民地半封建社会的烂摊子。落后的社会生产力和生产关系是中国长期积贫积弱、被动挨打的根源，不彻底改变这种落后的社会生产力和生产关系就不可能有中国现代化。中国共产党推动中国从新民主主义社会过渡到社会主义社会，实现了社会形态的历史性飞跃；通过大规模社会主义经济建设，特别是通过实施五年计划，初步建立起了中国社会主义工业化的物质基础；通过社会主义改造，对各种非社会主义性质的经济成分进行了大规模的改造，建立起了社会主义公有制；结合中国国情并借鉴苏联建设经验，实行有计划的经济建设并建立起了计划经济体制；全面保障广大劳动群众的经济权益，消灭剥削制度，实行社会主义按劳分配原则。在这几十年间，中国共产党团结带领中国人民，从半殖民地半封建社会泥潭中站起来并开始走上富起来的道路，从新民主主义社会走向具有光明前途的社会主义社会。

2. 坚持进行“第二次结合”

在探索中国社会主义建设道路的过程中，中国共产党始终坚持马克思列宁主义基本原理同中国具体实际相结合，坚持走符合中国实际的社会主义道路，1956 年 9 月召开的中共八大和 1978 年 12 月召开的中共十一届三中全会，都是坚持进行“第二次结合”的例证。中共十一届三中全会是在党和国家面临向何处去的重大历史关头召开的。从当时的国际国内形势来看，世界经济快速发展，科技进步日新月异，而“文化大革命”十年内乱使党、国家、人民遭到新中国成立以来最严重的挫折和损失。党内外强烈要求纠正“文化大革命”的错误，使党和国家从危难中重新奋起。全会冲破了长期“左”的错误的严重束缚，彻底否定了“两个凡是”的错误方针，充分肯定了必须完整、准确地掌握毛泽东思想的科学体系，高度评价了关于真理标准问题的大讨论，果断结束了“以阶级斗争为纲”，重新确立了马克思主义的思想路线、政治路线、组织路线。从此，我国改革开放拉开了大幕。中国共产党作出实行改革开放的历史性决策，是基于对党和国家前途命运的深刻把握，是基于对社会主义革命和建设实践的深刻总结，是基于对时代潮流的深刻洞察，是基于对人民群众期盼和需要的深刻体悟。

3. 坚持独立自主、自立自强

这是中国社会主义建设的思想内核和精神写照。无论是在中国社会主义建设发展顺利和取得成功的时候，还是在中国社会主义建设遭遇挫折和出现困难的时候，独立自主、自立自强，始终是中国共产党人必须具备的基本精神素质。正如习近平在纪念毛泽东同志诞辰 120 周年座谈会上的讲话所指出的："独立自主是我们党从中国实际出发、依靠党和人民力量进行革命、建设、改革的必然结论。不论过去、现在和将来，我们都要把国家和民族发展放在自己力量的基点上，坚持民族自尊心和自信心，坚定不移走自己的路。独立自主是中华民族的优良传统，是中国共产党、中华人民共和国立党立国的重要原则。在中国这样一个人口众多和经济文化落后的东方大国进行革命和建设的国情与使命，决定了我们只能走自己的路。"①《中共中央关于党的百年奋斗重大成就和历史经验的决议》总结了中国共产党百年来 10 条宝贵的历史经验，坚持独立自主就是其中一条重要的历史经验。"只要我们坚持独立自主、自力更生，既虚心学习借鉴国外的有益经验，又坚定民族自尊心和自信心，不信邪、不怕压，就一定能够把中国发展进步的命运始终牢牢掌握在自己手中。"这条经验任何时候都不过时。

4. 坚持发展为了人民

中国共产党和新中国人民政府始终坚持以人民为中心，发展为了人民，把人民利益放在最高位置。国家通过各种渠道不断提高人民群众的经济收入和保障水平，特别是在"一五"时期，通过实施规模宏大的工业建设项目、推动全国范围的农业合作化运动等，大幅度减少了绝对贫困人口的数量。以城镇人口为例，1949 年全国城镇人口为 5 765 万人，就业人数为 1 533 万人，1978 年全国城镇人口为 17 245 万人，就业人数为 9 514 万人；就业者负担人数由 1949 年的 3.76 人减至 1978 年的 1.81 人。1952—1957 年，城镇居民人均现金收入由 156 元增至 254 元，增长 62.8%，扣除物价因素后实际增长 48.5%，年均增长 8.2%。此后由于国民经济受到各种干扰，城镇居民收入增长缓慢。与人民生活紧密相关的新中国教育事业得到了较快发展，新中国成立初期，全国人口中 80% 以上是文盲，学龄儿童入学率只有 20% 左右。1949—1978 年，我国教育事业取得了巨大进步，在校学生占全国人口比重由 1.8% 增至 22.3%，每万人中中、小学生人数由 23 人和 450 人分别增至 693 人和 1 526 人，全国各级各类教师人数由 93.5 万人增至 871.3 万人。国家建立了覆盖面广泛的社会保障体系和医疗卫生体系，1949—1978 年，各类卫生机构数由 3 670 个增至 169 732 个，各类卫生机构人员

① 习近平:《论中国共产党历史》，中央文献出版社 2021 年版，第 63—64 页。

由54.1万人增至310.6万人，各类卫生机构床位数由8.5万张增至204.2万张。

5. 坚持“以农业为基础、以工业为主导”

在一个经济基础薄弱、人口众多的国家进行国家工业化和现代工业体系建设，必须正确处理农业与工业的关系、乡村与城市的关系。毛泽东在领导中国社会主义建设事业中，提出了“以农业为基础、以工业为主导”的发展国民经济的总方针，这个总方针在相当长时期内对中国正确处理农、轻、重比例关系发挥了重要指导作用，有效推动了中国国民经济结构和产业结构不断升级，构筑了国家工业化的坚实产业基础。尤其是通过“集中力量办大事”，实现部分尖端科技领域和国防工业领域的突破，取得以“两弹一星”为代表的关键性突破和以三线建设为标志的重大发展，为中国经济建设和经济发展筑牢了安全屏障和战略后方。其中，1952—1978年三大产业增加值的比例关系发生显著变化，第一产业占比由50.5%降至27.7%，第二产业占比由20.8%升至47.7%，第三产业占比由28.7%降至24.6%。这一时期我国的工业化程度见表1。

表1　重要年份我国的工业化程度

年份	第二产业增加值与第一产业增加值之比	第二产业从业人员与第一产业从业人员之比	工业化程度
1952	0.413 5	0.088 2	0.250 9
1957	0.737 2	0.109 6	0.423 4
1962	0.793 0	0.095 6	0.444 3
1965	0.924 9	0.101 7	0.513 3
1970	1.149 9	0.125 2	0.562 6
1975	1.411 3	0.172 5	0.586 3
1978	1.713 7	0.245 3	0.622 6

注：工业化程度＝增加值贡献率＋劳动力贡献率。

资料来源：国家统计局编：《新中国五十年》，中国统计出版社1999年版，第26页。

6. 坚持促进区域协调发展

新中国面对经济建设和经济发展中存在的严重的区域经济发展不平衡问题，通过多种方式和多种途径不断进行调整，使区域之间的经济发展差距有所缩小。在“一五”时期重点工业项目布局上，在“156项工程”建设布局上，都高度重视在中西部地区的布局，加快中西部地区的经济发展。特别是20世纪六七十年代大规模开展的三线建设，为中西部地区工业体系建设、基础设施建设和文化教育事业发展作出了重要贡献。三线建设一是加强了我国的工业地区结构调整，即将工业交通运输的地区布局重点从东部和中部地区转移到西部地区；二是加强了我国的产业结构调整，即将产业发展重点由农业和农用工业转移到国防工业和重工业上来。在三线建设过程中，数百万名建设者从祖国各地奔赴三线建设第一线，在没有现代工业发展基础和建设条件的西部地区，先后建立起了一大批重点企业和重要工业基地，建设了一批战略意义深远的各具特色的新型工业城市，为缩小我国长期以来形成的东西部经济差距，为建设一个安全稳定的内地国防工业基地，为促进西部社会经济的全面发展特别是现代化经济的发展，作出了重大贡献。

7. 坚持自力更生、奋发图强

经过 20 多年的社会主义建设，中国终于建立起了一个独立的比较完整的工业体系和国民经济体系，开始由一个落后的农业国迈向社会主义工业化国家，全体人民为此付出了不懈努力。到 1978 年，中国初步形成了一个布局基本合理、遍及全国城乡、功能比较齐全的基础设施系统；一些主要产品的产量成倍甚至成百倍地增长，1949—1978 年，原煤由 0.32 亿吨增至 6.18 亿吨，原油由 12 万吨增至 10 405 万吨，发电量由 43 亿度增至 2 566 亿度，铁路运营里程由 2.2 万公里增至 4.86 万公里，公路运营里程由 8.07 万公里增至 89.02 万公里，邮电局（所）数量由 2.63 万处增至 4.96 万处，市内电话用户由 21.77 万户增至 119.15 万户，按 1950—1978 年增速计算，上述各项内容的年均增速分别为 10.7%、26.3%、15.1%、2.8%、8.6%、2.2% 和 6%。中国能够取得这样的成就，的确殊为不易。

三、经济建设和经济发展的若干教训

在中国这样一个经济基础薄弱的国家建设社会主义，是一项前无古人的伟大事业，没有先例可循，只能摸索前进。因此，在经济建设和经济发展过程中出现了一些曲折，也留下了若干必须吸取的教训。正如习近平指出的那样：“对改革开放前的社会主义实践探索，要坚持实事求是的思想路线，分清主流和支流，坚持真理，修正错误，发扬经验，吸取教训，在这个基础上把党和人民事业继续推向前进。”[①]这些曲折和教训，就是我们在建设中国式现代化、实现中华民族伟大

① 习近平：《论中国共产党历史》，中央文献出版社 2021 年版，第 4 页。

复兴进程中需要认真思考和汲取的。

第一，如何正确认识和处理社会主义社会的阶级矛盾，这是在社会主义革命和建设时期始终没有完全处理好的理论与实践问题。1956 年中共八大正确分析国内主要矛盾的变化，明确提出党在今后的主要任务是集中力量发展社会生产力，实现国家工业化，逐步满足人民日益增长的物质和文化需要。但是在 1957 年 9 月至 10 月召开的中共八届三中全会，却改变了中共八大关于我国阶级斗争形势和国内主要矛盾的正确判断，认为无产阶级与资产阶级的矛盾、社会主义道路与资本主义道路的矛盾是当时我国社会的主要矛盾。这就延缓了党和国家的工作重点的转移，为阶级斗争扩大化提供了条件，乃至提出“以阶级斗争为纲”的错误口号，发生“文化大革命”，形成“无产阶级专政下继续革命”的错误理论。实践证明，这一错误理论脱离了中国社会主义建设的实际，违背了马克思主义基本原理，违反了党实事求是的思想路线，并不属于毛泽东思想的科学理论体系。如果按照这一理论开展工作，社会主义解放和发展生产力的目的、社会主义制度的优越性等等都将无从谈起。

第二，正是由于对我国社会主义社会主要矛盾的认识出现了严重的错误判断，我国社会主义建设的进程被延误了，最终发生了“文化大革命”十年内乱。“文化大革命”不仅使党、国家、人民遭受了新中国成立以来最严重的挫折和损失，而且对中国工业化进程和整个国民经济发展造成了难以估量的冲击和影响。本来通过前后五年对国民经济的调整，应该能够迎来一个国民经济较快增长的时期，可是在 1966—1976 年的 10 年间，国内生产总值年均增长仅为 5.2%，明显低于“一五”时期的水平，农业增加值年均增长 2.3%，工业增加值年均增长 7.6%；人民生活长期得不到改善，全国居民消费水平年均增长 1.9%，全民所有制单位职工实际工资下降了 6.6%。这样的历史教训是十分深刻的。

第三，提出了超越经济发展阶段的目标与任务，在所有制关系上片面追求越“公”越好、越纯越好，通过多种方式使各种经济成分都基本融入社会主义全民所有制和社会主义集体所有制。并且，在社会主义公有制基础上建立起高度集中的、条块结合的计划经济体制，这种计划经济体制在实践中压抑并扼制了微观经济主体参与经济活动的主动性、积极性，限制甚至剥夺了微观经济主体的独立性、自主性，将微观经济主体的一切活动都纳入国家指令性计划中，导致对企业越统越死；把经济计划视为领导经济生活的主要手段，依靠无所不包的经济计划来运转经济，导致经济计划特别是长期计划无法确保其有效性，容易蜕变成上级长官的意志和行政命令；依靠政府行政系统来执行和贯彻经济计划，行政组织机构、行政命令和行政手段是维持经济计划有效性的必要前提，导致国民经济受行政力量驱动，用行政命令代替经济规律、用行政手段代替经济手段。

第四，忽略对社会主义经济建设规律的探索和认识，片面夸大经济建设中人的主观能动性，以良好的愿望代替对客观经济规律的认识，把社会主义建设总路线的“多快好省”片面理解为“速度是总路线的灵魂”，这就直接导致了“大跃进”的出现。从全国经济来看，1958—1960 年三年“大跃进”期间国内生产总值虽然平均每年增长 9.6%，但这是以工业特别是重工业不正常的快速发展和农业的严重倒退为代价取得的，全民大炼钢铁、工业“以钢为纲”根本无法持续。“大跃进”三年间工业增加值年均增长 28.1%，但是农业增加值却平均每年下降 10.9%。从农业经济来看，“大跃进”期间的“共产风”、浮夸风、强迫命令风、生产瞎指挥风、干部特殊化风，对我国农业生产和农村经济造成了巨大破坏。由于农业出现较大幅度减产，因此市场农副产品匮乏，城乡人民群众口粮和副食品供应严重不足，人民生活水平和健康水平下降。这一状况直到 1965 年对国民经济的调整任务完成时，才有了较大的改观。

第五，正确处理农、轻、重各产业之间的比例关系是确保国民经济持续健康发展的关键，但是在实际工作中，我国却长期片面强调和实施以重工业为重心的发展战略，使农、轻、重各产业之间的比例关系严重失调。尤其是在“大跃进”期间，国民经济中工业与农业的矛盾、重工业与轻工业的矛盾日益尖锐。从 1957—1960 年工农业总产值比例的变化可以看出，农业总产值比重由 43.3% 下降到 21.8%，平均每年下降约 7.1 个百分点；在同期工业经济内部，重工业比重由 45% 提高到 66.6%。这种不合理的产业结构给国民经济发展和人民生产生活都造成了巨大困难。此外，违背商品生产和商品交换的价值规律原则，忽略甚至无视生产单位、劳动者个人的经济利益，损伤生产单位、劳动者经济利益的各种行政性平调普遍存在。工农之间、城乡之间形成了各种行政性壁垒，使工业与农业、城市与乡村、城市职工与人民公社社员之间关系紧张。

中国共产党从来就善于总结历史经验教训，特别是善于通过总结教训提高对客观规律的认识，进而纠正错误，使错误成为正确的先导。人民群众对党领导的中国社会主义事业的前途充满信心，党和人民始终同呼吸、共命运。全国人民热切期待并张开臂膀拥抱改革开放和社会主义现代化建设新时期的到来，并以更大的激情投入到了中国特色社会主义经济建设和经济发展的时代潮流之中。

本章阅读文献

1. 习近平：《论中国共产党历史》，中央文献出版社 2021 年版。

2.《习近平谈治国理政》第四卷，外文出版社 2022 年版。

3.《中共中央关于党的百年奋斗重大成就和历史经验的决议》，人民出版社 2021 年版。

拓展阅读

阅读文献

- 《马克思恩格斯选集》第一至四卷，人民出版社 2012 年版。
- 《马克思恩格斯文集》第一至十卷，人民出版社 2009 年版。
- 《毛泽东选集》第一至四卷，人民出版社 1991 年版。
- 《毛泽东文集》第一至八卷，人民出版社 1993、1996、1999 年版。
- 《建国以来毛泽东文稿》，中央文献出版社 2023 年版。
- 《邓小平文选》第一至三卷，人民出版社 1993、1994 年版。
- 《江泽民文选》第一至三卷，人民出版社 2006 年版。
- 《胡锦涛文选》第一至三卷，人民出版社 2016 年版。
- 《习近平著作选读》第一、二卷，人民出版社 2023 年版。
- 《习近平谈治国理政》第一至四卷，外文出版社 2017、2018、2020、2022 年版。
- 习近平：《论中国共产党历史》，中央文献出版社 2021 年版。
- 中共中央文献研究室编：《习近平关于社会主义经济建设论述摘编》，中央文献出版社 2017 年版。
- 中共中央党史和文献研究院编：《习近平关于“三农”工作论述摘编》，中央文献出版社 2019 年版。
- 中共中央党史和文献研究院编：《习近平关于中国式现代化论述摘编》，中央文献出版社 2023 年版。
- 《中共中央关于党的百年奋斗重大成就和历史经验的决议》，人民出版社 2021 年版。
- 《中国共产党两个关于若干历史问题的决议》，人民出版社 2021 年版。
- 《中国共产党简史》编写组编著：《中国共产党简史》，人民出版社、中共党史出版社 2021 年版。
- 《中华人民共和国简史》编写组编著：《中华人民共和国简史》，人民出版社、当代中国出版社 2021 年版。
- 中共中央党史和文献研究院：《中国共产党的一百年》，中共党史出版社 2022 年版。
- 当代中国研究所：《中华人民共和国史稿》，人民出版社、当代中国出版社 2012 年版。
- 当代中国研究所：《新中国 70 年》，当代中国出版社 2019 年版。
- 中共中央文献研究室编：《毛泽东传（1949—1976）》，中央文献出版社 2003 年版。
- 中共中央党史和文献研究院编：《毛泽东年谱》，中央文献出版社 2023 年版。
- 《周恩来选集》上、下卷，人民出版社 1980、1984 年版。
- 《周恩来经济文选》，中央文献出版社 1993 年版。
- 中共中央文献研究室编：《周恩来传（1898—1976）》，中央文献出版社 2008 年版。
- 中共中央文献研究室编：《周恩来年谱（1949—1976）》，中央文献出版社 1997 年版。
- 《刘少奇选集》上、下卷，人民出版社 1981、1985 年版。
- 《刘少奇论新中国经济建设》，中央文献出版社 1993 年版。
- 中共中央文献研究室编：《刘少奇传（1898—1969）》，中央文献出版社 2008 年版。
- 中共中央文献研究室编：《刘少奇年谱（1898—1969）》，中央文献出版社 1996 年版。
- 中共中央文献研究室编：《邓小平思想年谱（1975—1997）》，中央文献出版社 1998 年版。
- 中共中央文献研究室编：《邓小平年谱（1975—1997）》，中央文献出版社 2004 年版。
- 《陈云文集》，中央文献出版社 2005 年版。
- 中共中央文献研究室编：《陈云传》，中央文献出版社 2005 年版。
- 中共中央文献研究室编：《陈云年谱》，中央文献出版社 2000 年版。
- 《建国以来李先念文稿》，中央文献出版社 2011 年版。
- 《李先念传》编写组编：《李先念传（1949—1992）》，中央文献出版社 2009 年版。
- 《李先念传》编写组、鄂豫边区革命史编辑部编写：《李先念年谱》第一至六卷，中央文献出版社 2011 年版。
- 《李富春选集》，中国计划出版社 1992 年版。

- 薄一波:《若干重大决策与事件的回顾》修订本，人民出版社 1997 年版。
- 《余秋里回忆录》，人民出版社 2011 年版。
- 《谷牧回忆录》，中央文献出版社 2009 年版。
- 《袁宝华回忆录》，中国人民大学出版社 2018 年版。
- 曲青山、高永中主编:《新中国口述史（1949—1978）》，中国人民大学出版社 2015 年版。
- 苏星:《新中国经济史》修订本，中共中央党校出版社 2007 年版。
- 董志凯、武力主编:《中华人民共和国经济史（1953—1957）》，社会科学文献出版社 2011 年版。
- 国家统计局历年统计年鉴。

附　录　1949—1978年中国国民经济和社会发展主要统计数据

后　记

《中华人民共和国经济史（1949—1978 年）》是马克思主义理论研究和建设工程重点教材，是“中国系列”原创性教材中的中国经济学教材，由教育部组织编写，经国家教材委员会审核通过。在编写过程中，得到了国家教材委员会高校哲学社会科学（马工程）专家委员会、思想政治审议专家委员会和经济学学科专家组、中国经济学教材审核指导组专家的指导。同时，广泛听取了高校教师和学生的意见建议。

本教材由中国人民大学承担，贺耀敏主持编写，武力任副主编。贺耀敏撰写了全书初稿，武力进行补充撰写。在编写组对文稿进行集体讨论的基础上，分工对文稿进行补充修改。绪论，杨德才、兰日旭补充修改；第一章，焦建华补充修改；第二章，兰日旭补充修改；第三章，王珏补充修改；第四章，孙圣民补充修改；第五章，程霖、孙圣民补充修改；第六章，关权补充修改；第七章，高德步补充修改；结语，王珏补充修改。贺耀敏、武力负责全书统稿工作。

2025 年 4 月

读者意见反馈

为收集对教材的意见和建议，进一步完善教材编写并做好服务工作，读者可将对本教材的意见和建议通过如下渠道反馈至我社：

中国人民大学出版社经济分社

电　　话：010–62513572　010–62515803

传　　真：010–62514775

反馈邮箱：jjfs@crup.com.cn

通信地址：北京市海淀区中关村大街甲 59 号文化大厦 1506 室

邮政编码：100872

购书联系方式

销售部电话：010–62511173

网上书店咨询电话：010–82501766

邮购咨询电话：010–62515351

团购咨询电话：010–62513136